DERECHO Y ARTE
IV

«VIII Axudas para a realización de
actividades científicas e académicas
na Facultade de Dereito»

Red académica internacional para el
estudio del Derecho a través de las Artes

© Editorial Colex, S.L.
Calle Costa Rica, número 5, 3.º B (local comercial)
A Coruña, C.P. 15004
info@colex.es
www.colex.es

I.S.B.N.: 978-84-1194-840-1
Depósito legal: C 38-2025

DERECHO Y ARTE
IV

Dirección

Cristina Alonso Salgado

Ana Rodríguez Álvarez

Almudena Valiño Ces

Coordinación

Mario Neupavert Alzola

Sonia Rama Martínez

Alejandro Villanueva Turnes

COLEX 2025

AUTORAS Y AUTORES

Agustina Santos Curbelo
Profesora Instructora en Filosofía Justicia y Derecho y Coordinadora Carreras de Abogacía y Notariado de la Universidad Católica del Uruguay.

Alejandro Manzorro Reyes
Juez en los Juzgados de Ibiza, Doctor en Derecho Penal por la Universidad de Sevilla y Doctorando en Estudios Interdisciplinarios de Género en la Universidad de las Islas Baleares.

Almudena Valiño Ces
Profesora Ayudante Doctora de Derecho Procesal de la Universidade de Santiago de Compostela.

Ana María Vicario Pérez
Profesora Ayudante Doctora del Área de Derecho Procesal de la Universidad de Burgos.

Ana Rodríguez Álvarez
Profesora Contratada Doctora de Derecho Procesal de la Universidade de Santiago de Compostela.

Camilo Arancibia Hurtado
Profesor de Derecho Civil de la Universidad de Valparaíso.

Covadonga López Suárez
Investigadora predoctoral del Plan Estatal FPU de Derecho Civil de la Universidad de Cádiz.

Cristian Sánchez Benítez
Profesor de Derecho Penal de la Universidad de Cádiz.

Cristina Alonso Salgado
Profesora Contratada Doctora de Derecho Procesal de la Universidade de Santiago de Compostela.

Daniel Mitidiero
Profesor Asociado de Derecho Procesal Civil de la Universidade Federal do Rio Grande do Sul.

Elizabeth Francisca Rojas Frez
Miembro de Seminario Arte y Derecho de la Escuela de Derecho de la Universidad de Valparaíso.

Emilio Muñoz Campaña
Estudiante del doble grado de Derecho y Ciencias Políticas y de la Administración de la Universidad de Granada.

Ernesto Vázquez-Rey Farto
Procurador de los Tribunales.

Fernando A. Bermúdez
Profesor Titular de Filosofía Jurídica y Problemática del Conocimiento de la Universidad de Mendoza y Universidad Nacional de Cuyo.

Gemma Minero Alejandre
Profesora Contratada Doctora de Derecho Civil de la Universidad Autónoma de Madrid.

Gonzalo Ana Dobratinich
Profesor Doctor de Filosofía del Derecho e Investigador CONICET de la Universidad de Buenos Aires.

Ignacio M. Soba Bracesco
Profesor Adjunto y Profesor Adscripto de Derecho Procesal de la Universidad de la República (Uruguay).

Iker Nabaskues Martínez De Eulate
Profesor de Teoría del Derecho de la Universidad del País Vasco.

Isabel Añino Granados
Doctora en Historia y Artes por la Universidad de Granada.

Javiera González Muñoz
Miembro del Seminario Arte y Derecho de la Escuela de Derecho de la Universidad de Valparaíso, Chile.

Jeffry J. Mora Sánchez
Investigador de la Universitat de Girona.

José Luis Mateos Crespo
Profesor Asociado de Derecho Constitucional de la Universidad de Salamanca.

Luis Javier Capote Pérez
Profesor Contratado Doctor Tipo I de Derecho Civil de la Universidad de La Laguna.

M.ª De Los Ángeles López-Cancio Suárez
Doctora en Derecho. Universidad de Oviedo

Marco Antonio Mariscal Moraza
Profesor asociado de Derecho Civil de la Universidad de Alcalá.

Marien Aguilera Morales
Catedrática de Derecho Procesal y Miembro de IDEIR de la Universidad Complutense de Madrid.

Mario Neupavert Alzola
Investigador Predoctoral UCA FPI de Derecho Civil de la Universidad de Cádiz.

Marta Rodríguez Duarte
Investigadora Predoctoral de Historia del Derecho y de las Instituciones de la Universidad de Oviedo.

Natalia Torres Cadavid
Profesora Ayudante Doctora de Derecho Penal de la Universidad de Vigo.

Silvia Badiola Coca
Profesora Ayudante Doctor Derecho Procesal de la Universidad Pública de Navarra.

Stefano Bini
Profesor Permanente Laboral de Derecho del Trabajo y de la Seguridad Social de la Universidad de Córdoba.

Virxilio Rodríguez Vázquez
Profesor Titular de Derecho Penal de la Universidad de Vigo.

Sumario

IV

DE CÓMO RENÉ MAGRITTE Y FELISBERTO HERNÁNDEZ NOS AYUDAN A COMPRENDER MEJOR LA PRUEBA TESTIMONIAL

Ignacio M. Soba Bracesco

V

MATRIMONIO Y CUERPO REPRODUCTIVO DE LA MUJER EN *LA CAMPANA DE CRISTAL* DE SYLVIA PLATH

Elizabeth Francisca Rojas Frez

VI

ESTUDIO DE DERECHO PENAL A TRAVÉS DE UNA NOVELA NEGRA DE DOMINGO VILLAR. EL DELITO EN *O ÚLTIMO BARCO*

Natalia Torres Cadavid - Virxilio Rodríguez Vázquez

VII

EL LADRÓN DE LIBROS. UN ENSAYO SOBRE LA DESMITIFICACIÓN DEL DELITO EN EL PENSAMIENTO DE ROBERTO BOLAÑO

JEFFRY J. MORA SÁNCHEZ

VIII

LA INTIMIDAD DEL DERECHO EN UN DIETARIO ANÓNIMO DE 1980

CAMILO ARANCIBIA HURTADO

IX

ENTRE LISTAS, DICCIONARIOS Y ENCICLOPEDIAS: DEL CAJÓN DE LA COCINA AL PROCESO CIVIL

DANIEL MITIDIERO

X

EL RELATO POLICIAL EN LA ENSEÑANZA DEL DERECHO

FERNANDO A. BERMÚDEZ

XI

DERECHO Y LITERATURA: EL CLUB DE LECTURA COMO DINAMIZADOR DEL APRENDIZAJE

ANA MARÍA VICARIO PÉREZ

XII

VÍNCULOS IUSLITERARIOS EN LA HISTORIA ARGENTINA. (DES)PLIEGUES Y (DES)ENCUENTROS DISCIPLINARES

GONZALO ANA DOBRATINICH

XIII

TRAVESÍAS DEL LENGUAJE. TRAS LAS HUELLAS DE LA JUSTICIA

GONZALO ANA DOBRATINICH

XIV

DERECHO Y CINE «HOY». EL MARCO EPISTEMOLÓGICO DE LA SIMPATÍA SMITHIANA COMO SUPERADOR DEL SELF LIBERAL-RAWLSIANO. UN ENFOQUE DESDE LA FILOSOFÍA DEL DERECHO

IKER NABASKUES MARTÍNEZ DE EULATE

XV

LA FIGURA DEL BECARIO EN LA CINEMATOGRAFÍA CONTEMPORÁNEA: PROPUESTAS PARA LA DOCENCIA JURÍDICO-LABORAL

STEFANO BINI

XVI

PERSPECTIVA DE GÉNERO Y VILLANAS: EL CASO DE DOLORES UMBRIDGE EN EL MUNDO DE HARRY POTTER

JAVIERA GONZÁLEZ MUÑOZ

XVII

EL ACOSO ESCOLAR DESDE LA PERSPECTIVA DEL CINE. UN INSTRUMENTO ADECUADO PARA ABORDAR LA RESPONSABILIDAD PENAL DE MENORES

ALMUDENA VALIÑO CES

XVIII

EL GARROTE VIL EN EL CINE ESPAÑOL A TRAVÉS DE LA OBRA *SALVADOR* (2006)

CRISTIAN SÁNCHEZ BENÍTEZ

XIX

EL SÉPTIMO ARTE COMO MEDIO DIDÁCTICO EN EL ESTUDIO DEL DERECHO PENAL

ALEJANDRO MANZORRO REYES

XX

LAS SERIES DE TELEVISIÓN O EN PLATAFORMAS *ONLINE* COMO HERRAMIENTA DE INNOVACIÓN PARA RELACIONAR LOS CONTENIDOS DE LA DOCENCIA EN DERECHO CONSTITUCIONAL

JOSÉ LUIS MATEOS CRESPO

XXI

PROYECTO DE INNOVACIÓN DOCENTE SOBRE JUSTICIA TRANSICIONAL A TRAVÉS DEL AUDIOVISUAL: LAS MADRES DE LA PLAZA DE MAYO Y EL JUICIO A LAS JUNTAS MILITARES EN LA ARGENTINA

CRISTINA ALONSO SALGADO

XXII

DERECHO PENAL Y TECNOLOGÍA A TRAVÉS DE LA SERIE *BLACK MIRROR*

EMILIO MUÑOZ CAMPAÑA

XXIII

EL USO DE LA SERIE SUITS PARA LA DOCENCIA DEL DERECHO CIVIL

MARIO NEUPAVERT ALZOLA

XXIV

BOTERO Y LOS LÍMITES DEL ARTÍCULO 35 DE LA LEY DE PROPIEDAD INTELECTUAL. ALGUNAS REFLEXIONES SOBRE LA LIBERTAD DE PANORAMA Y EL LÍMITE DE USO DE OBRAS SUSCEPTIBLES DE SER VISTAS U OÍDAS CON OCASIÓN DE INFORMACIONES SOBRE ACONTECIMIENTOS DE LA ACTUALIDAD

GEMMA MINERO ALEJANDRE

XXV

DOCENCIA DEL DERECHO EN LAS ARTES. LA EXPERIENCIA DE HABLAR SOBRE PROPIEDAD INTELECTUAL EN DISEÑO Y BELLAS ARTES

Luis Javier Capote Pérez

XXVI

EL *SOFTWARE* COMO OBJETO DE PROTECCIÓN DEL DERECHO DE AUTOR ANTE EL RETO DE LA INTELIGENCIA ARTIFICIAL

Marco Antonio Mariscal Moraza

XXVII

CONTRATO DE ENCARGO DE OBRA INTELECTUAL, PROPIEDAD INTELECTUAL Y DERECHOS DE LA PERSONALIDAD: EL CASO DE LA CAPILLA SIXTINA

COVADONGA LÓPEZ SUÁREZ

XXVIII

LA CONDICIÓN JURÍDICA DEL INDÍGENA: UN VIAJE PICTÓRICO

MARTA RODRÍGUEZ DUARTE

XXIX

¿EN QUÉ MEDIDA EL ARTE PODRÍA TENER UN SIGNIFICADO EN LA ACTIVIDAD DEL JURISTA?

AGUSTINA SANTOS CURBELO

XXX

LA REPRESIÓN JUDICIAL SOBRE EL ARTE: CASTELAO Y SU EXPEDIENTE DE RESPONSABILIDADES POLÍTICAS

ERNESTO VÁZQUEZ-REY FARTO

XXXI

INVESTIGACIÓN, DOCENCIA Y PERSPECTIVA DE GÉNERO: ESPECIAL REFERENCIA A LA INNOVACIÓN DOCENTE A TRAVÉS DEL ANÁLISIS DE CASO

CRISTINA ALONSO SALGADO

XXXII

IUS Y YOGA: INCORPORACIÓN PRÁCTICA DE LOS YAMAS A LA DOCENCIA JURÍDICA UNIVERSITARIA

SILVIA BADIOLA COCA

XXXIII

EL CONCEPTO DE «DERECHO CÁLIDO»: UNA NOCIÓN DEL DERECHO COMO FENÓMENO ARTÍSTICO BASADA EN LA PRÁCTICA

Isabel Añino Granados

XXXIV

EL CAMBIO DE *STATUS* DE LAS *OBSTETRICES* EN LA ROMA CLÁSICA: SU EQUIPARACIÓN CON LOS MÉDICOS A PROPÓSITO DE D. 50,13,1,2 (Ulp., 8: de *omn. trib.*)

M.ª de los Ángeles López-Cancio Suárez

I

PRÓLOGO. EN LOS CONFINES DEL DERECHO

Allí donde hay sociedad, hay derecho. Esta conocida expresión romana refiere lo indispensable del derecho en la vida de relación entre las personas. ¿Podría decirse lo mismo del arte? El arte es imprescindible a la existencia humana, pues es la más natural forma de expresión de los sentimientos, pensamientos y vivencias. Es una expresión sin límites, ni cánones. Es el modo como el alma encuentra su expresión más sublime.

El arte sólo se realiza en la medida que otra persona lo reconozca y se sienta tocada, conmovida, acongojada, sorprendida, admirada, deprimida, extasiada, excelsa. Esto es así porque el arte es la explosión del corazón que produce un acto de expresión humana. Sin el otro, esa obra puede existir, mas sin esa reacción, el arte no encuentra plenitud.

El arte no tiene reglas. Sus técnicas y formas de expresión son permanentemente desafiadas. En el arte no hay trasgresión, sino desafío y con el desafío amplitud de los límites. Por eso el arte ha sido siempre visto con apetecible avidez por los juristas. El derecho pensado como límite se rinde al escenario donde los límites se amplían infinitamente hasta desvanecerlos. El derecho pensado como realización de libertades, también se rinde al arte donde la realización plena del ser humano es posible sin reglas.

La presentación de un libro sobre Arte y Derecho nos invita siempre a pensar en esa seductora relación entre estas dos disciplinas. El libro que ahora presento nos plantea desde varias perspectivas esa relación, sea para investigar problemas jurídicos o para plantearse seriamente el modo como el arte puede contribuir a la enseñanza del derecho. En cualquiera de esas perspectivas el arte enseña. Enseña desde esa capacidad de imaginación, de denuncia, de constatación, de gozo, de canto y delirio. Ello porque el arte es expresión de humanidad. Es donde el alma se realiza. Es allí donde descubrimos la esencia de lo que somos. En ese descubrimiento, el arte nos hace sentir a través de las más versátiles experiencias humanas.

De esas mismas experiencias humanas se nutre el derecho. El derecho tiene vocación de regularlas. El arte sólo de nutrirse de ellas. En ese afán por regular todo, el derecho quiere esa plenitud del arte. El arte no tiene afán alguno. Sólo se muestra en los sentimientos, sin prisas, ni aspiraciones.

Los textos que este libro presenta nos invitan a recorrer por esa huidiza relación entre arte y derecho. Al hacerlo, nos llevan a los cofines del derecho, pues sólo allí es donde el derecho sabe que puede encontrar al arte. Y al buscarlo, el derecho, sin saberlo, amplía sus propios confines. Quizá aquí está la esencia de la relación entre arte y derecho. El arte mantiene al derecho vivo y vigente en la medida que le permite ampliar sus confines. Los trabajos que componen este libro nos llevan por ello a los confines del derecho y estoy seguro de que luego de su lectura los habremos ampliado.

Giovanni F. Priori Posada

Profesor principal del Departamento de Derecho de la Pontificia Universidad Católica del Perú

San Bartolo (Lima), julio de 2024

II

ARTE, DERECHO Y OLVIDO: A PROPÓSITO DE «LAS SINSOMBRERO» Y LA LEY DE AMNISTÍA

MARIEN AGUILERA MORALES
Catedrática de Derecho Procesal
Miembro de IDEIR
Universidad Complutense de Madrid

1.-Introducción

Aunque el título de este trabajo es expresivo de lo que en él se abordará, importa que ya desde sus primeras líneas queden claros su objeto y su propósito.

Comenzaré revelando, pues, los motivos de emplear los términos «Arte» y «Derecho»; y de hacerlo, además, por ese orden. Son dos:

El primero es que, si bien con el paso de los años no ha menguado mi vocación por el Derecho, sí ha aumentado mi pasión por el arte. En particular, por la literatura. Tanto es así que no me duelen prendas reconocer que, hoy día, me interesa más la literatura no jurídica que aquella otra que sí lo es y no digamos nada de la que aparenta ser tal.

El segundo motivo es la convicción de que el Derecho es arte. El *«ars boni et aequi»* al que se refiere la imperecedera definición de Celso. En contra de lo que pudiera parecer, esta opinión mía no reniega del Derecho como ciencia. Implica la idea, eso sí, de que la ciencia del Derecho debe tenerse por el arte de lo justo[1]. O de otro modo: la creencia de que, así como el arte consistente en la interpretación jurídica ha de estar preordenado a la consecución de un resultado justo según la conciencia social de la época[2], también la ciencia del Derecho debe avanzar hacia ese mismo resultado.

Sostener, como hago, que el Derecho es arte no debe tomarse, sin embargo, en el sentido de entender que el Derecho es equiparable a las manifestaciones creativas y estéticas comúnmente ligadas a las artes. Es obvio que no lo es. El artista puede dar rienda suelta a su fantasía para componer una melodía, esculpir una figura o colorear un lienzo sin preocuparse de que su obra agrade a sus contemporáneos o resulte del gusto de las generaciones venideras. El jurista, por el contrario, debe procurar tener alejado de sí todo subjetivismo y atenerse al ordenamiento vigente y al método interpretativo para llegar a una solución que —no insistiré lo suficiente en ello— ha de ser justa o, cuando menos, merecer tal consideración para el conjunto de la sociedad.

En cuanto a la última noción del trinomio —el «*olvido*»—, su empleo lo sostiene también un par de razones:

Una es histórica. Así, basta tomar por parámetro este último siglo para comprobar que, pese a los estrechos vínculos que unían a los integrantes de la Generación del 27, el devenir de los años sólo mantuvo indemnes a ellos. A CERNUDA, BUÑUEL, ALBERTI, DALÍ o a GARCÍA LORCA. En cambio, la persona y la obra de ellas cayeron injustamente en el olvido. Injusta y paradójicamente —añado—, pues no se entiende que hoy se fomenten políticas educativas igualitarias, y que, sin embargo, los libros de texto de nuestros estudiantes no mencionen la pertenencia a la también conocida como Edad de Plata de «Las Sinsombrero»: un grupo de mujeres que transformó el panorama cultural y artístico de la convulsa España de entonces.

La otra razón es actual. Se diría incluso que está de moda. Y es que, como a todos alcanza, una de las consecuencias del panorama político resultante de las elecciones generales celebradas el pasado 23 de julio en España es la intensificación de la polémica sobre el mayor de los olvidos que puede darse en

1 *Cfr*. BIONDI, Biondo, Arte y ciencia del Derecho, Ariel, Barcelona, 1953, p. 156.

2 *Ibidem*, pp. 159 y 160.

el Estado de Derecho moderno. Me refiero, naturalmente, al olvido de aquellas conductas que, por resultar más reprobables al conjunto de la sociedad, son tipificadas como delitos y sancionadas con penas. A la amnistía. Sobre las razones de esta polémica —que es política pero también jurídica— no me pronunciaré por el momento. No silenciaré, en cambio, lo que en este orden de cosas tiene igualmente tintes de paradoja: la de que en España se legisle y articulen políticas públicas para la recuperación de la llamada Memoria histórica o democrática y, al tiempo, se pretenda encerrar nuestra historia más reciente «*Allá, allá lejos; Donde habite el olvido*»[3].

Cuanto acaba de señalarse arroja luz, como anunciaba, sobre el objeto y propósito de las páginas que siguen:

A la sazón, en ellas se analizará si la excepcional figura de la amnistía tiene encaje en nuestra Constitución y, más allá, si es posible hablar de una amnistía justa y compatible con el constitucionalismo democrático. Todo un reto personal, en la medida en que la cuestión implica fundamentalmente a disciplinas jurídicas distintas de la mía y de que no me tengo por ninguna experta en el llamado derecho de gracia.

Aderezarán el análisis algunas referencias a la Generación del 27 y, más en particular, a las artistas que formaron parte de ella[4]. Aunque no son todos, mencionaré ya algunos de sus

---

3 Las palabras entrecomilladas pertenecen a otro de los grandes del 27: Luis CERNUDA. En concreto, forman parte del libro *Donde habite el olvido.* publicado en 1934, y se corresponden con la última estrofa del celebérrimo poema del mismo nombre al que han puesto notas musicales artistas de renombre, como Joaquín SABINA y Enrique MORENTE.

4 Las más de estas referencias se han aprovechado de las investigaciones realizadas por la productora y directora de cine BALLÓ COLELL, Tània. Productos de esas investigaciones son el documental *«Las Sinsombrero»*, co-producido por TVE en 2015, https://www.rtve.es/play/videos/las-sinsombrero/ (fecha de consulta: 28 de noviembre de 2023), así como los libros de su autoría BALLÓ COLELL, Tània, *«Las Sinsombrero». Sin ellas la historia no está completa*, Espasa, Madrid, 2016; y BALLÓ COLELL, Tània, *«Las Sinsombrero». 2. Ocultas e impecables*, Espasa, Madrid, 2018. Otras fuentes consultadas han sido los trabajos de GARCÍA JARAMILLO, Jairo, *La mitad ignorada (En torno a las mujeres intelectuales de la segunda república)*, Devenir el otro, Madrid, 2013; y de BIANCO, Serena, «"Las Sinsombrero": mujeres olvidadas de la generación del 27», en ROMANO MARTÍN, Yolanda; VELÁZQUEZ GARCÍA, Sara (Coords.), *Las inéditas voces femeninas más allá del silencio*, Ediciones Universidad de Salamanca, Salamanca, 2018, pp. 21-33, así como la prolija información disponible en la web sobre «*Las Sinsombrero*», en general, y

nombres: Maruja MALLO, Ernestina de CHAMPOURCÍN, María Teresa LEÓN, Carmen CONDE y María ZAMBRANO.

El aderezo —huelga decirlo— es mi particular forma de quitarme el sombrero ante quienes, un siglo atrás, hicieron otro tanto en señal de rebeldía y reivindicación de su talento. Parte del propósito de las próximas páginas será, por tanto, rendir tributo a aquellas mujeres olvidadas.

Junto con lo anterior, procurarán dar «respuesta artística» a la consabida cuestión de si la amnistía tiene cabida en nuestra Constitución y puede tenerse como concreción del valor Justicia. Esto es, buscarán una solución que, haciendo abstracción del contexto político en el que se ha reavivado la polémica y de todo subjetivismo, atienda a los dictados de la hermenéutica, se sirva de la argumentación jurídica y se acomode a la concepción actual de la Justicia. Adelanto que, en esto, me serviré del canon de interpretación de las normas previsto en el Título preliminar de nuestro Código Civil (en adelante, CC)[5], y que, si bien traeré argumentos y contraargumentos ya apuntados por mejores plumas que la mía, abundaré en aquellos otros que caen de lleno en el marco del Derecho Procesal.

2.-El sombrío encaje constitucional de la amnistía

2.1.-Interpretación literal

Maruja MALLO.- Durante un paseo por la madrileña Puerta del Sol, LORCA, DALÍ, Margarita MANSÓ y Maruja MALLO se

sobre cada una de sus integrantes, en particular.

5 Recurrir a las reglas de integración e interpretación normativa del Código Civil para tomar postura sobre la constitucionalidad o inconstitucionalidad de una eventual ley de amnistía, no resta a reconocer que esas reglas ni son vinculantes para su máximo intérprete, ni agotan las técnicas interpretativas que pueden emplearse respecto de la Carta Magna. *Vid.*, en este sentido, ALONSO GARCÍA, Enrique, *La interpretación de la Constitución*, Centro de Estudios Constitucionales, Madrid, 1984, esp. pp. 77 y ss. Soy de la opinión, no obstante, que el empleo de las consabidas reglas —o, si se prefiere, del tradicional método interpretativo— es lo que mejor se acomoda al mentado propósito de abordar la cuestión de la manera más objetiva posible.

despojaron de sus respectivos sombreros; un gesto inadmisible para la sociedad de la época, que respondió a la gamberrada con unas cuantas piedras. Se conoce —diría años después la propia Maruja MALLO o Marúnica, como gustaba en llamarse— que por no llevar sombrero nos identificaban con el tercer sexo. Y añadía a modo de explicación: «*se nos ocurrió lo del sombrero como una forma de descongestionar las ideas*». En el caso de ellos, la ocurrencia no requería de explicaciones. Si algo caracterizaba a aquel grupo de amigos, era la abundancia de ideas, de creatividad. De hecho, la propia Maruja MALLO es una de las grandes exponentes del surrealismo español. En sus primeros años, la pintora gallega apostó por el color y las verbenas. Más adelante, por la oscuridad y las sombras. Su obra más conocida: *Espantapájaros*.

***

Como la postrera obra de Maruja MALLO, el encaje de la amnistía en la Constitución puede tenerse por un asunto sombrío. Doblemente sombrío, si se me apura. De un lado, porque no ha recibido luz de nuestro Tribunal Constitucional[6]. Y, de otro lado, porque enfrenta a quienes afirman como posible el encaje y quienes niegan que la amnistía tenga cabida en nuestra *Lex legis*[7].

---

6 En este sentido, *vid*. RUIZ ROBLEDO, Agustín, «¿Respalda el Tribunal Constitucional la amnistía?, El Español, 6 de octubre de 2023» https://www.elespanol.com/opinion/tribunas/20231006/respalda-tribunal-constitucional-amnistia-sostienen-partidarios/799790022_12.html (fecha de consulte: 6 de octubre de 2023). Aunque a título de *obiter dicta*, el Tribunal Supremo sí se ha pronunciado explícitamente sobre esta cuestión, posicionándose a favor de la tesis de que una ley de amnistía estaría al margen de la Constitución. Así, *v. gr.*, STS (Sala 3.ª) de 20 de noviembre de 2013.

7 Entre los juristas que, en principio, no ven reparos constitucionales a una futura ley de amnistía se encuentran LINDE PANIAGUA, Enrique, «La clemencia (amnistía e indulto) a la luz de la jurisprudencia de los Tribunales Supremo y Constitucional y del Código Penal de 1995», *Boletín del Ministerio de Justicia*, núm. 1823, 1998, esp. pp. 1415 y ss.; PÉREZ DEL VALLE, Carlos, «Amnistía, Constitución y Justicia material», *Revista Española de Derecho Constitucional*, núm. 61, enero-abril de 2001, pp. 187 y ss.; PEDREIRA GONZÁLEZ, Félix María, *En defensa del indulto: Un ensayo sobre la institución jurídica del indulto, su problemática penal y las razones que justifican su pervivencia*, Tirant lo Blanch, Valencia, 2020, p. 166; PÉREZ ROYO, Javier, «Sobre la constitucionalidad de la ley de amnistía», *El Diario.es*, 2 de agosto de 2023,

La principal razón de la discrepancia se halla en la propia

https://www.eldiario.es/contracorriente/constitucionalidad-ley-amnistia_132_10425250.html (fecha de consulta: 2 de agosto de 2023); MARTÍN PALLÍN, José Antonio, «La amnistía: es constitucional, es democrática y es necesaria», *El Diario.es*, 5 de agosto de 2023, https://www.eldiario.es/opinion/tribuna-abierta/amnistia-constitucional-democratica-necesaria_129_10426584.html (fecha de consulta: 5 de agosto de 2023); REQUEJO PAGÉS, Juan Luis, «La amnistía no es inconstitucional, pero no todo lo constitucional es aceptable en política», publicado también en *El Diario.es*, 25 de agosto de 2023, https://www.eldiario.es/catalunya/juan-luis-requejo-pages-amnistia-no-inconstitucional-no-constitucional-aceptable-politica_1_10457657.html (fecha de consulta: 25 de agosto de 2023); SILVA SÁNCHEZ, Jesús María, «Sinrazones para la amnistía», diario *ABC*, 4 de septiembre de 2023, https://www.abc.es/opinion/jesus-maria-silva-sanchez-sinrazones-amnistia-20230904181551-nt.html (fecha de consulta: 4 de septiembre de 2023); DELGADO BARRIO, Joaquín, «Una amnistía arbitraria», diario *El Mundo,* 26 de octubre de 2023 https://www.elmundo.es/espana/2023/10/26/65394a42e4d4d8f32a8b45a3.html (fecha de consulta: 25 de octubre de 2023); y LASCURAÍN SÁNCHEZ, Juan Antonio, «¿Amnistía? Sí, pero no», diario *El Mundo*, 27 de octubre de 2023 https://www.elmundo.es/opinion/columnistas/2023/10/27/653a428bfc6c83b6708b4574.html (fecha de consulta: 27 de octubre de 2023). Entre las voces que alertan sobre la inconstitucionalidad de una eventual ley de amnistía se encuentran, por su parte, las de GIMBERNAT ORDEIG, Enrique, «La imposible amnistía», diario *El Mundo*, 9 de octubre de 2019, https://www.elmundo.es/opinion/2019/10/09/5d9cbca6fc6c8354228b4578.html (fecha de consulta: 9 de octubre de 2019), también en «Indultos generales y amnistías», diario *ABC*, 24 de septiembre de 2023, https://www.abc.es/opinion/enrique-gimbernat-indultos-generales-amnistias-20230924164741-nt.html (fecha de consulta: 24 de septiembre de 2023); ARAGÓN REYES, Manuel,, «La constitución no permite la amnistía», diario *El Mundo*, 29 de agosto de 2023 https://www.elmundo.es/opinion/2023/08/29/64ec70a921efa095458b4597.html (fecha de consulta: 1 de septiembre de 2023); RAMOS TAPIA, Inmaculada, y RUIZ ROBLEDO, Agustín, «¿Se olvidó la Constitución de la amnistía?», *Diario La Ley*, núm. 10345, 11 de septiembre de 2023, pp. 1-8; OLLERO TASSARA, A, «La Constitución no habla de amnistía porque entiende que España no es una dictadura», *El Independiente*, 6 de septiembre de 2023, https://www.elindependiente.com/espana/2023/09/06/andres-ollero-la-constitucion-no-habla-de-amnistia-porque-entiende-que-espana-no-es-una-dictadura/ (fecha de consulta: 6 de septiembre de 2023); TAJADURA TEJADA, Javier, «Estado constitucional y amnistía», diario *ABC*, 11 de septiembre de 2023, https://www.abc.es/opinion/javier-tajadura-tejada-estado-constitucional-amnistia-20230911173541-nt.html (fecha de consulta: 11 de septiembre de 2023); y REDONDO HERMIDA, Álvaro,

Constitución o, más propiamente, en lo que silencia, pues su texto no menciona la amnistía. A lo que sí se alude en él es al indulto, aunque para prohibir los de índole general —esto es, la medida de gracia referida a un conjunto indeterminado de personas que tienen en común haber cometido un mismo tipo de delito o estar sufriendo una misma pena, pero que no atiende, como sucede con el indulto particular, a las circunstancias específicas de cada una de esas personas—. Así, entre las funciones que corresponden al Rey, el literal i) del artículo 62 de la Constitución (en adelante, CE) incluye: «*Ejercer el derecho de gracia con arreglo a la ley, que no podrá autorizar indultos generales*».

Pues bien, la lectura que algunos hacen de aquel silencio se resume en la máxima kelsiana «*lo que no está expresamente prohibido está permitido*». Se razona así que, puesto que lo prohibido *expressis verbis* en nuestra Carta Magna son los indultos generales y no la amnistía, nada hay en ella que obste a su regulación legal.

En el reverso de la moneda, hay quienes del silencio constitucional extraen la lectura contraria. En esto parten de la premisa consistente en que los poderes públicos no se encuentran en una situación de libertad sino de sujeción al ordenamiento jurídico. A diferencia, por tanto, de los ciudadanos que pueden hacer todo menos aquello que está expresamente prohibido, los poderes públicos sólo pueden hacer lo que les está expresamente permitido. Por este camino se defiende que las Cortes Generales no escapan al principio de sujeción y, por ende, que no pueden dar cobertura a la amnistía, dado que nuestra Constitución no permite su regulación legal como, por cierto, sí hacen otras constituciones de nuestro entorno geográfico más cercano.

Y así es, ciertamente. Algunas constituciones europeas sancionan de modo explícito la posibilidad de dar cobertura legal a la amnistía:

Es el caso de la Constitución portuguesa, cuyo artículo 161 incluye entre las competencias de la Asamblea de la República «*f) conceder amnistías y perdones generales*»; previsión

«Una nueva ley de amnistía es inconstitucional», en diario *La Razón*, 15 de octubre de 2023, https://www.larazon.es/opinion/nueva-ley-amnistia-inconstitucional_20231015652b175490d39 d00011 90956.html (fecha de consulta: 15 de octubre de 2023).

que sirvió de marco para la aprobación en su día de una Ley de amnistía de la que se beneficiaron varios miembros de una organización terrorista encabezada por quien fue símbolo de la llamada Revolución de los Claveles o, más recientemente —este pasado verano y con motivo de la Jornada Mundial de la Juventud—, para aprobar otra Ley de olvido respecto de determinados delitos cometidos por jóvenes de entre dieciséis y treinta años.

Es el caso, igualmente, de la Constitución francesa, cuyo artículo 34 preceptúa la regulación por ley de las reglas concernientes a la amnistía, y que ha dado pie a la aprobación por la Asamblea Nacional de diferentes leyes de amnistía, como la animada por la finalidad de restaurar la unidad nacional tras la Guerra de Argelia o la relativa a las revueltas protagonizadas por los independentistas del Frente Socialista de Liberación Nacional de Canaco o Nueva Caledonia.

También el artículo 79 de la Constitución italiana establece que la amnistía sólo puede ser otorgada por ley, que ha de ser aprobada, además, por una mayoría de dos tercios en cada una de las Cámaras parlamentarias respecto de cada uno de sus artículos y respecto de la votación final.

Y lo mismo el artículo 47 de la Constitución griega, que anuda a la amnistía a su aprobación por ley, pero sólo respecto de delitos políticos y excluyendo los delitos de Derecho común.

Con todo, no ha de ocultarse que, en algún otro país próximo al nuestro, el silencio constitucional no ha supuesto ninguna traba para la aprobación de leyes de amnistía. El ejemplo en esto es Alemania. Así, pese a que la Constitución alemana no se refiere a la amnistía en su articulado, desde la Segunda Guerra Mundial se han sucedido varias leyes acordándola. Ahí están, para acreditarlo, las llamadas leyes de impunidad de las que se beneficiaron quienes cometieron delitos durante el nazismo o las aprobadas junto a las reformas penales que tuvieron lugar en la década de los 90 del siglo pasado y que, entre otros delitos, destipificaron la homosexualidad.

En vista de esto último —hablo ya en primera persona—, salta a la vista que el argumento comparado no resulta concluyente respecto de la cuestión que nos ocupa. Tampoco el sentido propio de las palabras de la Constitución. *Rectius:* su silencio. No, por sí solo.

2.2.-Aplicación analógica o interpretación extensiva

Ernestina de CHAMPOURCÍN.— En apariencia, la más diferente de «Las Sinsombrero». En lo esencial, no tanto. Perteneció a una familia aristócrata y culta que fomentó su pasión por la lectura y el estudio. Pronto, sin embargo, emprendió un rumbo muy distinto de los valores en los que había sido educada. Frecuentó el Lyceum, defendió la República y, como tantas otras artistas de su Generación tuvo que exiliarse al estallar la Guerra Civil. Tras su regreso a España, sufrió un segundo exilio; éste entre los suyos y por amar a Dios entre todas las cosas. A Él dedicó buena parte de sus poemas. Todos ellos intimistas, como el que reproduzco a continuación:

> «Carta al vacío»
> Es escribir a alguien
> o lanzarse al silencio,
> a nadar en lo oscuro,
> a encender una llama
> aunque ahoguen las dudas.
> ¿Carta a lo que no existe?
> Hay buzones alados
> que se disparan solos y un correo sin pistas
> ni trayecto seguro
> Eludir el camino
> que todos conocemos.
> Seguir hacia adelanteruta de los que intentan
> lo que nunca pensaron
> y se sienten felices
> porque hay algo distinto,
> porque se desvanece
> de pronto lo que sobra
> y no existe el vacío
> si queremos colmarlo.

***

El silencio constitucional sobre la amnistía puede tomarse como un vacío que hay que colmar. Como una laguna susceptible de ser integrada mediante la aplicación analógica (art. 4.1 CC) o la interpretación extensiva, y tomando como parámetro la mencionada prohibición de los indultos generales *ex* artículo 62 i) CE[8].

Así lo hacen, de hecho, quienes reconociendo la principal distancia que separa el indulto general de la amnistía —aquél borra la pena, ésta el delito—, tienen a ambas figuras como categorías pertenecientes al género derecho de gracia[9]. En esta consideración, se recurre al argumento *a minori ad maius* para defender que la Constitución prohíbe la amnistía. Si los Padres de la Constitución —arguyen— convinieron en prohibir el indulto general, cuanto más una medida de alcance mucho mayor como es la amnistía.

El argumento anterior encuentra su réplica en quienes ven en la amnistía una forma de legislación penal especial caracterizada por excluir la pena con efectos retroactivos. O en negativo: en quienes rechazan que la amnistía sea una prerrogativa de gracia y, por lo mismo, la existencia de *eadem ratio* entre prohibir aquélla y el indulto general.

Vistos unos y otros argumentos —pienso yo—, tampoco parece que la aplicación analógica o la interpretación extensiva proporcionen una respuesta categórica a la cuestión que aquí nos ocupa. No, nuevamente, por sí solas.

---

8 Los contornos que distinguen la analogía de la interpretación extensiva no son fáciles de trazar; al punto de que la distinción entre aquélla y ésta ha llegado a considerarse como *«un semplice parto della fantasía dei giuristi»*. La expresión es recogida por CERDEIRA BRAVO DE MANSILLA, Guillermo, «Analogía e interpretación extensiva: una reflexión (empírica) sobre sus confines», *Anuario de Derecho Civil*, 65 (3), 2012, p. 1008.

9 Aunque la amnistía es más extensa en sus efectos que el indulto general, ambas figuras presentan notas comunes. Una de ellas es que suelen concebirse como expresión de la voluntad soberana, por lo que se considera que el poder idóneo para autorizar una y otra medida es el Legislativo. Otra nota común es su generalidad, en el bien entendido de que tanto el indulto general como la amnistía se autorizan con carácter objetivo e impersonal, esto es, no en consideración a las circunstancias personales de quienes se benefician de aquél o de ésta, sino en atención a la infracción o al tipo de delito cometido. En el caso de la amnistía, empero, esa nota de generalidad puede limitarse por el legislador a cierto tipo de delitos cometidos en un período de tiempo, así como incluir o excluir determinadas modalidades de delitos, tipos de infractores o móviles en su comisión. Sobre todo ello, *vid.* FIERRO, Guillermo José, *Amnistía, indulto y conmutación de penas*, Hammurabi, Buenos Aires, 1999, pp. 100 y ss.

2.3.-Interpretación histórica

María Teresa León.– Unos dicen que era afable y cariñosa. Otros que prepotente y autoritaria. De hecho, se cuenta que un día Damaso Alonso comentó a Alberti: «*creíste que te casabas con Doña Jimena y te casaste con el Cid campeador*». María Teresa León fue, en efecto, la mujer de Alberti. Sin embargo, comparado con lo excelso y nutrido de su obra, su matrimonio con el autor de *Marinero en Tierra* es simple anécdota. Poeta, dramaturga, ensayista y traductora, su contribución a la llamada literatura del exilio fue enorme. Su obra más representativa es *Memoria de la melancolía*; autobiografía a la que pertenece el siguiente fragmento: «*No sé quién solía decir en mi casa: hay que tener recuerdos. Vivir no es tan importante como recordar*».

***

Es recurrente acudir al criterio histórico para afirmar o negar la constitucionalidad de una posible ley de amnistía. En lo que ahora interesa, el recuerdo de nuestros juristas se retrotrae a los cuarenta y cinco años transcurridos desde la aprobación de nuestra Carta Magna y, antes aún, a su propia génesis.

A la luz, justamente, de los trabajos preparatorios de la Constitución, quienes defienden *in genere* la constitucionalidad de una ley de amnistía rechazan que, en la voluntad de las Cortes constituyentes, estuviera prohibirla. Su rechazo descansa en el que aquellos trabajos coincidieron en el tiempo con la conocidísima Ley 46/1977, de 15 de octubre, de Amnistía, aprobada por esas mismas Cortes en aras de buscar la reconciliación de los españoles tras la dictadura franquista y allanar la transición al régimen democrático[10]. O lo que viene

10 No es de extrañar por esto que el Tribunal Constitucional haya dicho respecto de esta Ley que la amnistía que en ella se regula «*es una operación jurídica que, fundamentándose en un ideal de justicia (STC 63/1983), pretende eliminar, en el presente, las consecuencias de la aplicación de una determinada normativa —en sentido amplio— que se rechaza hoy por contraria a los principios inspiradores de un nuevo orden político* (...)». *Cfr.* STC 147/1986, de 25 de noviembre. En este mismo orden de cosas, conviene recordar que a esta Ley 46/1977 precedieron el Real Decreto-ley 10/1976, de 30 de julio *sobre* Amnistía (BOE núm. 186, de 4 de agosto de 1976), y el Real Decreto-ley 19/1977, de 14 de marzo, sobre

a ser igual: en la idea de que sería incoherente que una Constitución refrendada sobre la base de una amnistía previa, prohibiera esta misma figura para el futuro. A este argumento suman la aprobación postconstitucional de las llamadas leyes de amnistía fiscal —la de 1984, 1991 y 2012— y, más allá, el actual tenor del artículo 666.4.ª de la Ley de Enjuiciamiento Criminal (en adelante, LECrim), que contempla la amnistía y el indulto como artículos de previo pronunciamiento o, más claramente, como circunstancias que conducen a sobreseer libremente el proceso penal y a la puesta en libertad de los encausados.

Por su parte, quienes niegan que la amnistía tenga cabida en la Constitución niegan asimismo que el argumentario anterior sea atinado:

Primero, porque al Anteproyecto del texto constitucional del 78 se presentaron dos enmiendas para incluir la amnistía en su texto y ninguna de ellas prosperó[11].

Segundo, porque las vulgarmente conocidas como leyes de amnistía fiscal no lo eran en rigor. Al cabo, no pudieron acogerse a ellas quienes en el momento de la entrada en vigor de esas leyes estaban siendo investigados por un delito fiscal ni tampoco los ya efectivamente condenados.

Finalmente, y en lo que atañe al artículo 666.4.ª LECrim, el desatino se atribuye a que siendo éste un precepto preconsti-

medidas de gracia (BOE, núm. 65, de 17 de marzo de 1977).

11 La primera de esas enmiendas (núm. 504) se presentó por el Grupo Mixto y proponía la siguiente redacción respecto del que finalmente fue el artículo 66 CE: *«Las Cortes Generales, que representan al pueblo español, ejercen la potestad legislativa sin perjuicio de lo dispuesto en el Título VIII, otorgan amnistías, controlan la acción del Gobierno y tienen las demás competencias que les atribuye la Constitución»*. La segunda enmienda (núm. 744), formulada por un Diputado del Grupo Parlamentario UCD, pretendía incorporar al Título referido al Poder Judicial, un artículo con el siguiente tenor *«Se prohíben los indultos generales. Los individuales serán concedidos previo informe del Tribunal Supremo y del Fiscal del Reino en los casos y por el procedimiento que los establezcan. Las amnistías sólo podrán ser acordadas por el Parlamento»*. Como se indica en texto, en lo relativo a la amnistía, ambas enmiendas fueron rechazadas en el Informe de la Ponencia (BOCG, núm. 82, de 17 de abril de 1978, pp. 1557 y 1558, y p.1584, respectivamente).

tucional no puede servir de base para la justificación constitucional de la amnistía. Así lo creo yo también:

La redacción del artículo 666.4.ª LECrim trae causa del Real Decreto de 14 de septiembre de 1882, que la heredó de la Compilación de 1879 y ésta, a su vez, de la Ley Provisional de Enjuiciamiento Criminal de 1872[12]. Por aquellos años finiseculares, la Constitución de 1869 sancionaba expresamente la amnistía[13], con lo que nada de particular tenía que la Ley de Enjuiciamiento Criminal se refiriese a ella. Tras la Constitución del 78, sin embargo, la alusión a la amnistía devino caduca como tantas otras nociones que hoy perviven en el texto de la Ley procesal penal (así, *v. gr.*, las relativas a los jueces municipales o a las multas expresadas en pesetas anudadas al incumplimiento de determinados deberes procesales). Prueba de esta caducidad es que la amnistía ya no figura entre las causas de extinción de responsabilidad penal previstas en el Código Penal vigente. Y hay más pruebas. Así, salvo error u omisión, en esta última mitad de siglo, exceptuando la Ley 46/1977 —hoy, por cierto, vigente y aplicable[14]—, el artículo 666.4.ª LECrim no ha sido aplicado ni una sola vez por nuestros tribunales penales. Es más: que se me alcance, ningún procesalista patrio sostiene su vigencia, en la idea de que la amnistía no cabe en nuestra Constitución y de que el indulto (particular, claro es) no puede operar *lite pendente*, dado que sólo puede concederse tras dictarse una sentencia condenatoria firme[15].Tras el tenor artículo 666.4.ª LECrim, en definitiva,

12 *Cfr.* Medina Cepero, Juan Ramón, «El origen histórico de las cuestiones o artículos de precio pronunciamiento: el porqué de una figura jurídica obsoleta», *Boletín del Ministerio de Justicia*, año 55, núm. 1877, 2001, esp. pp. 705 y ss.

13 Así lo da a conocer Requejo Pagés, Juan Luis, «Amnistía e indulto en el constitucionalismo histórico español», *Revista electrónica de Historia Constitucional*, núm. 2, 2001, pp. 89 y ss. En él, ciertamente, nos revela que la Constitución de 1869 (art. 74) permitía al Rey conceder amnistías e indultos generales siempre que una ley especial le facultara a ello.

14 Se expresan con rotundidad en este sentido las SSTS 101/2012, de 27 de febrero y 138/2021, de 17 de febrero, así como el AAN de 22 de octubre de 2018 y el AAP de Madrid (Sección 2.ª) 608/2018, de 28 de septiembre.

15 Entre otros muchos, Chozas Alonso, José Manuel, «Los artículos de precio pronunciamiento y su tratamiento procesal», *Tribunales de Justicia*, núm. 11, 1998, esp. pp. 1078-1079; Medina Cepero, Juan Ramón, *Los cinco artículos de previo pronunciamiento de la Ley de*

sólo cabe ver, una de estas dos cosas: o un precepto afectado por inconstitucionalidad sobrevenida o un precepto no derogado por desidia del legislador. *Tertium non datur*.

De cuanto aquí va expuesto cabe concluir que los argumentos que toman por eje los cuarenta y cinco años de vigencia de nuestra Constitución carecen de peso para sostener o negar el respaldo constitucional de una futura ley de amnistía. Otra cosa resulta de los antecedentes legislativos de nuestra Carta Magna pues, a su albur, no parece que en la voluntad de los Padres de la Constitución estuviera permitir para el futuro lo que, en el presente de entonces, convenía a los planes democráticos. Que la aprobación de la Constitución y la Ley 46/1977 fuera coincidente en el tiempo no desdice este parecer. Antes bien, lo reafirma. No en vano, por la misma época y con motivo de la proclamación del Rey de España, también se concedió un indulto general[16] sin que ello obstara a la prohibición constitucional de los indultos generales, posiblemente —apostillo— porque lo pretendido con el veto era poner coto al uso que de esta clase de indultos se hizo durante la dictadura franquista[17].

2.4.-Interpretación sistemática y teleológica

Carmen CONDE.– Ser la primera mujer en ingresar en la Real Academia Española explica que sea la más conocida de «Las Sinsombrero». Le precedieron cuatrocientos cinco académicos y una relación tan velada como intensa con Amanda JUNQUERA. Carmen conoció a Amanda al estallar la Guerra Civil y, sin pronombres y entre metáforas, la amó durante medio siglo; hasta que el alzhéimer engulló su recuerdo. Quien fuera también maestra, cultivó el cuento, el ensayo, la antología, el teatro y, sobre todo, la poesía. Fue Juan Ramón JIMÉNEZ quien le ayudó a publicar sus primeros poemas. Sin embargo, es a ella —sólo a ella— a quien debemos la más bella de las defi-

---

Enjuiciamiento Criminal: un análisis crítico, Ediciones Revista General de Derecho, Valencia, 2000, esp. pp. 258 y ss.

16 *Cfr*. Real Decreto 388/1977, de 14 de marzo. BOE núm. 66, de 18 de marzo de 1977.

17 Más de una docena se concedieron entonces; algunos, por cierto, muy cuestionados, como el acordado con ocasión de la elección del Papa Pablo VI o de la celebración del Año Santo Compostelano.

niciones acuñadas para el género: «*la poesía es el sentimiento que le sobra al corazón y te sale por la mano*».

***

Como la poesía, hay silencios en la Constitución cuyo sentido se revela nítido de mano de las propias normas constitucionales y de la finalidad que les guía. Silencios —parafraseando el artículo 3.1 CC— a los que se puede poner voz atendido el contexto y, especialmente, el espíritu y finalidad de sus previsiones.

Una vez más, no obstante, no hay avenencia en si una interpretación sistemática y teleológica de la Constitución permite sostener como posible una futura ley de amnistía:

En el primer extremo de la balanza —el de la posibilidad— se posicionan quienes, como se señaló, ven en la amnistía no una medida de gracia, sino una ley penal caracterizada por excluir la pena con efectos retroactivos. Desde esta perspectiva, la amnistía encuentra respaldo en el artículo 9.3 CE, toda vez que, leído *a contrario*, el precepto en cuestión permite el dictado de normas retroactivas favorables a los derechos individuales.

El otro extremo de la balanza —el de la imposibilidad— lo ocupan quienes tienen a la amnistía por la más drástica de las manifestaciones del derecho de gracia. O de otra forma: quienes ven en la amnistía una medida que, al margen de sus connotaciones y de su regulación específica, (i) aprovecha *subjetivamente* a quienes están sujetos a un proceso penal pendiente y a los condenados en firme; y (ii) opera *objetivamente* como una causa de extinción de la responsabilidad penal, comportando en consecuencia que no se abra el proceso penal para la persecución de quienes participaron en los delitos a los que se extiende la gracia, que se acuerde el sobreseimiento libre respecto de quienes estuvieran siendo juzgados por ellos y que dejen de cumplirse las penas y se cancelen los antecedentes penales respecto de quienes ya fueron condenados. Pues bien, desde esta otra visión, se considera que una futura ley de amnistía no supera el filtro de constitucionalidad por chocar con algunos de los principios y valores de nuestra Carta Magna. En este sentido, es generalizada la apelación (i) al principio de legalidad (art. 9.3 CE), en tanto una ley de amnistía no responde a la exigencia de generalidad que es consustancial al concepto mismo de ley; (ii) al principio de seguridad jurídica (art. 9.3 CE), en tanto una ley del género prescinde de la intangibilidad de las decisiones de los órganos jurisdiccionales; y (iii) al derecho a la igualdad (art. 14 CE), en tanto representa para los amnistiados una situación de privilegio de la que no disfrutan las personas a las que no se extiende el olvido. Muy reiterada también es la invocación al «principio de monopolio jurisdiccional» (art. 117.3 CE), al que se tiene por la expresión constitucional del principio de división de poderes.

Hasta aquí, muy sintéticamente, los argumentos esgrimidos en favor y en contra de la constitucionalidad de una futura ley de amnistía. A la luz de unos y otros es inconcuso que los que avalan la tesis de la inconstitucionalidad son más que los que sostienen la tesis de la constitucionalidad. También, desde mi punto de vista, son más convincentes:

De una parte, porque, aunque se niegue respecto de la amnistía la naturaleza de una medida de gracia, lo que no cabe negar es que una ley de amnistía es cosa distinta de una ley penal con efectos retroactivos favorables. A la postre, la retroactividad favorable de una ley penal presupone que determinados comportamientos hasta entonces típicos no resultan merecedores de reproche penal ni actualmente ni para el futuro y, consecuentemente, que tampoco son merecedoras de reproche penal aquellas personas que cometieron tal clase de comportamientos en el pasado. Una ley de amnistía, en cambio, ni supone despenalización presente o futura de las conductas a las que se extiende el olvido, ni afecta *in totum* a las conductas cometidas en el pasado, sino sólo a las realizadas por ciertas personas y/o en cierto tiempo y/o con cierta intencionalidad. Siendo esto así, la tesis que defiende la constitucionalidad de la amnistía sobre la base de una lectura *a contrario* del artículo 9.3 CE —creo yo— no se sostiene.

Y, de otra parte, porque los principios y derechos constitucionales arriba aludidos no dejan margen a una ley de amnistía. Es verdad que, aunque en menor medida, la figura del indulto particular choca con esos mismos principios y derechos, y no por ello se considera inconstitucional. Ahora bien, si esto último es así es porque el texto constitucional ampara expresamente el ejercicio de la prerrogativa de gracia[18] o, si

18 Nótese que, además del artículo 62 i), otros dos preceptos constitucionales se refieren al indulto: el artículo 87.3, que proscribe la iniciativa popular en lo relativo al derecho de gracia; y el artículo 102.3, que excluye la posibilidad de concederlo para el Presidente y los demás

se prefiere, porque el Constituyente entendió en su día que, en determinadas circunstancias, la Justicia debe prevalecer frente a la aplicación estricta del Código Penal.

Llegados a este punto me permito abrir un paréntesis para traer a la vista lo que, en este orden de cosas escribe el Profesor Julio BANACLOCHE PALAO: «*(...) el* único *fundamento constitucional que puede predicarse actualmente del derecho de gracia es el que lo vincula con la necesidad de hacer justicia, que es un valor superior del ordenamiento jurídico (art. 1.1. CE) y que supone dar a cada cual lo que le corresponde, esto es, retribuir a cada uno como se le debe. En algunas ocasiones, la aplicación estricta de la ley (y, en particular, de la ley penal, que es la que más afecta a la libertad y dignidad de las personas) no conduce a resultados justos, sino más bien insospechadamente perversos (summum ius, suma iniuria), y por esto resulta necesario reconducirla a unos extremos más razonables a través de diversos mecanismos, entre los que se hallan las medidas de gracia. Así sucede, v.gr., cuando la pena es claramente desproporcionada en el relación con el delito cometido y no puede corregirse esa situación mediante las previsiones del Código Penal; o cuando la condena llega tan tardíamente (...) que el delincuente ya no es la misma persona que cometió el delito, de modo que, en lugar de contribuir a su reeducación o resocialización, el cumplimiento de la pena podría producir su reintegración en el mundo criminal; o cuando la conducta del interno le hace merecedor de una reducción de su pena que le permita adelantar su puesta en libertad; o si se ha descubierto un error judicial y no hay otra forma de evitar que se cumpla (o continúe cumpliéndose) la condena impuesta*»[19].

Pues bien, la pregunta que en este contexto cabe hacerse es, ¿sería constitucionalmente admisible una ley de amnistía si ésta, como el indulto particular, tuviera por fundamento razones de Justicia?

Dejo por el momento la pregunta en el aire, para centrarme en las objeciones hechas a la amnistía desde la perspectiva del principio de monopolio jurisdiccional; objeciones que,

miembros del Gobierno.

19 *Cfr.* BANACLOCHE PALAO, Julio, «Algunas reflexiones sobre la regulación del indulto al hilo del caso del procés», *Teoría & Derecho. Revista De Pensamiento jurídico*, núm. 30, 2021, p. 27.

como procesalista, comparto, pero que creo necesitadas de algún matiz y, más allá, de una adición. Me explico:

Cuando se invoca el principio de monopolio de la jurisdicción se piensa en que dar carta de naturaleza legal a la amnistía supone consentir la intromisión del Poder legislativo en las funciones *«de juzgar y hacer ejecutar lo juzgado»* que el artículo 117.3 CE confía exclusivamente a jueces y tribunales. Bien mirado, no obstante, el principio constitucional que opera como barrera a las posibles extralimitaciones del Poder legislativo (y ejecutivo) en el marco jurisdiccional no es aquel de monopolio, sino el de principio de reserva de jurisdicción. Sea como fuere, el matiz que entiendo necesario hacer no tiene que ver con que la amnistía choque con tal o cual principio, cuanto con que, tratándose de ella, los términos «intromisión» o «extralimitación» resultan eufemísticos. Lo correcto es hablar de «privación» o «negación». Porque no es que con la amnistía el legislador se arrogue funciones jurisdiccionales, como hace el Parlamento estadounidense a través de la figura del *impichment*. Y tampoco es que con la amnistía se jibarice una parte de la función jurisdiccional, como sucede con el indulto particular respecto de la ejecución de las penas. El efecto de la amnistía es más extremo y radical. Supone subyugar la función de investigar y enjuiciar las conductas delictivas. Borrar el delito, pero también —lo diré—ningunear la labor ya realizada por nuestros tribunales, erigiéndose asimismo en obstáculo insalvable a aquella otra labor jurisdiccional que respecto de los hechos delictivos reste por realizar.

Esto último conecta con la adición que avanzaba y que —aclaro ahora— atañe a otro precepto constitucional de alcance procesal. Aludo al poliédrico derecho fundamental a la tutela judicial efectiva (24.1 CE) al que tan intensamente puede afectar la amnistía cuando los hechos a los que se extienda sean de aquellos que causen víctimas[20]. A la sazón,

20 De hecho, el Tribunal de Estrasburgo considera inadmisible la amnistía cuando afecta a víctimas de *«graves violaciones de derechos humanos»*. Así en Marguš c. Croacia, de 13 de noviembre de 2012, la Gran Sala consideró de capital importancia que las víctimas, sus familiares y herederos conozcan la verdad en casos de violaciones masivas de derechos tan fundamentales como el derecho a la vida, y que se reconozca para todos ellos el derecho a una investigación judicial eficaz y, en su caso el derecho a una reparación. Sobre esta sentencia y, más ampliamente, sobre la tibia posición que hasta hace poco mantenían

en la medida en que nuestras actuales leyes procesales reconocen a los ofendidos y perjudicados por los delitos el derecho a ejercitar a la acción penal, se considera que este derecho —el *ius ut procedatur*— forma parte de aquel otro a la tutela judicial efectiva y, por lo mismo, que las víctimas ostentan un derecho fundamental a poner en marcha el proceso penal, a que éste se sustancie de conformidad con las reglas del proceso justo, y a que puedan obtener una respuesta razonable y jurídicamente fundada[21]. Obviamente, a nada de esto podrían aspirar las víctimas de los delitos a los que se extienda la amnistía. Y, por descontado, también las víctimas quedarían privadas de su derecho a un proceso de ejecución, esto es, a la tutela judicial consistente en que las penas previamente impuestas se hagan realmente efectivas.

3.-Amnistía y justicia

María ZAMBRANO.— Aunque la biblioteca de mi Universidad lleva su nombre, confieso que era poco lo que sabía de ella antes de escribir estas páginas. Apenas nada. Que estudió Filosofía en la entonces llamada Universidad Central de Madrid y que fue la más destacada discípula de ORTEGA Y GASSET. Desconocía, en cambio, la fragilidad de su salud desde la niñez, su afán juvenil por ser caballero templario y su pertenencia, siendo ya adulta, a las Misiones Pedagógicas: uno de los proyectos más emblemáticos de la Segunda República, que permitió llevar el arte y la cultura a los lugares más recónditos de la España de entonces. Ignoraba asimismo que, además de plasmar su pensamiento filosófico en centenares de artículos y ensayos, María ZAMBRANO escribió sobre CERVANTES y GALDÓS, sobre San Juan DE LA CRUZ y VELÁZQUEZ. Y, en mi ignorancia, me pasó también desapercibido el dato de que, en la versión que escribió sobre Antígona, subyace un

los órganos del Consejo de Europea sobre la amnistía, *vid.* CHINCHÓN ÁLVAREZ, Javier, «Las leyes de amnistía en el sistema europeo de Derechos Humanos. De la decisión de la Comisión en Dujardin y otros contra Francia a la Sentencia de la Gran Sala en Marguš contra Croacia: ¿Progresivo desarrollo o desarrollo circular?, *Revista de Derecho Comunitario europeo*, septiembre-diciembre de 2015, pp. 909-947.

21 *Cfr.* SSTC 190/2011, de 12 de diciembre, FJ 3; y 1/2023, de 6 de febrero, FJ 3, entre otras muchas.

claro mensaje de rechazo al abuso del poder y de apelación a nuestra conciencia.

***

Como ilustra el mito de Antígona, no toda ley —por muy elevado que sea su rango— merece el calificativo de justa. En este sentido, llega el turno de enfrentar la pregunta que antes dejé en el aire: ¿es constitucionalmente admisible una ley de amnistía si ésta responde, como el indulto particular, a exigencias materiales de Justicia?

La respuesta que, en mi opinión, se impone es un no. Las razones de la negativa ya las he ido deslizando: la génesis de nuestro texto constitucional y su interpretación conforme a criterios sistemáticos y teleológicos llevan a decantarme por la tesis de que la amnistía no tiene encaje en nuestra actual Constitución.

Pero, hagamos un ejercicio de imaginación y partamos de la hipótesis consistente en que el método interpretativo no es concluyente respecto de la cuestión que aquí nos ocupa o de que lo es, pero en el sentido de entender —como algunos defienden— que nuestra Constitución sí permite la amnistía. ¿Sería admisible entonces una ley de amnistía que responda a razones de Justicia?

Me atrevería a decir que todos nosotros contestaríamos instintivamente a la pregunta con un sí. Ahora bien, si prescindimos de los estímulos emotivos que suscita la palabra «Justicia» y analizamos racionalmente la cuestión, seguramente la respuesta ya no será tan rotunda y unánime. Y no lo será porque, como se ha escrito, el ideal de Justicia es una idea ética y permeable a las contradicciones en las que se debate la sociedad del momento[22]. O, en otros términos: porque la respuesta dependerá —aquí sí— de las concretas connotaciones de la ley que dé cobertura a la amnistía, y, sobre todo, de que, en el momento de la aprobación de esa ley, su significación político-criminal tenga el suficiente peso como para consentir la renuncia del deber que incumbe al Estado de investigar y castigar las conductas tipificadas como delito y como para tolerar un trato de favor a los autores de esas conductas.

En este orden de consideraciones, dudo que alguien pueda poner en cuestión una ley de amnistía dirigida a solventar un

22 LATORRE, Ángel, *Introducción al Derecho*, Ariel, Barcelona, 1994, p. 48.

conflicto de dimensión similar al que aconteció en España durante la Guerra Civil y la posterior dictadura franquista. Al contrario, como demuestra la experiencia, la consecución de la paz en procesos de implantación o restauración del orden democrático y la expectativa de que esa paz perdure hacen aconsejable —deseable, incluso— el dictado de este tipo de leyes a las que, no por casualidad, se les califica como «*leyes de justicia transicional*».

De la misma manera, creo que también cabría tener por justa una ley de amnistía que acompañara a una ley de derogación de normas penales obsoletas, como ocurrió en Alemania con la homosexualidad, o como podría haber sucedido en nuestro país de no haberse derogado en su día los delitos de amancebamiento y el adulterio.

Más discutible —creo— sería una ley de amnistía similar a la aprobada por nuestro país vecino el pasado verano con ocasión de la visita del Papa Francisco y la celebración de la Jornada Mundial de la Juventud.

Y poco o nada discutible sería el rechazo de una ley de amnistía que, en vez de orientarse hacia el bien común o el interés general, tuviera por exclusivo fundamento razones de oportunidad política y por única finalidad dispensar un trato de favor a determinadas personas para obtener un rédito político. Tal ley, en efecto, no sólo sería inconstitucional por contraria a la interdicción de la arbitrariedad de los poderes públicos (art. 9.3 CE), sino que también sería tachada de injusta por buena parte de la sociedad española. Por mí, la primera.

4.-Conclusión

Me sirvo de la etimología como preludio de lo que quiero concluir:

«Amnistía» proviene del griego «ἀμνηστία», que quiere decir amnesia. El vocablo está formado con el prefijo negativo «*a*» y el verbo «*mimnéskein*», que quiere decir recordar. Este último verbo comparte raíz con la voz «μνήμη», que significa memoria y del que procede el nombre Mnemósine: la madre, según la mitología griega, de las nueve divinidades encargadas de inspirar y proteger las ciencias y las artes, esto es, de las Musas.

Pues bien, en lo que hace a «Las Sinsombrero» —y esta es mi primera conclusión— me parece reprobable cubrir con un manto de olvido a quienes recibieron la inspiración de las Musas para deleite de todos cuantos tenemos la posibilidad de admirar o criticar sus cuadros, disfrutar o reprobar sus escritos, o replantearnos nuestra propia existencia.

Mi segunda conclusión es que, aunque en abstracto y excepcionalmente, sea admisible en un Estado de Derecho arropar con el manto del olvido los delitos cometidos y las penas impuestas, nuestra Constitución no permite esa prenda; menos aún, si está confeccionada sobre la base de intereses que, en verdad, no se corresponden con el interés general.

Aunque obvia, reservo para el final la conclusión que me parece más importante: en la enseñanza del Derecho, como en la de cualquier otra ciencia o arte, la idea básica que conviene transmitir a nuestros alumnos es la de que ningún avance es posible si se prescinde del instrumento adecuado, se llame cincel, bolígrafo o hermenéutica.

5.-Adenda

A los pocos días de finalizar la redacción de este trabajo, la anunciada ley de amnistía se materializó en la llamada «Proposición de Ley Orgánica de amnistía para la normalización institucional, política y social en Cataluña».

Como paladinamente revela su Exposición de Motivos, esta iniciativa toma como premisa que la amnistía es «*un mecanismo constitucional*». Sobre esta base, se presenta a sí misma como una «*decisión política adoptada bajo el principio de justicia*», cuyo fundamento se encuentra en la consecución de un interés general: garantizar la convivencia dentro del Estado de Derecho y superar el llamado «*conflicto catalán*».

Obviamente, en lo que hace a la constitucionalidad de la amnistía, la Proposición de Ley Orgánica hace suyos los argumentos referidos *supra* por quienes defienden la adecuación de la figura a los valores, principios y derechos consagrados en nuestra Carta Magna. Es más: en ella también se recurre a otros «argumentos» cuya validez, por sesgada o imprecisa, resulta tanto o más discutible que la de los anteriores, Así, *v. gr.*, que la amnistía es una institución «*plenamente homologada*» por el Derecho de la Unión y sus instituciones; que el Tribunal Constitucional ha dejado clara su constitucionalidad; y, en fin, que es una figura a la que da pábulo nuestro ordenamiento a nivel autonómico y estatal. Como digo, todos estos argumentos me parecen endebles e imprecisos, al punto de que auguran una literatura jurídica tanto o más voluminosa que la producida cuando la ley de amnistía era tan sólo un posible.

Mas, en mi opinión, el verdadero *punctum dolens* del texto que ahora inicia su andadura parlamentaria estriba en su fundamento. A la postre, atendidos los resultados de las elecciones generales que están en el origen de esta iniciativa, no se percibe «*la desafección de una parte sustancial de la sociedad catalana hacia las instituciones estatales*» ni, por lo mismo, la necesidad de recurrir a una medida excepcional como la amnistía «*de acuerdo con el interés general*» y en aras de la convivencia. Todo lo contrario[23]. A tenor de las numerosas declaraciones procedentes del sector jurídico contra la amnistía y de las multitudinarias movilizaciones de la ciudadanía española en igual sentido, se diría que la iniciativa, lejos de estar en sintonía con el interés general, ha abierto una brecha en el conjunto de nuestra sociedad. Ha roto la convivencia.

***

«Mira:
me gustas porque sabes
decir mentiras.
Si dijeras verdades
no me gustarías.
¡Qué dulce que sabe
la mentira!
Es buena,
noble,
decisiva.
Y la verdad
¡qué tonta y desabrida!
Siempre igual,
esperada, conocida.

23 De hecho, a la luz de los votos obtenidos por las formaciones políticas que obtuvieron escaño en la Comunidad autónoma catalana en esas elecciones, más de la mitad de la sociedad catalana —el cincuenta y cinco con cincuenta y nueve por ciento— se decantó en favor de quienes en aquel momento defendían la inviabilidad de la amnistía, mientras que el resto de formaciones que clamaba a su favor recabó únicamente el treinta y ocho con sesenta y dos por ciento de los votos.

¡En cambio la mentira
qué dulce,
amarga compañera mía!
Te quiero,
porque sabes decir mentiras».

(Josefina DE LA TORRE).

6.-Bibliografía

Alonso García, Enrique, *La interpretación de la Constitución*, Centro de Estudios Constitucionales, Madrid, 1984.

Banacloche Palao, Julio, «Algunas reflexiones sobre la regulación del indulto al hilo del caso del procés», *Teoría & Derecho. Revista De Pensamiento jurídico*, núm. 30, 2021.

Balló Colell, Tània, *«Las Sinsombrero» 2. Ocultas e impecables*, Espasa, Madrid, 2018.

Balló Colell, Tània, *«Las Sinsombrero». Sin ellas la historia no está completa*, Espasa, Madrid, 2016.

Bianco, Serena, «"Las Sinsombrero": mujeres olvidadas de la generación del 27», en Romano Martín, Yolanda; Velázquez García, Sara (Coords.), *Las inéditas voces femeninas más allá del silencio*, Ediciones Universidad de Salamanca, Salamanca, 2018.

Biondi, Biondo, *Arte y ciencia del Derecho*, Ariel, Barcelona, 1953.

Cerdeira Bravo de Mansilla, Guillermo, «Analogía e interpretación extensiva: una reflexión (empírica) sobre sus confines», *Anuario de Derecho Civil*, 65 (3), 2012.

Chinchón Álvarez, Javier, «Las leyes de amnistía en el sistema europeo de Derechos Humanos. De la decisión de la Comisión en Dujardin y otros contra Francia a la Sentencia de la Gran Sala en Marguš contra Croacia: ¿Progresivo desarrollo o desarrollo circular?», *Revista de Derecho Comunitario europeo*, septiembre-diciembre de 2015.

Chozas Alonso, José Manuel, «Los artículos de precio pronunciamiento y su tratamiento procesal», *Tribunales de Justicia*, núm. 11, 1998.

Fierro, Guillermo José, *Amnistía, indulto y conmutación de penas*, Hammurabi, Buenos Aires, 1999.

García Jaramillo, Jairo, *La mitad ignorada (En torno a las mujeres intelectuales de la segunda república)*, Devenir el otro, Madrid, 2013.

Latorre, Ángel, *Introducción al Derecho*, Ariel, Barcelona, 1994.

Linde Paniagua, Enrique, «La clemencia (amnistía e indulto) a la luz de la jurisprudencia de los Tribunales Supremo y Constitucional y del Código Penal de 1995», *Boletín del Ministerio de Justicia*, núm. 1823, 1998.

Medina Cepero, Juan Ramón, «El origen histórico de las cuestiones o artículos de precio pronunciamiento: el porqué de una figura jurídica obsoleta», *Boletín del Ministerio de Justicia*, año 55, núm. 1877, 2001.

Medina Cepero, Juan Ramón, *Los cinco artículos de previo pronunciamiento de la Ley de Enjuiciamiento Criminal: un análisis crítico*, Ediciones Revista General de Derecho, Valencia, 2000.

Pedreira González, Félix María, *En defensa del indulto: Un ensayo sobre la institución jurídica del indulto, su problemática penal y las razones que justifican su pervivencia*, Tirant lo Blanch, Valencia, 2020.

Pérez del Valle, Carlos, «Amnistía, Constitución y Justicia material», *Revista Española de Derecho Constitucional*, núm. 61, enero-abril de 2001.

Ramos Tapia, María Inmaculada; **Ruiz Robledo, Agustín**, «¿Se olvidó la Constitución de la amnistía?», *Diario La Ley*, núm. 10345, 11 de septiembre de 2023.

Requejo Pagés, Juan Luis, «Amnistía e indulto en el constitucionalismo histórico español», *Revista electrónica de Historia Constitucional*, núm. 2, 2001.

III

LA DECLARACIÓN DE LA VÍCTIMA EN LOS PROCESOS POR DELITOS SEXUALES: ALGUNOS APUNTES A PARTIR DE *MIRA A ESA CHICA*, DE CRISTINA ARAÚJO GÁMIR

ANA RODRÍGUEZ ÁLVAREZ
Profesora Contratada Doctora de Derecho Procesal
(acreditada a Profesora Titular)
Universidade de Santiago de Compostela

1.-Introducción

En el año 2022, la escritora Cristina ARAÚJO GÁMIR se alzó por unanimidad con el XVIII Premio Tusquets con su novela debut *Mira a esa chica*. En ella nos cuenta la historia de Miriam Dougan, una adolescente que, recién cumplida la mayoría de edad, es víctima de una violación grupal. A través de una narración polifónica que combina la segunda con la tercera persona, la autora transita por el antes, el durante y el después de la comisión de un delito de tamaña gravedad.

Algunos aspectos de la historia de Miriam nos recordarán, inevitablemente, al caso de la Manada de Pamplona. Con todo, sin perjuicio de que ciertos detalles puedan estar inspirados en él, la autora se sirvió de otros muchos testimonios de víctimas de agresión sexual. De hecho, no fue lo acontecido en los sanfermines el germen de esta novela, sino un reportaje sobre las pruebas y controles médicos a los que las víctimas se tienen que someter en los meses siguientes a la agresión[1].

A partir de ahí —y de un modo similar al empleado por Joyce Carol OATES en *Hermana mía, mi amor*—, Cristina ARAÚJO compone un *collage* en el que se combina magistralmente la narración tradicional con conversaciones de whatsapp, transcripción de interrogatorios judiciales o fragmentos de sentencia. Sin embargo, en mi opinión, la mayor dificultad a la hora de escribir esta novela no radica en la diversa tipología de textos que la componen (cada uno sometido a sus propias reglas y códigos), sino en abordar un tema tan delicado sin caer en el cliché, el morbo o las ideas hueras. Pese a las complicaciones de esta empresa, la autora, lejos de limitarse a salir airosa, ha superado la prueba con nota.

Como es fácil imaginar en vista de su temática, son múltiples los aspectos jurídicos que podrían ser analizados en esta historia: desde el consentimiento, hasta los juicios paralelos, pasando por la declaración de los acusados, las periciales médicas, los vídeos y las conversaciones de mensajería instantánea como prueba, la prisión preventiva, el sistema de

---

1 Así lo ha contado, por ejemplo, en la entrevista concedida a *La voz de Galicia*: «*Un día me encontré un reportaje sobre las pruebas médicas a las que se tiene que enfrentar una chica después de una violación, algo que yo ni siquiera me había planteado. Se pone mucho el foco en las secuelas psicológicas que, claro, al final son las más duraderas y las que más te pueden luego llevar a muchos más problemas, aunque hayan pasado años, pero también hay una parte muy importante de la salud física ahí involucrada. Hasta que leí ese artículo, creía que se daba solo la píldora del día después, no me imaginaba una vacuna de la hepatitis, todos los antibióticos de la gonorrea y la sífilis, medicación del VIH y su seguimiento... análisis espaciados durante varios meses. Lo físico lo relacionaba más con la violencia del momento, con un desgarro o algo así, pero no con pruebas y pastillas. Y empecé a pensar en esos añadidos de preocupación a los que no habíamos prestado atención, quise darles más protagonismo. Me estudié todas las fases del trauma, cuándo llega la tristeza o la ansiedad, cuándo predomina más la depresión, cuándo hay más rabia, cuándo hay más culpabilidad, cómo se van sucediendo y a la vez también simultaneándose y, así, fui componiendo los capítulos*». *Cfr*. VIÑAS, MARÍA, «Cristina Araújo, Premio Tusquets: "El verdadero infierno llega tras la violación, las víctimas tienen que pasar un año con pruebas y pastillas"», *La voz de Galicia*, 27 de diciembre de 2022. Disponible en: https://www.lavozdegalicia.es/noticia/fugas/2022/12/16/span-langgl-violan-tienes-pasar-spans-pan-langgl-ano-pruebas-pastillasspan/0003_202212SF16P4991.htm.

recursos o la necesidad de modernizar el lenguaje jurídico, entre otros. Sin embargo, dadas las limitaciones de espacio, en las siguientes páginas me centraré en ciertos aspectos relativos a la declaración de la víctima[2].

2.-Las declaraciones de Miriam: algunas reflexiones desde la perspectiva procesal

Miriam Dougan, la protagonista de *Mira a esa chica* dista de ser la «víctima ideal»: es desinhibida, hace comentarios procaces, se insinúa a los chicos... de modo que, cuando se inicia el proceso judicial, su testimonio se pone inmediatamente en entredicho. No se trata, desde luego, de una experiencia exclusiva de Miriam, ni de una licencia propia de la ficción: como es bien sabido, la credibilidad de las víctimas de violencia sexual se cuestiona con una vehemencia que no tiene parangón si la confrontamos con los testimonios de víctimas de otros delitos.

No quisiera que se malinterpretaran mis palabras: en los procesos por delitos sexuales, al igual que en el resto de procesos penales, debe regir la presunción de inocencia, base de un sistema penal garantista. Igualmente —y vinculado con lo anterior—, no puede concederse una suerte de presunción de veracidad a la declaración de la víctima: para que un acusado pueda ser condenado debe practicarse prueba de cargo suficiente que permita acreditar, más allá de toda duda razonable, su participación en el delito.

Ahora bien, sentada esta incuestionable base, no podemos negar tampoco la realidad: que, como consecuencia de prejuicios y estereotipos arraigados desde antiguo[3], los procesos

2 Para un análisis más detallado de esta y otras cuestiones sobre la aplicación de la perspectiva de género al proceso, me remito a mi monografía más reciente: Rodríguez Álvarez, Ana, *Perspectiva de género y prueba*, Thomson Reuters Aranzadi, Cizur Menor (Navarra), 2024.

3 Como muestra de lo históricamente arraigados que están estos prejuicios y estereotipos podríamos citar el proceso celebrado en 1612 en Roma en el que fue juzgado el pintor Agostino Tassi, acusado de violar a la también pintora Artemisia Gentileschi. De dicho proceso se conservan las actas, las cuales pueden leerse en Menzio, Eva (Ed.), *Artemisia Gentileschi. Cartas precedidas de las Actas del proceso por estupro*, Cátedra, Madrid, 2016, p. 189. Sobre este caso, véase tam-

por delincuencia sexual son especialmente revictimizantes y, si bien en los últimos años se han producido mejoras tanto en la letra de la ley como en la práctica forense, todavía hoy la protección que se otorga a las víctimas dista de ser óptima. Sobre todo cuando no se ajustan a ese perfil idealizado al que hacía referencia.

Ciertas preguntas a las que Miriam se enfrenta en su interrogatorio reflejan perfectamente estos prejuicios y estereotipos: «¿No *es más cierto que en un mensaje de móvil dijo que se había depilado, y perdone la expresión, para follar?*»[4]. Una pregunta que, dada su impertinencia —y no me refiero sólo en sentido coloquial, sino también técnico—, debería ser inadmitida por el tribunal. Si nos fijamos, además de que su contenido no guarda relación con el objeto del proceso, el interrogante desliza a modo de subtexto una idea peligrosa: que el hecho de que una persona manifieste su deseo de mantener sexo está ligado con el eventual consentimiento prestado en una concreta relación.

Avanzando un poco más en el relato podemos leer las respuestas de Miriam a otro interrogatorio del que no constan las preguntas. De ellas se desprende que se le pide que explicite si la noche de autos había hecho bromas de contenido sexual, al igual que en las conversaciones que había mantenido con uno de los procesados en los días anteriores a los hechos[5].

Por si esto no fuera ya suficiente, las respuestas a preguntas impertinentes continúan: «*Sí, le mandé fotos de mis pechos por Whatsapp. Después me he sentido muy culpable, no tenía que haberlo hecho...* (...) *cuando entramos en el portal... No sé, no pedí auxilio porque no me imaginaba lo que iba a pasar.* (...) *Sí, claro que tuve miedo, empecé a ponerme nerviosa... pero no me planteé escapar. No sé por qué... Eran muchos, y yo... Sólo me quedé en blanco..., y me dejé llevar*»[6].

bién RODRÍGUEZ ÁLVAREZ, Ana, «Tres reflexiones sobre la (des)igualdad en torno a la vida y la obra de Artemisia Gentileschi», en FIGUERUELO BURRIEZA, Ángela; POZO PÉREZ, Marta del (Dirs.), *Enseñar en igualdad de género: aspectos multidisciplinares*, Thomson Reuters Aranzadi, Cizur Menor (Navarra), 2022, pp. 203 y ss.

4 ARAÚJO GÁMIR, Cristina, *Mira a esa chica*, Tusquets, Barcelona, 2023, p. 45.

5 ARAÚJO GÁMIR, Cristina, *Mira a esa chica*, *op. cit.*, pp. 89 y 90.

6 ARAÚJO GÁMIR, Cristina, *Mira a esa chica*, *op. cit.*, p. 101.

Aunque por desgracia se siguen formulando, en nuestro ordenamiento jurídico existe base legal más que suficiente para impedir que las víctimas deban responder a preguntas improcedentes plagadas de prejuicios y estereotipos. Por ejemplo, el 709 LECrim, tras afirmar que el presidente del tribunal no permitirá que el testigo conteste a preguntas o repreguntas capciosas, sugestivas o impertinentes, dispone: «*El Presidente podrá adoptar medidas para evitar que se formulen a la víctima preguntas innecesarias relativas a la vida privada, en particular a la intimidad sexual, que no tengan relevancia para el hecho delictivo enjuiciado, salvo que, excepcionalmente y teniendo en cuenta las circunstancias particulares del caso, el Presidente considere que sean pertinentes y necesarias. Si esas preguntas fueran formuladas, el Presidente no permitirá que sean contestadas.* (...)».

Con todo, a pesar de los excesos que en ocasiones se cometen en las salas de Justicia, lo cierto es que la jurisprudencia también da cuenta de ejemplos de buena praxis. Véase, entre otras, la STS (Sala de lo Penal, Sección 1.ª) 767/2013, de 25 de septiembre:

> «La Sala ha examinado el contenido de las preguntas que fueron declaradas impertinentes por la Audiencia Provincial y no puede sino coincidir con el criterio de los Jueces de instancia. Así por ejemplo, la pregunta dirigida a María Virtudes, acerca de "...si le gusta tener relaciones sexuales con gente desconocida", según explica ahora el recurrente, "...pretendía acreditar (...) que la testigo es una persona promiscua y con una valoración de las relaciones sexuales desinhibida y que existió consentimiento en la relación sexual que mantuvo con el Sr. Luis Manuel". Fue lógica la reacción del Presidente del Tribunal cuando rechazó esa forma de interrogar y recordó al Letrado de la defensa que "... a quien se está juzgado es a su cliente". Pero es que, al margen de la corrección de ese juicio de impertinencia, el discurso argumental que late en el motivo parece sugerir que una persona promiscua en el ámbito sexual —dato no acreditado respecto de la víctima— tiene por ello limitada la protección penal frente a los ataques de los que sea víctima. Es evidente que ni la promiscuidad ni la desinhibición sexual, debilitan el bien jurídico libertad para aceptar o excluir cualquier relación sexual.

> Impedir que la víctima contestara a la pregunta de por qué no tenía desgarros anales —indicando el Presidente que esa pregunta había de formularse a los peritos—; o por qué aparecía en algunas fotos con botellas de vodka, no es sino expresión de un adecuado entendimiento por parte del Tribunal de instancia del juicio de pertinencia que ha de presidir la práctica de todo interrogatorio».

Volviendo a la novela, Miriam —al igual que tantas otras víctimas— tiene dudas acerca de interponer la denuncia: se flagela pensando si lo que ha sufrido es en realidad una violación —en buena medida por los mitos que rodean a este delito— y teme las preguntas que le harán:

> «Porque echar mano de esa palabra, violación, sería como insultar a todas las mujeres que de verdad han sido agredidas, que gritaron, que imploraron, que lucharon por escapar[7]. Mujeres que no habían mandado con anterioridad fotos de sus tetas y ni de sus bragas.
>
> ¿Cómo vas a explicárselo a la policía? ¿Dónde están las marcas, los moratones, los labios partidos?
>
> Superviviente de violación. Así lo llaman ahora. Ya no eres solo una víctima, eres una superviviente. ¿Superviviente de qué? ¿Acaso te pusieron un cuchillo en el cuello? ¿Cuándo ha estado tu vida en peligro? ¿Te amenazaron siquiera?
>
> No, señor. Si ni siquiera intentaste pararles. Ni siquiera un amago. Y entonces la policía empezará a hacer preguntas. Que por qué te fuiste con ellos. ¿Les incitaste? ¿Y de qué estuvisteis hablando? (...) Así que no. No vas a

---

7 Parte de la opinión pública también cuestiona a Miriam por no haberse resistido: *«¿Qué opináis los que lo habéis visto* [el video]*? ¿Parece que quería o que no quería? (...) yo diría que sí, porque está ahí callada haciendo de todo, y no forcejea, ni se resiste (...)». Cfr.* ARAÚJO GÁMIR, Cristina, *Mira a esa chica*, *op. cit.*, p. 181.

En el lado opuesto se encontrarían personajes como la doctora que la atiende en urgencias. Cuando Miriam reconoce que no se ha defendido de la agresión, aquella le responde: *«No pasa nada, a veces no se puede. Casi nunca, en realidad»*. De hecho, tal y como se relata un poco más adelante, los peritos médicos explicaron que una de las posibles respuestas ante este tipo de situaciones es la inmovilidad tónica, en la que la víctima adopta de manera involuntaria una actitud de pasividad. *Cfr.* ARAÚJO GÁMIR, Cristina, *Mira a esa chica*, *op. cit.*, pp. 153, 157 y 158.

denunciar»[8].

La protagonista de *Mira a esa chica* incluso llega a desear tener secuelas físicas para que no se dude de lo que cuenta: «*Te ha dado por pensar* últimamente *que ojalá tuvieras secuelas. Una infección o un trauma físico. O como poco, un desgarro de primer grado. Algo que se pudiese desinfectar y coser, algo de lo que nadie dudase*»[9].

Además de la duda sistemática acerca de la credibilidad de su testimonio, en no pocas ocasiones la víctima de un delito sexual es sometida a una suerte de inquisición general, en la que su comportamiento previo y posterior a los hechos se analiza para otorgar mayor o menor veracidad a su declaración. Y de nuevo volvemos a la «víctima ideal».

Veamos algunos fragmentos extraídos de la novela: «*Algunos testigos también afirman que la denunciante se mostró "muy cariñosa" con varios detenidos durante la noche en la que transcurrieron los hechos. Un conocido añade "que le gustaba estar en compañía de varones y que su carácter era demasiado afectuoso"*»[10]. O: «*Mira a esa chica, es la de la violación. Mírala. Comiéndose una pizza tan ancha. Mírala, sentada en un bar, bebiendo un refresco* (...). ¿No *se la ve muy relajada? Ahí, sonriendo, como si nada*»[11].

La profesora Di Corleto lo explica muy bien: se crean narrativas que «*establecen patrones sobre cómo deberían haber actuado las víctimas antes y durante el acto violento; y de esta forma determinan la manera en la que se evalúa aquello que excluye la existencia del ilícito*» —y yo añado: y después—[12].

---

8 Araújo Gámir, Cristina, *Mira a esa chica*, *op. cit.*, pp. 157 y 158.

9 Araújo Gámir, Cristina, *Mira a esa chica*, *op. cit.*, pp. 220 y 221

10 Araújo Gámir, Cristina, *Mira a esa chica*, *op. cit.*, p. 209.

11 Araújo Gámir, Cristina, *Mira a esa chica*, *op. cit.*, p. 237.

12 Corleto, Julieta di, «Límites a la prueba del consentimiento en el delito de violación», *Nueva doctrina penal*, núm. 2, 2006, p. 9.
Sobre este punto, *vid*. el ensayo Miller, T. Christian; Armstrong, Ken, *Creedme*, Libros del KO, Madrid, 2019, merecedor del Premio Pulitzer en el año 2016 y posteriormente adaptado a miniserie en la plataforma Netflix. En él se cuenta la historia de Marie, una joven criada en un ambiente desestructurado a la que no creyeron cuando denunció haber sido víctima de una violación precisamente por no ajustarse a ciertos cánones.
Junto con ello, resulta muy ilustrativa la reflexión que la escritora

Así las cosas, desde esta óptica sólo se considerarán víctimas las calificadas como ideales. Esto es, aquellas que encajen dentro de unos determinados parámetros sociales impuestos, entre los que se incluyen, por ejemplo, la «inocencia», la pasividad, la respetabilidad o su adecuación a las convenciones sociales[13].

Por fortuna, existen sentencias que atacan el estereotipo de la víctima ideal. Un ejemplo lo encontramos en la STSJ Cataluña 132/2023, de 2 de mayo:

> «Las alegaciones que hace la recurrente referida a la situación de Coro, de su modo de vida, de relacionarse, de que fuera consumidora de cannabis en el momento, o cual fuera su comportamiento posterior, en nada empece

Belén López Peiró realiza a este respecto en su libro autobiográfico *Donde no hago pie*. La autora siente culpa por no ser la víctima que todos esperan y reflexiona también sobre lo que va a tener que hacer el día que entre en sala: llevar ropa clara y recatada, quitar el pañuelo verde de su mochila (símbolo de la lucha a favor del derecho al aborto en Argentina), parecer más pequeña... Y continúa *«tengo que ser respetuosa con el juez, correcta en mis respuestas, precisa en las fechas, firme en mis negaciones, indulgente con mi abusador, simpática con el jurado; que no tengo que enojarme cuando el abogado me pregunte por qué no hablé antes, cuando diga que fabulo, que tampoco fui los veranos, cuando muestre que acusado está grande, que vino en muletas, cuando escuche a Florencia enjuiciarme, cuando diga que no tengo familia, que ni siquiera tuve hijos, como ella, y entonces no tengo nada que perder; que no tengo que faltarle al respeto a las instituciones, que no tienen por qué saber mi opinión sobre la Iglesia, mucho menos sobre la policía, que sepan que no pienso que todos los comisarios son violadores, pero que acusado sí y que por eso quiero justicia; que solo sepan que soy una buena víctima, que yo no deseo, no cojo, no salgo, no bailo, no pido, no debo, no marcho, no grito, no muerdo. Que Belén espere afuera del Tribunal por un rato». Vid.* López Peiró, Belén, *Donde no hago pie*, Lumen, Barcelona, 2022, pp. 121 y 122.
Un análisis en materia de Derecho y Literatura sobre este libro de López Peiró puede encontrarse en Rodríguez Álvarez, Ana, «Silencio, palabra y justicia: delitos sexuales y proceso judicial en la obra de Belén López Peiró», *Sudeuropa. Quadrimestrale di civiltà e cultura europea*, 2022.

13 *Vid*. Sánchez Rubio, Beatriz, «La víctima ideal en los delitos de agresión y abuso sexual. ¿Es posible evitar la victimización secundaria?», *Universitas*, núm. 38, 2022, pp. 8 y ss.; y Herrera Moreno, Myriam, «¿Quién teme a la victimidad? El debate identitario en victimología», *Revista de Derecho Penal y Criminología*, núm. 12, 2014, pp. 361 y ss.

el relato. Son más bien afirmaciones estereotipadas en el sentido de que reflejan su idea de cuál sería el comportamiento de la «víctima ideal» que, si no se cumple o no encaja en el estereotipo (afectación, denuncia inmediata entre otras) compromete lo que dice. No es así. No queda afectada la coherencia del testimonio.

No existe un comportamiento tipo de la persona que ha sufrido un episodio de agresión sexual, cada caso presenta características y factores particulares que determinan que la respuesta de la persona responda a los mismos de forma específica y no cabe establecer en esta materia pautas ni reglas generales»[14].

Igualmente, otras dos sentencias de casos mediáticos nos ofrecen algunas claves interesantes a este respecto. En primer lugar, la SAP Barcelona (Sección 21.ª) de 22 de febrero de 2024 —caso Alves—, afirma: «*ni que la denunciante haya bailado de manera insinuante, ni que haya acercado sus nalgas al acusado, o que incluso haya podido abrazarse al acusado, puede hacernos suponer que prestaba su consentimiento a todo lo que posteriormente pudiera ocurrir. Estas actitudes o incluso la existencia de insinuaciones no suponen dar carta blanca a cualquier abuso o agresión que se produzca con posterioridad; el consentimiento en las relaciones sexuales debe prestarse siempre antes e incluso durante la práctica del sexo, de tal manera que una persona puede acceder a mantener relaciones hasta cierto punto y no mostrar el consentimiento a seguir, o a no llevar a cabo determinadas conductas sexuales o hacerlo de acuerdo a unas condiciones y no otras.* (...) *Ni siquiera el hecho de que se hubieran realizado tocamientos, implicaría haber prestado el consentimiento para todo lo demás*»[15].

En segundo, la STS (Sala de lo Penal, Sección 1.ª) 930/2022, de 30 de noviembre —caso Arandina—, señala: «*No puede*

14 Véase también la SAP Tarragona (Sección 4.ª) 403/2014, de 25 de septiembre y, en particular, las observaciones que en relación a ella efectúa Hernández Moura, Belén, «Consideraciones en clave de género sobre la valoración del testimonio en delitos contra la libertad e indemnidad sexuales en atención a la jurisprudencia reciente del Tribunal Supremo», *Revista General de Derecho Procesal*, núm. 59, 2022, pp. 44 y 45.

15 Aunque excede de mis pretensiones adentrarme en el debate sobre el consentimiento, recomiendo en este punto la lectura de Serra, Clara, *El sentido de consentir*, Anagrama, Barcelona, 2024.

atribuirse a las víctimas de agresión sexual un comportamiento concreto y determinado al modo y manera que los autores de una violación consideren, o sean ellos, los que marquen cómo debe reaccionar una víctima de agresión sexual cuando lo ha sido, como si existiera una especie de "protocolización de actuaciones de víctimas de violación tras ocurrir los hechos", y que si no se siguieran esas pautas conductuales o reactivas, ello quisiera decir que las víctimas mienten. Hay que tener en cuenta que la víctima de una violación se encuentra de repente en un escenario tras el que ha sido forzada sexualmente y puede que no sepa cómo actuar, o a dónde dirigirse».

Otro aspecto en el que quisiera detenerme tiene que ver con la persistencia en la incriminación, uno de los parámetros que nuestra jurisprudencia tiene en cuenta a la hora de valorar el testimonio de las víctimas. Dicha persistencia implica que la declaración de la víctima debe mantenerse constante a lo largo de todo el procedimiento, sin contradecirse ni desdecirse.

En la novela, Miriam está preocupada porque es consciente de que existen ciertas omisiones en su declaración, algunas de las cuales fueron intencionadas. La joven tenía miedo de que, al revelar ciertos hechos, no se la creyera:

> «Hubo más de una ocasión para contar tu historia, la mañana siguiente a la noche en que todo ocurrió. Durante dos horas, en comisaría, formularon un millón de preguntas para rellenar con más chicha tu versión de los hechos. Entonces no pensaste que tuviera importancia. Ese par de omisiones. Que quizá sí que hiciste cierto tipo de comentarios, y que por alguna estúpida razón besaste al Kaplan, pero un beso de nada. Y te lo callaste, sí, porque, ¿acaso importaba? No eran más que un par de detalles que en ese momento te provocaban una vergüenza terrible, y además, solo servirían para enrevesarlo todo, para confundir a la policía y distraerlos del verdadero problema. (...)
>
> El problema, sin embargo, es que luego te reafirmaste en esta primera versión. (...) A veces, para consolarte, piensas: en realidad no cambia nada, el resultado es el mismo, me violaron»[16].

16 Araújo Gámir, Cristina, *Mira a esa chica*, *op. cit.*, pp. 254 y 255.

A pesar del temor que le provoca pensar que ha podido cometer un delito de falso testimonio, Miriam confiesa esta circunstancia a su abogado y acaba rectificando algunos extremos de su declaración. Podría pensarse entonces que concurre una falta de persistencia. Sin embargo, no es así. Como la jurisprudencia ha afirmado en reiteradas ocasiones, habrá persistencia siempre que los elementos principales del relato de los hechos se mantengan a lo largo del tiempo.

En consecuencia, en nada afecta a la persistencia que entre unas deposiciones y otras se puedan producir algunas diferencias, omisiones y contradicciones, pues ello es consecuencia natural de los propios mecanismos de la memoria y de la expresión. Es más, la posibilidad de que se produzcan estas inconsistencias aumenta a medida que lo hace el número de veces que la víctima es llamada a declarar: «*el sujeto que declara no retiene en la memoria las mismas imágenes, datos concretos y palabras en un primer momento, a las pocas fechas de haber sucedido los hechos, que cuando han transcurrido varios meses o incluso años. Y en segundo lugar, un mismo hecho no es nunca relatado o expuesto con las mismas palabras en dos ocasiones distintas por una misma persona, incluso aunque transcurra escaso margen de tiempo entre la primera y la segunda declaración... No se requiere un relato idéntico en todas las deposiciones del testigo, sino que exista una identidad sustancia.* (...) *esta Sala ha mantenido en alguna ocasión que "lo sospechoso sería un relato mimético, idéntico en todo momento"*»[17].

Vinculado con lo anterior, los tribunales suelen referirse a la progresividad de la declaración. Con ello se refieren al hecho de que no es infrecuente que las víctimas (especialmente en cierto tipo de delitos, como podrían ser aquellos que atentan contra la libertad e indemnidad sexuales) vayan aportando nuevos datos y matices a medida que sus testimonios se suceden. Y eso es así por diversas razones que pueden tener que ver no sólo con la incidencia del transcurso del tiempo en el impacto emocional que suele acompañar a este tipo de delitos, sino también con otros motivos como el temor o la vergüenza. De este modo, en ningún caso debiera esto considerarse como alteración de la realidad o falta de persistencia.

---

17 STS (Sala de lo Penal, Sección 1.ª) 108/2023, de 16 de febrero.

Yendo más allá, el Supremo ha afirmado en alguna sentencia que, además de lo señalado, las referidas circunstancias también pueden provocar que la víctima niegue en un principio los hechos para posteriormente reconocerlos. Véase el siguiente extracto de la ya citada STS (Sala de lo Penal, Sección 1.ª) 930/2022, de 30 de noviembre —caso Arandina—:

> «Las víctimas de esta clase de delitos pueden ir venciendo barreras para ir concretando más aspectos de detalle que puede que no precisaran en las primeras declaraciones, al enfrentarnos a hechos que muchas víctimas prefieren ocultar, o que el impacto del delito les provoque una merma que no les lleva a expresarse con total detalle, y que solo el paso del tiempo permite que se extiendan en los mismos. (...) Es por ello por lo que la víctima puede llevar a cabo hechos que luego se alegan en su contra pero que no pueden hacer dudar su credibilidad y que se refieren, entre otros a:
>
> 1- Silenciar los hechos de maltrato y luego relatarlos cuando decide denunciar por un hecho más grave o no poder seguir soportándolos.
>
> 2- Realizar unas primeras declaraciones más pobres en detalles y más adelante en el plenario poner más matices sobre los hechos.
>
> 3- Negar primero que los hechos han ocurrido por miedo a la reacción de su agresor, o razones de dependencia emocional o económica y luego contar la verdad».

Aparte de las razones indicadas por la jurisprudencia, BOURKE señala que precisamente los prejuicios y estereotipos de género conllevan que, a veces, las víctimas puedan deponer minimizando u ocultando algún dato a fin de evitar que, por aplicación de dichos prejuicios y estereotipos, se califique su testimonio como falso[18]. Pensemos, por ejemplo, en una víctima que, como la protagonista de *Mira a esa chica*, inicialmente no revela que intercambió mensajes explícitos con su agresor para impedir que ese dato se utilice para desacreditar su declaración[19].

---

18 BOURKE, Joanna, *Los violadores: Historia del estupro de 1860 a nuestros días*, Crítica, Madrid, 2009, p. 486.

19 Como le confiesa a su amiga Vix: «–Oculté algunas cosas cuando me las preguntaron (...). Por ejemplo..., que sí que tonteé con ellos, y también hice algunas bromas... sexuales... (...)

En definitiva, el hecho de que ciertos detalles difieran entre uno y otro testimonio no supone que este sea mendaz ni que deba descartarse su validez como prueba de cargo. En línea con la jurisprudencia de nuestros tribunales, encontramos en la novela el siguiente extracto de la sentencia de apelación:

> «Tras evaluar las matizaciones aportadas por la denunciante respecto a su primera declaración, no se infiere ningún elemento que pueda afectar a la conclusión final.
>
> La denunciante habría podido exagerar en su primer testimonio, habría podido declarar que los procesados utilizaron la fuerza, o que la metieron en el portal bajo amenazas. Sin embargo, no solo no lo hizo, sino que se ha arriesgado a una valoración negativa de su primera declaración aportando datos que podrían, en todo caso, haber beneficiado a la defensa. Se concluye, por tanto, que no existen más detalles que puedan permanecer escondidos, ya que la actitud responde a un claro sentimiento de culpabilidad»[20].

Si bien muchas cosas se han quedado en el tintero dadas las limitaciones de espacio, confío en que estas líneas hayan servido para despertar el interés por *Mira a esa chica*, una novela que, más allá de su indiscutible calidad literaria, nos ofrece un espacio de reflexión privilegiada sobre ciertos temas de plena actualidad que atañen, no sólo al mundo del Derecho, sino al conjunto de la sociedad.

3.-Bibliografía

Araújo Gámir, Cristina, *Mira a esa chica*, Tusquets, Barcelona, 2023.

Bourke, Joanna, *Los violadores: Historia del estupro de 1860 a nuestros días*, Crítica, Madrid, 2009.

–Es que..., o sea, no dije todas esas burradas que contaron ellos, te lo prometo..., pero sí que me flipé y solté algunas tonterías... Acabo de confesárselo al abogado.
–No sé, Vix... Negué esas cosas porque no me beneficiaban. Estaba acojonada... Son actitudes que me hubieran dejado muy mal (...)».
Araújo Gámir, Cristina, *Mira a esa chica*, *op. cit.*, pp. 360 y 361.

20 Araújo Gámir, Cristina, *Mira a esa chica*, *op. cit.*, p. 368.

Bueno Ramos, Any Katherin; **Coari Ramos**, Lizbeth Fiorella, «¿Juicios paralelos con perspectiva de género? De la posible influencia del "ni una menos" en las decisiones fiscales y judiciales», en VV. AA., *Juicios paralelos y procesos penales:* ¿una *nueva forma de «criminalización del garantismo»?*, Grijley, Lima, 2022.

Corleto, Julieta di, «Límites a la prueba del consentimiento en el delito de violación», *Nueva doctrina penal*, núm. 2, 2006.

Hernández Moura, Belén, «Consideraciones en clave de género sobre la valoración del testimonio en delitos contra la libertad e indemnidad sexuales en atención a la jurisprudencia reciente del Tribunal Supremo», *Revista General de Derecho Procesal*, núm. 59, 2022.

Herrera Moreno, Myriam, «¿Quién teme a la victimidad? El debate identitario en victimología», *Revista de Derecho Penal y Criminología*, núm. 12, 2014.

López Peiró, Belén, *Donde no hago pie*, Lumen, Barcelona, 2022.

Menzio, Eva (Ed.), *Artemisia Gentileschi. Cartas precedidas de las Actas del proceso por estupro*, Cátedra, Madrid, 2016.

Miller, T. Christian; **Armstrong**, Ken, *Creedme*, Libros del KO, Madrid, 2019.

Rodríguez Álvarez, Ana, *Perspectiva de género y prueba*, Thomson Reuters Aranzadi, Cizur Menor (Navarra), 2024.

Rodríguez Álvarez, Ana, «Silencio, palabra y justicia: delitos sexuales y proceso judicial en la obra de Belén López Peiró», *Sudeuropa. Quadrimestrale di civiltà e cultura europea*, 2022.

Rodríguez Álvarez, Ana, «Tres reflexiones sobre la (des) igualdad en torno a la vida y la obra de Artemisia Gentileschi», en Figueruelo Burrieza, Ángela; Pozo Pérez, Marta del (Dirs.), *Enseñar en igualdad de género: aspectos multidisciplinares*, Thomson Reuters Aranzadi, Cizur Menor (Navarra), 2022.

Sánchez Rubio, Beatriz, «La víctima ideal en los delitos de agresión y abuso sexual. ¿Es posible evitar la victimización secundaria?», *Universitas*, núm. 38, 2022.

Serra, Clara, *El sentido de consentir*, Anagrama, Barcelona, 2024.

IV

DE CÓMO RENÉ MAGRITTE Y FELISBERTO HERNÁNDEZ NOS AYUDAN A COMPRENDER MEJOR LA PRUEBA TESTIMONIAL

IGNACIO M. SOBA BRACESCO
Profesor Adjunto y Profesor Adscripto de Derecho Procesal
Universidad de la República (Uruguay)

1.-René Magritte. Esto no es un hecho, es lo que percibo, interpreto y luego declaro como un hecho

En su serie *La traición de las imágenes,* el pintor nos regala el cuadro que se conoce como «*Ceci n'est pas une pipe*» («*Esto no es una pipa*»)[1].

De un modo algo similar podríamos decir que lo que se registra en los expedientes judiciales, sea a través de la escritura o mediante la oralidad, no son hechos, son enunciados o proposiciones sobre hechos, filtrados por el lenguaje y volcados en el contexto institucional del proceso.

En el caso de los testigos, estos hacen viajar la información a través de relatos o narraciones. Si se me permite el juego de palabras, los hechos que nos narran ya no son hechos. Alguna vez (quizás) existió el hecho narrado, pero el hecho

---

1 Estudiado, entre otros, en: FOUCAULT, Michel, *Esto no es una pipa. Ensayo sobre Magritte*, Anagrama, Barcelona, 1997.

ya quedó atrás cuando aparece mediado por la percepción y por la interpretación de la persona que oficiará como testigo. Y quedará todavía más atrás cuando esa persona, en un momento posterior (ahora sí, dentro del proceso), trate de recuperar el recuerdo codificado en la memoria para reinterpretarlo y manifestarlo en su declaración (habitualmente ante un juez, rodeado de abogados y otras personas).

En el itinerario entre el hecho exterior percibido e interpretado (por vez primera) y el momento de la declaración (o declaraciones) en el proceso, muchos factores juegan un papel relevante. Los recuerdos y la declaración están potencialmente amenazados por factores endógenos y exógenos de muy diversa índole y distinto calibre: la mente humana y la memoria —funcionando normalmente o afectada por ciertas patologías—, los límites del lenguaje que emplea cada persona, la información recibida a través de redes sociales o la prensa, hasta la influencia que se ejerce en una entrevista invasiva a cargo de quienes operan en el sistema de justicia, o las distintas modalidades de preguntas o técnicas de interrogatorio, etc.

Algunas de estas cosas ya las han dicho otros, y con mucha claridad y enjundia. Autores como GONZÁLEZ LAGIER refieren a diferentes tipos de hechos, a la comunicación de percepciones a través del lenguaje, al problema de la percepción y la interpretación. En su obra distingue entre: i) el hecho externo: esto es, el hecho tal como es (el acontecimiento empírico que ha ocurrido) al margen de las percepciones e interpretaciones, sin subjetividades; ii) el hecho percibido: la percepción de esos hechos por los sentidos que permite obtener un conjunto de datos o impresiones (que el hecho externo causa en los sentidos de las personas); y iii) el hecho interpretado: la descripción o interpretación que se hace por parte de las personas de tales datos sensoriales, o sea, la interpretación que se hace de esos hechos[2].

2 Los aportes filosóficos de GONZÁLEZ LAGIER son muy claros desde el punto de vista de cómo se exponen los problemas de raíz filosófica, lingüística y/o psicológica que aquí se están considerando sucintamente. Asimismo, entiendo que dicho aporte es muy relevante desde el punto de vista procesal y probatorio por lo que corresponde remitir a su obra: GONZÁLEZ LAGIER, Daniel, *Quaestio facti. Ensayos sobre prueba, causalidad y acción,* Fontamara, México D. F., 2013, pp. 20 y 21. En similar sentido, también, VÁZQUEZ, Carmen, *De la prueba cien-*

El citado autor acude a un ejemplo muy útil para expresar que no es lo mismo el hecho real de que Juan agite su brazo, que la percepción que un observador tiene de ese movimiento (esto es, los datos sensoriales que tal hecho externo causa en su mente), ni la interpretación que se hace de esos movimientos (¿se trata de un saludo, una amenaza, un aviso de algún peligro?). Indica GONZÁLEZ LAGIER que entre el hecho externo y el hecho percibido pueden surgir problemas de percepción (entre los que menciona las características de nuestros órganos sensoriales; la posibilidad de ilusiones y alucinaciones; la interrelación percepción-interpretación o la dependencia de la percepción de factores socioculturales)[3], mientras que, entre el hecho percibido y el hecho interpretado, pueden surgir problemas de interpretación (*i. e.,* la relatividad de las interpretaciones respecto del «*Transfondo*», por el cual sujetos distintos, aun compartiendo la misma cultura, pueden hacer diferentes interpretaciones; la ausencia o vaguedad de los criterios de interpretación; la dificultad intrínseca de algunas interpretaciones, entre las que el autor destaca la dificultad de interpretar acciones intencionales de las personas)[4].

---

tífica a la prueba pericial, Marcial Pons, Madrid, 2015, p. 48.

3 Esto último se vincula, dice el autor, con nuestra red de conceptos, categorías, teorías, máximas de experiencia, recuerdos, etc. (que constituyen un trasfondo —aparece mencionado como *«Transfondo»*— necesario para interpretar los hechos). Esto dirige de alguna manera nuestras percepciones y actúa como criterio de selección de los datos sensoriales que recibimos. Agrega luego: *«Esta dependencia de la percepción respecto de factores socioculturales ha sido señalada por los psicólogos a partir de las investigaciones de la corriente conocida como new look o "teoría de los estados directivos"...»*. GONZÁLEZ LAGIER, Daniel, *Quaestio facti...*, *op. cit.*, p. 22 (véase, también, sobre hechos externos, percibidos e interpretados, y la subjetividad que incide en la interpretación, así como otras referencias a la cultura, en la misma obra citada: pp. 28 y 29).

4 GONZÁLEZ LAGIER, Daniel, *Quaestio facti...*, *op. cit.*, pp. 20-24. Aclara GONZÁLEZ LAGIER que algunos autores preferirían reservar el término *«percepción»* para la combinación de datos sensoriales y construcción interpretativa del hecho, pero en relación con la prueba —agrega el autor— puede ser pertinente tener en cuenta que en la construcción del hecho puede haber problemas puros de percepción, problemas puros de interpretación y problemas generados por la interacción entre percepción e interpretación. Véase, además de la obra citada en la nota anterior, GONZÁLEZ LAGIER, Daniel, «Hechos y conceptos», *Cuadernos electrónicos de filosofía del derecho*, núm. 15, 2007; GONZÁLEZ

En definitiva, todo esto sirve para apuntalar la idea de que el relato o narración que presenta el testigo al declarar ya no representa el hecho o acontecimiento percibido, es más bien fruto de una reconstrucción o reinterpretación de hechos alguna vez percibidos e interpretados.

Si bien la prueba testimonial históricamente ha generado desconfianza y aún hoy nos enfrenta a muchos desafíos[5], algo avanzamos en superar la conceptualización clásica de la declaración testimonial como declaración representativa[6]. Parece que hoy en día comprendemos un poco mejor la declaración testimonial. Avanzamos en su comprensión y también en algunas precauciones a la hora de interrogar o de valorar. Pero todavía falta y, a pesar de los esfuerzos por la interdisciplinariedad, mucho ignoramos.

Mientras no se abandone esta forma de introducir información al proceso (a través de la declaración de personas)[7],

---

LAGIER, Daniel, «Prueba, hechos y verdad», en FERRER BELTRÁN, Jordi (Coord.), *Manual de Razonamiento Probatorio,* SCJN, México, 2022, pp. 1-46.

5 Sobre la desconfianza respecto a la prueba testimonial, lo que ha llevado a declarar su inadmisibilidad, por ejemplo, para la prueba de las obligaciones civiles de cierto monto: SOBA BRACESCO, Ignacio M., *La prueba testimonial y pericial. Su protagonismo en el proceso jurisdiccional, lecciones y desafíos*, CEJI, México D. F., 2023, pp. 32-36.

6 SOBA BRACESCO, Ignacio M., «De la declaración representativa a la reconstructiva. Las opiniones de los testigos y el caso del testigo técnico», *Revista Ítalo-española De Derecho Procesal*, núm. 2, 2019, pp. 67-90. Posición que luego he desarrollado en mis obras sobre la prueba testimonial, la más reciente: SOBA BRACESCO, Ignacio M., *La prueba testimonial y pericial..., op. cit.* Otros autores también han constatado este cambio en cómo se debe conceptualizar la prueba testimonial. A modo ilustrativo: JULIÀ-PIJOAN, Miquel, «Un análisis del fundamento de la declaración del testigo ocular como medio de prueba, a partir de la investigación empírica», *Revista Ius et Praxis*, vol. 29, núm. 2, 2023, pp. 44-63.

7 Ha dicho NIEVA FENOLL: *«El interrogatorio, pese a algunos esfuerzos para revitalizarlo, ha entrado en crisis como medio de prueba. Es posible incluso que acabe desapareciendo de la práctica habitual ante el abrumador valor superior que tienen a efectos de convicción las actuales pruebas biológicas y tecnológicas, pero también las que implican otros saberes científicos bastante más fiables que escuchar hablar a una persona intentando averiguar intuitivamente si dice la verdad...».* *Cfr.*, NIEVA FENOLL, Jordi, «El interrogatorio de menores: una prueba

seguiremos reflexionando, investigando, debatiendo para intentar superar la improvisación, optimizando las herramientas que tenemos a mano a la hora de gestionar la admisibilidad, el diligenciamiento y la valoración de la testimonial.

2.-Felisberto Hernández y los recuerdos

Felisberto Hernández (1902-1964), en *Por los tiempos de Clemente Colling* (1942), nos deja un párrafo de una belleza literaria superior para explicar los juegos de la memoria mejor que lo que lo hacen muchos psicólogos del testimonio o juristas. Leamos: «*Los recuerdos vienen, pero no se quedan quietos. Y además reclaman la atención algunos muy tontos. Y todavía no sé si a pesar de ser pueriles tienen alguna relación importante con otros recuerdos; o qué significados o qué reflejos se cambian entre ellos. Algunos parece que protestaran contra la selección que de ellos pretende hacer la inteligencia. Y entonces reaparecen sorpresivamente, como pidiendo significaciones nuevas, o haciendo nuevas y fugaces burlas, o intencionando todo de otra manera*».

Desgranar estas líneas del autor uruguayo, admirado entre otros por Julio Cortázar (como se deja en claro, por ejemplo, en su prólogo a *La casa inundada y otros cuentos*) es una excusa, o una linda trampa, que sirve para volver —luego de lo expresado en el apartado anterior— sobre la declaración del testigo como una declaración reconstructiva[8].

Ahora bien, no nos desviemos del párrafo elegido. Tomemos como apoyo los matices de lo escrito, de modo excelso, sobre los recuerdos.

Hay allí —al igual que en el resto del cuento— un sinfín de recuerdos principalmente montevideanos que «*no se quedan quietos*», y van mutando con el tiempo (en el caso, en la mente del autor, en sus palabras, en sus lectores). Esto sirve para ejemplificar como, entre el hecho exterior y el momento de la

—a veces pericial— a evitar», *InDret*, vol. 1, 2023, p. 287.

8 Según el Diccionario de la lengua española, de la Real Academia Española, reconstruir, en su segunda acepción, se define como: «*Unir, allegar, evocar recuerdos o ideas para completar el conocimiento de un hecho o el concepto de algo*».

declaración, el tiempo juega un papel relevante. Y luego está el declarante, a quien los recuerdos «*reclaman la atención*».

Lo anterior puede tener lugar porque el hecho observado no tuvo una duración considerable en el tiempo, sino que fue más bien breve; o se trató de hechos o eventos inesperados que toman por sorpresa al observador que luego se convertirá en testigo; o las condiciones ambientales, climáticas, las distancias, etc. afectan esa misma observación. A veces, la imprecisión se ve potenciada por una combinación de esos y otros factores. Como he dicho, influyen factores endógenos y exógenos. Uno de ellos es el tiempo transcurrido entre la observación y la declaración (el tiempo transcurrido puede conducir al olvido o ser utilizado por algunos testigos para «*pulir*» o perfeccionar determinado relato, convirtiéndolo en ocasiones —aunque no siempre— en menos natural y más inexacto).

Felisberto HERNÁNDEZ deja en claro que tan absurdo puede ser referir al relato del testigo, de quien recuerda, como una declaración representativa de los hechos pasados (o una declaración histórica, un sucedáneo de los hechos). El testigo no representa, el testigo percibe, construye y reconstruye, interpreta y reinterpreta: surgen las perspectivas, las interpretaciones.

La neurociencia, la psicología del testimonio, los últimos estudios de juristas sobre el testimonio permiten abandonar definiciones como las de CARNELLUTTI, LIEBMAN O TARIGO.

Señalaba CARNELUTTI que el testigo lo que ofrece es una declaración, que representa lo que se percibió, o sea un sucedáneo, un equivalente de la percepción[9]. LIEBMAN, por su parte, refirió a que el testimonio «*es la narración que una persona hace de los hechos a ella conocidos, para dar conocimiento de los mismos a otros. Su función es la de representar un hecho pasado...*»[10].

Para TARIGO: «*Esta manifestación o esta declaración —como hace notar finamente Carnelutti— nunca tiene lugar mediante la reproducción o representación analítica de todos los elementos objetivos que forman el hecho o los hechos percibi-*

9 CARNELUTTI, Francesco, *La prueba civil*, Depalma, Buenos Aires, 1982, pp. 102 y 103.

10 *Cfr.*, LIEBMAN, Enrico Tulio, *Manual de Derecho procesal civil,* Ediciones Jurídicas Europa-América, Buenos Aires, 1980, p. 359.

dos, sino que consiste en una o más representaciones sintéticas de los hechos, como consecuencia inevitable de la naturaleza misma del lenguaje, que es un medio de representación de los fenómenos por medio de la expresión de ideas, es decir de generalizaciones»[11].

La calificación de «*muy tontos*», «*pueriles*», no deja de ser una interpretación, fruto de una valoración. Esa interpretación puede no ser la misma, y seguramente no lo sea, en casos de que esos recuerdos tuviesen otros protagonistas, con otras perspectivas (es más, quizás para otros ni siquiera sean recuerdos). Las valoraciones y las interpretaciones se hacen tanto por la persona (o personas, en casos de *co-witnessing*) que usa sus sentidos para observar, presenciar, etc., determinados hechos, y luego necesita de sus habilidades lingüísticas para comunicarlos efectivamente, así como por la persona que escucha o lee el relato del testigo (en el caso de las partes o del juez, en el marco institucional del proceso).

La memoria no almacena hechos concretos, tal y como ocurrieron, sino que los codifica percibidos e interpretados, y luego los vuelve a armar cada vez que los recuerda y hace funcionar su memoria. Y en ese proceso de armado o reconstrucción hay riesgos, ya que no se trata de un proceso perfecto. Del mismo modo, los recuerdos a los que refiere Felisberto HERNÁNDEZ juegan, juegan en la mente. El olvido también juega —total o parcialmente— con ellos. La erosión afecta las conexiones entre los recuerdos, entre los accesorios, los pueriles, entre los pueriles y los importantes, o directamente entre estos últimos.

Felisberto HERNÁNDEZ da —sin pretenderlo supongo— una lección de psicología del testimonio cuando señala que los recuerdos protestan contra la «*selección*» (la palabra es de una técnica perfecta) que de ellos hace la inteligencia. Es entonces cuando volvemos a detenernos en la importancia de las interpretaciones: reaparecen sorpresivamente, como pidiendo «*significaciones nuevas*» o «*intencionando todo de otra manera*» (con ello no quiero decir opiniones, pues hay allí, en el terreno jurídico, toda una biblioteca para el debate).

---

11 TARIGO, Enrique E., «Prueba testimonial», en VV. AA., *Curso de Derecho Procesal*, tomo II, FCU, Montevideo, 1987, pp. 187-188. En el mismo sentido, desarrollando y actualizando ese trabajo sobre prueba testimonial: TARIGO, Enrique E., *Lecciones de Derecho Procesal Civil*, tomo II, FCU, Montevideo, 2015, pp. 61 y ss.

En definitiva, desde el punto de vista del presente, la mirada hacia atrás de nuestros testigos —ninguno de ellos como Irineo Funes, el memorioso, de Jorge L. Borges— es mucho más creativa, mucho más interpretativa, dinámica, evolutiva o constructiva que lo que se pensaba por gran parte del procesalismo del siglo veinte.

3.-Bibliografía

Carnelutti, Francesco, *La prueba civil*, Depalma, Buenos Aires, 1982.

Foucault, Michel, *Esto no es una pipa. Ensayo sobre Magritte*, Anagrama, Barcelona, 1997.

González Lagier, Daniel, «Prueba, hechos y verdad», en Ferrer Beltrán, Jordi (Coord.), *Manual de Razonamiento Probatorio,* SCJN, México, 2022.

González Lagier, Daniel, *Quaestio facti. Ensayos sobre prueba, causalidad y acción,* Fontamara, México D. F., 2013.

González Lagier, Daniel, «Hechos y conceptos», *Cuadernos electrónicos de filosofía del derecho*, núm. 15, 2007.

Julià-Pijoan, Miquel, «Un análisis del fundamento de la declaración del testigo ocular como medio de prueba, a partir de la investigación empírica», *Revista Ius et Praxis*, vol. 29, núm. 2, 2023.

Liebman, Enrico Tulio, *Manual de Derecho procesal civil,* Ediciones Jurídicas Europa-América, Buenos Aires, 1980.

Nieva Fenoll, Jordi, «El interrogatorio de menores: una prueba —a veces pericial— a evitar», *InDret*, vol. 1, 2023.

Soba Bracesco, Ignacio M., *La prueba testimonial y pericial. Su protagonismo en el proceso jurisdiccional, lecciones y desafíos*, CEJI, México D. F., 2023.

Soba Bracesco, Ignacio M., «De la declaración representativa a la reconstructiva. Las opiniones de los testigos y el caso del testigo técnico», Revista Ítalo-española De Derecho Procesal, núm. 2, 2019.

Tarigo, Enrique E., *Lecciones de Derecho Procesal Civil*, tomo II, FCU, Montevideo, 2015.

Tarigo, Enrique E., «Prueba testimonial», en VV. AA., *Curso de Derecho Procesal*, tomo II, FCU, Montevideo, 1987.

Vázquez, Carmen, *De la prueba científica a la prueba pericial*, Marcial Pons, Madrid, 2015.

V

MATRIMONIO Y CUERPO REPRODUCTIVO DE LA MUJER EN *LA CAMPANA DE CRISTAL* DE SYLVIA PLATH

ELIZABETH FRANCISCA ROJAS FREZ
Miembro de Seminario Arte y Derecho
Escuela de Derecho de la Universidad de Valparaíso

«*No hubiera habido la menor diferencia para mí, porque donde quiera que estuviera sentada —en la cubierta de un barco o en la terraza de un café en París o en Bangkok— estaría sentada bajo la misma campana de cristal, agitándome en mi propio aire viciado*»[1].

La campana de cristal de Sylvia Plath es una obra escrita en el año 1963, sin embargo, aun cuando han pasado más de cinco décadas de su publicación, esta obra nos hace cuestionarnos el orden preestablecido. Plath nos cuenta la historia de Esther, una mujer que se encuentra condicionada por las decisiones y parámetros que los demás indirectamente imponen, en particular la sociedad, la cual se encuentra dominada por el lenguaje masculino. La protagonista se ve enfrentada a una sociedad que repudia sus aspiraciones respecto a ser escritora, por lo que su vida comienza a decaer. Es así como Plath expone la tensión que supone para una mujer el hecho de tener solo dos opciones en la vida, la primera, someterse al modelo convencional de feminidad, es decir, convertirse en

---

1 PLATH, Sylvia, *La campana de Cristal*, Edhasa, Argentina, 2012, capítulo 15, p. 159.

esposa, madre y desaparecer como individuo, mientras que la segunda sería seguir una carrera profesional, asumiendo la soledad y el rechazo de sus pares, lo que contribuyen a que Esther se encuentre encerrada en su propia campana de cristal. «*Vi mi vida extendiendo sus ramas frente a mí como la higuera verde del cuento. De la punta de cada rama, como si de un grueso higo morado se tratara, pendía un maravilloso futuro, señalado y rutilante. Un higo era un marido y un hogar feliz e hijos y otro higo era un famoso poeta, y otro higo era un brillante profesor, y otro higo era Europa y* África *y Sudamérica y otro higo era Constantino y Sócrates y Atila y un montón de otros amantes con nombres raros y profesionales poco usuales, y otro higo era una campeona de equipo olímpico de atletismo, y más allá y por encima de aquellos higos había muchos más higos que no podía identificar claramente. Me vi a mí misma sentada en la bifurcación de ese árbol de higos, muriéndome de hambre sólo porque no podía decidir cuál de los higos escoger. Quería todos y cada uno de ellos, pero elegir uno significaba perder el resto, y, mientras yo estaba allí sentada, incapaz de decidirme, los higos empezaron a arrugarse y a tornarse negros y, uno por uno, cayeron al suelo, a mis pies*»[2].

1.-Binarismo de lo que es femenino y masculino, desde la falta de neutralidad del derecho a través de *la Campana de Cristal*

Estas dos opciones es lo que se ve reflejado por Frances Olsen, en su obra «*El sexo del Derecho*» como el sistema de dualismo, una visión de mundo dicotómica, en la que existe división, oposición y jerarquización. Este sistema se encuentra sexualizado en masculino y femenino, lo que genera un enfoque de cómo debiera ser o bien son los hombres y las mujeres, pero no son iguales, sino que se constituye una jerarquía, en la cual, lo masculino es superior a lo femenino y el Derecho se identifica con lo masculino. Los hombres se han identificado a sí mismos con un lado de los dualismos: con lo racional, lo activo, el pensamiento, la razón, la cultura, el poder, lo objetivo, lo abstracto, lo universal. Las mujeres resul-

2 PLATH, Sylvia, *La campana de Cristal..., op. cit.,* p. 37.

taron proyectadas hacia el otro lado e identificadas con lo irracional, lo pasivo, el sentimiento, la emoción, la naturaleza, la sensibilidad, lo subjetivo, lo concreto, lo particular[3]. Estos dos mundos hacen referencia a la esfera pública *vs* la esfera privada, la pública es el mundo laboral, en contraste con la esfera privada, correspondiente a la crianza, el cuidado, características que se asocian a la mujer, en la novela se refleja cuando Esther lee un artículo de una revista que su madre le había enviado al colegio, sobre la castidad que una mujer debe tener al momento de casarse: «*El punto central del artículo era que el mundo de un hombre es diferente al del de una mujer, y sólo el matrimonio puede unir dos mundos y los distintos conjuntos de emociones*»[4], esto permite interiorizarnos como se construye el imaginario social de las mujeres, en particular, el imaginario de lo doméstico en sus vidas, el cual construye «lo femenino», al punto que todas las mujeres lo cargan como un signo de inferioridad. En el caso de aquellas mujeres que no realizan actualmente gestión de la dependencia, ni se han establecido como dueñas de casa, como es el caso de Esther en la obra, esta simbolización de lo doméstico opera igualmente como una marca negativa, y aquello queda a la luz, en el hecho de que se le señale como «loca» por el hecho de no querer casarse. Es más, el lado masculino es el referente, el que domina y define a su opuesto en la negación: la sensibilidad es definida como la ausencia de racionalidad; la subjetividad como ausencia de objetividad, la pasividad es ausencia de actividad; el pensamiento debe estar exento de sentimientos; la razón debe dominar las emociones, etc.[5]. Asimismo, a esta estructura de pensamiento dicotómica le podemos sumar un aspecto más la división entre mente/cuerpo heredada de la filosofía cartesiana. El cuerpo se relaciona habitualmente con lo material y con las pasiones, es por esto que se convierte en el símbolo de la desmesura, símbolo poseedor de una carga emotiva negativa. A diferencia del cuerpo, el intelecto o la mente, se constituye como el símbolo de la mesura, de lo abstracto, de la razón. Tradicionalmente se ha asociado al hombre con lo intelectual y a la mujer con el cuerpo, ya que en la

3 Olsen, Frances, «El sexo del derecho», Kairys David (ed.), *The Politics of Law*, Nueva York, 1990, p. 2.

4 Plath, Sylvia, *La campana de Cristal…, op. cit.*, p. 75.

5 Facio, Alda y Fries, Lorena, *Género y Derecho*, Lom, Santiago de Chile, 1999, p. 24.

estipulada caracterización de cada sexo las mujeres son vistas como más sensibles y pasionales, a diferencia de los varones que deben ser más racionales y fríos. A esto se le suma que, en la clásica división del trabajo, la tarea propia de la mujer, la de procrear, es llevada a cabo con su cuerpo[6].

2.-Matrimonio y cuerpo en *la Campana de Cristal*

A este punto, lo podemos vincular con la institución del matrimonio, la cual se estableció como una unión o sociedad de carácter natural, no como una asociación de iguales, en la que el varón es considerado un sujeto autónomo y la mujer es concebida como un ser dependiente, se le asigna a la mujer un rasgo inherente, que es ser madre, lo cual se relaciona con la capacidad reproductiva de ésta. La mujer se ha encontrado históricamente definida a partir de su cuerpo, Plath lo retrata cuando a Esther se le señala como «neurótica», apodo que era usado frecuentemente por los hombres hacia las mujeres como un ataque hacia su emocionalidad. El hecho de que las mujeres sean tratadas como sentimentales, pasionales o débiles, se debe principalmente a la anatomía, el hecho de que menstrúan, lo que trae consigo cambios hormonales, se le trata como un individuo que tiene dificultad de pensar, es impulsiva, por lo que es necesario dominarla, ¿y quién es apto? Aquel que no puede menstruar, procrear, ni lactar, porque sería un individuo que no se encontraría dominado por sus impulsos. Si lo llevamos al plano actual tenemos como resultado que, si bien las mujeres han conseguido cierta igualdad en el matrimonio, aquello no se ha distribuido de manera corresponsable. En la regulación chilena, se ve reflejado en la administración de los bienes de la mujer en la sociedad conyugal, la capacidad es una aptitud que poseen las personas por el hecho de ser tales, si bien existen casos excepcionales en que personas por circunstancias de hecho, no cuentan con la situación adecuada para ejercer los derechos que poseen para disponer y administrar de sus bienes esto en virtud de

6 LUCRECIA VACCA, Florencia Coppolecchia, «Una crítica feminista al Derecho a partir de la noción de biopoder de Foucault», *Páginas de Filosofía*, núm. 16, 2012, p. 63.

su libertad y racionalidad, en el caso de la sociedad conyugal la mujer es plenamente capaz, no obstante, es el hombre el administrador de los bienes, no habiendo en la normativa que entre ellos decidan quién será el administrador, sino que se le otorga de forma definitiva. A pesar de que las reformas legislativas en las últimas décadas han debilitado la imagen del matrimonio como base de la familia, se sigue considerando a esta institución como la forma ideal para organizarla. Se puede plantear que el modelo ideal de familia que es propuesto por el legislador es el matrimonio, el cual se toma del concepto del contrato de matrimonio que el Derecho Romano utilizaba que tiene como idea la posibilidad de ser madre, es decir, que la mujer debía procrear, para formar una familia. Dado este rasgo inherente que se le ha impuesto a la mujer, ésta no ha sido considerada apta como consecuencia de la aplicación del principio de unidad de administración de los bienes de la sociedad conyugal, no existe fundamento razonable para mantener aquellas normas del Código civil, si bien existe el patrimonio reservado de la mujer regulado en el artículo 150 del Código civil chileno, respecto de aquellos que bienes que adquiera por su peculio profesional, no se comprenden aquellos bienes que la mujer poseía siendo soltera ni tampoco los que adquiera durante el matrimonio por una donación, herencia o legado, todos los cuales serán administrados por el marido, quien además, se hará dueño de todos los frutos que produzcan. Por consiguiente, se concluye que no es apta por el hecho de ser mujer, debido a que se le atribuyen los rasgos negativos del dualismo, es vista como un medio para conseguir un fin, y este fin es el de procrear y resguardar de la familia, y una vez estando casada con un hombre, este debe perpetuar su superioridad. En la novela Esther se encuentra en una posición disminuida respecto de los hombres que le generan un impacto en su vida, en la medida que, su vida es condicionada por las decisiones que los demás imponen sobre ella, haciéndola ajena a poder decidir por ella misma. Si bien, en el caso en particular no estamos hablando estrictamente de patrimonio, lo que se quiere evidenciar es que la capacidad que se le atribuye es una reducida, por el hecho de encontrarse en un escalafón inferior al del hombre, por las características asociadas a su sexo. En consecuencia, en este dualismo hay un inminente orden jerárquico, en que el lado masculino es superior al femenino, ya que, se cree que estos rasgos que se les brinda al hombre son mejores que los que se adecuan a la mujer.

De esta misma forma, el cuerpo se ha construido de manera jerárquica, toda vez que, el cuerpo del varón se cataloga para el poder y el de las mujeres se construye en función de la mirada masculina, hay una fuerte presión normativa sobre las mujeres para que hagan de su cuerpo y de su sexualidad el centro de su existencia y esto se ve reflejado en que los diversos agentes socializadores giran en torno a la reproducción de las mujeres como seres sexuales. PASTOR lo explica con mucha precisión: «*el cuerpo generizado se constituye en soporte de la reproducción de las relaciones de desigualdad entre los sexos, pues cada cultura define los significados de los cuerpos sexuados y elabora dispositivos de su reproducción, a través de la transmisión y legitimación de ciertas formas de ser y de vivir la encarnación sexual*»[7].

En cuanto, a la libertad sexual de la mujer, es necesario hablar de los derechos sexuales y reproductivos, los cuales son de todas las personas. En el ordenamiento jurídico chileno, no existen preceptos de rango constitucional o legal que establezcan explícitamente qué son los derechos sexuales y reproductivos, y de qué manera se verán regulados, amparados y promovidos[8], a pesar de que son muy relevantes principalmente por la toma de decisiones, lo que implica poder y autonomía.

Asimismo, el matrimonio y libertad sexual tienen relación, porque de ellos, se establece el contexto legal y social determinante respecto de la conducta sexual que debe tener una mujer, toda vez que, la construcción en cuanto a la libertad sexual ha asignado, y a pesar de que las normas jurídicas han ido evolucionando, sigue existiendo la tendencia de que dentro el matrimonio, la libertad sexual es lícita, pero fuera de él es clandestina, en otras palabras, la institución del matrimonio supone dos cosas, primero, acreditar el cumplimiento de las condiciones que se exigen como sociedad, pero a la vez, limita esta libertad, encasillándola y poniéndole límites. Esto conlleva a enunciar hechos de vulneración en estos derechos, referentes a la poca adaptabilidad sobre la modernización y

---

7 PASTOR, Rosa, «Cuerpo y género: representación e imagen corporal», en BARBERÁ, Ester y MARTÍNEZ BENLLOCH, Isabel (Coords.), *Psicología y Género*, Pearson Prentice Hall, Madrid, 2004, p. 219.

8 LÓPEZ HERNÁNDEZ, Hernán y PÉREZ CEBALLOS, Alejandro, *Derechos sexuales y reproductivos*, Academia Judicial de Chile, Material Docente núm. 3, Santiago de Chile, 2020, p. 33.

transformaciones sociales que lleva a repetir pautas culturales y estructuras sociales. Esta falsa universalidad del Derecho va inexorablemente acompañada de una ilusoria neutralidad desde la perspectiva de género, ya que, al convocar solo a la población masculina, su normativa omite la otra mitad de la población, invisibilizando sus experiencias y homogenizándolas con la de los hombres[9].

Si bien se ha ratificado por Chile la Convención sobre la Eliminación de todas las Formas de Discriminación contra la Mujer, como la Convención Interamericana para Prevenir, Sancionar y Erradicar la Violencia contra la Mujer, como se ha señalado estos derechos no tienen una consagración específica, sino que se debe realizar una interpretación bastante amplia al respecto, pero lo más importante a considerar, es que son un derecho humano, que van más allá del derecho a salud, la protección y promoción de los derechos sexuales y reproductivos, se les debe entregar el rango normativo que los garantice plenamente y los resguarde en su esencia, de igual modo que son amparados los derechos humanos descritos expresamente en la Carta Fundamental. Se entiende que estos derechos son tan relevantes que se debieran consagrar como tal, porque se relacionan con la identidad de las personas, en este caso, con la identidad de la mujer. En la obra, esta discusión en cuanto a la libertad sexual y reproductiva se ve plasmada cuando Esther en primer lugar, no tenía conocimiento de los métodos anticonceptivos, en el caso en particular, de «diafragma», así lo relata: «*La recepcionista me echó un vistazo y me sonrojé. Un diafragma,* ¿no es así? *—dijo bondadosamente—.* ¿Actuarías *de forma diferente si no tuvieras que preocuparte por un bebé? Sí— dije—, pero ... —y le conté a la doctora Nolan acerca de la abogada y su defensa de la castidad. La doctora Nolan esperó a que yo terminara. Entonces se echó a reír a carcajadas—. ¡Propaganda! —dijo, y garabateó el nombre de ese doctor en ese talonario de recetas*»[10]. En efecto, una regulación permitirá reconocer la autonomía sexual y reproductiva sin ninguna forma de coacción o violencia, lo cual

9 Valenzuela Oyaneder, Cecilia, Villavicencio Miranda, Luis, «La constitucionalización de los derechos sexuales y reproductivos. Hacia una igual ciudadanía para las mujeres», *Revista Ius et Praxis,* Universidad de Talca - Facultad de Ciencias Jurídicas y Sociales, núm. 1, 2015, p. 272.

10 Plath, Sylvia., *La campana de Cristal..., op. cit.,* pp. 187-188.

es esencial, toda vez que, que estos principios brindan a las mujeres poder decidir libremente, si quieren ser o no madres, pero también cuándo y cómo quieren serlo, pero para ello, debe existir un acceso a los métodos de planificación familiar, como también, educación sexual laica y no sexista, y, además, acceso a métodos de anticoncepción oportunos y asequibles, para ello, es fundamental una regulación específica y no tan amplia e interpretativa, fomentado que el Estado ofrezca las condiciones materiales, y protección para una interrupción del embarazo en condiciones de dignidad, el resguardo a todo ciclo reproductivo de las mujeres y las disidencias.

3.-El Derecho como concepto masculino

En consecuencia, lo señalado se puede plasmar en lo que OLSEN denominó «*Derecho como concepto masculino*». La denominación hace referencia a que el Derecho se identifica con el lado dominante —según lo que hemos venido planteado—, ya que, se supone que el derecho es racional, objetivo, abstracto y universal, tal como los hombres se consideran a sí mismos[11]. El Derecho se construye como un sistema sexualizado y jerárquico que responde a las características adscritas a los varones, el hecho de que el Derecho en general tenga tan poca conexión con las preocupaciones cotidianas de la mujer refleja y subraya su insignificancia. De esta forma, una vez más el Derecho fracasa en su intención de ser verdaderamente racional, objetivo y universal[12]. Es un instrumento en el que se regulan y moldean las conductas de las personas hacia un modelo de identidad de género, el que se rige según las características y funciones que le son asignadas a los hombres y mujeres, generando en primer lugar, una diferencia en aquello que se entiende como femenino y masculino, pero, además, una desigualdad que repercute en cómo se desenvuelven las mujeres en el mundo y a lo que aspiran, en otras palabras, las aristas del dualismo nos llevan a esta división, en la que se encasilla a la mujer en la esfera de lo privado, reduciéndose a ser para otros, esposa/madre. El Derecho se entrama con otros sistemas normativos (social y moral) que, al igual que éste, contribuyen al disciplinamiento

11 OLSEN, Frances, «El sexo del derecho»..., *op. cit.*, p. 3.

12 OLSEN, Frances, «El sexo del derecho»..., *op. cit.*, p. 13.

de género. Sin embargo, el poder del Derecho es más fuerte que el de cualquiera de estos sistemas, en tanto hace recaer sobre sus regulados la amenaza de la fuerza y el temor ante su incumplimiento. Además, este sistema de normas contiene en sí misma sus propias reglas de legitimación, las que consolidan el poder de quienes son, en definitiva, los sujetos creadores del derecho, los hombres[13]. Aquello, es representado en las leyes, que no tienen una regulación favorable para las mujeres, es por esto que el imaginario de lo doméstico explica también las brechas de ingreso, ya que las mujeres pueden realizar los mismos trabajos que los varones, pero aun así son simbolizadas como menos capaces que aquellos, y al ser consideradas menos idóneas, reciben una menor retribución por su trabajo.

La persona como tal es la protagonista del Derecho, lo que le da sentido a todo el entramado jurídico, no por una pretensión utilitarista, sino por el hecho de ser persona, en otras palabras, la persona tiene Derecho por el hecho de ser tal, por su valor intrínseco, por tanto, no debiera existir un dualismo. El Derecho no es neutro, y lo es por el hecho de que aún en el ordenamiento jurídico chileno hay arbitrariedades para la mujer, en relación con el matrimonio y al cuerpo, evidenciándose que el Derecho no es universal, ni objetivo, toda vez que sigan existiendo esta iniquidad en ciertos ámbitos, donde no existe otro fundamento, más que una discriminación por el hecho de ser mujer.

Para concluir, es relevante mencionar que, por medio de esta investigación paralela con la novela, se logra demostrar que por medio de la literatura podemos cuestionarnos temas relevantes, si bien, la obra es ficción es aclaradora para discutir y plantear nuestras estrategias para el ordenamiento jurídico, nos permite abrir una brecha y cuestionar los contenidos, como es el matrimonio, en específico, la capacidad de la mujer en la sociedad conyugal, y también el cuerpo reproductivo de la mujer, fijando la ausencia de legislación para su libertad sexual, en cuanto a su elección y además, del Estado proporcionar los recursos necesarios para llevar a cabo las decisiones sobre este. Permitiendo, poner en tela de juicio que el Derecho no es neutral al momento de crear e interpretar normas, puesto que no es universal, porque se define con un lado del dualismo.

---

13 Facio, Alda y Fries, Lorena, *Género y Derecho...*, *op. cit.*, p. 35.

4.-Bibliografía

Facio, Alda y **Fries**, Lorena, *Género y Derecho*, Lom, Santiago de Chile, 1999.

López Hernández, Hernán y **Pérez Ceballos**, Alejandro, *Derechos sexuales y reproductivos*, Academia Judicial de Chile, Material Docente núm. 3, Santiago de Chile, 2020.

Lucrecia Vacca, Florencia Coppolecchia, «Una crítica feminista al Derecho a partir de la noción de biopoder de Foucault», *Páginas de Filosofía*, núm. 16, 2012.

Olsen, Frances, «El sexo del derecho», Kairys David (ed.), *The Politics of Law*, Nueva York, 1990.

Pastor, Rosa, «Cuerpo y género: representación e imagen corporal», en Barberá, Ester y Martínez Benlloch, Isabel (Coords.), *Psicología y Género*, Pearson Prentice Hall, Madrid, 2004.

Plath, Sylvia, *La campana de Cristal*, Edhasa, Argentina, 2012.

Valenzuela Oyaneder, Cecilia, **Villavicencio Miranda**, Luis, «La constitucionalización de los derechos sexuales y reproductivos. Hacia una igual ciudadanía para las mujeres», *Revista Ius et Praxis*, Universidad de Talca - Facultad de Ciencias Jurídicas y Sociales, *núm.* 1, 2015.

VI

ESTUDIO DE DERECHO PENAL A TRAVÉS DE UNA NOVELA NEGRA DE DOMINGO VILLAR. EL DELITO EN *O ÚLTIMO BARCO*[1]

NATALIA TORRES CADAVID[2]
Profesora Ayudante Doctora
(acred. Contratada Doctora) de Derecho Penal
Universidad de Vigo

VIRXILIO RODRÍGUEZ VÁZQUEZ[3]
Profesor Titular de Derecho Penal
Universidad de Vigo

1.-Introducción

O último barco (Galaxia, 2019) es la tercera de las entregas de la serie del inspector de policía Leo Caldas, del escritor

---

1 El presente trabajo se inscribe en el proyecto de «La progresiva relajación de garantías penales en la elaboración del sistema y en diversos sectores. Vindicación del refuerzo de los límites al *ius puniendi*» (Referencia: PID2019-108567R B-C21, Ministerio de Economía y Competitividad) del que son investigadores principales el Prof. Dr. Dr. h. c. mult. Miguel Díaz y García Conlledo, Catedrático de Derecho Penal de la Universidad de León, y la Prof. Dra. María A. Trapero Barreales, Catedrática de Derecho Penal de la Universidad de León, de cuyo equipo de trabajo formamos parte.

2 nataliatorres@uvigo.gal.

3 virxilio@uvigo.gal.

gallego Domingo VILLAR, que sigue alimentando el universo creado en las dos novelas anteriores *Ollos de auga* (Galaxia, 2006) y *A praia dos afogados* (Galaxia, 2009). Repite espacios, en particular los ubicados en la ciudad de Vigo, personajes vinculados a esos lugares, y rutinas, como la participación del inspector Caldas en un programa de Radio Vigo, las visitas al Bar Eligio, los trabajos en la comisaría de la calle Luis Taboada, junto a la céntrica Plaza de Compostela, las veladas alrededor de un albariño compartidas con su padre, etc. En este caso, la investigación se centra en una desaparición, la de Mónica Andrade. Se trata de una profesora interina de cerámica en la Escola Municipal de Artes e Oficios, ubicada en un edificio histórico en el número 5 de la Avenida García Barbón, en el centro de la ciudad de Vigo. No obstante, el plano se amplía para conducirnos al otro lado de la Ría de Vigo, donde vivía la protagonista ausente, en el lugar de Tirán, ayuntamiento de Moaña. Comienza así una odisea que lleva a Leo Caldas a viajar de norte a sur y de sur a norte de la ría, unas veces haciendo el trayecto en coche, conducido por el inseparable agente Rafael Estévez, atravesando el icónico puente de Rande, por el estrecho que le da nombre, otras en los barcos (bus) que cruzan constantemente la ría. Es de destacar la precisión con la que el autor describe lugares y personajes, acrecentando el grado de meticulosidad respecto al ya de por sí elevado de las obras precedentes. En *O último barco* nos encontramos con la investigación criminal más coral de todas, pues además del propio Leo Caldas, desempeñan un papel muy relevante el comisario Soto, que interviene activamente en más de una entrevista con el padre de la desaparecida, Víctor Andrade, los agentes de policía Ferro y Clara Barcia, de la que el inspector Caldas aprecia su profesionalidad y ojo clínico, el ya citado Rafael Estévez, e incluso un inspector de la policía portuguesa, Vasconcelos. También participa el médico forense, Guzmán Barrio, que ya apareciera en la primera novela, y la jueza Flores, retratada como una persona dialogante, amable, ponderada y justa. *O último barco* es la última novela publicada por Domingo Villar, que nos dejó repentinamente en el año 2022. Los motivos que nos han llevado a elegir esta novela tienen que ver con su calidad intrínseca, que la sitúan entre una de las mejores del género en la literatura gallega, así como con el hecho de contar con una trama muy interesante desde el punto de vista jurídico-penal. Es una novela costumbrista —desarrollo psicológico de los personajes, contextualizados en un entorno real, del que se describe paisaje, relaciones sociales, dinámicas— y procedimental —distinguida por el detallismo y la verosimilitud con que muestra las rutinas de trabajo de los cuerpos policiales—. Así, en el presente trabajo (1) se expondrá la novela negra en Galicia, (2) el tema y los hechos de la novela susceptibles de ser analizados desde el punto de vista del Derecho Penal, (3) se hará una calificación jurídico-penal de dichos hechos conforme al CP español aplicable al caso, para (4) finalizar con unas conclusiones.

2.-La novela negra en Galicia

La novela negra se puede definir como aquella narración literaria cuyo hilo conductor es la investigación de un hecho criminal[4]. La narrativa del crimen incluye generalmente la descripción de los hechos, los sujetos que intervienen, principalmente autor y víctima, los medios empleados y formas de ejecución, el móvil y el resultado; por su parte, la narrativa de la investigación se materializa en el seguimiento de la actividad investigadora a cargo de un investigador único o, en su caso, principal al que acompaña otro sujeto, y va desde personarse en la escena del crimen (generalmente se trata de homicidios o asesinatos, aunque no sólo), pasar revista a dicha escena, indagar en diversas pruebas, desde materiales, documentales hasta testificales, salpicando el proceso con interrogatorios, persecuciones, análisis periciales y forenses, para llegar finalmente a la resolución del caso, que lleva aparejada la captura o detención del culpable. El entretenimiento es utilizado como vía para hacer llegar a un amplio espectro de público y de forma disimulada, subliminal a veces, o suavizada, mensajes críticos con el orden social establecido. El crimen y la correlativa investigación son un instrumento para aquel fin[5]. Se indaga en la razón del delito, en la persona y personalidad del autor, en el contexto social. El investigador no es una persona que vive sólo por y para el esclarecimiento del hecho, sino que a lo largo del texto vamos conociendo aspectos de su vida, presente y pasada, su pensamiento, sus gustos, sus miedos y deseos, en definitiva, hay una construcción psicológica del

4 COLMENERO, José F., *La novela policiaca española. Teoría e historia crítica,* Anthropos, Barcelona, 1994, p. 55.

5 SÁNCHEZ ZAPATERO, Javier, «Novela policíaca y novela negra: una tentativa de definición», *Puentes de Crítica Literaria y Cultural*, núm. 1, 2014, p. 8.

protagonista, y junto a éste, de otros sujetos que aparecen a lo largo del relato. Esa construcción hace necesario ubicar la narración en un marco espacio-temporal concreto, un lugar y un tiempo generalmente reales, lo que exige describir localizaciones, ambientes, rutinas, costumbres, etc. A lo largo del texto vamos conociendo a los distintos personajes, evolucionando con ellos, y, por tanto, empatizando o, en su caso, tratando de comprender a quien ha cometido el crimen que da origen a todo el texto.

En resumen, la novela negra tiene como eje conductor del discurso narrativo la existencia de un crimen y, sobre todo, su investigación. Pero este binomio crimen-investigación tiene una naturaleza instrumental, usándose por el escritor para recorrer lugares, remitirnos a tiempos concretos, construir psicológicamente a los personajes, analizar el contexto social, económico, político, revisitar la historia, y hasta deslizar valoraciones críticas de la sociedad.

La publicación en 1984 de «*Crimen en Compostela*», de Carlos G. REIGOSA, ha sido señalada como el punto de inflexión de la novela negra en la literatura gallega[6], sumándose posteriormente otros autores como Diego AMEIXEIRAS[7], Miguel Anxo FERNÁNDEZ[8], Agustín FERNÁNDEZ PAZ[9], Manuel FORCADELA[10], Aníbal MALVAR[11], Suso DE TORO[12]. Acercándose a un nuevo ani-

6 Así, VENTURA, Joaquim, «Género negro en una ciudad patrimonio de la humanidad», en SÁNCHEZ ZAPATERO, Javier, MARTÍN ESCRIBÁ, Alex (Eds.), *El género negro: el fin de la frontera*, Andavira, A Coruña, 2012, pp. 135 ss.; SÁNCHEZ ZAPATERO, Javier, «Domingo Villar: novela negra con sabor gallego», *UNED. Revista Signa*, núm. 23, 2014, p. 810. Otras obras del autor, *A guerra do tabaco* (1996), *O misterio do barco perdido* (1988), *Narcos* (2001).

7 *Baixo mínimos* (2004), *O cidadán do mes* (2006), *Asesinato no Consello Nacional* (2010), *Conduce rápido* (2014), *A crueldade de abril* (2018).

8 Entre sus obras, *Un nicho para Marilyn* (2002), *Luar no inferno* (2006), *Tres disparos e dous friames* (2008) y *Luna de cobiza* (2011).

9 *Corredores de sombra* (2006), *Non hai noite tan longa* (2011).

10 *Sangue sobre a neve* (1990), *Barato, barato* (1991), *Fóra de xogo* (1993), *A procura do falso Grial* (2006).

11 *Un home xaceu aquí* (1993), *Unha noite con Carla* (1995), *Á de mosca* (1998).

12 SÁNCHEZ ZAPATERO, Javier, «Domingo Villar: novela negra con sabor gallego»..., *op. cit.*, p. 811, quien lo incluye señalando que *«para entender el desarrollo diacrónico del género en Galicia en las últimas*

versario redondo de aquel hito, en 2024 podremos, sin lugar a dudas, hablar de cuarenta años de novela negra gallega. El género goza de una salud magnífica, hasta el punto de que ha crecido no sólo con aquellos escritores que se conocieron en Compostela hace diez años, sino también con nuevas voces que han irrumpido con fuerza en el panorama actual. Con un elemento destacable como es la incorporación de escritoras en un campo que, como se puede comprobar en aquel cartel de 2014, les parecía cerrado. Basta ver la cantidad de escritores, publicaciones y editores que se ocupan y se preocupan de la novela negra hoy en Galicia para comprobar que mantiene las constantes vitales. Sobre todos, destacan dos nombres, Pedro FEIJOO[13] y Ledicia COSTAS[14], a los que se pueden sumar, entre otros, Álex ALONSO[15], Xabier P. DOCAMPO[16], Manuel ESTEBAN[17], Elena GALLEGO ABAD[18], Beto LUACES[19], José MONDELO[20], Antonio PIÑEIRO[21], Arantza PORTABALES[22], María SOLAR[23], Antonio TIZÓN[24].

---

décadas ha de hacerse referencia también a Suso DE TORO. A pesar de que no están estructuradas a partir de una investigación y de que, en consecuencia, no aparezcan en ellas personajes investigadores, novelas como Ambulancia (1990) o Calzados Lola (1997) han de encuadrarse dentro de la narrativa negra por la importancia que en ellas adquieren la violencia, el delito y el submundo criminal (...) Suso de Toro indaga en las circunstancias personales y sociales que conducen a alguien a delinquir, por lo que en sus obras lo importante nunca reside en el "¿quién?", sino en el "¿por qué?"».

13 *Ninguén contará a verdade* (2023), *Un lume azul* (2019), *Os fillos do lume* (2017), *A memoria da choiva* (2013), *Os fillos do mar* (2012).

14 *Golpes de Luz* (2021), *Infamia* (2019).

15 *Granito* (2020).

16 *A chave das noces* (2018).

17 *A ira dos mansos* (2016), *A venganza dos homes bos* (2020).

18 *Sete Caveiras* (2014).

19 *Vicus. Un lugar común* (2017), *Vicus. Un lugar aquelado* (2019), *Vicus III. Un lugar afastado* (2020).

20 *Soamente unha vez* (2021).

21 *Celada* (2020), *Trávelin* (2021).

22 *Beleza Vermella* (2019), *A vida secreta de Úrsula Bas* (2021), *O home que matou a Antía Morgade* (2023).

23 *A culpa* (2022).

24 *Os incurábeis* (2020).

3.-Leo Caldas, el *alter ego* de Domingo Villar, los ojos que desde la playa observan el último barco

O último barco constituye la última entrega de una trilogía que comenzó en el año 2006 con *Ollos de auga*, a la que siguió en el año 2009, la cinematográfica *A praia dos afogados*, todas publicadas simultáneamente en gallego y castellano por las editoriales Galaxia y Siruela, respectivamente. En ella se presenta al inspector de policía Leo Caldas, destinado en Vigo, en concreto en la comisaría del centro de la ciudad, en la calle Taboada Leal, donde tiene su oficina, muy próxima a otros dos de los espacios en los que regularmente recala, la emisora de radio local, Radio Vigo, donde interviene en un programa llamado «*Patrulla nas ondas*», situada en la Plaza de Compostela, y el Bar Eligio, ubicado en las traseras de la Puerta del Sol. Estos tres lugares son espacios reales –como la práctica totalidad de los mencionados por el autor en esta obra– y constituyen una especie de triángulo mágico a modo de área de seguridad. A estos tres lugares que frecuenta el protagonista, se suma uno más, muy especial, que es la casa familiar con los viñedos, en las afueras de la ciudad de Vigo, en el ámbito geográfico de la DO Rías Baixas. Cada uno de esos puntos se vincula a personajes concretos que tienen una relación particular con Leo Caldas, lo que permite construir la psicología del protagonista y posicionarlo socialmente. La investigación se centra en una desaparición, la de Mónica Andrade. Se trata de una profesora interina de cerámica en la Escola de Artes e Oficios, más conocida como Universidade Popular, ubicada en un edificio histórico en el número 5 de la Avenida García Barbón, en el centro de la ciudad de Vigo. En este caso, muy cerca del triángulo mágico construido por Domingo Villar en el que se mueve con soltura Leo Caldas. No obstante, el plano se amplía (no mucho más, todo hay que decirlo), para conducirnos al otro lado de la Ría de Vigo, donde vivía la protagonista ausente, en el lugar de Tirán, ayuntamiento de Moaña. Comienza así una odisea que lleva a Leo Caldas a viajar de norte a sur y de sur a norte en la ría de Vigo, unas veces haciendo el trayecto en coche, conducido por Rafael Estévez, su leal compañero de trabajo, atravesando el icónico puente de Rande, por el estrecho que le da nombre, otras en los barcos (bus) que cruzan constantemente la ría para llevar personas a uno y otro lado. Es de destacar la precisión con la que describe lugares y espacios el autor en esta novela, acrecentando el grado de meticulosidad respecto al ya de por sí elevado que está presente en las obras precedentes. Exponente de ello es el tiempo que dedica a la descripción de la Escola de Artes e Oficios, un antiguo edificio de piedra, laberíntico en su interior, con pasillos, escaleras, multitud de salas, aulas y espacios por los que transitan músicos, artesanos, ceramistas, pintores y un sinfín de artistas y artesanos. Domingo VILLAR es fiel a la realidad espacial, y trata de hacer una descripción lo más precisa posible, aproximándolo al naturalismo. En *O último barco* nos encontramos con una investigación criminal coral, pues además del propio Leo Caldas, desempeñan un papel muy relevante el comisario Soto, que interviene activamente en más de una entrevista con el padre de la desaparecida, Víctor Andrade, un prestigioso médico, el agente Ferro y la agente Clara Barcia, de la que el inspector Caldas aprecia su profesionalidad y ojo clínico, el propio Rafael Estévez, e incluso un inspector de la policía portuguesa, Vasconcelos. También participa el médico forense Guzmán Barrio, que ya apareciera en la primera novela, y la jueza Flores, de la que el autor nos ofrece una versión amable, retratando a una persona dialogante, ponderada y justa.

4.-Calificación jurídico-penal de los hechos de la novela

Para empezar, hay que señalar que el crimen dominante en las novelas de Domingo VILLAR es el delito de asesinato. Éste se encuentra tipificado en el artículo 139 CP[25]. Las características relativas a las formas específicas de ejecución de la acción están presentes, al menos alguna de ellas, en todos y cada uno de los crímenes que dan pie a las investigaciones en las novelas de Domingo VILLAR. En *Ollos de Auga*, el ensa-

25 Art. 139 CP: «*1. Será castigado con la pena de prisión de quince a veinticinco años, como reo de asesinato, el que matare a otro concurriendo alguna de las circunstancias siguientes: 1.ª Con alevosía. 2.ª Por precio, recompensa o promesa. 3.ª Con ensañamiento, aumentando deliberada e inhumanamente el dolor del ofendido. 4.ª Para facilitar la comisión de otro delito o para evitar que se descubra. 2. Cuando en un asesinato concurran más de una de las circunstancias previstas en el apartado anterior, se impondrá la pena en su mitad superior*».

ñamiento; en *A praia dos afogados*, la alevosía; y en *O último barco*, la alevosía y la finalidad de evitar que se descubra otro delito que se haya cometido.

La descripción de estos elementos es precisa, pues el autor siempre persona al investigador principal, el inspector Leo Caldas, en la escena del crimen, pero no sólo, pues ubica en la misma al compañero Rafael Estévez, pero también a otros agentes, como Clara Barcia. Lo que se complementa además con la intervención del médico forense, Guzmán Barrio. Todos ellos ofrecen distintos puntos de vista que vienen a corroborar la realidad fáctica que valorativamente es encuadrable en las circunstancias del tipo penal antes referido.

Pero no sólo se limita al delito de asesinato. Siendo este el central, al menos en el que se centra la atención de la investigación y, por tanto, del lector, lo cierto es que subyacen otros delitos diferentes, destacando los que tienen un componente de afectación a la libertad e indemnidad sexuales. Esto es claro en el caso de la novela *A praia dos afogados*, en la que lo que motivó la comisión del asesinato que da lugar a la investigación, recordemos la muerte de Xusto Castelo, fueron unos hechos cometidos años atrás por un marinero, Valverde, constitutivos en la actualidad de un delito de violación, del artículo 179 CP[26]. En este caso, es a través de un *flashback* como el autor nos permite conocer esos hechos, y nuevamente aquí se reproducen con precisión las circunstancias que permiten hacer esa calificación jurídica. Por su parte, en O último *barco*, el autor nos presenta a un pedófilo apodado el Caimán, que actúa sobre todo en territorio portugués. Describe el *modus operandi*, así como las características de las víctimas. Se tratan de hechos que podemos ubicar en el artículo 181 CP actual[27].

---

26 Art. 179 CP: «*1. Cuando la agresión sexual consista en acceso carnal por vía vaginal, anal o bucal, o introducción de miembros corporales u objetos por alguna de las dos primeras vías, el responsable será castigado como reo de violación con la pena de prisión de cuatro a doce años. 2. Si la agresión a la que se refiere el apartado anterior se cometiere empleando violencia o intimidación o cuando la víctima tuviera anulada por cualquier causa su voluntad, se impondrá la pena de prisión de seis a doce años*».

27 Art. 181 CP: «*1. El que realizare actos de carácter sexual con un menor de dieciséis años, será castigado con la pena de prisión de dos a seis años. A estos efectos se consideran incluidos en los actos de carácter sexual los que realice el menor con un tercero o sobre sí mismo a ins-*

Finalmente, podemos encontrar otros delitos que se pre-

---

tancia del autor. 2. Si en las conductas del apartado anterior concurre alguna de las modalidades descritas en el artículo 178.2 y 3, se impondrá una pena de prisión de cinco a diez años. 3. El órgano sentenciador, razonándolo en sentencia, en atención a la menor entidad del hecho y valorando todas las circunstancias concurrentes, incluyendo las circunstancias personales del culpable, podrá imponer la pena de prisión inferior en grado, excepto cuando medie violencia o intimidación o se realice sobre una víctima que tenga anulada por cualquier causa su voluntad, o concurran las circunstancias mencionadas en el apartado 5 de este artículo. 4. Cuando el acto sexual consista en acceso carnal por vía vaginal, anal o bucal, o en introducción de miembros corporales u objetos por alguna de las dos primeras vías, el responsable será castigado con la pena de prisión de ocho a doce años en los casos del apartado 1, y con la pena de prisión de doce a quince años en los casos del apartado 2. 5. Las conductas previstas en los apartados anteriores serán castigadas con la pena de prisión correspondiente en su mitad superior cuando concurra alguna de las siguientes circunstancias: a) Cuando los hechos se cometan por la actuación conjunta de dos o más personas. b) Cuando la agresión sexual vaya precedida o acompañada de una violencia de extrema gravedad o de actos que revistan un carácter particularmente degradante o vejatorio. c) Cuando los hechos se cometan contra una persona que se halle en una situación de especial vulnerabilidad por razón de su edad, enfermedad, discapacidad o por cualquier otra circunstancia, y, en todo caso, cuando sea menor de cuatro años. d) Cuando la víctima sea o haya sido pareja del autor, aun sin convivencia. e) Cuando, para la ejecución del delito, la persona responsable se hubiera prevalido de una situación o relación de convivencia o de parentesco o de una relación de superioridad con respecto a la víctima. f) Cuando el responsable haga uso de armas u otros medios igualmente peligrosos, susceptibles de producir la muerte o alguna de las lesiones previstas en los artículos 149 y 150 de este Código, sin perjuicio de lo dispuesto en el artículo 194 bis. g) Cuando para la comisión de estos hechos la persona responsable haya anulado la voluntad de la víctima suministrándole fármacos, drogas o cualquier otra sustancia natural o química idónea a tal efecto. h) Cuando la infracción se haya cometido en el seno de una organización o de un grupo criminal que se dedicare a la realización de tales actividades. En caso de que en la descripción de las modalidades típicas previstas en los apartados 1 a 3 de este artículo se hubiera tenido en consideración alguna de las anteriores circunstancias el conflicto se resolverá conforme a la regla del artículo 8.4 de este Código. 6. Si concurrieren dos o más de las anteriores circunstancias, las penas del apartado anterior se impondrán en su mitad superior. 7. En todos los casos previstos en este artículo, cuando el culpable se hubiera prevalido de su condición de autoridad, agente de esta o funcionario público, se impondrá, además, la pena de inhabilitación absoluta de seis a doce años».

sentan tangencialmente por el autor, como delitos cometidos por funcionarios públicos, agentes de la autoridad, delitos contra la Administración de Justicia, entre otros.

5.-Bibliografía

COLMENERO, José F., *La novela policiaca española. Teoría e historia crítica,* Anthropos, Barcelona, 1994.

COLMENERO, José F., «Códigos narrativos de la novela policíaca», en FERNÁNDEZ ROCA, José Ángel, GÓMEZ BLANCO, Carlos J., PAZ-GAGO, José-María (Coords.), *Semiótica y modernidad: actas del V Congreso Internacional de la Asociación Española de Semiótica. La Coruña, 3-5 de diciembre de 1992*, Universidade da Coruña, A Coruña, 1994, pp. 115-126.

GALANES SANTOS, Iolanda, «Domingo Villar: Traducción E Impacto», *Transfer*, vol. 23, núm. 1, 2023, pp. 1-23.

RIVERO GRANDOSO, Javier, «Crímenes y humor en las novelas de Domingo Villar», *Madrygal*, vol. 14, 2011, pp. 109-116.

SÁNCHEZ ZAPATERO, Javier, «Novela policíaca y novela negra: una tentativa de definición», *Puentes de Crítica Literaria y Cultural*, núm. 1, 2014, pp. 4-9.

SÁNCHEZ ZAPATERO, Javier, «Domingo Villar: novela negra con sabor gallego», *UNED. Revista Signa,* núm. 23, 2014, pp. 805-826.

VENTURA, Joaquim, «Género negro en una ciudad patrimonio de la humanidad», en SÁNCHEZ ZAPATERO, Javier, MARTÍN ESCRIBÁ, Alex (Eds.), *El género negro: el fin de la frontera*, Andavira, A Coruña, 2012, pp. 1135-148.

VII

EL LADRÓN DE LIBROS. UN ENSAYO SOBRE LA DESMITIFICACIÓN DEL DELITO EN EL PENSAMIENTO DE ROBERTO BOLAÑO

JEFFRY J. MORA SÁNCHEZ
Investigador
Universitat de Girona

1.-Robar libros no es un delito

En una entrevista realizada por Cristián Warnken, para el programa «La belleza de pensar»[1], Roberto BOLAÑO refirió, con vehemencia, que «*robar libros no es un delito* (...) *uno empieza comprando libros o robándolos y termina leyéndolos*». Para una persona como yo, que se dedica al Derecho penal y que jamás había leído a BOLAÑO, la frase resultó poderosamente llamativa y me llevó a interesarme por la obra del autor chileno, casualmente radicado, en las últimas dos décadas de su vida, en la provincia de Girona, lugar desde el cuál he escrito estas líneas.

Con esa curiosidad inicial y sin mayor pretensión que desvelar las *razones* por las que BOLAÑO dijo lo que dijo, me enfrenté con ahínco a ese enigmático homúnculo de gafas, ¿cómo pudo afirmar graciosamente la *relatividad* del delito? El

1 https://www.youtube.com/watch?v=PMWNqaxxaqc (Fecha de consulta: 6 de febrero de 2024).

sujeto ni siquiera es abogado (¡y menos aún penalista!), ¿cómo puede, con holgura, ocuparse de uno de los temas álgidos de la filosofía, la criminología, la sociología y el Derecho penal durante siglos? A los pocos días, aquella inocente indagación se volvió casi en un culto a la figura del autor y a su obra.

Y es que, después de devorar la mayor parte de su producción literaria, en *Detectives Salvajes*, encontré una referencia mucho más robusta a la «*mafia de los literatos mexicanos*»[2], señalando uno de sus personajes –Juan García Madero– que «*uno de los inconvenientes de robar libros –sobre todo para un aprendiz como yo– es que la elección está supeditada a la oportunidad*»[3]. En esta novela, BOLAÑO encarna a Arturo Belano, miembro del movimiento poético del *realismo visceral* y, por supuesto, uno de los *delincuentes de librerías*.

Entendí así que lo dicho por BOLAÑO a Warnken no fue simplemente una perspicaz salida ante una aguda interrogante en un programa de televisión, ni una desenfadada referencia para alimentar alguna pose intelectual o ideológica, sino parte de la propia experiencia del autor. Vivencias que impregnarían toda su prolija carrera como escritor.

2.-«El crimen es un arte y, a veces, el arte es un crimen»[4]

En *Estrella Distante*[5] se observan, de la forma más agreste, los extremos de la demoledora frase con la que se intitula este epígrafe: «*Todas las poetisas están muertas*»[6], habría revelado el infausto Alberto Ruiz-Tagle a la Gorda Posadas, un retrato de la persecución ideológica que con el golpe militar resquebrajó

2 Integrada por García Madero, Lima, Belano, Barrios, Requena y otros de los denominados «*infrarrealistas*», pero que retrata las propias vivencias de BOLAÑO durante su exilio en México.

3 BOLAÑO, Roberto, *Detectives Salvajes*, Debolsillo, Barcelona, 2020, p. 125.

4 La referencia es de BOLAÑO, en la misma entrevista indicada *ut supra*.

5 BOLAÑO, Roberto, *Estrella Distante*, Editorial Anagrama, Barcelona, 1999. Se trata del desarrollo de una historia ya presente en otra de sus novelas. *Vid*. BOLAÑO, Roberto, *La literatura Nazi en América*, Anagrama, Barcelona, 2016.

6 *Ibidem*, p. 20.

la patria de BOLAÑO y que permite observar con claridad la verdadera cara de la represión. En efecto, el arte en ocasiones es un crimen.

Mientras tanto, el *alter ego* golpista de Ruiz-Tagle, Carlos Wieder, delineaba en el firmamento la estrella de la bandera de Chile y escribía «*los poemas de una nueva edad de hierro para la raza chilena*»[7], justo sobre las fosas comunes en las que yacían miles de personas y otras tantas eran detenidas sin razón. Claro que sí, a veces el crimen es un arte o, al menos, la apología del crimen lo es.

Esta maravillosa polaridad, que se encuentra a lo largo de toda la obra de BOLAÑO[8], resulta familiar para cualquier penalista. Constantemente debatimos sobre causas de justificación o eximentes de culpabilidad, que destruyen (o al menos permean) lo que consideramos delito, de forma que no todo aquel que mata a otro o roba un pan en la tiendita del pueblo termina siendo un delincuente[9].

Conocemos que nuestras prisiones están pobladas, con escasas excepciones, por aquellos más vulnerables, sea por su condición de pobreza o por sus características étnicas, etarias, de género o culturales, o todas ellas de forma transversal.

También sabemos, gracias a MERTON, que el efecto homogeneizador de la prosperidad económica borra el estigma de las faltas cometidas por los poderosos[10], a no ser que se produzca una reconfiguración en el orden jerárquico social o

---

7 *Ibidem*, p. 21.

8 Pienso, por ejemplo, en el necrófilo Jean-Claude Villeneuve y su interacción con el fantasma del cuerpo que recién había ultrajado y como, luego de ese infame *intercourse*, ambos quedan *«si no exultantes de alegría sí razonablemente felices»*. BOLAÑO, Roberto, *Putas Asesinas*, Epublibre, 2001, p. 123.

9 Esto me hace recordar la frase del cantautor cubano Silvio Rodríguez, en la canción *Playa Girón*, «*Si alguien roba comida, y después da la vida ¿qué hacer?*».

10 Con respecto a los delitos económicos, señala MERTON, citando a VEBLEN, *«no es fácil en ningún caso dado -en realidad, es imposible a veces hasta que no han hablado los tribunales- decir si es un caso encomiable del arte de vender o si es un delito punible»*. MERTON, Robert, *Teoría y estructura sociales,* Fondo de Cultura Económica, México, 2002, p. 220.

institucional que retire el manto protector a algunos otrora privilegiados, para así trasladar tales ventajas a una nueva casta.

En *2666*, Bolaño presenta cinco relatos que convergen en la ciudad de Santa Teresa, lugar ficticio que en realidad es Ciudad Juárez, pueblo mexicano del Estado de Chihuahua, tristemente célebre por la enorme cantidad de feminicidios ocurridos, principalmente, durante la década de los noventa del siglo pasado. En esta novela póstuma, nuestro autor, en lo que nos interesa, narra de manera cruenta la ambivalencia entre lo lícito y lo ilícito, explorando en sus personajes una continua tensión, que se incrusta en la distópica realidad que padecen muchos de los países latinoamericanos, aunque no exclusivamente.

Dejemos por un momento de lado el reducto filosófico que nos enfrenta a los valores, la moral y las normas, también las consideraciones acerca del aparato psíquico freudiano, para explicar las relaciones entre el contexto sociocultural y las pulsiones y deseos humanos, y concentrémonos en la perspectiva literaria. Bolaño nos entrega una brutal dosis de realidad en sus ficciones. La realidad de aquel que representa a la autoridad y la ley pero que se mofa de las víctimas ante el beneplácito de una audiencia de autómatas serviles[11], del político corrupto que hace gala de la podredumbre con la que se mimetiza[12], del joven idealista condenado al ostracismo por hacer bien las cosas[13] y, en general, del juego de roles que nos constriñe, aunque no lo percibamos, porque «¿Cómo *podía una persona que cada día conseguía una flor para ponerse en el ojal ser un criminal de guerra?*[14]».

---

11 *«[u]n policía decía: ¿cómo es la mujer perfecta? Pues de medio metro, orejona, con la cabeza plana, sin dientes y muy fea. ¿Por qué? Pues de medio metro para quete llegue exactamente a la cintura, buey, orejona manejarla con facilidad, con la cabeza plana para tener un lugar para poner tu cerveza, sin dientes para que no te haga daño en la verga y muy fea para que ningún hijo de puta te la robe»*. Bolaño, Roberto, *2666*, Debolsillo, Barcelona, 2021, p. 731.

12 *«No importa que no hagas nada, no importa que la riegues, lo importante es que estés»*. *Ibidem*, p. 807.

13 *«¿No sabe usted, pendejete, que en la investigación policiaca no existen los métodos modernos? Usted todavía ni ha cumplido los veinte años, ¿me equivoco? No te equivocas, Epifanio, dijo Lalo Cura. Pues ándese con cuidado, valedor, ésa es la primera y la única norma, dijo Epifanio soltándolo del brazo y sonriendo»*. *Ibidem*, p. 698.

14 Bolaño, Roberto, *2666…*, *op. cit.*, p. 1023.

¿Quiénes son delincuentes en la obra de BOLAÑO? ¿Y qué es el delito?

3.-El delito no existe

Con esta contundente afirmación inicia Nils CHRISTIE el primer capítulo de uno de sus más conocidos trabajos[15], y creo que BOLAÑO estaría de acuerdo con ello. Hasta 1994, en Alemania, las relaciones homosexuales entre personas de sexo masculino se consideraban delito[16], mientras que la ablación genital femenina es en la actualidad una práctica impune en Camerún y Omán[17], dos situaciones diametralmente diversas que a la mayoría nos parecen completamente descabelladas pero que han tenido, o tienen, el suficiente acuerdo social para su vigencia.

Del mismo modo, los personajes de BOLAÑO despliegan su miseria y su grandeza, sin artilugios estéticos que los margine en los extremos, no hay buenos ni malos, solo actos humanos[18] que, en su irreductible complejidad, impiden el recurso de las etiquetas cosificadoras de *monstruos* o ángeles.

Piénsese en *La Pista de Hielo*, una novela que permite al lector conjeturar sobre la comisión de un homicidio en la Costa Brava catalana, como lo haría un investigador, emulando así lo que ocurre en la faceta más amarga del sistema penal: la selección de un individuo y su descenso al inframundo de la prisión. En la novela, el personaje «el Recluta», entre sollozos, admite el asesinato y, al mismo tiempo, denuncia la inercia policial en su contra[19], una expresión de humanidad en quién se autocalifica

15 CHRISTIE, Nils, *Una sensata cantidad de delito*, Editores del Puerto, Buenos Aires, 2004, p. 5.

16 § 175 StGB-Deutschland.

17 https://www.unfpa.org (Fecha de consulta: 27 de febrero de 2014).

18 «*Sólo existen los actos*», afirmaba, en el mismo sentido, CHRISTIE, Nils, *Una sensata cantidad de delito..., op. cit.*, p. 9.

19 «*No me fui cuando debía irme, contestó, prueba de que todavía tengo los huevos en su sitio, y he esperado todo lo humanamente posible que la iluminación llegara a los policías, pero en este país nadie quiere trabajar, patrón, y aquí me tiene, suspiró*». BOLAÑO, Roberto, *La Pista de Hielo*, Editorial Planeta, Santiago, 2002, p. 101.

como una bestia, que boicotea nuestro odio hacia el individuo y lo diluye en un entramado, este sí, monstruoso.

Claro está que BOLAÑO no es indiferente a la noción del mal, solo que, a mi juicio, esta se profesa del contexto y no de la persona, aunque tal entorno termine poseyéndola. Por ejemplo, se ha asociado la noción de *siervo albedrío*, como un movimiento «*de afuera hacia dentro con lo que se refuerza el concepto de víctima, pero una víctima "voluntaria" que cede al influjo de la seducción*»[20] y que afirma la exterioridad del mal, con la novela *Nocturno de Chile*[21].

De cualquier forma, la relativización del delito se mantiene vigente, este en realidad no tiene entidad propia, pues una conducta se considerará un crimen solamente si el entramado institucional así lo *permite*, mientras que el lector juzgará de manera «*informada*» sobre el individuo, con lo que se mediatiza el reproche, extendiéndose hacia una dimensión distinta, si se quiere humanista.

4.-*Rückschluss*[22]

En *Amuleto*[23], novela que se ubica temporalmente en 1968, concretamente en los días que precedieron a la masacre de Tlatelolco, en Ciudad de México, BOLAÑO advierte que se trata de un crimen atroz, un relato de terror[24]. De nueva cuenta, una ficción empotrada en la realidad latinoamericana, embadurnada de sangre y represión, en donde la maquinaria multiforme del Estado arrasa con todo a su paso. Pero ¿entonces? ¿Qué pasa con la noción de delito en la obra de BOLAÑO?

20 MACÍAS, María Claudia, «El origen del concepto del mal en el contexto de la dictadura, en Nocturno de Chile de Roberto Bolaño», *Estudios Hispánicos*, Asociación Coreana de Hispanistas, 2018, p. 168 (Fecha de consulta: 27 de febrero de 2024).

21 BOLAÑO, Roberto, *Nocturno de Chile*, Debolsillo, Barcelona, 2017.

22 La expresión, aunque literalmente significa «*conclusión*» en lengua germánica, hace referencia al «*error usual de interpretar eventos pasados con criterios modernos*». TARUFFO, Michele, *Simplemente la verdad*, Marcial Pons, Madrid, 2010, p. 16.

23 BOLAÑO, Roberto, *Amuleto*, Vintage, Barcelona, 2017.

24 *Ibidem*, p. 9.

Creo que la respuesta es la misma: el delito no existe. Pero su inexistencia se ve condicionada según de dónde se le mire. No existe porque los detentadores del poder tienen un efecto *Midas* que convierte en inocuo cualquier acto en que se inmiscuyan[25], tanto para legitimar a la dictadura golpista chilena como al ejército mexicano asesino de estudiantes; no existe porque los actos del individuo —y su categorización como delitos— se ven condicionados por su contexto, lo que nos impide emitir juicios morales, salvo que el *«ojo de Dios»*[26] venga en nuestro auxilio; no existe porque solemos resguardarnos en nuestros propios valores y experiencia vital, para evaluar los valores y la experiencia vital de los otros; no existe porque la polarización brinda tranquilidad, siempre es bueno saber quién es el paria, quién nuestro enemigo, y es allí, solo en ese momento, en donde el delito se instituye, claro, si es que tenemos poder para hacerlo; no existe porque, en ocasiones, robar libros no *puede* ser un delito. Si queremos ver monstruos quizá conviene que nos alcancen un espejo.

5.-Bibliografía

Christie, Nils, *La industria del control del delito*, Editores del Puerto, Buenos Aires, 1993.

Christie, Nils, *Una sensata cantidad de delito*, Editores del Puerto, Buenos Aires, 2004.

Bolaño, Roberto, *2666*, Debolsillo, Barcelona, 2021.

Bolaño, Roberto, *Amuleto*, Vintage, Barcelona, 2017.

Bolaño, Roberto, *Detectives Salvajes*, Debolsillo, Barcelona, 2020.

Bolaño, Roberto, *Estrella Distante*, Editorial Anagrama, Barcelona, 1999.

Bolaño, Roberto, *La literatura Nazi en América*, Anagrama, Barcelona, 2016.

25 Véase de nuevo el pie de página 12, *ut supra*.

26 La referencia la tomo de Christie, Nils, *La industria del control del delito*, Editores del Puerto, Buenos Aires, 1993, pp. 27-28.

Bolaño, Roberto, *La Pista de Hielo*, Editorial Planeta, Santiago, 2002.

Bolaño, Roberto, *Nocturno de Chile*, Debolsillo, Barcelona, 2017.

Bolaño, Roberto, *Putas Asesinas*, Epublibre, 2001.

Macías, María Claudia, «El origen del concepto del mal en el contexto de la dictadura, en Nocturno de Chile de Roberto Bolaño», *Estudios Hispánicos*, Asociación Coreana de Hispanistas, 2018 (Fecha de consulta: 27 de febrero de 2024).

Merton, Robert, *Teoría y estructura sociales,* Fondo de Cultura Económica, México, 2002.

Taruffo, Michele, *Simplemente la verdad*, Marcial Pons, Madrid, 2010.

VIII

LA INTIMIDAD DEL DERECHO EN UN DIETARIO ANÓNIMO DE 1980[1]

CAMILO ARANCIBIA HURTADO
Profesor de Derecho Civil
Universidad de Valparaíso

1.-Un descubrimiento

Llegué hace casi seis años a Barcelona y lo primero que vi al lado de la basura fueron libros. Para ser más específicos, una bolsa de Mercadona con libros. Me llamó la atención que las palabras «basura» y «libros» pudieran ir de la mano. Yo vengo de Chile y nunca me encontré (para desgracia mía) con ningún libro cerca de un basurero. Al contrario, la estricta orden paterna que imperaba en mi casa era: «*los libros no se tiran*». Como mi padre es juez, yo, por apego a la Ley, sigo esa norma ahora en mi casa también. Por lo mismo, el hecho me llamó la atención y comencé a preguntarle a mis amigos catalanes cómo ocurría eso. Me explicaron que se trataba de algo bastante común y que tenía relación con lo que se llama la recogida: un servicio municipal que se presta para que las personas puedan deshacerse de los objetos que no necesitan o que quieren hacer circular. Me gustó la idea de un objeto que pudiera ser reutilizado por otro y, aún más, la idea de que un libro pudiera volver a ser abierto por otras manos. Entendí

1 Al tratarse de un dietario cuyo ejemplar es único, anónimo y nunca publicado, este no cuenta con número de páginas, por lo que en el cuerpo de este artículo se ha optado por citarlo directamente entre comillas sin más referencias que las que se indican en cada caso.

que ahí había algo que rebasaba lo material y se abría a una forma de comunicación social.

Como se podrá adivinar, desde ese día en adelante puse un especial ojo en esas bolsitas que se acomodaban los martes al lado de los contenedores de basura. Así fue como me encontré primeras ediciones en español de las obras de Charles Bukowski publicadas por Anagrama, libros del argentino Copi, Manuel Puig, una primera edición de las *Conversaciones con Pier Paolo Pasolini*, entre otras. Un verdadero tesoro callejero. Por lo mismo no fue raro que hace dos o tres años caminando por la Eixample de Barcelona me encontrara una caja con lo que parecía a simple vista, más libros al lado de unos muebles preciosos. Mi natural curiosidad me hizo acercarme y ver qué había en ella. Lo primero que vi fueron postales relativamente antiguas de Cadaqués, Bañolas, un calendario de la Caixa del año 1984, otro de «Frutas y Verduras Susi» de 1983, un ticket cortado para entrar a las Cuevas del Drach en Mallorca, una tarjeta del Café Bar Coruña que servía desayunos, meriendas, bocadillos y sándwiches en la calle Raiña 14 en Santiago de Compostela, dos fotografías en blanco y negro, una donde aparece un bebé y otra una mujer sonriente con un bebé en brazos (fechada en el 24 de abril de 1955, «a los tres meses») y, finalmente, al fondo de esa caja había un libro azul grueso, pesado, que ponía en la tapa *Dietario 1980. Anyc*. Se ve en perfecto estado (pese al tiempo transcurrido, 40 años). Tiene lo indispensable para considerarlo un dietario, esto es, una página por día, a la izquierda las entradas y a la derecha las salidas. Eso sí: no figuraba nombre en la primera página. Un dietario anónimo. Lo ojeo y veo que al parecer no tiene mayor contenido que unas anotaciones con bolígrafo azul, que no logro desentrañar pues en ese momento mi amiga me está jalando del brazo para apurarnos. Íbamos a por un sándwich y yo me había desviado del cometido principal. Ante ello tomo los documentos que nombré y los meto en el dietario. Alcanzo a percibir que hay algo interesante en este último.

Debo hacer notar que no puedo dar fe de que todas las cosas que había ahí estuvieran ligadas entre ellas, pertenecieran a la misma persona, familia, etc. Sólo sé que estaban ahí. De su materialidad sí puedo dar fe. Y también de mi genuina felicidad al encontrarme con todo ello. Me ponen feliz estos hallazgos inesperados.

De esta experiencia nocturna, libresca, me asombra el azar que hizo que un chileno se encontrara con el dietario de una persona española cuarenta años después. Porque hasta el momento lo único que tenemos es la materialidad de ese libro viajero. No conozco su contenido, todavía no lo abro. Lo llevo debajo de mi brazo, es el año 2021 y estoy feliz yendo a comprar un bocata.

2.-La materialidad del descubrimiento

ARENDT ha señalado que los seres humanos libramos una lucha por la inmortalidad que nos lleva toda la vida. Como sabemos, una diferencia primordial que tuvo ARENDT con HEIDEGGER fue su visión con respecto a la muerte. Para el primero la especie humana nace para la muerte, mientras que para ARENDT nacemos para comenzar. A la pregunta ya planteada ella responde con lo que el ser humano es capaz de crear y no con el límite temporal por excelencia. En ese sentido, uno de los conceptos sobre el cual reflexiona es la categoría de mundo. Este concepto, que no es homologable a la Tierra o a la naturaleza, se relaciona con lo que se encuentre *entre* los seres humanos. Es aquello a lo que arribamos cuando nacemos y que dejamos atrás cuando fallecemos. Este mundo que nos sobrevivirá tiene un carácter de permanencia y durabilidad que hace que lo que se deposite en él, posea también esos caracteres. A partir del mundo, por ejemplo, podemos pensar en una civilización, esto es, ese conjunto de costumbres, ideas, cultura y conocimientos, a los cuales los seres humanos damos forma y que nos sobrevivirán una vez que hayamos partido del planeta. Para dotar de mundo nuestra experiencia en la Tierra, entonces, los seres humanos desarrollamos actividades y fundamos instituciones que desafían el tiempo. Por otro lado, fabricamos objetos en base a los cuales satisfacemos nuestras necesidades vitales, de trabajo, culturales y de entretención. Tanto las actividades, las instituciones y los objetos que creamos tienen la pretensión de traspasar la contingencia, permitiendo estabilizar la convivencia de seres mortales y diversos. Dentro de estas actividades e instituciones permanentes encontramos la política, la historia, la filosofía y el arte. En cuanto a esta última, ARENDT pone especial atención al objeto cultural denominado obra de arte.

En el capítulo titulado «La permanencia del mundo y la obra de arte» de *La condición humana* y en el ensayo «La crisis en la cultura: su significado político y social», ARENDT establece características fundamentales para denominar a una obra como obra de arte. Una de ellas es su permanencia. Al tratarse de objetos fabricados por el ser humano, pasan a ser los más mundanos de todos, compartiendo espacio con otros objetos, como lo son los muebles. Esto es algo que todo lector puede constatar: nuestros libros comparten espacio con vasos en la cocina y con plantas en la sala de estar. «*Ya no sé dónde poner mis libros*», es la queja de los bibliófilos. En ese sentido la mundanidad, el mundanear de los libros es total. La natural consecuencia de ello es su acotada durabilidad. Si aplicáramos categorías jurídicas diríamos que se trata de bienes corporales, pues pueden ser percibidos por los sentidos y, además, muebles pues pueden desplazarse de un lugar a otro sin detrimento de estos. Su materialidad se impone claramente, pero también existe un carácter inmaterial de estos objetos que hace que trasciendan dicha esfera más concreta. Ese elemento es su condición de testigo de la civilización, su quintaescencia, «*the lasting testimony of the spirit which animated it*»[2]. La obra de arte, producto cultural por excelencia, excede al consumo, se torna inmortal y al hacerlo eterniza al ser humano. Dice ARENDT: «*It is as thought wordly stability had become transparent in the permanence of art (...) something inmortal achieved by mortal hands, has become tangibly present, to shine and to be seen, to sound and to be heard, to speak and to be read*»[3]. El ser humano trae a la materialidad del mundo una obra que nace de él, pero se independiza para poder ser apreciada por los demás. El lugar donde se concretan las obras de arte es en los libros, cuadros, discos, películas, todos objetos materiales que perviven para las generaciones actuales y las que vendrán.

3.-Preguntas de teoría literaria

En un momento del año 2021, supongo que harto de los efectos de la pandemia, abro el dietario en sus primeras hojas, específicamente en el mes de enero. Ahí aparece escrito: «*Jueves 1981. Vienen a casa a cenar y note (sic) que estaban en fadados (sic)*» Me llama la atención, además de las faltas

2 ARENDT, Hannah, «The Crisis in Culture: Its Social and its Political Significance», en ARENDT, Hannah, *Between Past and Future. Six Exercises in Political Thought*, The Viking Press, New York, 1961, p. 201.

3 ARENDT, Hannah, *The Human Condition*. The University of Chicago Press, Chicago & London, 1998, p. 168.

de ortografías, que lo que parecía un dietario de 1980, en realidad es de 1981 y que quien escribe está contando algo íntimo. Avanzo una página y aparece: «*Viernes 1981 siguen igual*». Leo la página derecha del dietario y se lee: «*Sabado 1981 vienen a Tarragona llegan a las 10 noche sin dar explicaciones. Nosotros 5 estabamos (sic) intranquilos por ser tarde*». Es curioso pero la mente humana, lo han dicho mejores que yo, adapta las cosas para que le ofrezcan un relato. Hay algo de no conformarse con el caos. Algo donde queremos controlar, ordenar el curso de los acontecimientos. Surge una expectativa de lectura. Paso la página del dietario en busca de ese algo más. La entrada titulada «*Domingo 1981*» ocupa una página y media. Acá aparecen los personajes principales. Leo: «*Nos dieron un día muy malo solo caras largas yo pedí por favor que se alegraran un poco no podía sufrir malas caras y ellos lo sabían. Salimos a las 10 h noche y primero le dije a mi hija que dejara el orgullo y que arreglaran las cosas (...)*». Detengámonos aquí. Hay una relación padre o madre e hija. Hay, también, un conflicto de una pareja (que luego sabremos que es un «él»). Hay, digamos, una trama, un nudo dramático que, cuando lo leí a la rápida, me hizo reír. Una madre o un padre le dan filípicas a su hija para que se comporte a la altura de su relación. En este sentido, no me llama tanto la atención el contenido (hasta ahora un tanto banal), pero sí la urgencia de quien escribe por dejar en un papel lo vivido, lo que vio, lo que pensó, lo que hizo, lo que sintió. Digo la urgencia porque no fecha correctamente los días («*Domingo 81*», puede ser un día o todos los domingos de ese año), escribe con el mismo bolígrafo azul todos los días, por ende, entiendo que lo hizo rápido. Además, escribe en un libro de un año anterior y lo hace de una vez y de corrido. Más adelante, en febrero empiezan las anotaciones irregulares de los ingresos y salidas hasta marzo: 6.000 pesetas de entrada y 670 de salidas, que se van en metro, carne y pan. Otro día se van 500 en papel, 2.100 en «*Super Tiburón*», 600 en «*Farmacia Paco*», 325 en pelu, 1095 en zapatos, 200 en «*Miguel comida*». Luego se detiene. La tentativa de descripción perequiana se acaba. Abril, mayo, junio, julio y agosto son sólo páginas en blanco. Ese detenerse brusco es igualable a esa racha, ese relámpago escritural que hizo que rellenara las páginas de los primeros meses del año. ¿Estamos frente a un texto? ¿Qué es este desahogo ochentero? ¿Podría ser literatura? ¿Quién es el autor/a? ¿Importa ello? ¿Qué género es este?

4.-Respuestas íntimas

La primera vez que me enfrenté a la palabra «*Dietario*» fue leyendo *Una vida absolutamente maravillosa* de VILA MATAS, que es una recopilación de sus ensayos, extractos de su dietario de 2008 a 2011 y el libro *Para acabar con los números redondos.* Cuando abordo ese segundo cuerpo de textos, el dietario, me doy cuenta que no se trata de un chiste de VILA MATAS sobre el arte de hacer dietas (que bien podría ser una ocurrencia del catalán), sino que se trataba de lo que se conoce como «*Diario*». Nunca llegué a entender la diferencia entre una cosa y otra hasta que el dietario de 1981 llegó a mis manos.

Busco la palabra «dietario» en el diccionario y aparece: «*Libro en que se anotan los ingresos y gastos diarios de una casa*»[4]. Ahora entiendo. Ese orden burocrático de las entradas y las salidas es la base para lo que conocemos como diario íntimo. Es algo así como arrancarle a la burocracia, a la racionalización de occidente, al Derecho si se quiere, unas hojas para anotar lo íntimo, esa confesión que, según Borges, «*es* íntima *y general, ya que las cosas que le ocurren a un hombre les ocurren a todos*»[5]. Por cierto, lo íntimo existió con anterioridad (ahí tenemos las confesiones agustinianas o las de ROUSSEAU), pero esta otra literatura que se crea, en los espacios que nos deja el Derecho, se produce en un momento determinado que, incluso, se puede fechar. El teórico del género diario íntimo, Alain Girard, señala que este tipo de literatura aparece alrededor de 1800. Surge por esa necesidad romántica de expresar el sentimiento y, por otro lado, la ambición de la época de fundar las ciencias del ser humano en la observación, cuyo campo privilegiado sería el yo. El ser humano se espía a sí mismo con el afán de comprenderse y comprender el mundo que lo rodea, mundo que ante la caída del espíritu gregario, ante el desvanecimiento de lo «*sólido en el aire*», le ofrece la posibilidad de encontrar ciertas claves en el autoexamen. Le deja espacio para una suerte de literatura menor, pues la literatura mayor la está haciendo el Derecho. Los grandes relatos empiezan a salir de esa fábrica de his-

---

4 DICCIONARIO DE LA REAL ACADEMIA ESPAÑOLA. https://dle.rae.es/dietario (Fecha de consulta: 25 de febrero de 2024)

5 BORGES, Jorge Luis, «Dedicatoria», en BORGES, Jorge Luis, *Obras Completas* (1923-1972), Emecé editores, Buenos Aires, 1974, p. 9.

torias que es el Derecho. Ahí también se instaura un yo: el sujeto jurídico. El antropólogo MAUSS dirá casi al pasar en su *Sociología y antropología* de 1950, que hoy «*tenemos nuestro yo, eco de las Declaraciones de Derechos*»[6]. Ello es cierto, pero también es cierto que algunos yoes quedaron rezagados frente a la narrativa del Derecho y sus *bestsellers*, los códigos. ¿Qué yo, qué literatura, qué urgencia queda fuera de esa construcción?

5.-«Con miedo, pero revestida de valor»

Retomo el dietario de 1981. Cito: «*(...) Salimos a las 10 h noche y primero le dije a mi hija que dejara el orgullo y que arreglaran las cosas...yo estaba intranquila no quería le pegara otra vez. Como mi hija mayor esperaba un niño no quise preocuparla... les hable (sic) les hice saber que la vida es bonita y que así no podían vivir...a él (sic) le dije que siendo un educador de niños tenía (sic) que ser de otra manera...que cuando llegaba la noche quería que su mujer fregara todo el piso (...) tonterías*». Aparece en el relato otra hija, una mayor que está embarazada y aparece también el motivo que aflige a quien escribe: el maltrato, la violencia doméstica, violencia de género. El relato se interrumpe, como señalé, durante meses, pero a mediados de septiembre, cercanos a la fiesta catalana de la Mercè, quien escribe vuelve a narrar. Esta vez no hay ni siquiera un título que indique el día de la entrada. Una tinta negra escribe rápidamente y de una vez. Quien escribe nos dice que han vuelto a cenar y se les nota enfadados. Quien escribe intenta mediar en la mesa señalando las bondades del marido e indicando que su hija tiene mal carácter. Pero ya en la siguiente página quien narra nos dice, como desengañándose, que ese marido no era tan bueno. «*Vino el (sic) por la mañana como siempre el (sic) estaba en casa muchos días del año, mi hija incluso sábados trabajando, yo encantada con lo bueno que era*». El verbo en pasado, «era», indica una modificación trascendental en el relato. Hay una reflexión, un autoexamen de parte de quien escribe su realidad más íntima, como si algo la llevara a expresarse por escrito, pensar, pensarse, sentir, sentirse, por escrito. Esa ráfaga escritural le toma el brazo y le hace volver

---

6 MAUSS, Marcel, *Sociología y antropología,* Editorial Tecnos, Madrid, 1979, p. 332.

sobre lo atestiguado. Si lo pensamos, lo diario se corresponde con lo que ocurre todos los días. El diccionario habla de «*rutina, comida diaria*». Pero en este caso aquello que se entiende lo común, lo rutinario, no termina de encajar con la realidad. Es como si los tiempos estuvieran lentamente cambiando y quien escribe fuera testigo escritural de un suceso que lo excede. El maltrato a su hija ya no parece algo normal, rutinario, como un ingreso o una salida de pesetas. No. La realidad va cambiando y quien escribe también. Necesita, eso sí, reforzar sus sentimientos, sus impresiones, en la hoja en blanco. Frente a ella dialoga, piensa, se emociona. Leo: «*Estaba intranquila, pasé un mal día, llegamos a Barcelona, 12 H noche y al regresar a casa en la plaza veo a mi hija con su perrita, con los ojos hinchados, el bolso roto, daba pena verla, sólo me pidió si le guardaba la perrita, al querer saber porque y preguntar por el (sic) no me quería dar contestación, luego insisti (sic) y empezó a llorar. Estaba muy nerviosa y no quería ir al piso, pues* él *la había hechado (sic), pegado insultado, golpeado*». Antes hablábamos del relato del Derecho, aquel que se hunde en la Modernidad. En ese relato el protagonista es el sujeto jurídico que en la década del 80 no era precisamente una mujer. Tal cosa como la violencia de género no existía normativamente. Muy por el contrario, existían, por lo menos en Chile, atenuantes pasionales que disminuían la responsabilidad del marido frente a la infidelidad de la mujer. De esa forma, en el Derecho, el relato se constituía por oposición a la mujer y la dejaba en un rol secundario. Un personaje secundario dentro de un relato donde el máximo protagonismo al que podría aspirar era el martirio. Otra mujer muerta a manos de un hombre. El caso de Ana Orantes en 1997, 17 años después de estos hechos.

Quien escribe, «*con miedo, pero revestida de valor*», se enfrenta al agresor de su hija que se encontraba borracho. «*Le dije que lo que había pasado era vergonzoso que todo un educador de niños se comportara así, no había palabra para calificarlo (...)*», que cuando estuviera sobrio «*se le caería la cara de vergüenza*». *Continúa:* «*Me referí a mi diciendo que aunque fuera mayor no permitiría que mi marido me pegara. Lo haría una vez pero no dos*». Como se podía intuir, quien escribe, quien narra, quien se desahoga, es una mujer, la madre de la chica violentada. Viene a la mente la frase de WOOLF: «*Durante la mayor parte de la historia, "Anónimo" era una mujer*»[7]. La

7 WOOLF, Virginia, *Una habitación propia,* Seix Barral, Barcelona, 2008.

autoría entonces corresponde a la madre. Es ella quien ha tenido que verter en páginas, como ráfagas, sus impresiones y sentires. Es ella quien, según sigue relatando, estuvo hablando con su yerno borracho hasta las 3 de la mañana y tuvo que escuchar la vieja declaración: «*que perdonara, que fue la borrachera, que no pasaría más*». ¿Es importante el autor de un texto? Antes habíamos hecho una serie de preguntas. Esta nos acechaba particularmente.

6.-La Justicia de lo íntimo

El diario termina de forma kafkiana. La madre le habla a su hija y le dice que, pese a que pensar en una separación es «*triste, muy triste*», ellos (la pareja) tienen que ver lo que es más conveniente. La hija le dice, llorando y con vergüenza, que ella podía pedir la anulación «*pues no la había tocado*». La madre se queda de una pieza y piensa que, con un año y medio de casados, no puede ser. La hija le confiesa que para verse realizada ella quiere tener un hijo. Esa es toda su ilusión. No sabemos si impulsada por los deseos de la hija o no, la madre comienza a frecuentar al marido violento llevándole comida «*para que no le faltara nada*». «*Macarrones, pollo al ast y postres, que no se preocupara*», anota. El día de la Mercè, 24 de septiembre, escribe que el hombre quiere ver a su mujer, pero la madre se niega. Leo: «*Yo le dije que esperara más, y le repetí que si ella no la quería abrir la puerta, no me hiciera escándalo en la escalera, pues yo me gusta hablar, nunca chillar o que me chillen. Salimos como una hora y (...)*» El dietario termina abruptamente. Tal y como empezó. Como una ráfaga. La novela de Kakfa, *El castillo*, termina de la misma manera. Como si las palabras ya hubieran dejado la narración antes de que la narradora se dé cuenta. O como si ya fuera momento que las palabras del diario pasaran a ser escritas en el diario oficial, ese diario que, entre entradas y salidas legales, publica los mejores relatos del Derecho: los de la justicia.

7.-Bibliografía

Arendt, Hannah, «The Crisis in Culture: Its Social and its Political Significance», en Arendt, Hannah, *Between Past and Future. Six Exercises in Political Thought*, The Viking Press, New York, 1961.

ARENDT, Hannah, *The Human Condition*. The University of Chicago Press, Chicago & London, 1998.

BORGES, Jorge Luis, «Dedicatoria», en BORGES, Jorge Luis, *Obras Completas* (1923-1972), Emecé editores, Buenos Aires, 1974.

DICCIONARIO DE LA REAL ACADEMIA ESPAÑOLA. https://dle.rae.es/dietario (Fecha de consulta: 25 de febrero de 2024).

MAUSS, Marcel, *Sociología y antropología*, Editorial Tecnos, Madrid, 1979.

WOOLF, Virginia, *Una habitación propia*, Seix Barral, Barcelona, 2008.

IX

ENTRE LISTAS, DICCIONARIOS Y ENCICLOPEDIAS: DEL CAJÓN DE LA COCINA AL PROCESO CIVIL[1]

DANIEL MITIDIERO
Profesor Asociado de Derecho Procesal Civil
Universidade Federal do Rio Grande do Sul
Abogado

1.-Introducción

Creo que fue a finales de los ochenta. Esperaba aquella bolsita gris con las revistas de la *Pandilla de Mónica* a las que mi padre y mi madre me habían suscrito. Finalmente, apareció un almanaque: el *Almanaque de Verano de la Pandilla de Mónica*. No me acuerdo de haber buscado su significado en el diccionario. Recuerdo cierta periodicidad, la evidente selección que implicaba, pero desde luego no la registré como una nota capaz tal vez de distinguirlo de las revistas mensuales.

En ese mismo período, me acuerdo de que llegó a casa una colección de libros encuadernados en rojo con letras doradas en el lomo. La Wikipedia, por supuesto, aún no existía. Quedé fascinado. Asuntos muy diversos tratados por orden alfabético, algunos muy interesantes y ciertamente más allá de mi comprensión. Abríamos la *Enciclopedia Barsa* en el salón y leíamos y mirábamos algunas de las ilustraciones. Era un programa, pero no recuerdo haber oído hablar entonces de dónde surgió aquella idea medio extraña de reunir en una única colección temas tan diferentes.

---

1 Traducción del portugués a cargo de Ana RODRÍGUEZ ÁLVAREZ, Profesora Contratada Doctora de Derecho Procesal de la Universidad de Santiago de Compostela.

Algún tiempo después, mi padre me regaló un *Aurélio*. Como él escribía con uno al lado, aquello me empezó a parecer una cosa muy seria. Recuerdo que me dijo que, si la palabra existía, estaría registrada allí. No recuerdo haber pensado que el diccionario pudiera definirse entonces como un límite del mundo. Sin embargo, adquirí la costumbre de consultarlo periódicamente, de abrirlo a veces sólo para ver si la bolita caía en el canal correcto de la ruleta de los días.

A día de hoy me gusta hacer listas. Tienen un sentido práctico que me ayuda mucho. A veces sus elementos están agrupados bajo un denominador común, a veces por orden de importancia y otras en atención a algún otro criterio —como las listas del supermercado—, que organizo pensando en la posición geográfica de las cosas dentro del Zaffari, que dejo normalmente guardadas en uno de los cajones de la cocina. Escribo rodeado de diccionarios —de lengua portuguesa y de algunas otras también—. Hay diccionarios jurídicos y de proceso civil también. E «igualmente» hay dos enciclopedias: la *Enciclopedia del Diritto*, que compré en una espectacular librería de segunda mano de Salvador a la que me llevó Fredie una de las primeras veces que fui a visitarlo; y el volumen XVI de la *International Encyclopedia of Comparative Law*, que trata del proceso civil y fue coordinado por CAPPELLETTI.

Con todo, nunca me había parado a pensar en la historia y el significado de cada uno de esos compañeros de viaje. He decidido hacerlo ahora y compartirlo con usted. En la primera parte, intento abordar estos instrumentos desde una perspectiva general. En la segunda, en el ámbito particular del Derecho y, más microscópicamente, en el del proceso civil. Por último, ofreceré algunas reflexiones finales para que podamos pensar juntos sobre los límites y las posibilidades de estas cosas entre nosotros.

2.-Del cajón de la cocina a la iluminación del mundo, pasando por las distinciones esenciales

Los poetas son seres extraños: incluso cuando escriben algo tan aparentemente banal como listas, son interesantes. Una de las que me gusta en forma de poema es aquella que da cuenta de las preferencias de Wislawa SZYMBORSKA —tal vez porque yo también prefiero los gatos—[2]. Es una lista abierta, porque sin duda hay otras pasiones que no están expresadas en ella. Por supuesto, podría ser diferente: las listas de los dos cajones y del armario de la cocina de Leopold Bloom en *Ulises*, por ejemplo, constituyen elencos cerrados[3], así como la lista de los cien libros preferidos de David BOWIE[4]. Es el inventario de lo irremediable: lo que no está en la lista no está en el mundo.

La lista es el principio de un diccionario o de una enciclopedia. Su carácter abierto o cerrado —el catálogo de barcos o el escudo de Aquiles, ambos en *La Ilíada* de Homero, como nos recuerda Umberto Eco en *El vértigo de las listas*[5]— depende del propósito imaginado por quien la elabora. Tanto si se trata de componer un diccionario como de escribir una enciclopedia, el primer paso es inventariar todo o aquello más relevante en un campo —como el *Almanaque*, que seleccionaba las mejores historias de la Pandilla de Mónica—. No se trata, pues, de una simple repetición: la cantidad de veces que MONDRIAN o los gatos aparecen en *Rayuela* de CORTÁZAR puede llamar la atención de aquellos que —como a mí— les gustan, pero no indica por sí solo la existencia de un elemento común capaz de agruparlos.

---

2 El nombre del poema de Wislawa SZYMBORSKA (1923-2012) es «Posibilidades» (1987). En SZYMBORSKA, Wislawa, *Poemas* (2011), Companhia das Letras, São Paulo, 2021, pp. 87 y 88.

3 Por si pica la curiosidad, he aquí la referencia: JOYCE, James, *Ulysses* (1922), Companhia das Letras, São Paulo, 2012, pp. 954, 1015 y 1018. *Ulises* es una novela densa, de modo que vale la pena leer antes algunos estudios para aprovechar mejor el viaje. Sugiero dos. Cuando hace mucho tiempo me quejé al profesor Carlos Alberto de que nunca podría terminar de leer el *Ulises*, me sugirió BURGESS, Anthony, *Homem Comum Enfim – Uma Introdução a James Joyce para o Leitor Comum (1965)*, Companhia das Letras, São Paulo, 1994. (Funcionó). El otro es GALINDO, Caetano, *Sim, Eu Digo Sim – Uma Visita Guiada ao Ulysses de James Joyce*, Companhia das Letras, São Paulo, 2016.

4 Para matar un poco la curiosidad: los tres primeros son *La naranja mecánica*, de Anthony Burgess (1962); *El extranjero*, de Albert Camus (1942) y *Awopbopaloopbop Alopbamboom: una historia de la música pop*, de Nik Cohn (1969). La lista completa puede consultarse en *Bowie's Bookshelf. The Hundred Books that Changed David Bowie's Life*. Gallery Books, New York, 2019.

5 Eco, Umberto, *A Vertigem das Listas* (2009), Record, Río de Janeiro, 2010, p. 10.

Una lista, por tanto, es el primer paso para que un campo temático se forme. Puede ser un diccionario, una enciclopedia o un museo.

Piense ahora en el Louvre, en el Hermitage o en el Museo Británico. ¿Por qué ofrecen un recorrido sugerido que suele organizarse a partir de los egipcios? Me lo he preguntado varias veces. De vez en cuando entro y salgo de algún museo más bien nutrido y me encuentro con la misma ruta —ya sea en París, San Petersburgo o Londres—. Leyendo un poco, me acabé dando cuenta de que el arte egipcio sirvió de plataforma a los griegos, que a su vez sirvieron de modelo al Renacimiento[6]. El resto es historia.

El otro día estaba impartiendo una clase de licenciatura y pregunté al alumnado por qué Aristóteles es recordado por casi todo el mundo. La clase me dedicó una sonrisa inquieta. Las respuestas, por supuesto, podrían multiplicarse, pero me interesaba —y me interesa— una en particular: porque concibió un modo de pensar. Un método.

El modelo que inspira los primeros diccionarios fue el de Porfirio, ideado en el siglo III d. C. a partir de las enseñanzas de Aristóteles, especialmente de la obra *Segundos Analíticos* (siglo IV a. C.). Tenía forma de árbol debido a las ramificaciones que originaba, de ahí su apellido: *Arbor Porphyriana*. Su lema era la separación propuesta por Aristóteles entre género y especie, con el objetivo de clasificar las cosas. Aunque su objetivo fuese en un primer momento definir, se acabó especializando en clasificar[7]. Un desvío de ruta que dejó al diccionario un buen día estancado en el simple registro de las distinciones esenciales.

Es una larga historia. Si tiene interés, no puede dejar de leer el ensayo de Umberto Eco titulado *Del* árbol *al laberinto* (*spoiler*: metáforas para el diccionario y la enciclopedia). Publicado por primera vez en 1981, está recogido en la recopilación homónima publicada en Italia en 2007 y en Brasil en 2013. Es demasiado importante en esta materia para ser sólo una nota a pie de página.

6 Sugerencia de lectura: GOMBRICH, Ernst, *A História da Arte* (1950), LTC, Río de Janeiro, 2015.

7 ECO, Umberto, «Da Árvore ao Labirinto» (1981), en *Da Árvore ao Labirinto – Estudos Históricos sobre o Signo e a Interpretação* (2007), Record, Río de Janeiro, 2013, p. 24.

Con todo, el carácter clasificatorio que acabó adquiriendo no fue el único obstáculo al que se enfrentó el diccionario. Hubo un desafío aún mayor: su pretensión de exactitud. ¿Cómo registrar un significado exacto, correcto, preciso, si, en general, eso depende también del *contexto* en que está siendo utilizado? De PESSOA a Caetano: navegar es preciso, vivir no es preciso. Al ofrecer un contexto, sin embargo, un diccionario pierde al mismo tiempo su carácter simplemente clasificatorio y de mero elenco de definiciones. *Empieza a ofrecer conocimiento sobre el mundo*.

Es precisamente en esta esquina donde el diccionario se encuentra con la enciclopedia. Para que pudiese desempeñar su función de enumerar definiciones, el diccionario necesitaría escapar de la camisa de fuerza que históricamente le impusieron las ramificaciones del árbol clasificatorio y renunciar a la pretensión de fijar definiciones independientemente de los contextos capaces de ilustrarlas. Esta es la razón por la cual Umberto Eco sostiene que el diccionario es una de las vidas de la enciclopedia, una de sus encarnaciones, uno de sus disfraces a lo largo de la Historia[8].

Eso coloca el problema del diccionario en la estantería de la enciclopedia. Nos obliga, por tanto, a resolverlo adentrándonos en su laberinto.

La palabra precedió a la cosa. En la tradición griega, la *enkyklios paideia* significaba educación completa —que en Roma y en la Europa medieval fue proporcionada sobre todo mediante la concentración del conocimiento de todos los libros y cosas en una única obra (por esta razón, tal vez no sea exagerado pensar en la enciclopedia como una reunión de bibliotecas y museos, pero dejaremos esa observación para otro momento)—. Aunque icónicamente asociado a la Ilustración del mundo por D'ALEMBERT y DIDEROT, debido a la *Encyclopédie* de 1751, la primera vez que el término apareció fue en 1529 con un autor llamado Fleming STERGK, siendo visto en 1531 en Thomas ELYOT como sinónimo de la totalidad del saber y recogido con esa misma acepción poco después por RABELAIS. Sus dos modelos más antiguos se encuentran en Plinio el Viejo, en el siglo I d. C., y en *Physiologus*, de los primeros siglos d. C., de autor desconocido[9].

8 Eco, Umberto, «Da Árvore ao Labirinto», *op. cit.*, p. 28.

9 Eco, Umberto, «Da Árvore ao Labirinto», *op. cit.*, pp. 31-39.

Al reunir el conocimiento del mundo a lo largo del tiempo, la enciclopedia plantea inmediatamente la cuestión relativa a su ordenación. ¿Cómo construirla? Lo primero es lo primero. Con este espíritu, las enciclopedias empezaron a llamarse espejos —*Speculum*, en latín— y a presentar un orden que reflejaba en sus páginas la importancia de las cosas retratadas. Eso fue allá por el siglo XIII. Lo más interesante, con todo, es que ese orden —ese índice— no era evidente para quien lo consultaba, sino que apenas servía de guía a quien la escribía. El orden alfabético —que caracteriza nuestros diccionarios y enciclopedias— aún no se había estrenado en los teatros del mundo[10].

Ciertamente, no es el caso de pasar revista en este momento a toda la evolución histórica del proyecto enciclopédico: el Telescopio de Tesauro, el lenguaje analítico de John WILKINS —y aquí uno no puede evitar imaginarse a BORGES y ECO sentados en la Recoleta de Buenos Aires o caminando por el Brera en Milán— y los largos pasos dados por LEIBNIZ, D'ALEMBERT y DIDEROT hacia la comprensión de la enciclopedia como una obra abierta, crítica y científica[11]. Sin embargo, interesa destacar estas tres características. En primer lugar, constituye una obra abierta, porque representa un proyecto que pretende reunir en un sistema en permanente actualización todo el conocimiento disponible sobre una determinada parte del mundo. En segundo, es crítica, porque pretende discutir todas o por lo menos la mayoría de las tesis que tratan de explicar cierto problema, y no se limita a consignar la solución considerada adecuada. En tercer lugar, es científica, porque pretende establecer las soluciones a los problemas examinados. Como este conjunto es extremadamente difícil de alcanzar, suele decirse que la enciclopedia abierta, crítica y científica —la «enciclopedia definitiva»[12]— constituye más un ideal normativo que una enciclopedia de carne y hueso.

Bueno, ya me he extendido demasiado. Ahora propongo que pasemos a estudiar las listas, diccionarios y enciclopedias en la cultura jurídica en general y en el proceso civil en particular. ¿Cómo son las listas, los diccionarios y las enciclopedias en el Derecho? ¿Por qué los diccionarios y las enciclopedias tienen más éxito en unas culturas jurídicas que en otras? ¿Por

10 Eco, Umberto, «Da Árvore ao Labirinto», *op. cit.*, pp. 42-46.

11 Eco, Umberto, «Da Árvore ao Labirinto», *op. cit.*, 46-57.

12 Eco, Umberto, «Da Árvore ao Labirinto», *op. cit.*, p. 58.

qué los diccionarios y enciclopedias no han despegado en nuestro proceso civil?

3.-De la cultura jurídica al proceso civil

Cuando pienso en una lista en el Derecho, pienso en el programa de una materia. Lo que para mí la define no es un orden de importancia o de popularidad, sino más bien un cierto encadenamiento —el primer eslabón enlazado en el segundo, que lleva al tercero y así sucesivamente—. Imagino que usted también piensa así. No es una lista al estilo Billboard, de arriba abajo, sino una ordenada de lado a lado, que se mueve linealmente: lo primero es lo primero.

Por ejemplo: el plan de clases de la cátedra de Teoría General del Proceso —que, en realidad, es Teoría del Proceso Civil— que utilizo para dar clases en mi facultad. La lista es la siguiente:

1. Un Mapa. Derecho y Proceso. Posiciones jurídicas. El proceso civil en el Estado constitucional. La tutela de los derechos mediante la decisión justa y la unidad del ordenamiento jurídico.

2. El erizo y la zorra. Fuentes del proceso civil. Interpretación y aplicación del Derecho. Texto y norma. Doble indeterminación del Derecho. Tipos de Normas. Principios, reglas y postulados. Jerarquía normativa. Constitución, tratados internacionales, legislación y decisión judicial. Introducción al problema del precedente judicial y de la jurisprudencia.

3. El hilo, los nudos y la red. El debido proceso y las normas fundamentales del proceso civil. El proceso civil y el Estado de Derecho. El proceso civil y el Estado democrático.

4. El hilo, los nudos y la red. La Acción. Perspectivas de análisis. Conceptual, social y funcional. Elementos de la causa. Partes, causa de pedir y *petitum*. Acción y tutela de los derechos.

5. El hilo, los nudos y la red. La defensa. Tipos.

6. El hilo, los nudos y la red. Jurisdicción. Perspectivas de análisis. Conceptual, social y funcional. Tutela jurisdiccional. La estructura de la Justicia civil. Competencia. Las relaciones entre el Poder Judicial, el Legislativo y el Ejecutivo. El activismo judicial.

7. El hilo, los nudos y la red. El proceso. Concepto. Presupuestos procesales.

8. El sendero, los árboles y el bosque. Proceso, procedimiento y participantes en el proceso. Teoría del procedimiento. Posiciones e instituciones. Juez, partes, abogados, Defensoría pública y Ministerio público.

Este campo temático, que gira en torno a la estructura fundamental del proceso civil, sirve para organizar un diccionario, una enciclopedia y, por supuesto, para escribir aquellos libros que, en mi opinión, son los tres grandes responsables de la escasez de los dos primeros en nuestra vida intelectual: los cursos, los manuales y los comentarios.

Tal vez el ejemplo más famoso, entre los antiguos, de estas exposiciones destinadas a ofrecer una visión completa del proceso civil sea el *Speculum Judiciale*, de 1271, de Guillaume DURAND (1230-1296)[13]. Al igual que su espejo, en él eran tratados todos sus temas —como, por ejemplo, aquellos relacionados con el juez, el procedimiento común, la *litiscontestatio*, la sentencia, la ejecución, etc.[14]—. Estas exposiciones tenían un sabor enciclopédico y no por casualidad se llamaban *Speculum*.

Tampoco han faltado ejemplos de diccionarios y enciclopedias dedicados al Derecho a lo largo de la Historia.

---

13 Sobre el tema, NÖRR, Knut Wolfgang, «À-propos du *"Speculum Iudiciale"* de Guillaume Durand» (1992), en *Iudicium est Actus Trium Personarum – Beiträge zur Geschichte des Zivilprozeβrechts in Europa*, Keip, Goldbach, 1993, pp. 41-49 (hay traducción al portugués disponible: «A Propósito do *"Speculum Iudiciale"* de Guillaume Durand» (1992), *Revista de Processo*, núm. 335, 2023). Es particularmente famoso, sobre todo, por el registro del brocardo *«sententia ferri debet secundum allegata et probata, non secundum conscientiam»* (ampliamente, PICÓ I JUNOY, Joan, *El Juez y la Prueba. Estudio de la Errónea Recepción del Brocardo Iudex Iudicare Debet Secundum Allegata et Probata, non Secundum Conscientiam y su Repercusión Actual*, Bosch, Barcelona, 2007; hay traducción al portugués disponible: PICÓ I JUNOY, Joan, *O Juiz e a Prova – Estudo da Errônea Recepção do Brocardo Iudex Debet Secundum Allegata et Probata, non Secundum Conscientiam e sua Repercussão Atual* (2007), Livraria do Advogado, Porto Alegre, 2017). Del *Speculum* está disponible la edición de 1975 de la Scientia Verlag Aalen (DURAND, Guillaume, *Speculum Iudiciale – Illustratum et Repergatum a Giovanni Andrea et Baldo degli Ubaldi* (1574), tomo I, Scientia Verlag Aalen, Reinheim, 1975).

14 DURAND, Guillaume, *Speculum Iudiciale*, *op. cit.*, p. 8.

Empezaré recordando algunas iniciativas en el Viejo Mundo. En Inglaterra, por ejemplo, la primera fue de John RASTELL, *Expositiones Terminorum Legum Anglorum*, publicada en 1527 y posteriormente traducida al francés y al español; seguida por *The Interpreter*, de John COWELL, en 1607. Siempre son nombrados a continuación el *Nomo-Lexikon*, de 1670, escrito por Thomas BLOUNT; el *New Law Dictionary* de 1729, de Giles JACOB; y *A New and Complete Dictionary*, de T. CUNNINGHAM, publicado en dos volúmenes en 1764 y 1765[15]. En Francia, recuerdo especialmente el *Vocabulaire Juridique*, de Henri CAPITANT, de 1936, coordinado por Gérard CORNU desde 1987; y el *Dictionnaire de la Culture Juridique*, de Denis ALLAND y Stéphane RIALS, publicado en 2003. En Italia son muy conocidos el *Nuovo Digesto Italiano*, coordinado por Mariano D'AMELIO, publicado entre 1937 y 1939; y la *Enciclopedia del Diritto*, coordinada por Francesco CALASSO, cuyo año inicial de publicación es 1958.

En cuanto al Nuevo Mundo, recuerdo aquí de Estados Unidos, de Uruguay y —por supuesto— de nuestro Brasil. En Estados Unidos, el primer responsable de publicar un diccionario jurídico fue John BOUVIER, *A Law Dictionary*, en 1839, pero luego aparecieron otros dos que le robaron protagonismo: *Black's Law Dictionary*, de Henry CAMPBELL BLACK, de 1891, ahora coordinado por Bryan GARNER; y *Ballentine's Law Dictionary*, de James BALLENTINE, de 1916[16]. En Uruguay, el *Vocabulario Jurídico* de Eduardo COUTURE se publicó en 1960 y a fecha de hoy lo actualiza Ángel LANDONI SOSA. Entre nosotros, recuerdo el *Vocabulário Jurídico* de TEIXEIRA DE FREITAS, publicado en 1883; el conocidísimo *Vocabulário Jurídico* publicado por DE PLÁCIDO E SILVA en 1963, ahora actualizado por Nagib SLAIBI FILHO y Priscila GOMES, que cuenta con más de treinta ediciones; y la *Enciclopédia Jurídica de la PUCSP*, coordinada por Celso CAMPILONGO, Álvaro DE AZEVEDO GONZAGA y André Luiz FREIRE, publicada en línea en 2017.

Los diccionarios y enciclopedias también se expandieron a determinados campos específicos del Derecho. Son muy conocidos, por ejemplo, el *Dictionnaire Encyclopedique de*

15 Tomé todo este elenco de MELLINKOFF, David, «The Myth of Precision and the Law Dictionary», *UCLA Law Review*, núm. 31, 1983, pp. 426-429.

16 MELLINKOFF, David, «The Myth of Precision and the Law Dictionary», *op. cit.*, pp. 430 y 434.

Theorie et de Sociologie du Droit, de 1988, coordinado por André-Jean ARNAUD (me gusta especialmente el nombre de *Dictionnaire Encyclopedique*, porque retrata la evolución de la fórmula de inmediato), y el *Dictionary of Legal Theory*, de Brian BIX, de 2004. Por razones obvias, sin embargo, tengo cierta predilección por los diccionarios y enciclopedias centrados en el proceso civil. Aparte de la *International Encyclopedia of Comparative Law*, cuyo volumen dedicado al proceso civil fue coordinado por Mauro CAPPELLETTI y publicado en 1987; y del *Dictionnaire de la Justice*, coordinado por Loïc CADIET, de 2004, me gusta recordar el *Dicionário de Processo Civil* de Eliézer ROSA, de 1973[17]; el *Digesto de Processo*, en cinco volúmenes, coordinado por Jacy DE ASSIS y publicado entre 1980 y 1985[18]; el *Dicionário do Código de Processo Civil Brasileiro*, de Alcides DE MENDONÇA LIMA[19], publicado en 1986; y el *Vocabulário do Processo Civil*, publicado en 2009 por Cândido RANGEL DINAMARCO[20].

Con un linaje tan antiguo y tantas personas válidas implicadas, ¿por qué las enciclopedias y los diccionarios jurídicos son relativamente escasos? Una buena hipótesis es que, probablemente, escribir, dirigir o coordinar obras como éstas debe dar mucho trabajo o exigir un conocimiento muy amplio, en el caso de que lo hiciera una sola persona. Pero no me parece suficiente. Me atrevería a decir que el sistema de organización de las enciclopedias y los diccionarios —el orden alfabético— quizá no sea el que mejor refleja las inquietudes de quienes estudian Derecho. Tal vez de ahí provenga cierto desprestigio de las enciclopedias y los diccionarios. Hace mucho tiempo que, en el Derecho, estudiamos siguiendo el orden de los textos que sirven a nuestra interpretación —como dicen los glosadores y los comentaristas, de los cuales descendemos—[21].

17 ROSA, Eliézer, *Dicionário do Processo Civil*, José Bushatsky, São Paulo, 1973, con 339 entradas.

18 ASSIS, Jacy de (Coord.), *Digesto de Processo*, vols. I a V, Forense, Río de Janeiro, 1980-1985, con 230 entradas.

19 MENDONÇA LIMA, Alcides de, *Dicionário do Código de Processo Civil Brasileiro*, RT, São Paulo, 1986, con 1.350 entradas.

20 DINAMARCO, Cândido Rangel, *Vocabulário do Processo Civil* (2009), Malheiros, São Paulo, 2014, con 154 entradas.

21 Como el texto en el que está basado el Derecho fue considerado durante mucho tiempo como *ratio scripta*, la doctrina se acabó acostumbrando a encarar su actividad como una glosa o un comentario

Con el prestigio de las codificaciones, el sistema que les sirve de esqueleto acabó determinando también el modo conforme al cual estudiamos el Derecho[22]. Tal vez de ahí venga la mayor circulación de Comentarios, Cursos y Manuales, que tienden a seguir el diseño de las legislaciones que rigen la disciplina a la que se dedican.

Eso no significa, sin embargo, que un diccionario o una enciclopedia no sean un buen abordaje —o un buen instrumento de trabajo—. Sin embargo, surgen en este punto dos problemas. ¿Qué debe contener? ¿Cómo se debe estructurar una entrada?

4.-Un ejercicio: la entrada sobre la acción

Me voy a limitar al segundo problema. El primero, dado el carácter abierto, crítico y científico que toda enciclopedia —el diccionario en el otoño de la vida— debe adoptar, exigiría un esfuerzo de enumeración de todo lo más relevante dentro del proceso civil que prefiero compartir en otro momento. ¿Qué debe contener, por ejemplo, una entrada sobre la acción?

Tema raíz, clásico entre los clásicos, el Ciudadano Kane del proceso civil, merece la pena ver cómo otros lo han abordado. Me limitaré aquí a tres ejemplos enciclopédicos: las entradas «*Azione (Teoria Moderna)*», de Alessandro PEKELIS[23]; «*Azione. I. L'Azione in Generale: a) Storia del Problema*», de Riccardo

textual —puntual o sistemático—. Ampliamente, WIEACKER, Franz, *Privatrechtsgeschichte der Neuzeit* (1952), Vandenhoeck & Ruprecht, Göttingen, 1967, pp. 63 y 64 (hay traducción al portugués disponible: *História do Direito Privado Moderno* (1967), Calouste Gulbenkian, Lisboa, 1993).

22 Me estoy refiriendo al sistema externo, esto es, al orden utilizado por la legislación para presentar una determinada materia. Ampliamente, CANARIS, Claus-Wilhelm, *Systemdenken und Systembegriff in der Jurisprudenz* (1969), Duncker & Humblot, Berlin, 1983, p. 19 (hay traducción al portugués disponible: CANARIS, Claus-Wilhelm, *Pensamento Sistemático e Conceito de Sistema na Ciência do Direito (1969)*, Calouste Gulbenkian, Lisboa, 2002).

23 PEKELIS, Alessandro, «Azione (Teoria Moderna)» (1937), *Novissimo Digesto Italiano*, vol. II, UTET, Torino, 1958, pp. 29-47 (esta entrada, por cierto, fue escrita originalmente para el *Nuovo Digesto Italiano*, publicado en 1937 y reeditado en 1958 con un apéndice actualizado por Enrico Tullio LIEBMAN).

ORESTANO[24]; y «*Azione. I. Diritto Processuale Civile*», de Vittorio DENTI[25]. Para contrastar, también conviene consultar la entrada «Acción Civil» del diccionario de Eduardo COUTURE[26].

La entrada de PEKELIS ocupa dieciocho páginas, con dos columnas en cada una, y está organizada de la siguiente manera: «*1. La Varietà del Significato del Termine Azione nell'Uso Giuridico Comune; 2. La Varietà delle Dottrine intorno al Concetto di Azione; 3. Programma di questo Studio; 4. Il Significato Letterale ed Arcaico della Parola Actio; 5. La Liceità di Agire e la Potestà di Far Agire; 6. Il Processo Storico della Conversione della Liceità di Agire nella Potestà di Fare Agire; 7. Il Fenomeno della Dipendenza di Alcune Attività Statale dal Volere del Singolo. La Particolare Posizione di Vantaggio che ne Deriva al Singolo ed il Diritto d'Azione; 8. La Giuridicità del Volere dello Stato quale Pressuposto Logicamente Necessario della Possibilità di tale Dipendenza; 9. Il Significato in cui Può Parlarsi del Dominio del Singolo sull'Attività Statale. Il Diritto d'Azione; 10. Le Ripercussioni di tale Dominio nei Riguardi degli altri Consociati. Il Significato in cui Può Parlarsi del Dominio del Creditore sul Debitore. Il Diritto Soggettivo Sostanziale; 11. L'Eterogeneità dei Concetti di Diritto Soggettivo d'Azione e di Diritto Soggettivo Sostanziale e l'Impossibilità del loro Inquadramento in un Unico Sistema di Diritti; 12. La Liceità di Agire e il Diritto di Fare Agire quale Summa Divisio delle Primarie Posizioni di Vantaggio del Singolo nella Società; 13. I Cosidetti Rapporti di Diritto Sostanziale, come Situazioni Riflesse e Secondarie rispetto alla Facoltà d'Azione Diretta ed al Diritto d'Azione (Indiretta). L'Abituale Inversione del Rapporto di Primato; 14. Le Ragioni Storiche di tale Inversione.*

24 ORESTANO, Riccardo, «Azione. I. Azione in Generale: a) Storia del Problema», *Enciclopedia del Diritto*, tomo IV, Giuffrè, Milano, 1959, pp. 785-822.

25 DENTI, Vittorio, «Azione. I. Diritto Processuale Civile», *Enciclopedia Giuridica Treccani*, vol. IV, Treccani, Roma, 1988, pp. 1-12.

26 COUTURE, Eduardo, *Vocabulario Jurídico* (1960), B de F, Montevideo, 2017, pp. 58 y 59.
Observo que, para COUTURE, los diccionarios y las enciclopedias tienen el mismo tono «ilustrativo» (yo diría aquí: contextual). Para COUTURE, la distinción entre diccionarios y enciclopedias, por un lado, y vocabulario, por otro, es que este último sólo pretende registrar «definiciones» (*op. cit.*, pp. 6-8). Sin embargo, para seguir la distinción entre diccionario y enciclopedia, voy a tomarme la libertad de utilizar el vocabulario de COUTURE como si se tratara de un diccionario.

L'Autonomia del Diritto Privato Oggettivo rispetto allo Stato nel Primo Pensiero di Savigny; 15. La Crescente Statalizzazione della Vita Nazionale Tedesca e l'Evoluzione del Pensiero di Savigny. La Concezione Dualistica della Coesistenza Autonoma del Diritto Popolare e del Diritto Statale, Equivalenti tra di loro; 16. I Rapporti tra Diritto Pubblico e Diritto Privato nel Pensiero dei Giuristi dell'Ottocento Tedesco. L'Origine Pratica del Errore Teoretico dell'Autonomia del Diritto Privato; 17. Le Ragione Storiche del Disinteresse degli Italiani per il Problema dell'Azione nel Periodo del Risorgimento e nei Primi Decenni del Nuovo Regno; 18. L'Ultimo Decennio dell'Ottocento Italiano e la Dottrina del Mortara; 19. Il Risveglio della Vita Culturale Italiana, i suoi Caratteri e la Prolusione del Chiovenda; 20. La Dottrina del Chiovenda. Il Carattere Privatistico dell'Azione ed il suo Carattere di Diritto Potestativo; 21. Cenno Generico alle Opinioni dei Moderni Processualisti Italiani; 22. Le Opinioni del Redenti, dello Zanzucchi e del Rocco U.; 23. L'Opinione del Carnelutti; 24. Le Opinioni del Calamandrei, del Betti, del Liebman, del Biondi e del Satta; 25. Il Problema dell'Azione, come Parte del Problema dei Rapporti tra Imperativo e Sanzione, ed un cenno dell'Allorio; 26. I Limiti Metodologici e Filosofici della Validità della Concezione del Primato dell'Azione rispetto al Diritto Sostanziale; 27. I Limiti Psicologici e Culturali della Stessa Concezione; 28. Appendice»[27].

La de ORESTANO ocupa treinta y siete páginas, también con dos columnas en cada una, y está estructurada de la siguiente manera: «*1. Il Problema dell'Azione nelle Scienze Giuridiche di Derivazione Pandettistica; 2. Relatività del Concetto di Azione e Storicità del Problema; 3. Giusnaturalismo e Diritti Soggettivi. La Costruzione del Sistema del Diritto Privato; 4. Esclusione della Procedura dal Sistema Privatistico e Formazione della Prozessrechtswissenschaft; 5. Speculazione Filosofica e Scienza Giuridica di Fronte al Diritto Soggettivo; 6. La "Grande Illusione" della Pandettistica e il Diritto Obiettivo; 7. La "Frattura" fra Diritto e Processo e il Problema dell'Azione; 8. I Tentativi di "Saldatura" dei Privatisti. La Costruzione di Savigny; 9. Alcune "Variabili" delle Teorie dell'Azione; 10. L'Azione nel Sistema dei Diritti Soggettivi; 11. La Distinzione fra Pretesa ed Azione e l'Autonomia del Diritto d'Agire; 12. L'Intrecciarsi delle Dottrine e i Temi di Disputa; 13. Il "Momento Genetico"; 14. La "Direzione"; 15. Il "Contenuto"; 16. La "Natura"; 17. La "Classificazione";*

27 PEKELIS, Alessandro, «Azione (Teoria Moderna)» (1937), *op. cit.*, p. 30.

18. Il "Carattere"; 19. Linee di Sviluppo delle Teorie. Dalla Visione Soggettiva alla Visione Oggettiva dell'Ordinamento; 20. I Mutamenti nella Concezione dello Scopo del Processo; 21. Riflessi sulle Sistematiche Processuali. L'Azione nella Concezione Soggettiva; 22. Concezione Oggettiva del Processo e Preminenza del Concetto di Giurisdizione; 23. Transformazioni nel Concetto di Azione nelle Nuove Sistematiche. L'Azione nell'Unità del Processo; 24. Accentuazione del Dualismo fra Diritto Sostanziale e Processuale e dell'Astrattezza dell'Azione; 25. Sul Bilico fra Concretezza e Astrattezza; 26. Autonomia del Processo o Unità del Diritto?; 27. L'Azione nell'Unità del Ordinamento; 28. Verso l'Uscita dalla "Grande Illusione"; 29. La Pregiudiziale Ontologica rispetto all'Azione e le sue Ragioni Storiche e Linguistiche; 30. L'Ipostasi dei Concetti e il suo Valore nella Scienza Giuridica; 31. La Verbalizzazione dell'Esperienza e il Discorso Giuridico; 32. La Logica Sostanzialista del Linguaggio e le Astrazioni; 33. La Scienza Giuridica come "Roccaforte" della Logica Classica; 34. I Procedimenti Definitori della Scienza Giuridica; 35. "Irrealtà dell'Azione"; 36. Il Problema del Concetto dell'Azione si Risolve nella sua Storia; 37. Fuori dal "Punto Morto". Libertà e Responsabilità; 38. Verso Nuove Concezioni dell'Azione; 39. L'Azione nel Concreto dei Singoli Ordinamenti Positivi»[28].

La de DENTI ocupa doce páginas, con dos columnas en cada una, y está organizada de la siguiente manera: «*1. Azione e Processo; 1.1. Significato Storico delle Teorie dell'Azione; 1.2. Azione e Diritto nell'Evoluzione degli Ordinamenti Moderni; 2. L'Azione come Diritto; 2.1. L'Azione come Diritto al Processo; 2.2. Gli Elementi Costitutivi dell'Azione; 2.3. Azione ed Eccezione; 2.4. Azioni Individuali, Azioni Popolari, Azione Colletive; 2.5. La c. d. Identificazione delle Azioni e il c. d. Concorso delle Azioni; 3. L'Azione come Garantia; 3.1. La Garanzia dell'Azione nelle Carte Costituzionali; 3.2. I Diritti ed Interessi Azionabili; 3.3. Diritto Sostanziale e Processo nella Garanzia dell'Azione; 3.4. Il Possibile Condizionamento del Diritto di Azione; 3.5. Diritto di Azione e Principio di Ugualianza; 4. Azione e Forme di Tutela; 4.1. Classificazione delle Azioni di Cognizione; 4.2. La Tutela Preventiva; 4.3. La Tutela di Condanna; 4.4. La Tutela Inibitoria; 4.5. La Tutela Costitutiva; 4.6. La Tutela d'Urgenza; 4.7. La Tutela*

---

28 ORESTANO, Riccardo, «Azione. I. Azione in Generale: a) Storia del Problema», *op. cit.*, pp. 785 y 786.

Esecutiva; 5. Considerazioni Conclusive; 6. Fonti Normative; 7. Bibliografia»[29].

La de COUTURE ocupa dos páginas y está estructurada en cuatro puntos: «*I. Definición; II. Ejemplo; III.* Índice; *IV. Etimología; V. Traducción*»[30]. Todas las entradas, de hecho, siguen esa organización[31].

Saltan a la vista las diferencias entre los enfoques de la enciclopedia y el diccionario. Mientras que los trabajos de PEKELIS, ORESTANO y DENTI pretenden presentar definiciones contextuales (lo que implica un trabajo histórico-comparativo en su respectiva formulación), el de COUTURE se centra en las definiciones que pueden formularse a partir de un determinado ordenamiento jurídico. El primer enfoque sirve para la verticalización del conocimiento, mientras que el segundo indica el inicio del camino, el conocimiento básico necesario para trabajar con un instituto determinado.

¿Y si yo fuera a escribir una entrada sobre la «Acción» para una enciclopedia? Sería algo más libre, más o menos así: 1. La acción como problema histórico-comparado; 1.1. De las acciones típicas a la atipicidad de la acción en la tradición romano-canónica; 1.2. *Forms of Actions, Injunctions* y *Writs* en la tradición del *Common Law*; 1.3. La confluencia de las tradiciones en la tradición de América Latina; 2. Sentido de las discusiones sobre la acción; 2.1. La acción en la perspectiva de las relaciones entre Derecho y Proceso; 2.2. La acción en la perspectiva del acceso a la Justicia; 2.3. La acción en la perspectiva del derecho a la tutela adecuada, efectiva y tempestiva mediante el debido proceso; 3. Acción, técnica procesal y tutela del Derecho; 3.1. Tutela jurisdiccional; 3.2. Técnica procesal; 3.3. Tutela del Derecho.

¿Y si fuese para un diccionario? Probablemente seguiría un modelo sencillo y reutilizable para todas las entradas. Algo así: 1. Definición; 2. Base jurídica; 3. Etimología; 4. Traducciones (prácticamente el modelo propuesto por COUTURE).

¿Sinceramente? Aparte del orden alfabético que alimenta el diccionario y la enciclopedia y la constancia de la fórmula del diccionario, no veo grandes diferencias desde el punto de

---

29 DENTI, Vittorio, «Azione. I. Diritto Processuale Civile», *op. cit.*, p. 1.

30 COUTURE, Eduardo, *Vocabulario Jurídico* (1960), *op. cit.*, pp. 58 y 59.

31 COUTURE, Eduardo, *Vocabulario Jurídico* (1960), *op. cit.*, pp. 23 y 24.

vista del contenido entre diccionarios, enciclopedias, cursos, manuales y comentarios. Incluso la etimología y las traducciones de los términos, más habituales en un diccionario, aparecen a menudo en otras fórmulas —por cierto, es imposible no acordarse de los *Comentários* de PONTES, llenos de información etimológica y de expresiones equivalentes a las que se encuentran en otros idiomas—. ¿Qué quiero decir con esto?

5.-Consideraciones finales

Tal vez sea posible, después de todo, trazar un paralelismo entre los Cursos y los Comentarios y las Enciclopedias, por un lado; y los Manuales y Códigos comentados (o anotados) y Diccionarios, por otro. Una vez sustituido el orden alfabético por el orden legal en la organización de la obra en su conjunto, ¿cuál es la diferencia sustancial entre un capítulo de un buen Curso de Proceso Civil y las entradas enciclopédicas de PEKELIS y ORESTANO? ¿Cuál es la diferencia sustancial entre una glosa o comentario en un buen Código comentado y una definición ofrecida por el Diccionario de COUTURE?

¿Será que existe aquí una tradición clásica e ilustrada —relativa a los instrumentos con los que usted y yo estudiamos y trabajamos— recibida y reformulada? Quizá la legítima reivindicación de la primacía histórica del Derecho sobre la Filosofía[32] baraje un poco esas piezas, pero creo que, en general, podría ser un buen pálpito.

6.-Bibliografía

ASSIS, Jacy de (Coord.), *Digesto de Processo*, vols. I a V, Forense, Río de Janeiro, 1980-1985.

AUBERT, Eduardo Henrik, *Ensaio sobre a Dogmática Jurídica*, Almedina, São Paulo, 2022.

BURGESS, Antony, *Homem Comum Enfim – Uma Introdução a James Joyce para o Leitor Comum* (1965), Companhia das Letras, São Paulo, 1994.

32 AUBERT, Eduardo Henrik, *Ensaio sobre a Dogmática Jurídica*, Almedina, São Paulo, 2022, p. 125.

Canaris, Claus-Wilhelm, *Systemdenken und Systembegriff in der Jurisprudenz* (1969), Duncker & Humblot, Berlin, 1983.

Canaris, Claus-Wilhelm, *Pensamento Sistemático e Conceito de Sistema na Ciência do Direito* (1969), Calouste Gulbenkian, Lisboa, 2002.

Couture, Eduardo, *Vocabulario Jurídico* (1960), B de F, Montevideo, 2017.

Denti, Vittorio, «Azione. I. Diritto Processuale Civile», *Enciclopedia Giuridica Treccani*, vol. IV, Treccani, Roma, 1988.

Dinamarco, Cândido Rangel, *Vocabulário do Processo Civil* (2009), Malheiros, São Paulo, 2014.

Durand, Guillaume, *Speculum Iudiciale – Illustratum et Repergatum a Giovanni Andrea et Baldo degli Ubaldi* (1574), tomo I, Scientia Verlag Aalen, Reinheim, 1975.

Eco, Umberto, «Da Árvore ao Labirinto» (1981), en *Da* Árvore *ao Labirinto – Estudos Históricos sobre o Signo e a Interpretação* (2007), Record, Río de Janeiro, 2013.

Eco, Umberto, *A Vertigem das Listas* (2009), Record, Río de Janeiro, 2010.

Galindo, Caetano, *Sim, Eu Digo Sim – Uma Visita Guiada ao Ulysses de James Joyce*, Companhia das Letras, São Paulo, 2016.

Gombrich, Ernst, *A História da Arte* (1950), LTC, Río de Janeiro, 2015.

Joyce, James, *Ulysses* (1922), Companhia das Letras, São Paulo, 2012.

Mellinkoff, David, «The Myth of Precision and the Law Dictionary», *UCLA Law Review*, núm. 31, 1983.

Mendonça Lima, Alcides de, *Dicionário do Código de Processo Civil Brasileiro*, RT, São Paulo, 1986.

Nörr, Knut Wolfgang, «À-propos du "*Speculum Iudiciale*" de Guillaume Durand» (1992), en *Iudicium est Actus Trium Personarum – Beiträge zur Geschichte des Zivilprozeßrechts in Europa*, Keip, Goldbach, 1993.

Nörr, Knut Wolfgang, «A Propósito do "*Speculum Iudiciale*" de Guillaume Durand» (1992), *Revista de Processo*, núm. 335, 2023.

Orestano, Riccardo, «Azione. I. Azione in Generale: a) Storia del Problema», *Enciclopedia del Diritto*, tomo IV, Giuffrè, Milano, 1959.

Pekelis, Alessandro, «Azione (Teoria Moderna)» (1937), *Novissimo Digesto Italiano*, vol. II, UTET, Torino, 1958.

Picó i Junoy, Joan, *El Juez y la Prueba. Estudio de la Errónea Recepción del Brocardo Iudex Iudicare Debet Secundum Allegata et Probata, non Secundum Conscientiam y su Repercusión Actual*, Bosch, Barcelona, 2007.

Picó i Junoy, Joan, *O Juiz e a Prova – Estudo da Errônea Recepção do Brocardo Iudex Debet Secundum Allegata et Probata, non Secundum Conscientiam e sua Repercussão Atual* (2007), Livraria do Advogado, Porto Alegre, 2017.

Rosa, Eliézer, *Dicionário do Processo Civil*, José Bushatsky, São Paulo, 1973.

Szymborska, Wislawa, *Poemas* (2011), Companhia das Letras, São Paulo, 2021.

Wieacker, Franz, *Privatrechtsgeschichte der Neuzeit* (1952), Vandenhoeck & Ruprecht, Göttingen, 1967.

Wieacker, Franz, *História do Direito Privado Moderno* (1967), Calouste Gulbenkian, Lisboa, 1993.

X

EL RELATO POLICIAL EN LA ENSEÑANZA DEL DERECHO

FERNANDO A. BERMÚDEZ
Profesor Titular de Filosofía Jurídica y Problemática del Conocimiento
Universidad de Mendoza y Universidad Nacional de Cuyo

1.-Introducción

Si hacemos un rápido recorrido de los planes de estudio de nuestras facultades de Derecho en Argentina, se verá una clara impronta dogmática o normativista, en nuestra formación jurídica que hace tiempo varios autores de reconocida autoridad, la han puesto de manifiesto, al denunciar el actual estado de nuestra formación universitaria en Derecho, que podríamos resumir en las siguientes notas[1].

Se analizan artículos de códigos y no principios jurídicos (se parte del supuesto de que los códigos son el Derecho); se cristaliza el Derecho en las leyes escritas (no se enseña Derecho, sino un Derecho dado); se incurre en anticientífico fragmentarismo (un fragmentarismo y un inorganismo que apenas si muestran las ramas y no el tronco del árbol, se tiende a un especialismo, y es menospreciado el integralismo, como falaz e inútil, cuando no como perturbadora de una buena educación jurídica); se enseña palabrerío y memorísticamente (se hace conocer, a lo sumo, y no se hace comprender y asimilar.

1 BANDIERI, Luis María, *La Formación Plenaria del Abogado*, Editorial de la Universidad Católica, Buenos Aires, 2007, pp. 15 y 16.

Se cultiva el pasivismo de la memoria); se desconoce la ejercitación práctica.

De todo esto, resulta claro que tenemos una enseñanza predominantemente monologa del catedrático y de pasividad casi total del estudiante, circunstancia ambas que excluyen lo espontáneo y atrayente de la educación y lo personal de la obra del alumno en su formación.

Podría decirse, a modo de resumen, que el patrimonio común de la enseñanza del Derecho en la Argentina es la repetición y memorización de los textos dogmáticos y de la ley positiva. En esto coinciden la mayoría de los autores COLMO[2], COSSIO, DÍEZ PICAZO, ALTERINI[3], GORDILLO, BANDIERI, HÉCTOR[4], MARTÍNEZ PAZ[5]. Si bien, a partir del año 2018 se ha llevado a cabo un proceso de acreditación de las carreras de abogacía con nuevos estándares que tienen a mellar este diagnóstico, todavía perdura esta impronta en la metodología de enseñanza.

El objetivo del presente estudio es poder reflexionar sobre la importancia que tiene en la formación y enseñanza jurídica uno de los aspectos del conocimiento jurídico en general, llamado *conocimiento por afectividad y el relato policial* en particular.

2.-El conocimiento jurídico y sus grados

El saber clásico nos enseña que no existe un solo conocimiento jurídico, sino varios, es decir, de distinto tipos y jerarquías[6]. De lo inferior a lo superior, podemos establecer: a) un conocimiento jurídico experiencial; b) un conocimiento jurídico técnico; c) un conocimiento jurídico científico-positivo; d) un conocimiento jurídico filosófico; y e) un conocimiento jurí-

---

2 COLMO, Alfredo, *La Cultura Jurídica y Facultad de Derecho,* Editorial de la Universidad Nacional de Buenos Aires, Argentina, 1915.

3 ALTERINI, JORGE Horacio, *La enseñanza del Derecho*, La Ley 1988 – C. 687.

4 IRIBARNE, Héctor Pedro, «Acerca de la Enseñanza del Derecho, Limitaciones que impone la dogmática. Cauces para su superación», *Revista Prudentia Iuris*, Universidad Católica Argentina.

5 MARTÍNEZ PAZ, Fernando, *La Construcción del Mundo Jurídico Multidimensional,* Facultad de Derecho y Ciencias Sociales de la Universidad Nacional de Córdoba.

6 CASAUBON, Juan Alfredo, *Conocimiento Jurídico,* EDUCA Editorial de la Universidad Católica Argentina, 1984, p. 10.

dico teológico. Con la salvedad que todos ellos pueden combinarse en un conocimiento jurídico prudencial y afectivo, que como veremos más adelante tendrá está apreciación tendrá diversas consecuencias jurídicas.

El conocimiento experiencial del Derecho es un saber fundado en conocimientos singulares, no universales, y que no se eleva a ser un saber necesario por sus causas. El conocimiento técnico del Derecho es aquel que una persona posee que, sin ser abogado ni juez, conoce la aplicación práctica de las normas. El conocimiento científico-positivo del Derecho, es aquel que estudia su objeto sólo por sus causas próximas, y que éstas son las leyes humano-positivas o las costumbres jurídicas efectivamente vigentes en una sociedad dada. El conocimiento filosófico del Derecho es aquel conocimiento del Derecho, en su totalidad, por sus últimas causas. El conocimiento teológico del Derecho es el conocimiento de una nueva clase de ley: la ley divina positiva, que no debe confundirse con la ley eterna, aunque tanga en ésta su último o primer fundamento.

Ahora bien, los distintos grados del saber jurídico, se deben combinar con el conocimiento jurídico prudencial y afectivo. La prudencia es una virtud moral cardinal, pero al mismo tiempo es una virtud intelectual, pues reside en el intelecto práctico. Su fin es determinar los debidos medios, en cada circunstancia, rectamente ordenados hacia el fin último moral[7]. De esta manera, en el conocimiento prudencial entran en juego: un conocimiento universal de los principios y leyes del obrar; y un conocimiento particular de las circunstancias del caso. Es decir, intervienen la inteligencia propiamente dicha y la cogitativa o *ratio particularis*, que capta y valora las situaciones singulares. Además de este doble aporte intelectual, se requiere también un aporte afectivo, esto es, un conocimiento por «connaturalidad»: el que tiene la virtud de la prudencia tiende, por impulso afectivo, a juzgar bien éticamente en las situaciones concretas.

A partir de aquí, surge la lógica consecuencia que, en lo jurídico, se requerirá, también dos tipos de conocimientos: un conocimiento de las leyes (naturales y positivas), y un conocimiento de las circunstancias del caso, acompañado de una

7 CASAUBON, Juan Alfredo, *Conocimiento Jurídico,* EDUCA Editorial de la Universidad Católica Argentina, 1984, p. 19.

recta actitud afectiva ante las mismas. Por eso un buen juez debe ser él mismo un hombre prudente, porque el conocimiento intelectual —general y particular— no lo moverían necesariamente a sentenciar rectamente si no fuera por el elemento afectivo.

El conocimiento afectivo o por connaturalidad del Derecho, es un conocimiento que puede combinarse con cualquiera de los grados de saber jurídico, de manera que en cada grado habría: a) un conocimiento intelectual del derecho, y b) un conocimiento afectivo o por connaturalidad[8] de ese mismo objeto.

Ahora bien, del Derecho objetivo *(ipsa res iusta)* puede tenerse un conocimiento científico, abstracto, que hoy comprendería la filosofía del Derecho y las ciencias positivas del Derecho, o bien un conocimiento concreto, que incluye la prudencia y la equidad.

Pues bien, en ese conocimiento concreto del Derecho debe incluirse también el conocimiento jurídico afectivo o por connaturalidad. Porque el Derecho como «*ipsa res iusta*» es el objeto de la virtud de la justicia; siendo objeto de la virtud de la justicia, puede ser también objeto de un conocimiento por connaturalidad dado que, una de las principales formas de conocimiento por connaturalidad es el que emana de la posesión de las virtudes morales.

En una sociedad bien ordenada, resulta indispensable tal conocimiento por connaturalidad, porque la noticia abstracta del Derecho y las leyes, y aun la concreta de lo que debería sentenciarse, no exigen necesariamente que el que así conoce obre justamente.

3.-Literatura y Derecho

La pregunta que sigue es ¿cómo enseño el conocimiento por afectividad? Uno de los recursos más interesantes y necesarios para el jurista, será a través de la literatura. Porque justamente, la literatura, rompe el esquema racional-abstracto, al no conceptualizar nada, al no explicar racionalmente lo jurídico, sólo muestra y deja ver a través de los sucesos, personajes y la trama el mundo real del hombre y su constitución.

---

8 CASAUBON, Juan Alfredo, *El conocimiento afectivo o por connaturalidad,* La Ley 1979 -D, Sec. Doctrina, pp. 776 y 786.

Por medio de esta última, yo puedo comprender, cual es una situación justa de una injusta, cuando hay venganza o misericordia, o indulgencia o caridad. Y mucho más de los personajes, cada uno a través de la trama propuesta, encarnan los eternos problemas del derecho y su realización concreta.

En este sentido, afirma GARCÍA HUIDOBRO: «*El lenguaje de la filosofía académica (jurídico) es necesariamente limitado, si se lo compara; por ejemplo, con la pluralidad que admite el recurso del dialogo. Hay cosas que pueden mostrar la literatura, la música o la pintura y que permanecen inaccesibles a la filosofía*» (...) «*No hay que entender la universalidad del pensamiento filosófico de un modo racionalista, es decir, de manera tal que transforme en superfluas las demás formas de expresión de la verdad*»[9].

Pasando al plano jurídico, un aporte interesante en este sentido lo ha realizado el Filósofo del Derecho alemán, *Gustav Radbruch* y sus análisis de la Estética del Derecho, donde explica las relaciones entre el Derecho y el Arte. El Derecho para el pensador alemán es una obra humana, y como toda obra humana sólo puede ser comprendida a través de su idea, para esto se debe partir de su consideración al fin para el que está predispuesto la misma obra, y en este caso el Derecho. «*Una consideración ciega para el fin, es decir, para el valor, es pues, imposible ante una obra humana, y por consiguiente también, una consideración ciega al valor del derecho o de cualquier fenómeno jurídico aislado*»[10]. De esta manera, la única manera de comprender el Derecho es el círculo de la conducta impregnada de valor. Por esto, el concepto de Derecho sólo puede determinarse como conjunto de datos, cuyo sentido estriba en la realización de la idea del Derecho.

Ahora bien, cuál es la idea del Derecho. Como obra cultural, es una realidad referida a valores. La idea del Derecho, por lo tanto, no puede ser otra que la justicia. Entendida como un valor absoluto, es decir, que no puede derivar de ningún otro valor, de esta manera, estamos ante aquello que específica al derecho, que le da la pauta para su determinación conceptual.

---

9 GARCÍA HUIDOBRO, Joaquín, *Filosofía y retórica del iusnaturalismo*, UNAM, México, 2002. p. 15.

10 RADBRUCH, Gustavo, *Filosofía del Derecho*, editorial Revista de Derecho Privado, Madrid, 1944, p. 11. Para mayor conocimiento, BERMÚDEZ, Fernando, «Radbruch y la estética del derecho», *Opúsculo Filosófico,* Año XVI, núm. 36, enero-junio 2023, pp. 5-40.

Por esto, no es un principio exhaustivo, ni el único, ya que está la adecuación al fin y la seguridad jurídica, por eso el Derecho puede ser injusto, pero es derecho en tanto que su sentido es ser justo.

Para el autor alemán, el Derecho y el Arte están íntimamente vinculados, ya que el derecho como fenómeno cultural, necesitaba de medios corporales para su expresión, como ser el lenguaje, los gestos, el ropaje, los símbolos, los edificios. De ahí que, como cualquier medio corpóreo expresivo, está sometido a juicios de valor estéticos, por esto debe existir una Estética del Derecho.

Ahora bien, la propiedad que hace tan atractivo al Derecho como materia de arte, estriba en la multiplicidad de antítesis que en él residen de un modo esencial: oposición entre en ser y el deber ser, entre del derecho positivo y natural, legítimo y revolucionario, libertad y orden, justicia y equidad, justicia y venganza, etc. Así las formas artísticas, cuya esencia consiste en la representación de lo antitético, especialmente el drama, se adueñan del Derecho.

En este recorrido es donde el relato policial como género intelectual, puede realizar un aporte interesante al Derecho.

4.-El relato policial en la enseñanza del Derecho

BORGES, en uno de sus artículos titulado «*El cuento policial*», desarrolla la tesis del relato policial como género intelectual: «*Creo que Poe tenía ese orgullo de la inteligencia,* él *se duplicó en un personaje, eligió un personaje lejano: el caballero, Auguste Dupin, el primer detective de la historia de la literatura. Es un caballero francés, un aristócrata francés muy pobre, que vive en un barrio apartado de Paris, con un amigo*»[11].

---

11 BORGES, Jorge Luis, «El cuento policial», en *Borges, oral* (1979), Obras Completas t. 12, Sudamericana, Buenos Aires, 2011, p. 298. BORGES critica que el género ha decaído mucho en los Estados Unidos porque ha devenido en un género realista, donde ya no prima el saber intelectual o el razonamiento para develar el enigma, sino las violencias, de todo tipo, de manera especial la sexual. «*Se ha olvidado el origen intelectual del relato policial. Éste se ha mantenido en Inglaterra, donde todavía se escriben novelas muy tranquilas, donde el relato transcurre*

Aquí resalta BORGES el aspecto central del cuento policial, el hecho es descubierto por la inteligencia, por una operación intelectual, a cargo de este ser de inteligencia superior llamado Dupin, que después se llamará Sherlock Holmes y, luego Padre Brown, dirá BORGES. «*Todo eso ya está en ese primer relato policial que escribió Poe, sin saber que inauguraba un género, llamado 'The Murders in the Rue Morgue' (Los crímenes de la calle Morgue). Poe no quería que el género policial fuera un género realista, quería que fuera un género intelectual, un género fantástico si ustedes quieren, pero un género fantástico de la inteligencia, no de la imaginación solamente; de ambas cosas desde luego, pero sobre todo de la inteligencia*». Es decir, para BORGES el crimen es descubierto por un razonador abstracto y no por delaciones, por descuidos de los criminales. Por esto, Poe había creado un genio de lo intelectual.

En otro artículo BORGES nos da las seis notas que debe tener este género intelectual, a saber: a) Un límite discrecional de los personajes; b) Declaración de todos los términos del problema; c) Avara economía en los medios; d) Primacía del cómo sobre el quién; e) El pudor de la muerte; f) Necesidad y maravilla en la solución[12].

Como se puede observar la nota afín al género intelectual que lo representa serán las notas d y f. Efectivamente, al ser un género donde el razonamiento tiene la prioridad, hay una clara primacía en resaltar en cómo se llevó a cabo el develamiento del misterio sobre quién lo llevo a cabo, incluso sobre el motivo por el que lo ejecutó. Por esto último, es decir, la primacía del cómo, la solución debe ser necesaria y maravillosa, siendo consecuente con la metodología racional y lógica del detective, no puede quedar abierto o ambiguo, sino que la solución se desprendía del razonador.

Ahora bien, el relato policial como género intelectual, describe como un detective tiene que develar un crimen utilizando la razón, y sus dos principales modos como son el razonamiento lógico deductivo e inductivo. En general, al hablar del género, parecería que el recurso más utilizado es el razona-

---

en una aldea inglesa; allí todo es intelectual, todo es tranquilo, no hay violencia, no hay mayor efusión de sangre».

12 BORGES, Jorge Luis, «Los laberintos policiales y Chesterton», en *Borges en Sur* (1931 - 1980), Obras Completas t. 20, Sudamericana, Buenos Aires, 2011, pp. 150 y ss.

miento deductivo del detective, es más, se lo toma como el ejemplo por antonomasia, pero en realidad no es tan así, ya que el detective en general tiene que realizar varas conjeturas o hipótesis en la medida que va realizando el develamiento del crimen ya que aparecen una infinidad de complicaciones por la dificultad de determinar los hechos fácticos. Un ejemplo notable, se ve en el cuento la carta robada de POE donde Dupin en ese develamiento del robo dice:

> «Niego, en particular, la razón extraída del estudio matemático. Las matemáticas constituyen la ciencia de la forma y la cantidad; el razonamiento matemático es simplemente la lógica aplicada a la observación de la forma y la cantidad. El gran error está en suponer que incluso las verdades de lo que se denomina álgebra pura constituyen verdades abstractas o generales. Y este error es tan enorme que me asombra se lo haya aceptado universalmente. Los axiomas matemáticos no son axiomas de validez general. Lo que es cierto de la relación (de la forma y la cantidad) resulta con frecuencia erróneo aplicado, por ejemplo, a la moral»[13].

De esta manera, el relato policial nos cuestiona sobre el razonamiento del detective que no siempre es de carácter deductivo o por medio de la simple subsunción, sino que muchas veces recurre a métodos de carácter inductivos o a la misma intuición para develar el enigma.

5.-Conclusión

De esta pequeña síntesis se puede concluir que uno de los mayores aportes del relato policial al Derecho estriba en la reflexión de los métodos de razonamiento, en particular en los límites del razonamiento lógico deductivo aplicado al develamiento del crimen. En el Derecho esto se ve claramente en los problemas que el razonamiento jurídico tiene a la hora de aplicar el razonamiento lógico deductivo: en primer lugar, por la falta de adecuación de una lógica de este tipo, formalizada y de coerción intelectual, a la materia jurídica, que es contin-

13 Poe, Edgar Allan, *La carta robada*, en Borges, Jorge Luis y Bioy Casares, Adolfo, *Los mejores cuentos policiales,* Sudamericana, Buenos Aires, 2019, p. 34.

gente, cambiante y variable; en segundo lugar, la lógica formal deductiva supone a las premisas del silogismo ya establecidas con certeza, cuando en realidad el más grave de los problemas de la lógica judicial es el determinar las premisas del juicio que culminará en la sentencia (en efecto, los más acuciantes problemas que se plantean al juez radican en la determinación precisa y en la interpretación de los hechos controvertidos, como asimismo en la búsqueda y hermenéutica de las normas que han de ser aplicables a cada caso para la solución del litigio); y por último, un esquema de razonamiento puramente formal-deductivo no puede dar cuenta de los elementos, sociológicos, morales, religiosos, económicos, políticos, psicológicos, afectivos y de índole similar que influyen en las decisiones de los operadores jurídicos.

Estos y muchos otros aspectos es lo que se pueden reflexionar a partir del género literario y en particular del relato policial.

6.-Bibliografía

ALTERINI, JORGE Horacio, *La enseñanza del Derecho*, La Ley 1988 – C. 687.

BANDIERI, Luis María, *La Formación Plenaria del Abogado*, Editorial de la Universidad Católica, Buenos Aires, 2007.

BERMÚDEZ, Fernando, «Radbruch y la estética del derecho», *Opúsculo Filosófico*, Año XVI, núm. 36, enero-junio 2023, pp. 5-40.

BORGES, Jorge Luis, «El cuento policial», en *Borges, oral* (1979), Obras Completas t. 12, Sudamericana, Buenos Aires, 2011.

BORGES, Jorge Luis, «Los laberintos policiales y Chesterton», en *Borges en Sur* (1931 - 1980), Obras Completas t. 20, Sudamericana, Buenos Aires, 2011.

CASAUBON, Juan Alfredo, *Conocimiento Jurídico*, EDUCA Editorial de la Universidad Católica Argentina, 1984,

CASAUBON, Juan Alfredo, *El conocimiento afectivo o por connaturalidad*, La Ley 1979 –D, Sec. Doctrina.

Colmo, Alfredo, *La Cultura Jurídica y Facultad de Derecho*, Editorial de la Universidad Nacional de Buenos Aires, Argentina, 1915.

García Huidobro, Joaquín, *Filosofía y retórica del iusnaturalismo*, UNAM, México, 2002.

Iribarne, Héctor Pedro, «Acerca de la Enseñanza del Derecho, Limitaciones que impone la dogmática. Cauces para su superación», *Revista Prudentia Iuris*, Universidad Católica Argentina.

Martínez Paz, Fernando, *La Construcción del Mundo Jurídico Multidimensional,* Facultad de Derecho y Ciencias Sociales de la Universidad Nacional de Córdoba.

Poe, Edgar Allan, «La carta robada», en Borges, Jorge Luis y Bioy Casares, Adolfo, *Los mejores cuentos policiales,* Sudamericana, Buenos Aires, 2019.

Radbruch, Gustavo, *Filosofía del Derecho*, editorial Revista de Derecho Privado, Madrid, 1944.

XI

DERECHO Y LITERATURA: EL CLUB DE LECTURA COMO DINAMIZADOR DEL APRENDIZAJE[1]

ANA MARÍA VICARIO PÉREZ
Profesora Ayudante Doctora
Área de Derecho Procesal
Universidad de Burgos

1.-La literatura como forma de aprendizaje en las ciencias jurídicas

Siguiendo la definición ofrecida por la Real Academia Española (RAE), se entiende por literatura «*el arte de la expresión verbal*». El papel conferido a este fenómeno comunicativo en la enseñanza y aprendizaje queda patente desde las más tempranas etapas en la formación del individuo, recurriéndose a la misma no sólo para el estudio de la gramática y ortografía, sino también como método para reforzar los conocimientos adquiridos a través de la comprensión teórica. Tradicionalmente asociada a la educación más elemental, la literatura puede igualmente desplegar todas sus virtualidades en la educación superior.

---

1 El presente trabajo forma parte del Proyecto de Innovación Docente de la Universidad de Valladolid «Derecho para no juristas» [PID UVA (94) curso 2023-2024].

Por cuanto a nuestro objeto de interés se refiere, cual es el empleo de la literatura en el aprendizaje de las ciencias jurídicas, se hace necesario precisar que la conexión Literatura-Derecho viene siendo analizada desde hace décadas en las Universidades estadounidenses[2]. Desde la publicación en 1908 del ensayo *A List of Legal Novels*, de John Wigmore[3], y hasta finales del siglo XX con el dado en llamar *Law and Literature Movement*[4], la interconexión entre ambos campos de conocimiento no ha hecho sino incrementarse, dándose lugar a una triple categorización conceptual: el Derecho en la Literatura; el Derecho como Literatura; y el Derecho de la Literatura.

En la primera clasificación se lleva a cabo un estudio del Derecho a partir de la Literatura, «*bajo la idea de que ciertos temas jurídicos se entienden mejor cuando son tematizados en las grandes obras literarias, más que cuando son analizados en tratados, manuales o textos especializados*»[5]. Desde esta pers-

---

2 *Vid.* sobre el particular JIMÉNEZ MORENO, Manuel y CABALLERO HERNÁNDEZ, Rafael, «El movimiento derecho y literatura: aproximaciones históricas y desarrollo contextual», *Revista de la Facultad de Derecho de México*, núm. 263, 2015, pp. 47-75, esp. pp. 50-51, donde se señalan las tres etapas en el estudio norteamericano de la relación Derecho-Literatura: «*El movimiento Law and Literature se desarrolló a lo largo del siglo XX y su evolución se divide en tres periodos distintos: el primer momento se da a comienzos del siglo y hasta el fin de la década del 30, cuando surgen los primeros escritos propiamente sobre el tema, tanto en Estados Unidos como en Europa. Viene después un segundo momento —intermedio— en el que se continúa la producción, profundización y difusión de estos estudios, en Europa durante las décadas del 40 y 50, y en Estados Unidos con el renacimiento del Law and Literature Movement en la década del 70. El tercer momento es cuando se introduce la materia Derecho y Literatura en el plan de estudios de los departamentos universitarios y de los centros de investigación —principalmente en los Estados Unidos— en la década del 80*».

3 WIGMORE, John Henry, «A List of Legal Novels», *Illinois Law Review*, núm. 3, 1908, pp. 574-596.

4 El cual queda patente «*en especial en el ámbito académico, con el surgimiento de nuevos departamentos universitarios y la afirmación de una serie de instituciones que se orientan específicamente en relación con tales estudios*», KARAM TRINDADE, André y MAGALHAES GUBERT, Roberta, «Derecho y Literatura. Acercamientos y perspectivas para repensar el derecho», *Revista Electrónica del Instituto de Investigaciones Ambrosio L. Gioja Universidad de Buenos Aires*, núm. 4, 2009, pp. 164-213, esp. p. 179.

5 JIMÉNEZ MORENO, Manuel y CABALLERO HERNÁNDEZ, Rafael, «El movi-

pectiva, se concibe la literatura como fuente de asimilación de conceptos dogmáticos, que faculta un entendimiento que va más allá de lo puramente teórico para contextualizar lo teórico en el ámbito social y cultural. Como señalan KARAM TRINDADE y MAGALHAES GUBERT, «*Se trata de una corriente relacionada al contenido* ético *de la narrativa, a través de la cual se analizan aspectos singulares de la problemática y de la experiencia jurídica —como la justicia, la venganza, el funcionamiento de tribunales, el orden instituido, etcétera—. La virtualidad representada por la obra literaria permite lograr una mejor comprensión del derecho y sus fenómenos —sus discursos, sus instituciones, sus procedimientos, etc.— colaborando así con la formación de la cultura y de la consciencia jurídicas*»[6].

El concepto de «Derecho como Literatura», por su parte, ofrece una comparación entre sendas áreas de conocimiento, trasladando a las ciencias jurídicas las perspectivas propias del estudio del lenguaje, cuales son el papel que juega la retórica, la narrativa y, en general, la calidad del texto, en el entendimiento y transmisión del saber jurídico[7].

En fin, el «Derecho de la Literatura» se erige como el estudio de la legislación aplicable a la literatura concebida como manifestación artística. Se trata por tanto de focalizar la atención en la protección jurídica de la cultura, por medo de figuras atinentes a los derechos de autor, las patentes o el *copyright*[8].

Nos ceñimos en el presente trabajo al «Derecho en la Literatura», toda vez que nuestro objeto de estudio se centra en desgranar cómo la lectura de textos no jurídicos puede contribuir a la comprensión de aspectos del Derecho puramente teóricos. Es, por tanto, en esta clasificación dogmática donde

---

miento derecho y literatura: aproximaciones históricas y desarrollo contextual»..., *op. cit.*, p. 56.

6 KARAM TRINDADE, André y MAGALHAES GUBERT, Roberta, «Derecho y Literatura. Acercamientos y perspectivas para repensar el derecho»..., *op. cit.*, p. 196.

7 *Ibidem* p. 196.

8 *Ibidem* p. 196; también ROGGERO, Jorge, *Derecho y literatura*, Eudeba, Buenos Aires, 2016, p. 170, quien señala además que «*desde esta perspectiva se pueden analizar la libertad de expresión que gozan los autores, la historia jurídica de la censura, las demandas que surgieron a propósito de obras que, en su tiempo, fueron consideradas como escandalosas*».

tiene cabida el planteamiento de un Club de Lectura como metodología educativa, recurriéndose al uso didáctico de un amplio abanico de obras literarias. Compartimos a este respecto la idea de que el alumno, «*al abrirse a otras realidades y formas de entender las diferentes cuestiones que son objeto del derecho desde* ángulos *no solamente jurídicos, llegará a una mejor comprensión de la realidad en la que se mueve y, con ello, mejorará la función crítica y social que le va a corresponder realizar*»[9].

Siendo concebido el Derecho como el conjunto de normas destinadas a ordenar la vida de la sociedad, resulta del todo lógica la aseveración de que un mejor entendimiento del mismo vendrá propiciado no sólo por el conocimiento de sus principios y disposiciones elementales, sino también por la realidad social y cultural en el que está llamado a operar[10]. Ciertamente, la formación integral del alumnado debe pasar necesariamente por una traslación de lo teórico a lo práctico, esto es, por un análisis del influjo de lo enseñado en las aulas sobre la vida cotidiana. A través de las historias y problemáticas de los personajes literarios, se faculta la intelección de figuras eminentemente jurídicas, poniendo sobre ellas un plano de realidad. Se señala así por la doctrina, en opinión que compartimos, la trascendencia de que «*en un mundo donde la importancia social de los estudios es directamente proporcional a las posibilidades de colocación en el mercado laboral, se retome la función primigenia de la Universidad como transmisora de cultura, más allá de la mera formación de técnicos en determinadas materias*»[11].

Sobre la base de todas estas consideraciones, estimamos que la literatura se presenta como herramienta idónea para

---

9 García Gestoso, Noemi, «El uso de la literatura en la docencia y aprendizaje del Derecho constitucional y de los derechos fundamentales», *Revista Docencia y Derecho*, núm. 18, 2021, pp. 93-107, esp. p. 97.

10 Rodríguez Álvarez, Ana, «La enseñanza del Derecho procesal a través de la literatura: *El honor perdido de Katharina Blum*, de Heinrich Böll», *Revista Jurídica de Investigación e Innovación Educativa*, núm. 9, 2014, pp. 75-88, esp. p. 78; Quintero Olivares, Gonzalo, *La enseñanza del Derecho en la encrucijada. Derecho académico, docencia universitaria y mundo profesional*, Civitas, Madrid, 2010, p. 133.

11 Rodríguez Álvarez, Ana, «La enseñanza del Derecho procesal a través de la literatura: *El honor perdido de Katharina Blum*, de Heinrich Böll»..., *op. cit.*, p. 79.

el estudio del Derecho Procesal. Sin desmerecer la poesía, la dramaturgia y, sobre todo, el ensayo, abogamos en nuestra propuesta por la narrativa, toda vez que es en ella donde tal vez el alumno pueda desarrollar una mejor capacidad de análisis y comprensión de las figuras jurídicas presentes en las historias y vivencias de los personajes. Verdaderamente, la novela es tal vez el género literario que viene experimentando desde antaño un mayor acercamiento al público general, lo cual es consonante con el objetivo fundamental de motivar al alumnado por medio de una actividad recreativa que no requiera de grandes esfuerzos interpretativos.

De este modo, el lector parte del relato de la obra literaria para examinar la imbricación del Derecho Procesal con el devenir de los hechos. Así, a modo de ejemplo, si la novela narra la historia de un enjuiciamiento por asesinato, el lector no debe poner el foco única y exclusivamente en descubrir quién es el culpable, lo cual sería el objetivo fundamental de la parte lúdica de la lectura, sino también en cómo el autor describe el proceso en sí mismo, desde las diligencias de investigación hasta la ejecución de la sentencia en su caso. Igualmente podrá ponerse de relieve la actuación de los operadores jurídicos presentes en la narración. Junto con ello, la lectura de novelas cuyas historias se desarrollan en diversos países, permite efectuar un paralelismo entre modelos procesales, siendo un ejercicio de interés el advertir las diferencias entre el Derecho Procesal español y el Derecho Procesal comparado.

Por lo demás y como aspecto determinante del porqué de la inclusión de la lectura como práctica docente, el traslado de la ciencia jurídica a la ficción no sólo sirve a efectos de ahondar en la comprensión de aquélla, sino también de cara a ofrecer una visión crítica de la misma[12]. Y es que, sólo cuando nos enfrentamos a la vida podemos ver las implicaciones de las normas vigentes. Por mucho que se comprendan las reglas del proceso, las lagunas y posibilidades de mejora del ordenamiento jurídico procesal únicamente pueden ser contempladas cuando se trasladan a la práctica, esto es, cuando la

12 Rodríguez Álvarez, Ana, «Literatura y docencia jurídica: cómo y por qué», en Picó i Junoy, Joan, Pérez Daudí, Vicente, Navarro Villanueva, Carmen y Cerrato Guri, Elisabet (Dirs.), *La enseñanza del Derecho en tiempos de crisis. Nuevos retos docentes del Derecho Procesal*, J. M. Bosch, Barcelona, 2021, pp. 75-88, esp. p. 85.

rigidez del Derecho se aplica a las circunstancias personales del individuo en la sociedad. Es en este punto donde la novela ocupa un lugar destacado. A través de la narrativa nos asomamos a las vidas de otros, contemplando cómo las normas procesales pueden facilitar o dificultar el correcto desarrollo de la vida en sociedad. Por ejemplo, continuando con el enjuiciamiento por asesinato planteado *ut supra*, el desarrollo de la trama a lo largo de varios años puede dar lugar a una visión crítica de la falta de medios en la Administración de Justicia, surgiendo el debate de cómo ello afecta a la calidad de vida de las personas inmersas el proceso. O puede verse desde una perspectiva más amplia la posible afectación de los derechos fundamentales en la práctica de determinadas diligencias de investigación, al ser testigos directos de cómo el personaje lo sufre en su propia persona.

En suma, «*mientras que el Derecho codifica la realidad, institucionalizándola en una estrecha red de requisitos previamente acordados, contemplados en un complejo sistema de límites y prohibiciones, la literatura, en cambio, libera las posibilidades del pensamiento, suspende nuestra certidumbre, despierta nuestra energía de su letargo, sacude identidades y convenciones y nos lleva a una encrucijada donde todo puede comenzar de cero*»[13].

2.-El club de lectura como actividad docente

Subdividimos este apartado en dos epígrafes, cada uno de los cuales se destina, respectivamente, a la consideración del Club de Lectura como una actividad susceptible de formar parte de la evaluación continua de las asignaturas de Derecho Procesal, así como al desarrollo de la experiencia del curso 2022/2023, donde se llevó a cabo por vez primera esta práctica.

2.1.-Planificación docente

Con el Programa Bolonia y el consiguiente establecimiento del Espacio Europeo de Educación Superior (EEES), se apuesta en el territorio de la Unión Europea por una educación superior pertinente y de calidad, caracterizada por la eficiencia y

13 ROGGERO, Jorge, *Derecho y literatura...*, *op. cit.*, p. 171.

eficacia en la adquisición de conocimientos. En este sentido, las enseñanzas de Grado deben aunar la formación teórica y práctica, englobando tanto aspectos básicos de la rama de conocimiento de que se trate, con la impartición de materias obligatorias y optativas, como prácticas, trabajos o seminarios. Ello supuso en su momento una remodelación de los sistemas de evaluación en cuanto que elementos básicos en la planificación y ejecución de la enseñanza, siendo así cuatro los elementos definitorios del EEES: la evaluación auténtica como acto planificado, integral y adecuado a las competencias a alcanzar por el alumnado; la evaluación por competencias, las cuales deben desgranarse en distintos objetivos o niveles de logro a conseguir; la participación activa del alumnado en su propio proceso de aprendizaje; y la evaluación continua y formativa[14].

A estos efectos, consideramos que el Club de Lectura se presenta como una actividad propicia de cara a la atención a tales criterios. Comenzando por la evaluación auténtica, hemos de dirigir la mirada a la planificación comprendida en las Guías Docentes de las asignaturas de Derecho Procesal. Así, para el curso académico 2022-2023, en el que se llevó a cabo la actividad del Club de Lectura, se impartió docencia en la asignatura de Derecho Procesal Civil correspondiente al Doble Grado en Derecho y ADE. Siendo que la actividad se proyectó una vez iniciado el curso y con posterioridad por tanto a la aprobación de la Guía Docente, se concedió al alumnado la posibilidad de complementar la nota del apartado «*asistencia y participación*» (el cual representa un 10 % de la evaluación global de la asignatura) con su participación en el Club de Lectura. De este modo, la actividad se propuso como opcional a efectos de otro de los elementos del EEES mencionados, cual es la evaluación continua[15].

---

14 San Martín Gutiérrez, Sonia, Jiménez Torres, Nadia y Jerónimo Sánchez-Betato, Estefanía, «La evaluación del alumnado universitario en el Espacio Europeo de Educación Superior», *Aula Abierta*, núm. 44(01), 2016, pp. 7-14, esp. p. 8.

15 *Vid.* Guía Docente de la asignatura Derecho Procesal Civil correspondiente al curso 2022/2023 en el Doble Grado DADE de la Universidad de Burgos, en página web https://www.ubu.es/doble-grado-en-derecho-y-administracion-y-direccion-de-empresas/informacion-basica/guias-docentes/guias-docentes-de-cursos-anteriores/guias-docentes-2022-2023/guias-docentes (Fecha de consulta: 22 de diciembre de 2023).

Con respecto a la evaluación por competencias, siguiendo las planteadas en la Guía Docente de la asignatura, la actividad del Club de Lectura contribuye a la consecución de las siguientes:

- *Adquirir la capacidad de análisis y síntesis*: la lectura de una novela de cara a su posterior comentario en debate público exige realizar un ejercicio de extracción de los elementos más significativos del relato.
- *Avanzar en la capacidad de comunicación oral y escrita en la lengua nativa*: como es bien sabido, para escribir, es necesario leer. Un hábito fluido de lectura propicia tanto un desarrollo en la comprensión lectora como en la redacción.
- *Desarrollar un pensamiento crítico y autocrítico*: tal y como se ha expuesto en líneas anteriores, uno de los objetivos planteados con la realización de la actividad fue la visión crítica de las normas procesales españolas a través de las vivencias de los personajes.
- *Desarrollar la oratoria jurídica y la capacidad de expresarse apropiadamente ante un auditorio*: el intercambio de opiniones e impresiones acerca de una novela requiere la planificación de un breve discurso, complementado con el posterior coloquio que sigue a las intervenciones individuales de los participantes.

En fin y por cuanto se refiere a la participación activa del alumnado en su proceso de aprendizaje, es de ver que las competencias descritas tienen precisamente esta finalidad. Así, junto con el refuerzo de los conocimientos teóricos adquiridos en el aula por medio de su traslación a una historia ficticia, los participantes desarrollan sus capacidades de análisis crítico y comunicación oral y escrita.

2.2.-Desarrollo de la actividad

El propósito del Club de Lectura Jurídica fue ofrecer un lugar de encuentro entre miembros de la comunidad universitaria que disfruten de la literatura no solo como forma de ocio, sino de aprendizaje. Tratando de incentivar la lectura, se trató de brindar un espacio de intercambio de impresiones acerca de las novelas propuestas, las cuales tenían cierta relación con el mundo del Derecho, bien por ser sus protagonistas profesionales jurídicos, bien por girar el argumento en torno a algún conflicto que se desgrana a lo largo de sus líneas.

La actividad del Club de Lectura se llevó a cabo mediante colaboración entre el Área de Derecho Procesal y la Biblioteca General de la Universidad de Burgos. En cuanto que coordinadora, quien suscribe estas líneas se encargó de la elección de las lecturas y de la moderación de las sesiones, las cuales tuvieron lugar en las instalaciones de la propia Biblioteca General, donde se habilitó un espacio a tales efectos *(Zona off)*. Puede consultarse la página web creada en el portal web de la Biblioteca: https://www.ubu.es/la-biblioteca/utilizar-la-biblioteca/actividades/clubes-de-lectura/club-de-lectura-juridico.

La participación en el Club estuvo abierta a toda la comunidad universitaria, si bien es cierto que especialmente dirigida a los alumnos de la Facultad de Derecho. En cuanto a la inscripción, tan solo fue necesario cumplimentar un formulario habilitado en la página web de la biblioteca general. Por su parte, los libros fueron adquiridos por la propia Biblioteca General, de forma tal que los participantes no tuvieran que asumir coste alguno, pudiendo disponer de los ejemplares a través del préstamo bibliotecario.

Para los alumnos de Derecho, el Club se erigió en un espacio idóneo donde reforzar los conocimientos aprendidos a través de la ficción, lanzándose a la lectura de obras en las que pudieron identificar y recrear las figuras jurídicas estudiadas en las aulas, las cuales se comentaban durante las reuniones. Sin embargo, el Club se planteó desde la perspectiva de que no fuera en absoluto necesario contar con conocimientos jurídicos, sino tan solo sentir curiosidad por analizar la lectura desde otro punto de vista, así como por compartir opiniones y comentarios sobre una afición común. En este sentido, el Club estaba abierto a toda el alumnado y personal de la Universidad, aunque tuvo mayor acogida entre los estudiantes de Derecho.

Con respecto al desarrollo de la actividad, después de una sesión introductoria en la que se presentó y en la que cada participante pudo exponer lo que esperaba de su desarrollo, las subsiguientes sesiones se celebraron cada mes y medio o dos meses, lo cual fue acordado por todos los lectores como un tiempo idóneo para poder leer la novela con calma y atención.

Cada sesión comenzaba con unas breves palabras de la moderadora, donde se explicaba el porqué de la elección de la obra en cuestión y cuáles eran sus expectativas en cuanto a la formación de los alumnos. Tras ello, cada participante realizaba una breve exposición de los aspectos que su juicio le hubieran resultado más relevantes, ya fuera en cuanto a la historia, los personajes, el estilo de redacción del autor, etc., terminando su discurso con una referencia a las figuras jurídico-procesales advertidas en la narración. En fin, las sesiones finalizaban con un coloquio para el intercambio de ideas con mayor fluidez y libertad.

Cabe señalar, por último, cuáles fueron las lecturas propuestas[16], indicándose en adición los principales aspectos jurídico-procesales que pudieron ser trabajados y comentados en cada una de ellas:

- *La mediadora*, de Jesús Sánchez Adalid, 2015. Referente a un proceso de divorcio, en ella se aprecian los beneficios y desventajas de la mediación como método extrajudicial de solución de conflictos.
- *La lista del juez*, de John Grisham, 2022. Sobre un proceso penal en Estados Unidos, la obra permite hacer una comparativa entre éste y el ordenamiento procesal español.
- *El jurado número 13*, de Steve Cavanagh, 2019. Permite un análisis crítico del Tribunal de Jurado, así como una perspectiva comparada entre sus competencias en el Derecho Procesal español y el estadounidense.
- *El buen padre*, de Santiago Díaz, 2022. Hace especial hincapié en las diligencias de investigación en el proceso penal español.
- *La herencia*, de John Grisham, 2014. Relativo a un proceso de división del caudal hereditario, permite reflexionar acerca de la conveniencia de recurrir a métodos alternativos de solución de conflictos en vistas a evitar un proceso dilatado en el tiempo. Igualmente pone de relieve las diferencias habidas entre el proceso civil español y el norteamericano.

16 *Vid.* https://www.ubu.es/la-biblioteca/utilizar-la-biblioteca/actividades/club-de-lectura-juridico/club-de-lectura-juridico-lecturas-propuestas (Fecha de consulta: 21 de diciembre de 2023).

3.-Reflexión final

La motivación del alumnado en su aprendizaje continuo e integral pasa por el diseño de iniciativas dinámicas tanto dentro como fuera de las aulas. La actividad del Club de Lectura Jurídica es fiel reflejo de ello, erigiéndose como un recurso satisfactorio para la enseñanza del Derecho. A la luz de la experiencia, permite conjugar un ejercicio de debate, argumentación e intercambio de ideas, con un análisis de las figuras jurídicas desde la perspectiva de historias ficticias, pero que permiten poner el proceso en un plano de realidad.

El fomento de la lectura en todas sus vertientes será siempre beneficioso. Además, el planteamiento de la actividad como voluntaria y no como parte de la programación docente en el curso académico, propicia que formen parte de la misma aquellos alumnos que verdaderamente sienten curiosidad por comprender el Derecho Procesal desde otra perspectiva. Compaginar el aprendizaje con el ocio es siempre, sin lugar a duda, un gran acierto.

4.-Bibliografía

Cavanagh, Steve, *El jurado número 13*, Roca Editorial, Barcelona, 2019.

Díaz, Santiago, *El buen padre*, Reservoir Books, Barcelona, 2022.

García Gestoso, Noemi, «El uso de la literatura en la docencia y aprendizaje del Derecho constitucional y de los derechos fundamentales», *Revista Docencia y Derecho*, n. 18, 2021, pp. 93–107.

Grisham, John, *La herencia*, Debolsillo, Barcelona, 2022.

Grisham, John, *La lista del juez*, Plaza and Janes, Madrid, 2022.

Jiménez Moreno, Manuel y **Caballero Hernández**, Rafael, «El movimiento derecho y literatura: aproximaciones históricas y desarrollo contextual», *Revista de la Facultad de Derecho de México*, núm. 263, 2015, pp. 47–75.

KARAM, André y **MAGALHAES**, Roberta, «Derecho y Literatura. Acercamientos y perspectivas para repensar el derecho», *Revista Electrónica del Instituto de Investigaciones Ambrosio L. Gioja Universidad de Buenos Aires*, núm. 4, 2009, pp. 164–213.

QUINTERO OLIVARES, Gonzalo, *La enseñanza del Derecho en la encrucijada. Derecho académico, docencia universitaria y mundo profesional*, Civitas, Madrid, 2010.

RODRÍGUEZ ÁLVAREZ, Ana, «Literatura y docencia jurídica: cómo y por qué», en PICÓ I JUNOY, Joan, PÉREZ DAUDÍ, Vicente, NAVARRO VILLANUEVA, Carmen y CERRATO GURI, Elisabet (Dirs.), *La enseñanza del Derecho en tiempos de crisis. Nuevos retos docentes del Derecho Procesal*, J.M. Bosch, Barcelona, 2021, pp. 75–88.

RODRÍGUEZ ÁLVAREZ, Ana, «La enseñanza del Derecho procesal a través de la literatura: *El honor perdido de Katharina Blum*, de Heinrich Böll», *Revista Jurídica de Investigación e Innovación Educativa*, núm. 9, 2014, pp. 75–88.

ROGGERO, Jorge, *Derecho y literatura*, Edudeba, Buenos Aires, 2016.

SAN MARTÍN GUTIÉRREZ, Sonia, **JIMÉNEZ TORRES**, Nadia y **JERÓNIMO SÁNCHEZ-BETATO**, Estefanía, «La evaluación del alumnado universitario en el Espacio Europeo de Educación Superior», *Aula Abierta*, núm. 44(01), 2016, pp. 7–14.

SÁNCHEZ ADALID, Jesús, *La mediadora*, Martínez Roca, Madrid, 2015.

WIGMORE, John Henry, «A List of Legal Novels», *Illinois Law Review*, núm. 3, 1908, pp. 574–596.

XII

VÍNCULOS IUSLITERARIOS EN LA HISTORIA ARGENTINA. (DES)PLIEGUES Y (DES) ENCUENTROS DISCIPLINARES

GONZALO ANA DOBRATINICH
Profesor Doctor de Filosofía del Derecho
Investigador CONICET
Universidad de Buenos Aires

«Facundo, genio bárbaro, se apodera de su país; las tradiciones de gobierno desparecen, las formas se degradan, las leyes son un juguete en manos torpes».

Facundo, DOMINGO F. SARMIENTO

1.-Notas preliminares

Proponer el tópico «literatura argentina» implica numerosos interrogantes entre los cuales se encuentra el de sus orígenes. La discusión habilita diversas respuestas. Será en la Revolución de Mayo de 1810, en la Declaración de la Independencia Argentina de 1816 o en torno a la figura de Luis José de Tejeda y Guzmán, a quien numerosos/as escritores/as consideran el primer poeta nacido en el actual territorio argentino el 25 de agosto de 1604[1]. ¿Cómo poder discriminar a la literatura

1 CABRERA PADILLA, Amanda, «Luis José de Tejeda y Guzmán, el poeta de los verdes años argentinos», *Mundo Hispánico*, núm. 298, 1974, pp. 65-68

argentina de otras creaciones literarias?, ¿cuáles son los criterios para clasificar, ordenar y establecer el canon de la literatura argentina?, ¿qué tipo de argumentos y justificaciones podemos insertar bajo la categoría de «literatura nacional»? Los planteamientos precedentes nos retrotraen a consideraciones específicas. Se exige, ante todo, una conceptualización de las categorías de historia, cultura, nación, identidad y por sobre todo literatura[2].

El funcionamiento epistemológico dependerá del modo en que se establezcan los parámetros procedimentales. La misma noción de «literatura» encuentra sus inconvenientes semánticos para poder encausar conceptualmente la diversidad de producciones traducidas en crónicas de viajes, documentos históricos, memorias autobiográficas, relatos costumbristas, cartas, poemas, cuentos y novelas.

En este orden de ideas, Fucito detalla: «*Argentina del siglo XIX, en la cual la mayor parte de la obra utilizable pertenece a polígrafos. Tanto los proscriptos como los escritores de la organización nacional fueron poetas, novelistas, críticos, dramaturgos, historiadores, precursores sociólogos, periodistas políticos, didactas, ocupados en tareas intelectuales que alternaban con las funciones del gobierno y el trabajo profesional. La pluma en todos ellos era una herramienta, un complemento de otras actividades, por lo que no es tan sencillo dividir sistemáticamente sus aportes*»[3].

Toda esa gran producción no tiene una referencialidad directa con lo que sucede en los territorios locales salvo algunas obras que tratan la cultura azteca y la incaica[4]. La dificultad para establecer las fronteras discursivas que marcan el *pomoerium* de lo que se puede llamar propiamente literatura argentina, exige un análisis histórico, pero también una discusión de carácter epistemológico sobre las relaciones entre el Derecho y la Literatura[5].

---

2 Altamirano, Carlos; Sarlo, Beatriz, *La fundación de la literatura argentina. Ensayos argentinos. De Sarmiento a la vanguardia*, Buenos Aires, Ariel, 1997, pp. 161-200.

3 Fucito, Felipe, *La crisis del derecho en la argentina y sus antecedentes literarios. Un enfoque sociológico*, Eudeba, Buenos Aires, 2010, p. 22.

4 Darnet De Ferreyra, Ana Julia, *Historia de la Literatura Americana y Argentina*, Estrada, Buenos Aires, 1950, pp. 72-85.

5 Cárcova, Carlos María; Douglas Price, Jorge; Ruiz, Alicia E. C., *La letra y la ley*, Infojus, Buenos Aires, 2014, pp. 11-23.

2.-Nombre del autor. Ley de la obra

Borges, *Martín Fierro*, Pizarnik, Piglia, Ocampo, *Operación Masacre*, Uhart, parecen exceder sus propósitos iniciales en torno al espacio literario. Su mera enunciación permite su sustento. Casi sin discutirse el cómo, la pregunta que surge es ¿por qué reconfiguran el espacio literario y en ello la obra misma se excede? La simple enunciación habilita su individualización y no exige explicaciones.

Saer, Pizarnik, *El matadero*, Sábato, Guido, *Rayuela*, Arlt, *Zama*, *La penúltima versión de la Colorada Villanueva*, Bullrich, Sarmiento correrán la misma suerte. La única certeza que podemos establecer es que son fenómenos argentinos vinculados a lo literario. Variable suficiente para proponer numerosos hilos de análisis y generar posteriores dilemas. La ligazón territorial que prepara el espacio para narrar lo social y lo político se ve emparentada en formaciones que comparten ese mismo origen, la Argentina. Ahora bien, si empezamos a despuntar el hilo constitutivo, veremos que ese mismo punto de partida se pone en conflicto por los mismos/as autores/as. Sus formas de entender el modo en el discurso literario intervienen la cultura, produce una separación entre una y otra obra, entre uno/a y otro/a autor/a.

Aun así, conservan su reconocimiento. La fama no solo se sostendrá desde estrategias demagógicas de sus hacedores, sino también por la reactualización de sentido que permiten. La lectura excluye la presencia del/de la autor/a (no la del/de la escritor/a) y adecua el texto. Ejercicio indefectible de la crítica. Lectura, orden, organización del canon, memorización o reescritura de sus enunciados.

El dilema radica en establecer cuáles son las condiciones que los llevan a constituirse en espacios cardinales, capaces de habilitar la autonomía de la obra, el texto y el autor. En principio el funcionamiento solo será estético, pero empezará desgranarse en otras posibilidades disciplinares en cuanto se percibe la subsistencia del nombre, la escritura y el cuerpo. Allí, adelantándose de manera desprejuiciada a los posteriores derechos de autor/a (derecho a la literatura), se libera la posibilidad de introducirla en el desarrollo cultural. En este ámbito, tendrá otra acogida y diferentes formas de expresión. Sea que necesitemos una voz de autoridad, el elemento físico o las intimaciones de la letra, la amplitud temática será exponencial no porque las obras se la confieran, sino por la adjudicación que realizan los/as receptores/as desde el primer acto de lectura[6].

La intromisión, el desencaje y la discriminación transfiguran su lugar en la cultura. Pero para alcanzar esa individualización previamente debemos haber reconocido su ubicuidad, calificativo nada fácil de merecer. Las obras se exceden a sí mismas, adquieren el carácter de universales y suscitan mayores intercambios que superan el mero monólogo literario. La seguridad histórica que implica partir de determinadas obras es momentánea, debemos soportar su amplitud temática desde la cultura. Esa pluralidad habilitará formas específicas, como la que desarrolla CALVO GONZÁLEZ, a saber, una «*cultura literaria del derecho*»[7].

Variados en sus formas y representaciones, discutidos en su formación, a lo largo de la historia argentina, se nos presentan, diferentes formas de concebir y desarrollar tanto la literatura como el derecho. Bien puede pensarse en un desarrollo crítico-deconstructivo tanto de uno como de otro espacio, que visibilice el entramado interno que permite su constitución. Así será pensada como una obra, un código. Esta fuerza estética no sólo será desde un nivel externo, también podrá apreciarse en los marcos internos de cada uno de esos cuerpos textuales[8].

Allí el aspecto narrativo, la estructura ficcional, la capacidad de intervenir en la cultura, la carga ideológica de la escritura, serán elementos que figuran tanto en el espacio literario como jurídico. Estos contactos iusliterarios proponen nuevos espacios de análisis en torno al carácter performativo, la reglamentación, el orden, la regulación y la intervención en el imaginario por parte del Derecho[9].

---

6 RUIZ, Alicia E. C, «Literatura de no ficción y discurso judicial ¿Las narrativas procesales toleran los finales abiertos?», *Anamorphosis. Revista Internacional de Direito e Literatura*, vol. 3, núm. 2, 2017, pp. 335-338.

7 CALVO GONZÁLEZ, José, *El escudo de Perseo. La cultura literaria del derecho*, Comares, Granada, 2013, pp. 335-348.

8 RUIZ, Alicia E. C., *Idas y vueltas. Por una teoría crítica del derecho*, Editores del Puerto, Buenos Aires, 2001, pp. 92-101.

9 RUIZ, Alicia E. C., «La ilusión de lo jurídico. Una aproximación al tema del derecho como un lugar del mito en las sociedades modernas», *Crítica Jurídica*, núm. 4, 1986, p. 163.

El desvelo que produce la fuerza de la palabra será un dato nodal en las autoras/es. Todos/as ellos/as escriben. La escritura como ejercicio de intervención cultural cuestiona sus modos[10]. Será desde los silencios, los murmullos y los ruidos, como formas en que las palabras se despliegan, desde los cuales podremos analizar, demostrar y narrar las articulaciones entre Derecho y Literatura.

3.-Iusliteratura e historia argentina

Algunos textos literarios logran exceder las fechas temporales para ocupar el imaginario social desde lo meta-literario[11]. Al mismo tiempo, dada su densidad conceptual, harán que se los individualice bajo nominalizaciones específicas y novedosas para su época: literatura conceptual, novela del dictador, poéticas de independencia, novela de no ficción, ficción de denuncia, poema narrativo, literatura gauchesca, escritura polifacética.

La clasificación de las narrativas literarias no será una actividad tan común en el espacio jurídico signado por su adusto proceso de comunicación. Esa cualidad claramente será una condición de su existencia, en tanto elude la aproximación de la lingüística y la literatura, capaces de desarticular sus construcciones.

Encuentro que bien puede observarse a lo largo de la historia argentina, tal como lo expresa AVELLANEDA en *Ficción y Política*: «*La narrativa es entendida consistentemente como una práctica de crítica cultural; la crítica literaria es pensada a su vez como una herramienta para descifrar las relaciones de poder codificadas en los discursos sociales; (...). La historia nacional es entendida como un archivo de la memoria colectiva y como un lugar donde compiten entre sí diversas versiones a interpretaciones*»[12].

---

10 VIÑAS, David, *De Sarmiento a Cortázar. Literatura argentina y realidad política*, Siglo XXI, Buenos Aires, 1974, pp. 115-143.

11 BARTHES, Roland, *Ensayos críticos*, Seix Barral, Buenos Aires, 2003, pp. 139-141.

12 BALDERSTON, Daniel; FOSTER, David W.; HALPERIN DONGHI, Tulio; MASIELLO, Francine; MORELLO FROSCH, Marta; SARLO, Beatriz, *Ficción y política. La narrativa argentina durante el proceso militar*, Eudeba, Buenos Aires, 2014, p. 18.

Ese espacio de conflicto por el sentido se nos presenta en términos discursivos. Allí radica la fuerza literaria. Su lectura de las circunstancias obliga a cambiar sus formas, pero no el compromiso de proponer versiones alternativas al discurso hegemónico del poder. En este sentido, nos parece necesario incursionar en torno a ese nudo contextual que contiene la relación «Derecho y Literatura» en la Argentina[13].

A sabiendas de las múltiples posibilidades de estudio que la temática propone, y sin ánimos de caer en reduccionismo metodológicos, hemos distinguido determinadas etapas a los fines de dar cuentas como se producen las vinculaciones entre Derecho y Literatura en el contexto cultural argentino. El análisis que sugerimos, como toda re-construcción histórica, tendrá clasificaciones temporales arbitrarias. Ello implicará un acto de limitación epistemológica, que, como tal, dejará afuera otras variables de estudio igualmente válidas. A los fines del presente desarrollo, nuestro análisis se propone destacar momentos históricos donde consideramos que, los intercambios entre las producciones de ambos saberes habilitan un valioso aporte a la reactualización de la iusfilosofía, el cual excede lo meramente coyuntural. Eventos en donde la Literatura trastoca y estremece el relato jurídico. Estos momentos son:

a) Independencia: El primer período conocido como «Formación del Estado Argentino» se inicia con la Revolución de Mayo de 1810 y culmina con la organización de un nuevo gobierno tras la batalla de Caseros en 1852. Esta etapa estará marcada por la temática independentista. Figurado desde los límites que comprende el territorio argentino para esos tiempos, la formación discursiva busca fundamentar una identidad estatal capaz de rechazar toda intervención foránea.

b) Organización: Un año antes de que la Constitución Nacional sentara las bases jurídicas del Estado, se produce el inicio de un nuevo período histórico, conocido como «Organización Nacional». En esta etapa, que irá desde 1852 a 1880, se considera superada la problemática independentista, por lo que el ejercicio crítico se orientará al análisis de la sociedad argentina. Ello no implicará un corte abrupto con el período anterior,

---

13 CIURO CALDANI, Miguel Ángel, *Filosofía, Literatura y Derecho*, Fundación para las Investigaciones Jurídicas, Rosario, 1986, pp. 32-51.

sino que, por el contrario, habrá un encadenamiento de las perspectivas ideológicas.

c) Modernización: La constitución de las narrativas se presenta como un espacio agonal. Allí las relaciones de poder entablarán tensiones y disputas para hacer prevalecer sus versiones y ubicarlas como espacios hegemónicos. La presencia central de un discurso supone el desplazamiento de otros relatos hacia los márgenes, tanto en el campo (el «indio» frente al proceso de expansión territorial del Estado) como en la ciudad (el arribo de inmigrantes). Este período se conocerá como la «Argentina Moderna» comprendido entre los años 188 y 1930.

d) Contemporaneidad: Siglo XX, seis golpes militares concretados, catorce individuos que se arrogan el poder de mandar por encima de los mandatos legales establecidos por la Constitución. Reunidos en el tiempo los regímenes militares tendrán una duración de veinticinco años en un período que abarca cincuenta y tres años desde su inicio en 1930 y su finalización en 1983. En esta etapa, ubicada en la «Argentina Contemporánea», cambian las formas de ejercer el poder, sus mecanismos jurídicos y sus implicancias sociales. Se establece un corte abrupto y una regresión con respecto a los períodos anteriores en torno a la estructura sistémica desde la cual se formaba el Derecho.

4.-Conclusiones

«Quizás tenga razón, ya que considero que tanto el derecho como la teología son un tipo de literatura fantástica»

Borges for Jurister, Jorge Luis Borges

A partir de lo expresado, se puede considerar que, a lo largo de la historia argentina, los vínculos «Derecho y Literatura» se sucederán conforme a múltiples factores sociales. De un modo u otro, estas reconfiguraciones narrativas proponen interesantes aportes para el análisis de las relaciones existentes entre Derecho, lenguaje y Literatura en la Argentina[14]. En este sentido, este planteo histórico inicial no logra agotar la totalidad de aportes y vínculos que acontecidos entre las

14 Jitrik, Noé, *Ensayos y estudios de literatura argentina*, Eudeba, Buenos Aires, 2019, pp. 42-57.

narrativas jurídicas y las literarias. No obstante, consideramos que estimula puntos de encuentro y entabla valiosos diálogos entre los lenguajes jurídicos y literarios.

La escritura jurídica puede pensarse desde lo literario. No funciona como un remplazo sino como relato paralelo a la narrativa jurídica. Esta injerencia interdisciplinaria que nos invita a recorrer otros saberes es provechosa a los fines de analizar las categorías para los estudios del Derecho, en tanto comparten el espacio del lenguaje. Desde la Literatura, la articulación de lo ficcional traerá consigo una complejidad de dilemas que implican directa o indirectamente la discursividad jurídica. Unidos desde el lenguaje y sus recursos ficcionales, ambos espacios se intersectan aun cuando se plasmen disímiles en sus inicios, nudos y desenlaces.

La narrativa literaria habilita la historia opuesta, el relato encubierto, la ficción que secunda y sustenta la versión oficial del Derecho. Testimonios silenciados, violencia extrema, hechos ilegales, ilimitada autoridad, contradicciones y paradojas, la pasividad del imaginario. El vínculo «Derecho y Literatura» emerge como un recurso propositivo[15]. Desde su distancia teórica, reflexiona sobre las narraciones de la verdad, los relatos del orden, las justificaciones de la violencia y las interpretaciones de la representación lingüística en el Derecho. Desde sus particulares características, la Literatura y el Derecho comparten espacios en común. En ese despliegue se interpelan: ¿cuál es el rol de la Literatura frente a la opresión que delimita el discurso hegemónico del Derecho? Detrás de cada narración, se atomizan las historias. La Literatura tendrá sus motivos para callar o expresar, el Derecho también. Diferentes serán sus narraciones sobre el despliegue normativo, el monopolio de la fuerza, la protección de los cuerpos, la exclusión de la otredad, la construcción de la subjetividad.

La tensión entre estética y normatividad abren nuevos canales de tematización, que invitan a ensanchar el binomio «Derecho y Literatura»[16]. Una mayor amplitud capaz de abordar conjuntamente las áreas de la ciencia y el arte.

---

15 MARÍ, Enrique Eduardo, *La teoría de las ficciones*, Eudeba, Buenos Aires, 2002, p. 219.

16 MARTYNIUK, Claudio, *Sobre la norma del gusto, la normatividad del arte y la narración de la justicia*, Coyoacán, Buenos Aires, 2006, pp. 16-41.

5.-Bibliografía

ALTAMIRANO, Carlos; **SARLO**, Beatriz, *La fundación de la literatura argentina. Ensayos argentinos. De Sarmiento a la vanguardia*, Buenos Aires, Ariel, 1997.

BALDERSTON, Daniel; **FOSTER**, David W.; **HALPERIN DONGHI**, Tulio; **MASIELLO**, Francine; **MORELLO FROSCH**, Marta; **SARLO**, Beatriz, *Ficción y política. La narrativa argentina durante el proceso militar*, Eudeba, Buenos Aires, 2014.

BARTHES, Roland, *Ensayos críticos*, Seix Barral, Buenos Aires, 2003.

CABRERA PADILLA, Amanda, «Luis José de Tejeda y Guzmán, el poeta de los verdes años argentinos», *Mundo Hispánico*, núm. 298, 1974.

CALVO GONZÁLEZ, José, *El escudo de Perseo. La cultura literaria del derecho*, Comares, Granada, 2013.

CÁRCOVA, Carlos María; **DOUGLAS PRICE**, Jorge; **RUIZ**, Alicia E. C., *La letra y la ley*, Infojus, Buenos Aires, 2014.

CIURO CALDANI, Miguel Ángel, *Filosofía, Literatura y Derecho*, Fundación para las Investigaciones Jurídicas, Rosario, 1986.

DARNET DE FERREYRA, Ana Julia, *Historia de la Literatura Americana y Argentina*, Estrada, Buenos Aires, 1950.

FUCITO, Felipe, *La crisis del derecho en la argentina y sus antecedentes literarios. Un enfoque sociológico*, Eudeba, Buenos Aires, 2010.

JITRIK, Noé, *Ensayos y estudios de literatura argentina*, Eudeba, Buenos Aires, 2019.

MARÍ, Enrique Eduardo, *La teoría de las ficciones*, Eudeba, Buenos Aires, 2002.

MARTYNIUK, Claudio, *Sobre la norma del gusto, la normatividad del arte y la narración de la justicia*, Coyoacán, Buenos Aires, 2006.

Ruiz, Alicia E. C., «Literatura de no ficción y discurso judicial ¿Las narrativas procesales toleran los finales abiertos?», *Anamorphosis. Revista Internacional de Direito e Literatura*, vol. 3, núm. 2, 2017.

Ruiz, Alicia E. C., *Idas y vueltas. Por una teoría crítica del derecho*, Editores del Puerto, Buenos Aires, 2001.

Ruiz, Alicia E. C., «La ilusión de lo jurídico. Una aproximación al tema del derecho como un lugar del mito en las sociedades modernas», *Crítica Jurídica*, núm. 4, 1986.

Sarmiento, Domingo Faustino, *Facundo o civilización y barbarie en las pampas argentinas*, Sopena, Buenos Aires, 1962.

Tamm, Ditlev, «Borges for Jurister», *Kritik*, núm. 150, 2001.

Viñas, David, *De Sarmiento a Cortázar. Literatura argentina y realidad política*, Siglo XXI, Buenos Aires, 1974.

XIII

TRAVESÍAS DEL LENGUAJE. TRAS LAS HUELLAS DE LA JUSTICIA

GONZALO ANA DOBRATINICH
Profesor Doctor de Filosofía del Derecho
Investigador CONICET
Universidad de Buenos Aires

1.-Introducción

«¿No se podría simplemente constatar la evidencia casi imperceptible, pero que me parece decisiva, de que el lenguaje es tal vez el único ser que existe en el mundo, y que es absolutamente repetible?».

La gran extranjera, MICHEL FOUCAULT

El sistema de significantes ofrecido por el lenguaje nos ofrece un punto de partida desde el cual comprender nuestro mundo y con ello pensar en su finitud, nuestra finitud. Si la posición será la de la precedencia, la retrogradación del lenguaje, mediante el análisis que hacemos desde otro lenguaje (metalenguaje), accede a la cosa como objeto directo de conocimiento, de manera pre-lingüística. La finitud estaría marcada por esa habitación del individuo en el lenguaje. Venir al mundo implica venir desde un lenguaje.

Si «¡Dios *ha muerto!* ¡Dios *permanece muerto!* ¡Y *nosotros lo hemos matado!*»[1], en un espacio en donde *«el hombre es sólo*

1 NIETZSCHE, Friedrich, *La gaya ciencia*, Fontana, Barcelona, 2015, p. 115.

una invención reciente»[2], ¿acaso el lenguaje no ocuparía ese lugar central como presencia unívoca o posición logocéntrica que la misma filosofía del lenguaje intenta eliminar?

2.-Derroteros lingüísticos

Lejos de constituirse en el plano ontológico, el lenguaje implica cultura. Se presenta en la diversidad que le imprime la indeterminación y constante cambio en el que emerge[3]. SCAVINO expone en torno a ello: «*En las lenguas occidentales, los yamanas de Tierra del Fuego tienen un verbo para hablar de las cosas que se rompen y otro para hablar de las cosas que se pierden. Cuando un animal muere, sin embargo, ellos dicen que se rompió; cuando una persona muere en cambio, dicen que se perdió. Decir que los yamanas tienen dos verbos para hablar de un mismo hecho. La muerte, sería una ilusión etnocéntrica: para nosotros se trata de un mismo hecho porque utilizamos un mismo verbo; pero ello se trata de dos hechos diferentes porque las personas no se rompen: se pierden*»[4].

Esta distancia des-intencionada del lenguaje parece imposibilitar cualquier traducción o comprensión de una perspectiva diferente a la cual el individuo pertenece. Una inconmensurabilidad generada por los hábitos del lenguaje.

No sólo acontecerá en la interpretación contemporánea, sino también en propuestas ubicadas en otros momentos temporales. En torno a ello, FOUCAULT escribe: «*El lenguaje es en esencia lo que "liga" el tiempo. Y además, el lenguaje retiene el tiempo en sí mismo, porque es escritura y, como escritura, va a mantenerse en el tiempo y mantener lo que dice en el tiempo. (...) El lenguaje como logos siempre tuvo por función suprema la de conservar el tiempo y mantener el tiempo bajo su vigilancia inmóvil*»[5].

---

2 FOUCAULT, Michel, *Las palabras y las cosas. Una arqueología de las ciencias humanas*, Siglo XXI, Buenos Aires, 2008, p. 17.

3 MONDER, Samuel, *Ficciones filosóficas*, Corregidor, Buenos Aires, 2007, p. 95.

4 SCAVINO, Dardo, *La filosofía actual. Pensar sin certezas*, Paidós, Buenos Aires, 2007, p. 30.

5 FOUCAULT, Michel, *La gran extranjera. Para pensar la literatura*, Siglo XXI, Buenos Aires, 2015, p. 113.

La revalorización de los estudios del lenguaje implica una reconsideración de los estudios iusfilosóficos. La ocupación del lenguaje en tanto elemento nodal del conocimiento, el mundo de las cosas, la ubicación del individuo y la descentralizada idea de verdad, proponen una nueva lectura del papel que debe ejercer la filosofía, como instancia de desarticulación etimológica.

Se trata quizá de exponer ese carácter totalizante[6]. Esa perspectiva organizacional, su interés ordenador, su impronta ideológica y la participación de los dispositivos sobre los cuales se despliega: «*Aquel objeto en el que se inscribe el poder desde toda la eternidad humana es el lenguaje o, para ser más precisos, su expresión obligada: la lengua. El lenguaje es una legislación, la lengua es su código. No vemos el poder que hay en la lengua porque olvidamos que toda lengua es una clasificación, y que toda clasificación es opresiva*»[7].

Si como expone Barthes, «*el lenguaje tiende naturalmente hacia su propia destrucción*»[8], ante este panorama cabe preguntarnos ¿qué lenguaje nos ha quedado? Desde un desplazamiento histórico, en el que la lingüística se ha desplegado desde las más variadas formas, el lenguaje se endilga el carácter de un objeto de estudio, pero el mismo tiempo una herramienta para el estudio. Poder, opresión, represión, miedos, mecanismos, dispositivos, historicidad, límites, márgenes, deseos, ocultaciones serán términos que se alojarán en la morada del lenguaje. Así, no podrá pensarse en su soledad estructural: «*Sería bueno imaginar una ciencia lingüística que no estudiase ya el origen de las palabras, la etimología, ni su difusión, la lexicología, sino el progreso de su solidificación, su espesamiento a lo largo del discurso histórico; sin duda esta ciencia sería subversiva manifestando, más que el origen de la verdad, su naturaleza retórica, lingüística*»[9].

---

6 Barthes, Roland, *El grado cero de la escritura. Nuevos ensayos críticos,* Siglo XXI, Buenos Aires, 2003, p. 96.

7 Barthes, Roland, *El grado cero de la escritura. Nuevos ensayos críticos..., op. cit.*, p. 95.

8 Barthes, Roland, *El grado cero de la escritura. Nuevos ensayos críticos..., op. cit.*, p. 34.

9 Barthes, Roland, *El grado cero de la escritura. Nuevos ensayos críticos..., op. cit.*, p. 58.

3.-Intersecciones textuales

Estas consideraciones rupturistas en torno al estudio del lenguaje nos exponen a una historia de la oquedad[10]. La indeterminación del sentido, la falta de límites, la negatividad, muerte, márgenes[11].

Una manifestación inconfesable, incapacidad que parece encontrar el lenguaje para consigo mismo y para con su entrono: «*El murmullo de todo lo que se pronuncia, y al mismo tiempo el sistema transparente que hace que, cuando hablamos, nos comprendan, en resumen, el lenguaje es a la vez el hecho de todas las palabras acumuladas en la historia y el sistema de la lengua*»[12].

Entre las cosas y las palabras acontece un *intermezzo*, un espacio que se articula a modo de un entreacto. Esta indeterminación, en tanto referencialidad, nos pone frente al dilema del carácter literal o figurado del lenguaje. Esta reflexión sobre el lenguaje no solo permite una confrontación con sus propios postulados epistemológicos, también propone un análisis cercano a las estructuras y funcionamiento de otros saberes, entre ellos el Derecho. En este sentido, el estudio lingüístico del espacio jurídico nos expone a una serie de conceptos nodales como los de intertextualidad e interpretación. Categorías que nos permiten ampliar interdisciplinariamente el análisis y acercarnos a la comprensión del despliegue del discurso jurídico, la constitución de la ley y la noción de justicia.

4.-Trazas y trazos de la ley

¿Qué diferencia el lenguaje del lenguaje jurídico?, ¿cuáles elementos nos indican que estamos frente a un lenguaje de

10 AGUIRRE, Gonzalo, «¿Qué lengua ha quedado? Foucault y la literatura. Historia de una oquedad», *Revista Barda*, vol. 2, núm. 2, 2016, pp. 35-37.

11 *Vid*. AGAMBEN, Giorgio, *El lenguaje y la muerte. Un seminario sobre el lugar de la negatividad*, Pre-Textos, Valencia, 2003, pp. 85-89; POTESTÀ, Andrea, «El silencio y la palabra Merleau-Ponty, Derrida y los márgenes del lenguaje», *Trans/Form/Ação*, vol. 42, núm. 1, 2019, p. 231; WITTGENSTEIN, Ludwig, *Tractatus lógico-philosophicus*, Alianza, Madrid, 1980, p. 163.

12 FOUCAULT, Michel, *La gran extranjera. Para pensar la literatura…*, *op. cit.*, p. 74.

la ley?, ¿en dónde reside la aceptación de la autoridad que la justicia imprime y hace cumplir?, ¿puede pensarse al Derecho como un conjunto sistémico del lenguaje en términos estructurales? De ser así, el análisis del Derecho, ¿debe realizarse en términos autopoiéticos o bien desde una mirada externa? En este último caso, ¿qué tipo de lenguaje estará facultado para explicar al fenómeno jurídico?

Estos interrogantes nos exigen pensar el Derecho no solo desde la figura que proyecta, sino también desde las marcas que deja en su traslado. Esta perspectiva nos invita a examinar la manera en que se constituye el derecho, su positividad escritural, su textualidad: «*El "texto" (poético, literario o de otro tipo) excava en la superficie del habla en vertical donde se buscan modelos de esa significancia que el lenguaje representativo y comunicativo no recita, aun si los señala. (...) Designaremos por significancia ese trabajo de diferenciación, estratificación y confrontación que se practica en la lengua, y deposita en la línea del sujeto hablante una cadena significativa comunicativa y gramaticalmente estructurada*»[13].

El lenguaje del Derecho mantiene para sí una forma que se sostiene en el signo. En este sentido, el papel de la escritura, el anclaje sobre el soporte que lo estabiliza y mantiene, tendrá una fuerza motora trascendental.

El texto es el espacio que permite el doblez discursivo[14]. KRISTEVA sostiene: «*Sin reunir —simular— un real fijo, construye el teatro móvil de su movimiento al que contribuye y del que es el atribuido. Transformando la materia de la lengua (en sus significados regulados por el paraje del sujeto del enunciado comunicado), el texto se liga —se lee— doblemente con relación a lo real: a la lengua (desfasada y transformada), a la sociedad (a cuya transformación se pliega).(...) El texto no denomina ni determina un exterior: designa como un atributo (una concordia) esa movilidad heraclitiana que ninguna teoría del lenguaje-signo ha podido admitir, y que desafía los postulados platónicos de la esencia de las cosas y de su forma, sustituyéndolos por otro lenguaje, otro conocimiento, cuya materialidad en el texto se empieza a pena ahora aprehender*»[15].

---

13 KRISTEVA, Julia, *Semiótica*, vol. I, Fundamentos, Madrid, 1981, p. 9.

14 ZECCHETTO, Victorino, «El persistente impulso a resemantizar», *Universitas. Revista de Ciencias Sociales y Humanas*, núm. 14, 2011, pp. 129-131.

15 KRISTEVA, Julia, *Semiótica..., op. cit.*, p. 10.

El texto jurídico se orienta en dos líneas de manera simultánea. Por un lado, la lengua y el lenguaje de una época específica. Por otro lado, la participación en un proceso social en tanto discurso. Ello implica que el derecho se posicione en una zona signada por la multiplicidad polivalente carente de unidad del sujeto y del sentido: «*La escritura es ese lugar neutro, compuesto, oblicuo, al que van a parar nuestro sujeto, el blanco-y-negro en donde acaba por perderse toda identidad, comenzando por la propia identidad del cuerpo que escribe*»[16].

La centralidad desde la cual pretende exhibirse el Derecho no es más que una figura formada por su lenguaje[17]. Esta presentación implica pensar que la escritura jurídica será la huella en el terreno donde se disputa, desarrolla y despliega su construcción epistemológica[18].

La escritura como espacio que instituye genera y propicia un vacío que distancia el deber ser jurídico. Necesario, entonces, será indagar sobre los motivos de esa suspensión. Desde la narratividad jurídica, espectral, aparecen las nociones de verdad y justicia: «*Solo leemos aquello que "ha sido escrito" "en algún lugar" y "por alguien". Para un jurista la escritura resulta primordial. La iuris poiesis está concernida por la acción escritural. Lo que "ha sido escrito" "en algún lugar" y "por alguien" es, modernamente, el punto de reconocimiento externo de algo como jurídico*»[19].

5.-Conclusiones

Pensar en torno al elemento lingüístico que forma y moviliza al Derecho, permite desdoblar otros textos, capaces de confrontarlo y desestabilizarlo: «*Un texto está formado por escrituras múltiples, procedentes de varias culturas y que, unas con otras, establecen un diálogo, una parodia, una contestación*»[20].

---

16 Barthes, Roland, *El susurro del lenguaje*, Paidós, Buenos Aires, 2013, p. 76.

17 Roggero, Jorge, *El reverso del derecho: desmontajes del discurso jurídico*, Eudeba, Buenos Aires, 2018, p. 21.

18 Breuer, Joseph, «El sentido - la Huella», *Escritos de filosofía*, núm. 44, 1978, p. 342.

19 Calvo González, José, *La destreza de Judith. Estudios de cultura literaria del derecho*, Comares, Granada, 2018, p. 349.

20 Barthes, Roland, *El susurro del lenguaje*..., *op. cit.*, p. 82.

La retracción a discursos antecedentes nos conduce a un movimiento arque-genealógico que regresa sobre las marcas que deja tras de sí, la escritura jurídica: «*La escritura nos recuerda que los signo no conforman una caja de datos ubicados en alegre asimetría, sino a una operación que es, sin más complicaciones, la de escribir. Es decir: trazar, marcar, inscribir. Transformemos escritura en ins-critura. La operación de marcación se caracteriza por dejar una huella. (...) Inscribir es hundir un instrumento punzante en su cuerpo receptor, piel o pergamino. Surcar. Diagramar en las profundidades. Se deja un recuerdo tangible en un elemento incorpóreo*»[21].

En este orden de ideas, el análisis lingüístico permitiría estudiar las relaciones de los signos del discurso normativo en relación los procesos de organización social. La ilación de diferentes textualidades de la cual resulta la corporeidad de la ley: «¿Cómo *un texto que es el del orden del lenguaje puede ser fuera de los lenguajes?* ¿Cómo *exteriorizar (sacar al exterior) las hablas del mundo sin refugiarse en una* última *habla a partir de la cual las otras serían simplemente comunicadas, recitadas? En el momento en que nombro soy nombrado: capturado en la rivalidad de los nombres.* ¿Cómo *el texto puede "salir" de la guerra de las ficciones, de los sociolectos*?»[22].

Sin embargo, el texto que insta a la composición de la justicia parece evitar esta posición. Ese carácter inaprensible, como señala Gorali: «*Nadie sabe lo que quiere la justicia porque la justicia no se deja escribir. Cuando digo escribir, digo instituir. La justicia no se deja instituir. Con ello debe lidiar la actividad judicial, con el límite mismo, con la propia imposibilidad. Límite que exhibe oculto que hay algo allí que no hace cuerpo. Que hay algo que el orden de lo simbólico no logra apresar*»[23].

---

21 Legendre, Pierre; Entelman, Ricardo; Kozicki, Enrique; Abraham, Tomas; Marí, Enrique; Le Roy, Etienne; Vezzetti, Hugo, *El discurso jurídico. Perspectiva psicoanalítica y otros abordajes epistemológicos*, Hachette, Buenos Aires, 1982, p. 123.

22 Barthes, Roland, *El susurro del lenguaje...*, *op. cit.*, p. 82.

23 Gorali, Marina, «El silencio de lo justo: una mirada crítica sobre justicia y democratización», en Douglas Price, Jorge; Duquelsky Gómez, Diego (Coord.), *Primer Congreso Iberoamericano. XXVIII Jornadas Argentinas de Filosofía Jurídica y Social,* Ministerio de Justicia y Derechos Humanos de la Nación, Buenos Aires, 2016, p. 179.

En ese bisbiseo, el lenguaje jurídico relata la historia de una imposibilidad: la materialización de la justicia[24]. Esbozado el relato, el derecho intenta identificarse con un ideal de justicia, que se presenta inalcanzable: «*La justicia es aquel elemento radicalmente heterogéneo al derecho, que lo excede como lo imposible excede a lo posible, como lo incalculable a lo calculable, como lo indeconstruible a lo deconstruible. Pero, al mismo tiempo, esta "justicia incalculable ordena calcular"*»[25].

La existencia misma del derecho acontece, en tanto sobreviene esa falta. Ante la exigencia de justicia, el lenguaje jurídico aparece diferenciado, parcial y segmentado: «*Irreductible debido a su carácter afirmativo, a su exigencia de don sin intercambio, sin circulación, sin reconocimiento, sin círculo económico, sin cálculo y sin regia, sin razón o racionalidad, en el sentido de dominación reguladora. (...) La deconstrucción está loca por esa justicia. Loca por ese deseo de justicia. Esa justicia, que no es el derecho, es el movimiento mismo de la deconstrucción presente en el derecho y en la historia del derecho, en la historia política y en la historia misma*»[26].

El lenguaje jurídico no permite la escucha total y al mismo tiempo silencia las bases de su constitución. Exige, reclama, compensa, articula, organiza, moviliza y ordena, la justicia no; sin embargo, la paradoja exige hacer posible lo imposible. La búsqueda de esa instancia produce su propio enfrentamiento. Allí se desnuda el carácter sesgado de lo jurídico en tanto, desde esa misma posibilidad se presenta como una experiencia limitada. Serán, quizás, los surcos dejados por sus cuerpos, los que nos dejen conjeturar esa repuesta carente.

6.-Bibliografía

AGAMBEN, Giorgio, *El lenguaje y la muerte. Un seminario sobre el lugar de la negatividad*, Pre-Textos, Valencia, 2003.

---

24 BADIOU, Alain, *Justicia, filosofía y literatura*, Homo Sapiens, Rosario, 2007, pp. 19-37.

25 ROGGERO, Jorge, *El reverso del derecho: desmontajes del discurso jurídico...*, *op. cit.*, p. 27.

26 DERRIDA, Jacques, *Fuerza de ley. El «fundamento místico de la autoridad»*, Tecnos, Madrid, 2008, p. 151.

Aguirre, Gonzalo, «¿Qué lengua ha quedado? Foucault y la literatura. Historia de una oquedad», *Revista Barda*, vol. 2, núm. 2, 2016.

Badiou, Alain, *Justicia, filosofía y literatura*, Homo Sapiens, Rosario, 2007.

Barthes, Roland, *El susurro del lenguaje*, Paidós, Buenos Aires, 2013.

Barthes, Roland, *El grado cero de la escritura. Nuevos ensayos críticos*, Siglo XXI, Buenos Aires, 2003.

Barthes, Roland, *El placer del texto. Lección inaugural*, Siglo XXI, Buenos Aires, 2003.

Breuer, Joseph, «El sentido - la Huella», *Escritos de filosofía*, núm. 44, 1978.

Calvo González, José, *La destreza de Judith. Estudios de cultura literaria del derecho*, Comares, Granada, 2018.

Cárcova, Carlos María, *Las teorías jurídicas postpositivistas*, Abeledo Perrot, Buenos Aires, 2012.

Derrida, Jacques, *Fuerza de ley. El «fundamento místico de la autoridad»*, Tecnos, Madrid, 2008.

Foucault, Michel, *La gran extranjera. Para pensar la literatura*, Siglo XXI, Buenos Aires, 2015.

Foucault, Michel, *Las palabras y las cosas. Una arqueología de las ciencias humanas*, Siglo XXI, Buenos Aires, 2008.

Gorali, Marina, «El silencio de lo justo: una mirada crítica sobre justicia y democratización», en Douglas Price, Jorge; Duquelsky Gómez, Diego (Coord.), *Primer Congreso Iberoamericano. XXVIII Jornadas Argentinas de Filosofía Jurídica y Social*, Ministerio de Justicia y Derechos Humanos de la Nación, Buenos Aires, 2016.

Kristeva, Julia, *Semiótica*, vol. I, Fundamentos, Madrid, 1981.

Legendre, Pierre; **Entelman**, Ricardo; **Kozicki**, Enrique; **Abraham**, Tomas; **Marí**, Enrique; **Le Roy**, Etienne; **Vezzetti**, Hugo, *El discurso jurídico. Perspectiva psi-*

coanalítica y otros abordajes epistemológicos, Hachette, Buenos Aires, 1982.

MONDER, Samuel, *FICCIONES FILOSÓFICAS*, Corregidor, Buenos Aires, 2007.

NIETZSCHE, Friedrich, *La gaya ciencia*, Fontana, Barcelona, 2015.

POTESTÀ, Andrea, «El silencio y la palabra Merleau-Ponty, Derrida y los márgenes del lenguaje», *Trans/Form/Ação*, vol. 42, núm. 1, 2019.

ROGGERO, Jorge, *EL REVERSO DEL DERECHO: DESMONTAJES DEL DISCURSO JURÍDICO*, Eudeba, Buenos Aires, 2018.

SCAVINO, Dardo, *La filosofía actual. Pensar sin certezas*, Paidós, Buenos Aires, 2007.

WITTGENSTEIN, Ludwig, *Tractatus lógico-philosophicus*, Alianza, Madrid, 1980.

ZECCHETTO, Victorino, «El persistente impulso a resemantizar», *Universitas. Revista de Ciencias Sociales y Humanas*, núm. 14, 2011.

XIV

DERECHO Y CINE «HOY». EL MARCO EPISTEMOLÓGICO DE LA SIMPATÍA SMITHIANA COMO SUPERADOR DEL SELF LIBERAL-RAWLSIANO. UN ENFOQUE DESDE LA FILOSOFÍA DEL DERECHO

IKER NABASKUES MARTÍNEZ DE EULATE
Profesor de Teoría del Derecho
Universidad del País Vasco

Este trabajo tiene por objeto el Derecho y el cine como vehículo para desarrollar la argumentación jurídica y moral. Es indispensable en primer lugar, aclarar el concepto del Derecho que voy a emplear, para dejar a las claras desde un primer momento la coherencia de sentido que se dan entre esos dos elementos —cine y Derecho— para el discernimiento iusfilosófico. En primer lugar y respecto al concepto del Derecho, según ATIENZA, el Derecho es una práctica social para la consecución de una serie de principios y valores[1]. En segundo lugar, el cine, por su parte, es una herramienta muy útil para discernir en el aula de la universidad, sobre esos elementos centrales del Derecho como son la práctica social hacia la consecución de unos fines y valores. En tercer lugar, el marco epistemológico de Adam Smith es un marco idóneo para desarrollar la empatía. Voy a tratar de conjugar estos tres elementos para concluir que su combinación propicia un marco epistemológico que

1 ATIENZA, Manuel, *El sentido del Derecho*. Ariel, Barcelona, 2012.

puede aportar mucho al enfoque liberal-rawlsiano que resultó hegemónico en la filosofía del Derecho.

Aún existen prejuicios sobre Adam Smith por la errónea interpretación que se ha hecho de sus postulados teóricos, mucho más cercanos al republicanismo, que a un neoliberalismo que él hoy, hubiera combatido[2]. En primer lugar, probablemente esto ocurre porque aún se relaciona a Adam Smith exclusivamente con su obra más conocida —que no más representativa de su pensamiento— *La riqueza de las naciones*. Es un autor al que a menudo se considera un apologista del liberalismo más extremo[3]. Nada de esto es cierto. El malentendido respecto a la obra y verdadero pensamiento de Adam Smith dura varios siglos y tratar de explicarlo excede el objetivo de este trabajo. Por tanto, solo nos limitaremos a decir que Smith nunca fue un economista, que fue un filósofo moral, uno de los más renombrados de la Ilustración escocesa junto con su gran amigo, David Hume[4]. Al mismo tiempo que desarrolló una ingente producción filosófica, siempre en diálogo con Hume[5], Smith, era un filósofo moral que escribía y se ocupaba de las relaciones comerciales como forma de desarrollar la comunidad. Pero sobre toda consideración, Smith es un autor republicano, un pensador que cree de la manera más radical que el individuo tiene una dimensión social y comunitaria de la que es imposible prescindir[6].

---

2 Doménech, Antoni, «Comercio y emancipación social en el republicanismo de Adam Smith. Una lectura contemporánea», *Mediterráneo Marítimo* (23) 2013, pp. 31-48. Accesible en https://davidcasassas.files.wordpress.com/2017/04/comercio-y-emancipaciocc81n-social-en-el-republicanismo-de-adam-smith.pdf (Fecha de consulta: 10 de diciembre de 2023).

3 Marshall, Wesley C., «Adam Smith: antídoto al neoliberalismo», *Ola Financiera,* vol. 16 (46), 1-51, 2003. Accesible en http://www.olafinanciera.unam.mx/new_web/46/pdfs/PDF46/MarshallOlaFinanciera46.pdf (Fecha de consulta: 10 de diciembre de 2023).

4 Griswold, Charles, *Adam Smith and the Virtues of Enlightenment*, Cambridge University Press, Cambridge, 1999.

5 Rasmussen, Dennis, *El infiel y el profesor. David Hume y Adam Smith: la amistad que forjó el pensamiento moderno*, Arpa Editores, Barcelona, 2018.

6 Casassas, David, *La ciudad en llamas. La vigencia del republicanismo comercial de Adam Smith*, Montesinos, Barcelona, 2010.

La obra más importante de la vida de Smith fue *La Teoría de los Sentimientos Morales* (1759). Es una obra de difícil lectura para los lectores y lectoras de hoy día. Sin embargo, mucho más accesible es una obra de David Russell que lleva por título *How Adam Smith Can Change Your Life*, donde resume la obra a un lenguaje actual y desarrolla términos y conceptos del siglo XVIII con conceptos actuales[7]. En esa obra, Smith desarrolla un marco epistemológico para el análisis de las obras de la Cultura Popular[8]. Para Adam Smith, en una obra narrativa, que los incidentes narrados en una historia sean ficciones no elimina su potencialidad para propiciar el discernimiento moral. Toda obra de arte forma parte de la vida porque es una creación de un autor que vive en unas circunstancias concretas. Como la Edimburgo de la época de Smith que recibió el seudónimo de la «Atenas del Norte» por la eclosión del conocimiento, ciencia y moral que se produjo en aquella ciudad[9]. Es falso el prejuicio que dice que el arte realista capta mejor la realidad que la ficción. No hay realidades, sino formas de entender la realidad. Smith habla de lo que él llama «*la implicación del espectador en la narración*» por medio de tres elementos centrales de su teoría[10]:

1) *Incidente*. Lo esencial de una historia es siempre que ocurra algo. Los personajes se expresan a partir de las acciones que realizan en el relato. Los aspectos naturales, físicos, no conceptuales se plasman en el relato. El «incidente» marca un *status nacendi*. Los incidentes dan lugar a las «sensaciones». El incidente es la chispa que abre paso a nuevas subjetividades[11]. Esto es lo que llamamos «experimentación»[12]. Se trata

---

7 Roberts, Russ, *Cómo Adam Smith puede cambiar tu vida*, Antoni Bosch, Barcelona, 2015.

8 Machura, Stefan, «Representations of Law, Rights and Criminal Justice», en Rafter, Nicole y Brown, Michelle (Eds.), *Oxford Encyclopedia of Crime, Media, and Popular Culture*, Oxford University Press, New York, 2018.

9 Buchan, James, *Capital of the mind*, Birlinn Lted, Edinburgh, 2007. COSH, Mary, *Edinburgh, The Golden Age,* John Donald Publishers, Edinburgh, 2003.

10 Smith, Adam, *Lectures on rhetoric and belles letters*, The Glasgow edition of the works and correspondence of Adam Smith, Oxford University Press, 1983.

11 Hume, David, *De la tragedia y otros ensayos sobre el gusto*, traducción Macarena Marey, Editorial Biblos, Buenos Aires, 2003.

12 Morrow, Glenn R., «Adam Smith: Moralist and Philosopher», *Journal*

de un marco empirista defendido también por David Hume y William Robertson. Para Hume, el conocimiento debía tener su origen en los hechos[13]. Es el principio de generalización a partir de lo particular el que está en el origen de las proposiciones universales relativas a la moral y a los hechos naturales. Para Adam Smith igualmente, «*en el estilo narrativo, sólo habría un asunto: la narración de los hechos*» y «*los hechos que deben ser narrados con mayor asiduidad son los realmente importantes: las acciones humanas*»[14].

2) *Simpatía*. Para Smith, la fuerza del incidente reside en la capacidad de acelerar el pulso. Esta relación entre el incidente y la sensación corporal, lo que llamamos «sentimiento», es definida por Smith como «simpatía». La simpatía es el vínculo que conecta al espectador con el incidente. Es el vehículo de transmisión de las sensaciones. Los elementos contenidos en la historia son un mundo de micropercepciones que conducen a un mundo de sensaciones que abre el camino a una «experimentación»[15].

3) *El espectador imparcial*. Hacemos referencia ahora a algo genial, que representa uno de los fundamentos de su Teoría de los Sentimientos Morales: el espectador imparcial. Después del incidente viene la simpatía. La escena de una película produce unas determinadas sensaciones que un incidente produce en nuestro cuerpo. Hablamos de realidades empíricas entre el arte y el cuerpo. Hasta ahora no ha aparecido el elemento de la razón.

Para Smith, la capacidad de razonar del ser humano llega al final, no al principio del proceso de discernimiento. Este planteamiento es común a todos los pensadores escoceses de la Ilustración[16]. No simpatizamos inmediatamente con los demás, sino que, a partir de la imaginación, analizamos

---

of Political Economy, vol. 35, núm. 3, 1927, pp. 321-342. Accesible en http://www.jstor.org/stable/1822052 (Fecha de consulta: 10 de diciembre de 2023).

13 HUME, David, *Investigación sobre los principios de la moral*, traducción G. López Sastre, Espasa-Calpé, Madrid, 1991.

14 SMITH, Adam, *Lectures on rhetoric and belles letters..., op. cit.*

15 DWYER, John, *The Age of the Passions. An interpretation of Adam Smith and Scottish Enlightenment culture*, Tuckwell, East Lothian, 1998.

16 BROADIE, Alexander, *The Scottish Enlightenment,* Birlinn Lted, Edinburgh, 2007.

su situación y juzgamos la propiedad de sus sentimientos. El punto de vista sentimental había sido desarrollado por otro gran ilustrado y profesor de Smith en la Universidad de Glasgow[17], Francis Hutcheson[18]: «*Si aceptamos los motivos y los encontramos justos, simpatizamos con el otro*»[19]. Esto es lo que hoy conocemos como empatía. Pero la simpatía no es un juicio definitivo para la orientación moral. Para completar su teoría, Smith propone la figura del espectador imparcial. Una herramienta para juzgar la justicia de los actos de los demás. El espectador imparcial nos ayuda a imaginar situaciones desde la perspectiva de una tercera persona. Juzgamos los sentimientos y las acciones y consideramos si las acciones merecen recompensa o castigo. El espectador imparcial tiene dos criterios para juzgar las acciones[20]:

- En primer lugar, el reconocimiento intersubjetivo. Entre humanos nos reconocemos por simpatía. Empatizamos unos con otros, pero esa empatía tiene límites. Esta es la parte empírico-sensible del marco de Smith.
- En segundo lugar, está la parte racional. Se trata de la búsqueda de lo que la persona considera justo fuera de la escala intersubjetiva. Y aquí es donde entran los consensos y promedios socialmente construidos de lo que es bueno o malo en una comunidad[21]. El espectador imparcial es el regulador de la simpatía, lo que nos permite tomar distancia de la simpatía —incluso la simpatía es elemento obligatorio del proceso—. En otras palabras, vivimos en lo que Smith llama *«una comunidad de sentimientos»*. Y el espectador imparcial es una figura reguladora de esta comunidad de sentimientos. El espectador imparcial es el que puede tomar distancia de la

17 Herman, Arthur, *The Scottish Enlightenment. The Scots'Invention of the Modern World*, Fourth Estate, Glasgow, 2001.

18 Pesciarelli, Enzo, «Aspects of the Influence of Francis Hutcheson on Adam Smith», *History of Political Economy*, vol. 31 (3), 525-545, 1999. Accesible en https://read.dukeupress.edu/hope/article-abstract/31/3/525/11888/Aspects-of-the-Influence-of-Francis-Hutcheson-on?redirectedFrom=fulltext (Fecha de consulta: 10 de diciembre de 2023).

19 Smith, Adam, *The Theory of the Moral sentiments*, Edited by D.D. Raphael and A.L. Macfie, Clarendon Press, Oxford, 1976.

20 Ibídem.

21 Roberts, Russ, *Cómo Adam Smith puede cambiar tu vida..., op. cit.*

situación, comprenderla en su complejidad, tiene más elementos de juicio y juzga con calma. En definitiva, es una operación racional de moderación de nuestros propios intereses y sentimientos[22].

Podría explicarse este marco valiéndonos de la literatura. El personaje de Gregor Samsa en *La metamorfosis* de Franz Kafka. Gregor Samsa es un joven que se transforma de la noche a la mañana en una forma indefinida de coleóptero. Desde esta nueva mirada, ve la vida sin haber perdido su capacidad de raciocinio. La perspectiva de Kafka, aunque fantástica, capta muy bien el sentido de la diferencia, la incomunicación el aislamiento social del individuo excluido en la comunidad. Por extraña que sea la situación en la ficción, la conexión con la realidad no es menor que si estuviéramos hablando de una película realista sobre el sufrimiento de los inmigrantes a Europa de Angelopoulos.

La neuróloga chilena SHAND (2014) propone una comparación entre la empatía como fenómeno analizado desde una perspectiva neurocientífica y la empatía descrita en *La Teoría de los Sentimientos Morales*. A pesar de la distancia temporal y epistémica de ambas perspectivas se reconocen aspectos comunes para ambas, tales como: el reconocimiento de la empatía como fenómeno connatural a lo humano y la modulación o desarrollo de la empatía en la interacción social[23].

El conocimiento de las «*neuronas espejo*» en 1996 fue uno de los hitos centrales en la comprensión de la empatía desde la Neurociencia. Sus descubridores, unos neurólogos italianos, establecieron que este tipo de neuronas son la base neurobiológica de la empatía. De manera que empleamos una simulación interna de nuestros propios movimientos para comprender las intenciones de los movimientos que observamos en otros. Los descubridores de las neuronas espejo expresaban: «*entendemos la situación de los otros, simulando literalmente, estar en la situación del otro*», de una manera,

22 SMITH, Adam, *The Theory of the Moral sentiments*, Edited by D.D. Raphael and A.L. Macfie, Clarendon Press, Oxford, 1976.

23 SHAND KLAGGES, Beatriz, «Neuronas Espejo y simpatía en Adam Smith: comparación de dos perspectivas sobre la empatía, frente al reduccionismo científico», *Revista Colombiana de Filosofía de la Ciencia*, vol. 14, núm. 29, 2014.

radical e inconsciente[24]. La perspectiva de Smith y de la neurociencia actual, tienen un punto de partida común: la imitación. Los ejemplos empleados por Adam Smith en su teoría para explicar esta identificación espontánea con la situación del otro son compatibles con la interpretación neurocientífica actual de la empatía. Podría decirse incluso que la evidencia neurocientífica puede utilizarse perfectamente como soporte de la reflexión de Adam Smith en este punto. Ambas perspectivas la liberal de Smith y la neurocientífica, proponen la empatía como algo connatural al ser humano, pero que requiere para su desarrollo de la interacción social. Las dos visiones reconocen la necesidad de enfrentarse a otro para desplegar esta capacidad.

1.-Conclusión

En el planteamiento de Smith lo importante es la apropiación consciente de las emociones de un tercero y de sus circunstancias desde el punto de vista del espectador imparcial, figura que crea para referirse al sujeto que es capaz por medio de la imaginación de ponerse en el lugar del agente que interviene en el suceso y sentir lo mismo. La empatía y la figura del «otro» son elementos esenciales para el juicio moral[25]. Smith expresa que «*a través de la imaginación entramos como si entráramos en nuestro propio cuerpo y nos convertimos en la misma persona que el otro, y así sentimos lo mismo que* él»[26]. Si los juicios morales se hicieran sólo desde la abstracción de lo que uno haría en circunstancias similares, se estaría corriendo el riesgo de prejuzgar las situaciones.

Toda representación artística como el cine, el cómic, la literatura, la música o la pintura, desarrollan una formación del espectador imparcial porque proporcionan un elemento de práctica para la conformación del espectador imparcial, sean los personajes ficticios o no. Desde este punto de vista, las representaciones artísticas son elaboraciones artificiales de

24 *Ibídem.*

25 Forman-Barzilai, Fonna, «Adam Smith on Proximity», *Political Theory*, vol. 33, núm. 2, April, 2005, pp.189-217. Accesible en https://www.jstor.org/stable/30038412 (Fecha de consulta: 10 de diciembre de 2023).

26 Smith, Adam. *The Theory of the Moral sentiments..., op. cit.*

elementos cruciales para una norma de racionalidad pública. El análisis del cine representa aquí unas posibilidades de emancipación morales que fueron teorizadas por Smith y que siglos más tarde han sido corroboradas y confirmadas por la neurociencia[27].

El enfoque epistemológico del Adam Smith de *La Teoría de los Sentimientos Morales* es un marco idóneo para desarrollar la concepción republicana. Nos referimos concretamente a una concepción republicana que tiene dos elementos nucleares:

- En primer lugar, la libertad entendida como no dominación. Es una idea donde el sujeto necesita la cooperación y la colaboración con el otro, para que precisamente en un marco de construcción social, le asegure unos elementos mínimos de libertad existencial. Es el carácter económico-comunitarista del enfoque de Smith, donde el «otro» es un sujeto de colaboración y no de sometimiento.
- En segundo lugar, el individuo no es un ente autónomo y soberano, sino que desarrolla su potencialidad *con* los demás. No puede haber *homo economicus* invidualista puesto que no hay sujeto sin el «otro»[28].

Desde la filosofía del Derecho se plantea la concepción individual rawlsiana como hegemónica. Pero, tratamos, en diálogo con ella, de mostrar sus carencias y sugerir otra concepción republicana que aporta otros matices más acordes con enfoques más socializantes. El marco smithiano es un enfoque aristotélico[29] valioso para promocionar esa dimensión republicana basada en la no dominación y en la empatía como elemento que forma parte del «yo», una idea del «yo»

27 VIGANÓ, Eleonora, «Adam Smith´s Theory of Prudenc Updated with Neuroscientific and Behavioral Evidence», *Neuroethics*, 2017, 10: 215-233. Accesible en https://philpapers.org/rec/VIGAST-2 (Fecha de consulta: 10 de diciembre de 2023).

28 CARRASCO, María Alejandra, «Adam Smith: liberalismo y razón práctica», *Pensamiento,* vol. 62, N.232, 2006, pp. 43-69. Accesible en https://revistas.comillas.edu/index.php/pensamiento/article/view/4645 (Fecha de consulta: 10 de diciembre de 2023).

29 PATRICK HANLEY, Ryan, «Adam Smith, Aristóteles y la ética de la virtud», 2006. Accesible en https://www.estudiospublicos.cl/index.php/cep/article/view/539/893 (Fecha de consulta: 10 de diciembre de 2023).

que supera la concepción liberal. El cine es una herramienta muy importante para el discernimiento y la educación moral de los universitarios contemporáneos. Y representa una herramienta de gran valor precisamente porque aporta todos los elementos que son sustantivos en la teoría moral de Smith.

2.-Bibliografía

Atienza, Manuel, *El sentido del Derecho*. Ariel, Barcelona, 2012.

Broadie, Alexander, *The Scottish Enlightenment*. Birlinn Lted, Edinburgh, 2007.

Buchan, James, *Capital of the mind*. Birlinn Lted, Edinburgh, 2007.

Carrasco, María Alejandra, «Adam Smith: liberalismo y razón práctica» *Pensamiento*, vol. 62, núm. 232, 2006, pp. 43-69. Accesible en https://revistas.comillas.edu/index.php/pensamiento/article/view/4645 (Fecha de consulta: 10 de diciembre de 2023).

Casassas, David, *La ciudad en llamas. La vigencia del republicanismo comercial de Adam Smith.* Montesinos, Barcelona, 2010.

Cosh, Mary, *Edinburgh, The Golden Age*. John Donald Publishers, Edinburgh, 2003.

Doménech, Antoni, «Comercio y emancipación social en el republicanismo de Adam Smith. Una lectura contemporánea». *Mediterráneo Marítimo* (23) 2013, pp. 31-48. Accesible en https://davidcasassas.files.wordpress.com/2017/04/comercio-y-emancipaciocc81n-social-en-el-republicanismo-de-adam-smith.pdf (Fecha de consulta: 10 de diciembre de 2023).

Dwyer, John, *The Age of the Passions. An interpretation of Adam Smith and Scottish Enlightenment culture*, Tuckwell, East Lothian, 1998.

Forman-Barzilai, Fonna, «Adam Smith on Proximity», *Political Theory*, vol. 33, núm. 2, April, 2005, pp. 189-217.

Accesible en https://www.jstor.org/stable/30038412 (Fecha de consulta: 10 de diciembre de 2023).

Griswold, Charles, *Adam Smith and the Virtues of Enlightenment*. Cambridge University Press, Cambridge, 1999.

Herman, Arthur, *The Scottish Enlightenment. The Scots´Invention of the Modern World*. Fourth Estate, Glasgow, 2001.

Hume, David, *Investigación sobre los principios de la moral*, traducción G. López Sastre, Espasa-Calpé, Madrid, 1991.

Hume, David, *De la tragedia y otros ensayos sobre el gusto*, traducción Macarena Marey, Editorial Biblos, Buenos Aires, 2003.

Machura, Stefan, «Representations of Law, Rights and Criminal Justice», en Rafter, Nicole y Brown, Michelle (Eds.), *Oxford Encyclopedia of Crime, Media, and Popular Culture*, Oxford University Press, New York, 2018.

Marshall, Wesley C., «Adam Smith: antídoto al neoliberalismo», *Ola Financiera,* vol 16 (46), 1-51, 2003. Accesible en http://www.olafinanciera.unam.mx/new_web/46/pdfs/PDF46/MarshallOlaFinanciera46.pdf (Fecha de consulta: 10 de diciembre de 2023).

Morrow, Glenn R., «Adam Smith: Moralist and Philosopher», *Journal of Political Economy*, vol. 35, núm. 3, 1927, pp. 321-342. Accesible en http://www.jstor.org/stable/1822052 (Fecha de consulta: 10 de diciembre de 2023).

Patrick Hanley, Ryan, «Adam Smith, Aristóteles y la ética de la virtud», 2006. Accesible en https://www.estudiospublicos.cl/index.php/cep/article/view/539/893 (Fecha de consulta: 10 de diciembre de 2023).

Pesciarelli, Enzo, «Aspects of the Influence of Francis Hutcheson on Adam Smith», *History of Political Economy,* vol 31 (3), 525-545, 1999. Accesible en https://read.dukeupress.edu/hope/article-abstract/31/3/525/11888/Aspects-of-the-Influence-of-Francis-Hutcheson-on?redirectedFrom=fulltext (Fecha de consulta: 10 de diciembre de 2023).

Rasmussen, Dennis, *El infiel y el profesor. David Hume y Adam Smith: la amistad que forjó el pensamiento moderno*, Arpa Editores, Barcelona, 2018.

Roberts, Russ, *Cómo Adam Smith puede cambiar tu vida*, Antoni Bosch, Barcelona, 2015.

Shand Klagges, Beatriz, «Neuronas Espejo y simpatía en Adam Smith: comparación de dos perspectivas sobre la empatía, frente al reduccionismo científico», *Revista Colombiana de Filosofía de la Ciencia*, vol. 14, núm. 29, 2014. Accesible en https://revistas.unbosque.edu.co/index.php/rcfc/article/view/665 (Fecha de consulta: 10 de diciembre de 2023).

Smith, Adam, *Lectures on rhetoric and belles letters*, The Glasgow edition of the works and correspondence of Adam Smith, Oxford University Press, 1983.

Smith, Adam, *The Theory of the Moral sentiments*, Edited by D. D. Raphael and A. L. Macfie, Clarendon Press, Oxford, 1976.

Viganó, Eleonora, «Adam Smith´s Theory of Prudenc Updated with Neuroscientific and Behavioral Evidence», *Neuroethics*, 2017, 10: 215-233. Accesible en https://philpapers.org/rec/VIGAST-2 (Fecha de consulta: 10 de diciembre de 2023).

XV

LA FIGURA DEL BECARIO EN LA CINEMATOGRAFÍA CONTEMPORÁNEA: PROPUESTAS PARA LA DOCENCIA JURÍDICO-LABORAL[1]

STEFANO BINI
Profesor Permanente Laboral (acreditado a Profesor Titular)
Derecho del Trabajo y de la Seguridad Social
Universidad de Córdoba

1.-Introducción

El presente estudio pretende formular una propuesta metodológica experimental para la didáctica de un perfil específico

1 El presente estudio forma parte de la producción científica elaborada en el marco de los siguientes proyectos de investigación: Proyecto Nacional de investigación I+D+i, sobre «La huida del mercado de trabajo y la legislación social en España» (PID2022-141201OB-I00); Proyecto Nacional de investigación I+D+i, sobre «Plan de Recuperación, Transformación y Resiliencia de España: proyección e impacto de sus políticas palancas y componentes sociales en el marco sociolaboral» (PID2022-139488OB-100); Proyecto Nacional de investigación I+D+i, sobre «La negociación colectiva como instrumento de gestión anticipada del cambio social, tecnológico, ecológico y empresarial (PDI2021-122537NB-I00); Proyecto financiado por la Conselleria de Innovación, Universidades, Ciencia y Sociedad Digital de la Comunitat Valenciana, sobre «La regulación de la formación para el empleo ante el reto de la transición Digital, Ecológica, Territorial y hacia la Igualdad en la diversidad» (CIGE/2022/171).

del programa de diferentes asignaturas adscritas al área de conocimiento del Derecho del Trabajo y de la Seguridad Social: el de las prácticas no laborales en entornos empresariales.

Como es sabido, se trata de un tema extraordinariamente vivo y actual, que ha encontrado, a lo largo de los últimos meses (*rectius*, años), una consideración especial por parte de los medios de comunicación, debido al debate originado por la negociación de un «Estatuto del Becario» que, de todas formas, no ha todavía llegado a ser aprobado como norma de ley[2].

Pues bien, los heterogéneos aspectos de interés que componen este tema sugieren que el mismo sea elegido como ámbito temático privilegiado para la experimentación de soluciones docentes innovadoras, en el marco y a través de las cuales despertar la curiosidad y el sentido crítico del alumnado, con respecto a cuestiones jurídicas y, en sentido amplio, sociolaborales especialmente relevantes para la juventud.

Así, en las páginas que siguen, después de ofrecer una pequeña introducción sistemática sobre las coordenadas básicas y la dimensión de contenido del tema objeto de consideración, se intentará proponer algunas específicas respuestas a la pregunta: ¿cómo convertir el tema de las prácticas no laborales en entornos empresariales en un espacio de profundización crítica por parte del alumnado, que genere aprendizaje reflexivo, con impacto sistemático en la formación jurídico-laboral?

Se intentará verificar la hipótesis según la cual algunas representaciones cinematográficas de la figura de la persona en prácticas —si sapientemente contextualizadas y situadas en el marco de la planificación docente de diferentes asignaturas del área de Derecho del Trabajo y de la Seguridad Social— podrían aportar contribuciones hermenéuticas y sistemáticas de gran importancia y significativo impacto en los procesos de aprendizaje del alumnado universitario de distintas titulaciones.

Así, a través de la planificada consideración de algunas de las principales representaciones cinematográficas de la figura

2 Sobre el punto, se permita remitir a Bini, Stefano, «Becas y prácticas no laborales, esperando al Estatuto del Becario», en Bini, Stefano; Castro Franco, Ana, *Becas, contratos de trabajo formativos y en sector de Universidades e investigación*, Aranzadi, Cizur Menor (Navarra), 2023, pp. 137-207.

de «becario», puede realizarse un análisis crítico de los perfiles de mayor interés del conjunto heterogéneo de supuestos, conocidos comúnmente como «prácticas no laborales en entorno profesionales».

Piensese en «*The Architect*» (2023) con Eili Harboe y Fredrik Stenberg Ditlev-Simonsen; «*The intern*» (2015) con Anne Hathaway y Robert De Niro; «*The Internship*» (2013) con Vince Vaughn y Owen Wilson; «*Devil's Wear Prada*» (2006), con Meryl Streep y Anne Hathaway: estos son sólo algunos de los ejemplos de películas que pueden presentar interés específico en materia.

Más en concreto, la propuesta metodológica que se formula a continuación pretende innovar la docencia de un tema específico del programa jurídico-sociolaboral, a través de la proyección (en clase o en casa) de algunas películas inherentes y del desarrollo de debates sobre las mismas. Así, se pretende despertar el interés del alumnado por las temáticas en cuestión, estimulando el estudio crítico de las correspondientes partes del programa de las diferentes asignaturas jurídico-sociolaborales.

2.-Breves apuntes para una primera aproximación a la figura del «becario»

En términos generales y macroscópicos, puede decirse que la del becario constituye de alguna manera una de las manifestaciones más llamativas del multidimensional fenómeno de la precariedad juvenil y de las que han sido oportunamente definidas, en el panorama doctrinal sociológico, en términos de «vidas *low cost*»[3], epifenómeno de una vulnerabilidad que afecta de una manera especial al colectivo de las/os jóvenes[4].

3 Pueyo, Javier (Coord.), *Vidas low cost. Ser joven entre dos crisis*, Catarata, Madrid, 2021.

4 *Vid*. Sempere Navarro, Antonio Vicente; Cano Galán, Yolanda; Charro Bana, Pilar; San Martín Mazzucconi, Carolina, *Políticas sociolaborales*, Tecnos, Madrid, 2005, pp. 177-192; Rojo Torrecilla, Eduardo, «Las políticas de empleo: especial atención a las políticas de inserción para los colectivos más desfavorecidos», *Relaciones Laborales*, núm. 1, 1998, pp. 425-457; Bascón Marín, José, *La política de empleo en los colectivos vulnerables. Personas con discapacidad, personas en situación de exclusión social, mayores de 45 años, des-*

El uso fraudulento de herramientas jurídicas no laborales —concebidas para la consecución de una formación y de una experiencia prácticas, necesarias para la inserción en el mercado de trabajo de sujetos jóvenes— para el desarrollo «barato» de tareas laborales no vinculadas con compromisos formativos, abre perspectivas de investigación merecedoras de consideración, también a la luz de la posible aprobación de un Estatuto del Becario y de recientes intervenciones normativas, en ámbito tanto nacional como europeo[5].

Se trata de un tema de frontera. De hecho, desde un punto de vista más propiamente jurídico-laboral, el de las prácticas no laborales en entornos profesionales encarna uno de los temas emblemáticamente más expresivos de las zonas de frontera del Derecho del Trabajo y de la tendencia a la huida del mismo.

Efectivamente, como se ha tenido la ocasión de escribir ya en otra ocasión, *«Con el término "beca" se hace referencia a un conjunto de "programas que se destinan a los jóvenes (egresados o en periodo educativo/formativo) con la finalidad de facilitar su entrada al mercado de trabajo desde el título formativo, recepción de formación práctica en la realidad empresarial o dentro de la administración pública"»*[6/7]. Se trata de un concepto evidentemente amplio y, por así decirlo, fluido, que alude a una pluralidad de posibles soluciones jurídicas, todas unidas por un mínimo común denominador, representado por la matriz formativa que identifica las experiencias en cuestión, que consisten en estancias en entornos profesionales que,

---

empleados de larga duración y jóvenes, Bomarzo, Albacete, 2024, pp. 297-358; RODRÍGUEZ COPÉ, María Luisa, *Políticas Sociolaborales II*, Don Folio, Córdoba, 2014, pp. 65-84.

5 Real Decreto-ley 32/2021, de 28 de diciembre, de medidas urgentes para la reforma laboral, la garantía de la estabilidad en el empleo y la transformación del mercado de trabajo; Real Decreto-ley 2/2023, de 16 de marzo, de medidas urgentes para la ampliación de derechos de los pensionistas, la reducción de la brecha de género y el establecimiento de un nuevo marco de sostenibilidad del sistema público de pensiones.

6 MONTES ADALID, Gloria María, «La relación del becario frente a la nueva regulación del contrato formativo. Zonas de concurrencia y elementos de distinción», *Lex Social. Revista Jurídica de los Derechos Sociales*, núm. 2, 2022, p. 4.

7 BINI, Stefano, «Becas y prácticas no laborales...», *op. cit.*, p. 148.

sin tener carácter laboral (diferenciándose, así, del contrato formativo)[8], se traducen (*rectius*, tienen que traducirse) en momentos de formación práctica, finalizados al aprendizaje en el campo, para poner en práctica y, así, completar la formación teórica.

Pues bien, precisamente en el marco de estas relaciones de formación práctica teleológicamente orientadas a acercar al empleo, radica la problemática de la posibilidad de utilizar herramientas formativas de forma incorrecta, para encubrir la ejecución de una prestación de trabajo, eludiendo así la aplicación de las normas laborales y, por lo tanto, de las garantías que el ordenamiento jurídico prevé a tutela de la persona que trabaja. Un inaceptable supuesto de fraude de ley, que expone a la persona formalmente becaria y realmente trabajadora a una vulnerabilidad especial.

Evidentemente, se trata de una situación patológica que, situándose en la zona de frontera entre laboralidad y formación, merece ser cuidadosamente estudiada y considerada, a través de un análisis crítico, que no se limite sólo a la dimensión investigadora, sino que protagonice al alumnado también, en un proceso de reflexión plural e inclusivo.

3.-La vulnerabilidad del becario en la representación cinematográfica. Propuesta metodológica y concreto desarrollo

En general, la relevancia de las múltiples cuestiones que brotan de la temática de las prácticas no laborales en entornos empresariales encaja perfectamente en los ámbitos temáticos de diferentes asignaturas, como el Derecho del Trabajo en sentido estricto, el Derecho de la Seguridad Social, el Derecho del Empleo, las Políticas Sociolaborales.

Pues bien, prescindiendo en esta ocasión de las fronteras entre las diferentes asignaturas en cuestión, parece oportuno preguntarse a través de cuáles técnicas y metodologías docentes puede despertarse el interés y mantenerse activa la participación del alumnado en los procesos de aprendizaje,

---

8 Artículo 11 del Estatuto de los Trabajadores (como modificado por el artículo 1.1 del Real Decreto-ley 32/2021, de 28 de diciembre).

centrados en el estudio crítico de la temática de las prácticas no laborales.

En este sentido, la tesis que aquí se defiende se funda en la premisa conceptual clave, que considera el cine como posible recurso didáctico, para una enseñanza eficaz y participativa, también de las asignaturas adscritas al área de conocimiento del Derecho del Trabajo y de la Seguridad Social[9].

Efectivamente, como se ha escrito en un volumen monográfico en materia de metodología docente precisamente en el ámbito del Derecho del Trabajo y de la Seguridad Social, «*la complejidad que caracteriza la contemporaneidad, cada vez más conectada, digitalizada, globalizada, impone de estudiar modelos docentes que conciban la clase teórica como núcleo duro de un sistema formativo, que exige ser integrado y complementado con soluciones de aprendizaje participativo, que estimulen la dimensión interactiva, superando posibles (y frecuentes) tendencias pasivas y falta de interés en el alumnado*»[10].

Pues, en esta línea, el cine, el así llamado séptimo arte, constituye sin duda una herramienta privilegiada para favorecer la participación activa del alumnado en el desarrollo de procesos de aprendizaje maduros, razonados y críticos. Efectivamente, en la sociedad contemporánea —entre otras cosas, definida en términos de una verdadera «sociedad del espectá-

9 Sobre el tema véanse: ESCRIBANO GUTIÉRREZ, Juan (Coord.), *El cine como recurso didáctico en la enseñanza virtualizada. Estudio y análisis de algunas obras fílmicas*, Edual, Almería, 2016; RUIZ CASTILL, María del Mar; ESCRIBANO GUTIÉRREZ, Juan, *La huelga y el cine: escenas del conflicto social*, Tirant lo Blanch, Valencia, 2007; GÓMEZ FERNÁNDEZ, Ana Belén, «El cine como metodología e innovación docente en el EEES», en VV. AA., *FECIES 2013: X Foro Internacional sobre Evaluación de la Calidad de la Investigación y de la Educación Superior*, AEPC, Granada, 2014, pp. 397-401; GUINDO MORALES, Sara; ORTEGA LOZANO, Pompeyo Gabriel, «El cine como método de innovación docente en la enseñanza del Derecho laboral», en BELMONTE UREÑA, Luis Jesús; GÁZQUEZ LINARES, José Jesús; SIMÓN MÁRQUEZ, María del Mar; SORIANO SÁNCHEZ, José Gabriel; OROPESA RUIZ, Nieves Fátima; MARTOS MARTÍNEZ, África; BARRAGÁN MARTÍN, Ana Belén (Coords.), *Innovación docente e investigación en Ciencias Sociales, Económicas y Jurídicas*, Dykinson, Madrid, 2019, pp. 607-618.

10 BINI, Stefano, *Innovación, tradición, transición. Introducción a la metodología docente en el área del Derecho del Trabajo y de la Seguridad Social*, Aranzadi, Cizur Menor (Navarra), 2023, pp. 39 y 40.

culo», protagonizada por imágenes[11]— se señala el potencial de la narración cinematográfica de historias, que atraigan la atención de las/os alumnas/os, vehiculando al mismo tiempo pistas de reflexión relacionadas con las temáticas objeto de estudio, en el marco de las asignaturas que conforman su plan de estudio.

De todas formas, para que esta propuesta metodológica pueda resultar efectivamente exitosa en su concreta proyección aplicativa, cabe destacar que resulta imprescindible elaborar cuidadosamente un plan de trabajo de las actividades didácticas relacionadas con la utilización de contribuciones cinematográfica, integrándolas escrupulosamente en el cronograma de las asignaturas de referencia, de manera que nada se deje al azar[12].

En este sentido se considera fundamental destacar dos aspectos metodológicos relevantes.

En primer lugar, las actividades docentes por así decirlo «cinematográficas» deben coordinarse con otros componentes clave del proyecto formativo, cuyo pilar fundamental solo puede estar representado por la *lectio magistral*, integrada por la constante remisión al manual de referencia. Las actividades y las metodologías docentes más innovadoras no tienen carácter sustitutivo de las más tradicionales e institucionales. De hecho, «*la utilización integrada de diferentes instrumentos y recursos didácticos de distinta naturaleza parece indispensable para asegurar la eficacia de un proyecto formativo flexible y en constante evolución, que sea a la altura de los desafíos de hoy y de mañana: solamente la combinación de metodologías y estrategias docentes integradas puede favorecer la consecución de objetivos formativos ambiciosos*»[13].

En segundo lugar y consiguientemente, se subraya el papel clave que tiene una atenta construcción de un equilibrado cronograma, que tenga en cuenta las diferentes etapas, en las que se articula estructura y lógico-sistemáticamente la metodología docente experimental en palabra.

---

11 DEBORD, Guy, *La sociedad del espectáculo*, Pre-Textos, Valencia, 2005.

12 GÓMEZ FERNÁNDEZ, Ana Belén, «El cine como metodología...», *op. cit.*, p. 398: «Para que este tipo de actividad pueda desarrollarse eficazmente es necesario realizar un plan de trabajo con objetivos, actividades y evaluación de las películas».

13 BINI, Stefano, *Innovación, tradición, transición*, *op. cit.*, p. 41.

Estas fases pueden ser resumidas en los siguientes momentos clave:

1. *Lectio magistral*, con explicación del tema de referencia, en sus aspectos básicos: se trata de un momento esencial en el proceso formativo, en el que el profesorado introduce el tema objeto de estudio, a través de una sistemática referencia al manual y a las otras herramientas docentes; en particular, con respecto al tema de las prácticas no laborales en entornos profesionales, será objeto de exposición el tema de las relaciones exceptuadas del ámbito de aplicación del Derecho del Trabajo, centrando la atención en el peculiar supuesto de las prácticas no laborales en entornos empresariales y tomando en consideración las principales modalidades de las mismas.
2. Clase-taller, de introducción a la película elegida para el desarrollo de la actividad: en esta sesión se presentarán los datos técnicos de la obra, situando la misma en su contexto histórico de referencia y proporcionando al alumnado un marco conceptual sistemático básico. Otro elemento clave de esta etapa fundamental de la metodología docente en cuestión está representado por la entrega al alumnado de preguntas y pistas de reflexión, por así decirlo, «abiertas», que guíen y acompañen la visión crítica de la película, orientando el razonamiento. Así, considerando el específico tema de las prácticas no laborales, se propondrán preguntas abiertas, que estimulen la reflexión individual sobre las características de la narración cinematográfica de las prácticas y de la relativa vulnerabilidad, sugiriendo que la atención se centre en las concretas modalidades de desarrollo de las experiencias supuestamente formativas.
3. Proyección de la película, en modalidad síncrona en aula, o virtual a distancia.
4. Reflexión individual y escritura de un breve comentario general sobre la película.
5. Debate participativo en aula: en esta fase, cada alumna/o tomará la palabra para presentar y compartir con las/os compañeras/os las ideas y las reflexiones originadas de la visión de la película, centrando en particular la atención en los perfiles estrictamente relacionados con la dimensión normativo-sociolaboral de la representa-

ción cinematográfica. De hecho, así, se pretende estimular en el alumnado la autónoma capacidad de estudiar y poner autónomamente en conexión la narración artística de la película con los contenidos presentados por el Profesorado en la primera clase magistral.

6. Conclusiones y entrega de comentarios individuales de cara a la evaluación.

4.-Conclusiones

En definitiva, el recorrido argumentativo hasta aquí desarrollado demuestra claramente que una sapiente utilización de algunas obras cinematográficas puede convertir las mismas en una herramienta didáctica de segura utilidad, de cara a la dinamización de la docencia y de los procesos de aprendizaje, con específica referencia a determinados temas institucionales del Derecho del Trabajo y de la Seguridad Social en sentido amplio.

De hecho, mirando al horizonte de esta área de conocimiento, un estudio de caso de interés está representado por la integración, en la programación docente, de sesiones de proyección cinematográfica en la explicación del tema de las prácticas no laborales en entornos profesionales.

Siempre que la metodología docente propuesta se integre sapiente y cuidadosamente en el marco de la planificación docente, «dialogando» armónicamente con las otras herramientas básicas que conforman el conjunto de instrumentos a través de los cuales el profesorado expresa su fundamental misión docente, no parece exagerado considerar el cine como terreno privilegiado para la «experimentación jurídico-socio-laboral» —parafraseando las palabras de Alain Badiou, que habla eficazmente del «cine como experimentación filosófica»[14]— sobre todo con respecto a temas tan «vivos» como el de las prácticas no laborales en entornos profesionales.

14 Badiou, Alain, «El cine como experimentación filosófica», en Yoel, Gerardo (Coord.), *Pensar el cine. Imagen, ética y filosofía*, Manantial, Buenos Aires, 2004, pp. 23-81. Sobre la íntima vinculación entre cine y Derecho mucho se ha escrito: *ex plurimis*, véase Mendizábal, Rafael de, *Cine y Derecho. Togas en la gran pantalla*, Berenice Córdoba, 2021.

5.-Bibliografía

BADIOU, Alain, «El cine como experimentación filosófica», en YOEL, Gerardo (Coord.), *Pensar el cine. Imagen,* ética *y filosofía*, Manantial, Buenos Aires, 2004.

BASCÓN MARÍN, José, *La política de empleo en los colectivos vulnerables. Personas con discapacidad, personas en situación de exclusión social, mayores de 45 años, desempleados de larga duración y jóvenes*, Bomarzo, Albacete, 2024

BINI, Stefano, *Innovación, tradición, transición. Introducción a la metodología docente en el* área *del Derecho del Trabajo y de la Seguridad Social*, Aranzadi, Cizur Menor (Navarra), 2023.

BINI, Stefano, «Becas y prácticas no laborales, esperando al Estatuto del Becario», en BINI, Stefano; CASTRO FRANCO, Ana, *Becas, contratos de trabajo formativos y en sector de Universidades e investigación*, Aranzadi, Cizur Menor (Navarra), 2023.

DEBORD, Guy, *La sociedad del espectáculo*, Pre-Textos, Valencia, 2005.

ESCRIBANO GUTIÉRREZ, Juan (Coord.), *El cine como recurso didáctico en la enseñanza virtualizada. Estudio y análisis de algunas obras fílmicas*, Edual, Almería, 2016

GÓMEZ FERNÁNDEZ, Ana Belén, «El cine como metodología e innovación docente en el EEES», en VV. AA., *FECIES 2013: X Foro Internacional sobre Evaluación de la Calidad de la Investigación y de la Educación Superior*, AEPC, Granada, 2014

GUINDO MORALES, Sara; ORTEGA LOZANO, Pompeyo Gabriel, «El cine como método de innovación docente en la enseñanza del Derecho laboral», en BELMONTE UREÑA, Luis Jesús; GÁZQUEZ LINARES, José Jesús; SIMÓN MÁRQUEZ, María del Mar; SORIANO SÁNCHEZ, José Gabriel; OROPESA RUIZ, Nieves Fátima; MARTOS MARTÍNEZ, África; BARRAGÁN MARTÍN, Ana Belén (Coords.), *Innovación docente e investigación en Ciencias Sociales, Económicas y Jurídicas*, Dykinson, Madrid, 2019

Mendizábal, Rafael de, *Cine y Derecho. Togas en la gran pantalla*, Berenice Córdoba, 2021.

Montes Adalid, Gloria María, «La relación del becario frente a la nueva regulación del contrato formativo. Zonas de concurrencia y elementos de distinción», *Lex Social. Revista Jurídica de los Derechos Sociales*, núm. 2, 2022

Pueyo, Javier (Coord.), *Vidas low cost. Ser joven entre dos crisis*, Catarata, Madrid, 2021.

Rodríguez Copé, María Luisa, *Políticas Sociolaborales II*, Don Folio, Córdoba, 2014.

Rojo Torrecilla, Eduardo, «Las políticas de empleo: especial atención a las políticas de inserción para los colectivos más desfavorecidos», *Relaciones Laborales*, núm. 1, 1998

Ruiz Castill, María del Mar; **Escribano Gutiérrez**, Juan, *La huelga y el cine: escenas del conflicto social*, Tirant lo Blanch, Valencia, 2007

Sempere Navarro, Antonio Vicente; **Cano Galán**, Yolanda; **Charro Bana**, Pilar; **San Martín Mazzucconi**, Carolina, *Políticas sociolaborales*, Tecnos, Madrid, 2005.

XVI

PERSPECTIVA DE GÉNERO Y VILLANAS: EL CASO DE DOLORES UMBRIDGE EN EL MUNDO DE HARRY POTTER

JAVIERA GONZÁLEZ MUÑOZ
Miembro del Seminario Arte y Derecho de la Escuela de Derecho de la Universidad de Valparaíso, Chile

1.-Dolores Umbridge y el Ministerio de magia

Hablar de Harry Potter es hablar del modelo literario existente en casi todo relato, esto es, el «*viaje del héroe*» o «*monomito*», denominación entregada a la fórmula universal presente en un sinfín de narrativas, consistente en la presencia de un individuo cualquiera, con una vida normal, al cual le sucede algo completamente extraordinario que lo llevará a embarcarse en una aventura que lo cambiará todo para siempre.

Teniendo en cuenta lo anterior, resulta válido plantear que la saga de Harry Potter se configura en torno a las siguientes dimensiones[1]: el protagonista, sus ayudantes, el antagonista y sus secuaces y, por último, lo político. Estos ejes se encuentran siempre presentes, en mayor o menor medida y en constante relación los unos con los otros, por lo que, además de estructurar la historia, permiten categorizar a cada uno de los

---

1 CAMPOS, Guadalupe, «Harry Potter y la Reconciliación Imposible, Breve recorrido por un Bildungsroman satírico», *Revista Luthor*, núm. 3, volumen 1, 2011, p. 33.

personajes, siendo posible que una misma figura ocupe más de un eje.

Una vez clara esta macro-estructura, corresponde abocarse de lleno lo acaecido en el libro[2] «*Harry Potter y la Orden del Fénix*»[3] y en particular, todo lo que gira en torno al Ministro de Magia, individuo que intenta materializar todos sus objetivos a través de su leal funcionaria, Dolores Umbridge. Esta elección se justifica en lo dicho a propósito de las dimensiones que cruzan la saga, ya que, en este volumen en particular, el eje preponderante es el político.

En este contexto, el ministro Cornelius Fudge, es quien ostenta el rango más alto dentro de la comunidad mágica y está a cargo de regular, con una intensidad variable, los aspectos más relevantes de la sociedad a la que pertenece.

Cornelius, tiene pocas apariciones en la historia y la imagen que nos hacemos de él, es principalmente a través del relato de otros personajes. Así, el ministro aparece como un sujeto negacionista respecto al regreso del villano antagonista de siempre, Voldemort y, paranoico (rayando en el delirio) en cuanto a la estabilidad y permanencia de su cargo. Ambas circunstancias se vinculan entre sí y, en su conjunto, se vinculan al miedo que yace en su persona y autoridad.

Por una parte, el miedo a tener que enfrentarse en su calidad de máxima autoridad, al mago más terrorífico que ha conocido el mundo mágico y, por otra, miedo a perder su cargo, en la errónea creencia de que el Director de Hogwarts, Albus Dumbledore, se ha inventado el regreso del villano, con la única finalidad de arrebatarle el cargo.

El miedo es una de esas emociones primitivas que aún conservamos, y probablemente la más intensa de todas. ¿Cuántas cosas terribles se han hecho o dejado de hacer por miedo? Se puede considerar que la historia de la humanidad es una historia marcada por el miedo y, Cornelius Fudge no iba a ser la excepción.

---

2 Todas las referencias al mundo mágico y sus diversos componentes empleados en el presente texto, han sido recogidas de la novela que se cita a continuación.

3 Rowling, J. K., *Harry Potter y la Orden del Fénix*, Editorial Salamandra, Navarra, 2004.

Así, el primer ministro mágico, para defenderse de este terror que lo ahoga cada vez más, usa a Dolores Umbridge, para que sea ella quien se encargue de dos asuntos fundamentales: primero, velar por mantener, a cualquier costo, la versión de que Voldemort no ha vuelto ni va a volver y, segundo, controlar toda la información en Hogwarts, incluso si eso significa revisar correspondencia privada o prohibir ciertos medios de comunicación.

La afirmación anterior se sostiene al tenor de los elementos que a continuación se exponen y que han sido observados a lo largo de la narrativa en análisis y, que en ningún caso buscan justificar, avalar o restarle gravedad a las conductas perversas y totalitarias de Dolores Umbridge, sino que cuyo único objetivo es hacer presente el contexto institucional en el que las mencionadas actuaciones se desarrollan.

En primer lugar, y a poco iniciado el libro[4], se presenta a Dolores Umbridge, en el puesto de subsecretaria del ministro, y por tanto subordinada y dependiente de este. Si bien es cierto, no se explicitan las funciones ni el rango preciso de la mujer, a partir del texto, se deduce que Dolores usa el cargo de más alta confianza al interior de la institucionalidad mágica.

En segundo lugar, ocurre que Fudge intenta expulsar a Harry Potter del colegio Hogwarts[5], a lo que Dumbledore, el director del establecimiento, se opone con el sólido argumento de que el ministerio no tiene competencia ni autoridad para decidir lo que sucede en el recinto educacional. Dicha facultad radica, en ese momento de la historia, exclusivamente en la persona que ocupe el mentado puesto de director académico.

Ante dicho altercado, el ministro solo cierra con un escueto «*las leyes pueden cambiarse*»[6], y es justamente eso a lo que se dedica poco después, con la dictación del «*Decreto de Enseñanza n.° 22*»[7], el cual faculta al ministerio, para elegir

---

4 Rowling, J. K., *Harry Potter y la Orden del Fénix*, Editorial Salamandra, Navarra, 2004, pp. 144-158.

5 *Ibídem*.

6 Rowling, J. K., *Harry Potter y la Orden del Fénix*..., *op. cit.*, p. 157.

7 Rowling, J. K., *Harry Potter y la Orden del Fénix*..., *op. cit.*, p. 316. Se debe hacer la prevención de que la primera mención al «Decreto de Enseñanza n.° 22» y a su contenido es en la página ya citada, sin embargo, esta normativa y otras posteriores, aparecen de manera regular a lo largo de la novela.

al docente apropiado, en caso de que el director no pudiera. Este decreto está hecho a la medida de los intereses de Fudge; ya nadie le dirá que excede sus competencias cuando de Hogwarts se trate y, dado que el ministro no puede instalarse él mismo como docente, decide colocar en el puesto vacante a su funcionaria más leal, Dolores Umbridge. Cabe mencionar que el decreto en comento es solo el primero de varios que se dictan más o menos con el mismo propósito: dotar a la profesora del poder suficiente para atender a cabalidad los deseos del ministro.

En tercer lugar, destaca que las actuaciones realizadas por Dolores como simple profesora, fueron siempre orientadas a representar y resguardar los intereses del ministro. Así, ilustrativo resulta que, ya en su discurso de bienvenida a Hogwarts, la mujer solo habla de los objetivos y fines del ministerio, sin abordar en ningún momento, a alguna de las otras dimensiones que como profesora le podrían atañer. Esta forma de Umbridge, de colocar al ministro como elemento nuclear de su oralidad, se repite constantemente en la historia, a tal punto, que no resulta fácil dilucidar la verdadera naturaleza de la mujer, ya que la docente jamás habla de sí misma, ni de sus motivaciones, percibiéndola el lector como una verdadera autómata mágica.

Lo anterior, nos lleva a plantearnos lo siguiente: ¿Dolores hubiera sido la villana que conocemos sin las leyes de Fudge? Los intentos por dar respuesta a esta pregunta no serán desarrollados en esta exposición, pero si nos dirigen hacía el cuarto y último elemento: ¿Cómo Umbridge llega a convertirse en el personaje castigador y deleznable que conocemos?

Las atrocidades cometidas por la profesora en estudio abundan a lo largo de las ochocientos noventa y siete páginas que componen «*Harry Potter y la Orden del Fénix*» y dentro de algunas de las barbaridades atribuidas a su persona, se encuentran:

Primeramente, el reiterado castigo a Potter, en donde le obliga a usar una pluma mágica, que mutila la piel de quien la usa, dejándole grabado a sangre y dolor el mensaje «*no debo decir mentiras*»[8] y dificultando la cicatrización. Este castigo es aplicado repetidamente en Harry por negarse a aceptar la versión del ministro respecto a Voldemort y su supuesta muerte. Con el tiempo, este tipo de sanción se extendió a otros alumnos y por otros motivos.

8 Rowling, J. K., *Harry Potter y la Orden del Fénix...*, *op. cit.*, p. 274.

Luego vino la disolución de todos los equipos de «*quidditch*», considerado el único deporte y entretención de los alumnos. A continuación, y en sintonía con lo anterior, se prohíbe cualquier reunión o agrupación que comprenda a más de tres alumnos. Asimismo, se crea la «*Brigada Inquisitorial*»[9], un grupo de alumnos seleccionado por la profesora y dotados de la capacidad de sancionar a sus compañeros si consideraban que estos habían incurrido en alguna falta, sin ser de relevancia si estas sanciones eran arbitrarias o no.

Por último, Umbridge intentó, de noche y evitando testigos, tomar detenido a Hagrid[10], para lo cual se hizo acompañar de cuatro magos totalmente armados y dispuestos a atacar, lo que termina por configurar, a todas luces, un uso totalmente desmedido de la fuerza.

Estos antecedentes permiten imaginar el nivel de brutalidad al que podía llegar la mujer en el ejercicio de sus funciones al servicio del ministro. Ahora, al *quid* del asunto: ¿Cómo llegó a tanto? ¿Qué o quién permitió ese nivel de maldad? Dolores Umbridge alcanzó ese grado de violencia haciendo uso de la institucionalidad que el primer ministro, en resguardo de sus intereses y convicciones, había ido creando y reformando de manera progresiva. A partir de esto, útil resulta acudir a Hannah Arendt y su libro «*Eichmann en Jerusalén*»[11], en concreto, al capítulo ocho del texto, en donde se describe que, si Adolf Eichmann fue capaz de cometer crímenes de lesa humanidad, fue porque había toda una institucionalidad, dictada previamente por Adolf Hitler, que no solo se lo permitía, sino que también le ordenaba actuar en consecuencia, lo que llevaba al condenado nazi a percibirse a sí mismo, como un buen ciudadano cumplidor de la ley y no como un criminal de guerra. Así como Eichmann, Dolores Umbridge, en términos estrictos, solo cumplía con las leyes del mundo mágico, sin detenerse a reflexionar sobre el contenido de dichas leyes.

---

9 Rowling, J. K., *Harry Potter y la Orden del Fénix*..., *op. cit.*, pp. 634-635.

10 Funcionario del colegio de magia, leal al director Dumbledore y muy querido por Harry Potter y sus amigos. Todo lo anterior, lo hace merecedor del desprecio y arbitrariedad de Dolores Umbridge.

11 Arendt, Hannah, *Eichmann en Jerusalén*, Editorial Debolsillo, Barcelona, 2008, pp. 198-220.

Aclarar desde ya, que exponer todo el paraguas institucional que cubre a la villana de esta trama, como se dijo desde un principio, solo busca dotar de un contexto más amplio al personaje y no dejarlo reducido al tan conocido concepto de siempre: «*la bruja mala de la historia*».

2.-La caída de Umbridge a manos de Harry Potter

Como toda buena historia de héroes y, dada nuestra tendencia natural a la predicción, sabemos que tarde o temprano, el bien se impondrá y triunfará y, en consecuencia, el mal, encarnado esta vez en Dolores Umbridge, será derrotado.

Lo que llama la atención de todo esto, es el modo en que esta derrota es llevada a cabo por Potter y su amiga de siempre, Hermione Granger.

La situación es la siguiente: Hermione, temerosa de que Dolores decida aplicar métodos de tortura aún más extremos que los ya conocidos, decide engañar a la profesora para que ambas, en compañía de Harry, acudan al bosque que rodea al colegio. Umbridge, un tanto reticente, se ve finalmente convencida por el hecho de que Hermione le asegura, falsamente, que en el bosque es donde se encuentran todas las armas que Dumbledore ha preparado para derrocar al primer ministro.

La brillante estudiante prepara rápidamente esta artimaña para deshacerse de Dolores, teniendo en cuenta dos datos claves. En primer lugar, la docente no guarda ninguna reserva o tacto a la hora de proferir repugnantes comentarios en contra de cualquier raza distinta a la de los magos; en segundo lugar, en el bosque habita una comunidad de centauros que guardan cierto desdén hacía los magos y un especial rechazo a cualquier individuo mago que tenga que ver con el Ministerio de Magia. Así, la embustera alumna conduce directamente a Umbridge a un enfrentamiento con los centauros, el cual termina con la mujer siendo arrastrada por la fuerza por estas criaturas mágicas y con sus dos alumnos, haciendo voluntariamente oídos sordos a sus gritos desesperados de auxilio[12].

12 ROWLING, J. K., *Harry Potter y la Orden del Fénix...*, *op. cit.*, pp. 759-772.

Lo siguiente que sabemos de Umbridge, varios capítulos después, es que se encuentra en la enfermería del colegio, dándonos a entender que ha sido rescatada, pero que ha quedado trastocada mentalmente luego de su secuestro por los centauros. Más tarde, cuando Dolores busca abandonar el castillo sin ser percibida, fracasa en sus intenciones, lo que provoca que todos los miembros de la comunidad educativa, compuesta por alumnos, fantasmas y profesores, se burlen o disfruten con lo maltrecha que ha quedado la mujer.

En una primera lectura de la novela (incluso superficial si se quiere), la derrota de la profesora se percibe como la medida de lo justo, es decir, lo que la mujer merece luego de haber causado tanto dolor y sufrimiento. Una representación literaria de la teoría de la justicia/pena retributiva si se quiere.

Pero solo tras repetir la lectura o por lo menos dedicarse un tiempo a reflexionar sobre lo leído, es que empiezan a hacerse visible ciertas circunstancias que son del todo normalizadas en el mundo real. No obstante, «*lo normal*» es solo un concepto estadístico que poco y nada se relaciona con cuestiones como lo correcto o lo justo.

3.-Acciones punitivas en el mundo mágico. ¿Es posible la perspectiva de género en este contexto?

A partir todo lo comentado, podemos establecer dos esferas de castigo presentes en el libro «*Harry Potter y la Orden del Fénix*».

La primera esfera viene dada por la conducta castigadora y represiva de Dolores Umbridge, y es que su habilidad para imponer sanciones por doquier no pasa inadvertida y mucho menos cuando es la misma ley la que le autoriza a dar rienda suelta a sus ansias punitivas.

La segunda esfera, es la que aparece con la derrota y descenso de Umbridge. Como ya se dijo antes, esta situación se presenta, o se nos aparece, en un primer momento como la restauración de lo justo, lo bueno. Pero luego de recalibrar la percepción de los hechos, salta a la vista que el final del personaje obedeció más bien a un sentimiento de venganza que a cualquier noción de justicia conocida.

Y la pregunta fundamental en este punto es: ¿Por qué se da ese cambio en la apreciación que se hace de lo ocurrido? Un primer intento de respuesta apunta hacía el hecho de que la perspectiva de género aún no está inserta en la esencia de los procesos intelectuales de razonamiento y reflexión, como si lo están los roles y estereotipos de género dominantes. Porque todavía no somos capaces de mantener siempre puestas las «*gafas violetas*».

«*Ponerse las gafas violetas*» fue la expresión utilizada por Gemma Lienas en su libro «*El diario de Carlota*»[13] para referirse a ese filtro que permite observar el mundo y descubrir que todo lo que antes parecía justo e incuestionable, ya no es tan así de dogmático.

El nombre académico para este filtro es el de «*perspectiva de género*» que, en palabras de la abogada Ximena Gauché Marchetti[14], es una herramienta o método eficaz a la hora de analizar a profundidad las relaciones entre las personas, desde el modelo binario de roles y las representaciones de género, con el fin de esclarecer las diferencias e inequidades que están vinculadas al género e identificar los elementos que afectan la igualdad entre seres humanos.

Así las cosas, observar con perspectiva de género lo que sucede con Harry Potter y Dolores Umbridge a lo largo del libro, es entender que la mujer transgredió absolutamente todos los pisos mínimos que como humanidad hemos considerado valiosos, sin dejar de tomar en cuenta la estructura de poder en la que se insertaron todas sus actuaciones, no para absolverla de sus crímenes, sino para reprocharle, desde la perspectiva de género, como en genuina justicia corresponde.

Juzgar con perspectiva de género no puede ni debe ser entendida como una ventaja para con las mujeres, sino que, por el contrario, es analizar cómo las ideas preconcebidas (e injustificadas, por cierto) que existen en torno al género, pueden afectar de manera desproporcionada a las mujeres y por lo mismo, el objetivo de esta perspectiva es garantizar de

---

13 https://www.planetadelibros.com/libro-el-diario-violeta-de-carlota/294512 (Fecha de consulta: 2 de marzo de 2024).

14 https://actualidadjuridica.doe.cl/que-es-y-que-hace-una-perspectiva-de-genero-en-la-justicia-aportes-a-proposito-del-dia-internacional-de-la-mujer-y-el-proceso-constituyente/ (Fecha de consulta: 2 de marzo de 2024).

manera verdaderamente efectiva y real el derecho de todas las personas a tener un juicio justo.

En armonía con lo anterior, ahora resulta evidente que a Dolores Umbridge no se le juzgó con ninguna perspectiva, porque en términos precisos, no existió juicio de ninguna clase, empleándose en este punto el concepto de «*juicio*»[15] como la acción y efecto de juzgar y entendiéndose «*juzgar*»[16] como el acto por el cual un juez o tribunal determina si el comportamiento de alguien ha sido contrario a la ley y sentenciar como en derecho correspondiere.

Umbridge, que partió castigando siempre en nombre de otro y cubierta por leyes que la respaldaban, encuentra su final, al ser cruelmente abandonada en el bosque. Y si, podemos intentar ver en esto último, el castigo merecido por sus fechorías, pero simplemente no da el margen. Porque al final, Dolores Umbridge, que curiosamente es la única villana de peso de la saga, el único tormento que sufre, no es el del justo castigo, si no que el de una venganza totalmente intencionada y muy bien disfrazada de justicia.

4.-Conclusiones

Cuando hablamos de perspectiva de género y justicia, lo primero que probablemente se viene a la mente, son las mujeres como víctimas en el sistema de justicia. Pero que sea lo primero, no puede significar en ningún caso que sea lo único. La perspectiva de género es un método que no solo se debe aplicar cuando de víctimas se trata, sino que también debe estar presente cuando el sujeto activo del delito es una mujer.

En la vida real, sabemos que la perspectiva de género ya es bastante escasa para las víctimas, volviéndose todavía más escasa, por no decir nula, cuando de victimarias se trata y quizá, ese sea el aporte de Dolores Umbridge a lo jurídico: invitarnos a pensar, desde la seguridad que nos proporciona la fantasía, cómo es que son vistas y tratadas las villanas de

15 https://dle.rae.es/juicio (Fecha de consulta: 2 de marzo de 2024). Se comenta la tercera acepción ofrecida por la Real Academia Española (en adelante, RAE) en su sitio web.

16 https://dle.rae.es/juzgar (Fecha de consulta: 2 de marzo de 2024). Se utiliza la primera acepción ofrecida por la RAE.

la literatura; una invitación a preguntarnos si esto último, en lo relativo al trato, se repite en la realidad y, de considerar una respuesta afirmativa a la interrogante planteada, solo quedará dejarse llevar por el resto de preguntas que puedan emerger al pensar en cuántas cosas faltan por cambiar, para que nunca más, una venganza se disfrace de justicia.

5.-Bibliografía

Actualidad Jurídica, «¿Qué es y qué hace una perspectiva de género en la justicia?» (...) https://actualidadjuridica.doe.cl/que-es-y-que-hace-una-perspectiva-de-genero-en-la-justicia-aportes-a-proposito-del-dia-internacional-de-la-mujer-y-el-proceso-constituyente/ (Fecha de consulta: 2 de marzo de 2024).

Arendt, Hannah, *Eichmann en Jerusalén*, Editorial Debolsillo, Barcelona, 2008, pp. 198-220.

Campos, Guadalupe, «Harry Potter y la Reconciliación Imposible, Breve recorrido por un Bildungsroman satírico», *Revista Luthor*, núm. 3, volumen 1, 2011.

Planeta de libros, «Motivos para leer el diario violeta de Carlota». https://www.planetadelibros.com/libro-el-diario-violeta-de-carlota/294512 (Fecha de consulta: 2 de marzo de 2024).

Real Academia Española, *Diccionario de la lengua española*, 23.ª ed., [versión 23.7 en línea]. https://dle.rae.es (Fecha de consulta: 2 de marzo de 2024).

Rowling, J. K., *Harry Potter y la Orden del Fénix*, Editorial Salamandra, Navarra, 2004.

XVII

EL ACOSO ESCOLAR DESDE LA PERSPECTIVA DEL CINE. UN INSTRUMENTO ADECUADO PARA ABORDAR LA RESPONSABILIDAD PENAL DE MENORES

ALMUDENA VALIÑO CES
Profesora Ayudante Doctora de Derecho Procesal
Universidade de Santiago de Compostela

1.-El acoso escolar: una violencia en constante aumento

En los últimos años la violencia escolar es una realidad cada vez más frecuente en los centros educativos. A ello ha favorecido, a juicio de BERROCAL LANZAROT, el notable incremento de las agresiones —tanto físicas como psicológicas— o de los actos violentos entre compañeros, perturbando el normal desarrollo de esos centros y generando cierta alarma en la sociedad o, cuando menos, «*un gran reproche social por la perversidad o nula sensibilidad que el agresor o agresores vienen a experimentar en la producción de los daños*». Este tipo de violencia constituye el fenómeno conocido por todos como acoso escolar, maltrato entre iguales o *bullying*[1].

1 BERROCAL LANZAROT, Ana Isabel, «La comunidad educativa ante el acoso escolar o *bullying*. La responsabilidad civil de los centros docentes», *Diario La Ley*, núm. 7359, 10 de marzo de 2010, p. 8.

En la actualidad, los casos de *bullying* en todo el mundo continúan en aumento: siete de cada diez niños sufren cada día algún de tipo de acoso y/o ciberacoso. Por lo que respecta a nuestro país, España ocupa el tercer lugar en el mundo con 69.554 casos durante el curso 2022/2023, mientras que en el curso anterior fueron 11.229 casos.

Concretamente, y de acuerdo con el Estudio Estatal sobre la convivencia escolar en centros de educación primaria[2], el 9,53 % del alumnado señala haberse sentido acosado y el 9,2 % haber sufrido ciberacoso; el 4,58 % admite haber acosado alguna vez a un compañero o compañera y el 4,62 % haber ciberacosado a una persona. Por su parte, cuando algunos alumnos o alumnas han presenciado una situación de acoso, el 30,9 % indica habérselo comunicado a un profesor, el 20,17 % a un familiar y el 14,8 % a un compañero. El 9,83 % señala haberse enfrentado al acosador y el 7,17 % no supo qué hacer.

A la vista de estos datos, no cabe sino reflexionar acerca de esta problemática desde un plano jurídico, en orden a dilucidar la responsabilidad de quien haya podido cometer algún tipo de acoso y determinar, de ser el caso, si ésta es civil, penal o disciplinaria por un determinado hecho acaecido[3], así como a analizar las medidas que se puedan adoptar ante tal situación.

Para llevar a cabo esta reflexión se va a partir del cine como recurso educativo, en la medida en que la visualización de diferentes películas permite analizar y profundizar en esta forma de violencia. Así, se le da una vuelta de tuerca a este recurso a fin de optimizar sus posibilidades a la hora de la enseñanza-aprendizaje e incrementar la capacidad de estimulación del alumnado.

2.-El cine como recurso educativo

La experiencia permite constatar que, si un estudiante del Grado en Derecho «*sólo recibe una formación estrictamente*

2 Estudio realizado por el Ministerio de Educación, Formación Profesional y Deportes y presentado en mayo de 2023. Disponible en: https://www.educacionyfp.gob.es/prensa/actualidad/2023/05/20230503-observatorioconvivencia.html.

3 PÉREZ MARTELL, Rosa, «El *bullying* (acoso escolar) y el *cyberbullying*: prevención y soluciones desde la vía judicial y las extrajudiciales», *Diario La Ley*, núm. 7978, 4 de diciembre de 2012, p. 1.

descriptiva de lo que es un ordenamiento jurídico», si solo aprende a interpretar las normas jurídicas en abstracto, alejadas del marco real en el que se aplican, cabe estimar que «*tendrán un injustificable déficit como juristas*»[4].

Es por ello que, en el marco de la docencia, adquiere una importancia capital el estudio del Derecho a través del cine. Ciertamente, pocos instrumentos son tan adecuados para un análisis interdisciplinar como el séptimo arte, dado que es frecuente que en la narración de la película se muestren los asuntos jurídicos de un modo similar a cómo estos se dan en la realidad, y en este sentido, «*aparecen con todas sus diversas y múltiples aristas y vinculaciones*»[5].

A este respecto, es extensa la lista de películas que a lo largo de los años han tratado el acoso escolar como eje temático. De hecho, desde los años 70 algunas películas versan sobre el acoso y sus efectos. Sin pretender referirnos a todas y cada una de ellas, mencionaremos algunas que, a nuestro juicio, han tenido una mayor repercusión o en cierto modo muestran la esencia de este fenómeno de un modo palmario.

Una de ellas es la producción clásica *Carrie* (1976), la cual representa un claro ejemplo de cómo la protagonista es ridiculizada e insultada por sus compañeros y compañeras, a lo que se le añade una delicada situación familiar. En este film se puede observar cómo se desarrolla el *bullying* y las graves consecuencias que acarrea para esta adolescente. En su versión actual, rodada en 2013, si cabe este tipo de acoso todavía se agrava más al recurrir a las nuevas tecnologías y traer a la pantalla otra figura como es el *ciberbullying*.

Asimismo, la utilización de la tecnología para perpetrar este tipo de conductas se observa en películas como *Cyberbully* (2011). En ella se utilizan las redes sociales como el medio para acosar a un joven. Se recurre a mensajes, rumores, difamaciones, usurpación de identidad, etc., como formas de humillar. Así, se puede comprobar los problemas que comporta el mal uso de la tecnología.

---

4 PÉREZ TRIVIÑO, José Luis, «Cine y derecho. Aplicaciones docentes», *Quaderns de Cine,* núm. 1, 2007, p. 72. Disponible en: https://www.cervantesvirtual.com/obra/cine-y-derecho-aplicaciones-docentes-0/

5 PÉREZ TRIVIÑO, José Luis, «Cine y derecho. Aplicaciones docentes», *op. cit.*, p. 71.

Otra película que aborda el acoso desde un marco más actual, en la medida en que se hace alusión a los recursos que ofrecen las nuevas tecnologías, es *Desconexión* (*Disconnect,* 2012). En ella se muestra como un adolescente es engañado para hacerse una fotografía comprometida que, finalmente, se difunde por el instituto, lo que le convierte en víctima de sus compañeros de clase y de las redes sociales, lo que le llevará a intentar quitarse la vida.

Tristemente el suicidio representa una de las terribles consecuencias que puede ocasionar el acoso[6]. En efecto, el suicidio es un terrible desenlace, por desgracia frecuente, en los jóvenes que son víctimas de acoso y que se aborda en películas como, por ejemplo, *2.37 La hora del suicida* (2006), en la que la trama se centra en un instituto y el punto de partida es un suicidio juvenil; *Ben X* (2007) es el reflejo de la crueldad que pueden mostrar unos compañeros de clase hacia un joven que padece el mal de Asperger. Su sintomatología lo convierte en el centro de las humillaciones, lo que le lleva a suicidarse; *Joe Bell* (2020) en la que se observa la tortura a la que fue sometido un joven en el instituto por ser gay, lo que le hizo finalmente quitarse la vida. Más allá de películas, este trágico final también es analizado en series como *Por Trece Razones* (2020), en la cual una de las protagonistas quiere demostrar quiénes fueron los responsables de su suicidio y cómo se sintió por el *bullying* que sufría.

La crueldad de los jóvenes se observa igualmente en películas como *Evil* (2003), en la que se muestra como un internado se convierte en el escenario del terrible abuso hacia un adolescente acosado por sus compañeros. Realmente, se puede observar de manera clara la peligrosidad de algunas tradiciones como son las bromas del alumnado veterano al nuevo, ante la total impunidad por parte de la dirección del colegio. Del mismo modo, en *Cobardes* (2008) se estigmatiza a un adolescente por el mero hecho de ser pelirrojo. El constante acoso le hace ir con miedo al colegio por los posibles actos violentos

6 De acuerdo con el Estudio Oficial de la ONG Internacional *Bullying* Sin Fronteras para América, Europa, Asia, Oceanía y África, realizado entre marzo 2022 y abril de 2023 por los cincuenta mil colaboradores de la entidad, junto con el apoyo de docentes y discentes de 20 de las más prestigiosas universidades del mundo, la causa número uno de muertes por razones externas en jóvenes es el suicidio y la causa número uno de suicidios es el *bullying*.

que pueda recibir. También en *Bullying* (2009) se narran las desventuras de un niño que empieza a ser víctima de acoso cuando le cambian de colegio. Es una producción que refleja muy bien el acoso escolar y el infierno que supone para ese chico que lo sufre y además lo reproduce con escenas de extrema dureza. Una última película que aborda esta figura es *Wonder* (2017), en la que se relata la historia de un niño que tiene una deformidad en su rostro y comienza a estudiar en un colegio en el que se convierte en el centro de atención y de las burlas, la discriminación, algo que, sin duda, afecta a su nivel emocional. La parte buena de esta producción es que finalmente la historia nos lleva hacia los conceptos de superación e integración que logrará el protagonista.

3.-El sistema de justicia penal

La palabra *bullying* se ha hecho tristemente conocida en los medios de comunicación para designar los casos de acoso escolar y éste es precisamente el tema central que abordan los largometrajes referidos. Sin embargo, más allá de observar la trama de cada uno de ellos, con su visionado se nos invita a una reflexión sobre este fenómeno. Ciertamente, son muchos los mensajes que transmiten, pero sin duda lo más relevante y lo que aquí nos interesa es el análisis de los actos llevados a cabo por menores y sus efectos jurídicos[7].

Así las cosas, la línea temática de estas producciones se complementa, desde la óptica jurídica, con el tema de la responsabilidad penal que deben asumir los menores que lleven a cabo unas actuaciones que constituyen ilícito penal. En concreto, una responsabilidad que acarreará unas consecuencias y que se encuentra expresamente prevista en la Ley Orgánica 5/2000, de

---

7 Entre las lecturas recomendadas a este respecto, cabe destacar: Rodríguez Amunátegui, Carlos, *La responsabilidad civil derivada del bullying y otros delitos de los menores de edad,* Ediciones del Laberinto, Madrid, 2007; Montero Hernanz, Tomás; De Vicente Martínez, Rosario, *Derechos de las personas a las que se aplique la ley orgánica reguladora de la responsabilidad penal de los menores*, Tirant lo Blanch, Valencia, 2016; Zabay, María; Casado, Antonio, *Todos contra el bullying. Claves para detectar, evitar y solucionar el acoso escolar*, Alienta Editorial, Barcelona, 2018; o Jiménez Díaz, María José, «Algunas reflexiones sobre la responsabilidad penal de los menores», *Revista Electrónica de Ciencia Penal y Criminología*, núm. 17-19, 2015, pp. 1-36.

12 de enero, reguladora de la responsabilidad penal de los menores[8]. Esta Ley contiene normas específicas y un procedimiento especial para el enjuiciamiento de los menores, diferentes a las contempladas en el Código Penal[9] y en la Ley de Enjuiciamiento Criminal[10] para el enjuiciamiento de los mayores de edad.

3.1.-Tratamiento en la normativa española

Tras la entrada en vigor de la LO 5/2000, se eleva la mayoría de edad penal a los dieciocho años[11]. De esta manera, y tal y como dispone su artículo 1.1, esta Ley se aplicará para exigir la responsabilidad de las personas mayores de catorce años y menores de dieciocho por la comisión de los hechos tipificados como delitos en el CP o en leyes penales especiales. En consecuencia, cuando el autor de los hechos mencionados sea menor de catorce años no se le exigirá responsabilidad con arreglo a la presente Ley, sino que se aplicará lo dispuesto en las normas sobre protección del menor previstas en el Código Civil y demás disposiciones vigentes[12].

---

8 En adelante, LO 5/2000. Lo cierto es que el objetivo principal de esta Ley no es el de imponer penas a los infractores, sino más bien medidas destinadas a la reeducación que logren la total reinserción del menor en la sociedad.

9 En adelante, CP.

10 En adelante, LECrim.

11 Desde su entrada en vigor, el 13 de enero de 2001, esta Ley ha sido objeto de numerosas reformas, intentándose adaptar a los cambios que han tenido lugar en la sociedad, introduciéndose dos novedades: establece por primera vez términos como la responsabilidad civil del menor y la responsabilidad civil solidaria —con la finalidad de reparar el daño a la víctima— e impone un régimen específico para todos los mayores de catorce y menores de dieciocho que cometan un delito. Así, con esta Ley se puso fin al debate sobre el límite de edad de los ciudadanos comprendidos entre los catorce y los dieciocho años, pudiendo, a partir de ese momento, ser considerados y, por ende, juzgados, como menores de edad. Ahora bien, las edades deben entenderse siempre referidas al momento de la comisión de los hechos, sin que tenga repercusión alguna superar las mismas antes de empezar el procedimiento o durante su tramitación.

12 A los menores de catorce años no se les puede aplicar esta Ley, por lo que deberán ser puestos a disposición de las instituciones administrativas de protección de menores. En estos casos, el Ministerio Fiscal debe remitir testimonio de particulares a la entidad pública de protección

Más allá de otros posibles hechos delictivos que pudieran colegirse[13], cabe resaltar el estudio del artículo 173.1 CP[14],

---

competente, a fin de que aplique las medidas tuitivas o de protección correspondientes (artículo 3.1 LO 5/2000 en relación con la Ley Orgánica 1/1996, de 15 de enero, de protección jurídica del menor, de modificación parcial del Código Civil y de la Ley de Enjuiciamiento Civil).

13 A este respecto, FRANCO GARCÍA señala que, en el epicentro del concepto de acoso escolar, se encuentra la afectación a distintos derechos fundamentales del acosado, protegidos constitucionalmente, como el derecho a la intimidad personal, al honor o a la propia imagen (artículo 18.1), la dignidad de la persona (artículo 10.1) y el derecho a su integridad física y moral (artículo 15), reconociéndose explícitamente los dos últimos citados. Por lo que se refiere a la esfera educativa, en el artículo 6.3.b) de la Ley Orgánica 8/1985, de 3 de julio, que regula el Derecho a la Educación, se determina que todos los alumnos tienen el derecho básico a que *«a que se respeten su identidad, integridad y dignidad personales»*. Así, la existencia de una pluralidad de agresiones, es decir, su reiteración y continuidad en el tiempo, se alza también como una característica necesaria para distinguir el acoso escolar de los incidentes violentos, aislados u ocasionales entre alumnos o estudiantes (FRANCO GARCÍA, Miguel Ángel, «Los nuevos criterios atributivos de responsabilidad patrimonial en el acoso escolar entre alumnos», *Actualidad administrativa*, núm. 4, 2016, p. 2).

14 Este precepto dispone:
«*1. El que infligiera a otra persona un trato degradante, menoscabando gravemente su integridad moral, será castigado con la pena de prisión de seis meses a dos años.*
Igual pena se impondrá a quienes, teniendo conocimiento del paradero del cadáver de una persona, oculten de modo reiterado tal información a los familiares o allegados de la misma.
Con la misma pena serán castigados los que, en el ámbito de cualquier relación laboral o funcionarial y prevaliéndose de su relación de superioridad, realicen contra otro de forma reiterada actos hostiles o humillantes que, sin llegar a constituir trato degradante, supongan grave acoso contra la víctima.
Se impondrá también la misma pena al que de forma reiterada lleve a cabo actos hostiles o humillantes que, sin llegar a constituir trato degradante, tengan por objeto impedir el legítimo disfrute de la vivienda.
Cuando de acuerdo con lo establecido en el artículo 31 bis, una persona jurídica sea responsable de los delitos comprendidos en los párrafos anteriores, se le impondrá la pena de multa de seis meses a dos años.
Atendidas las reglas establecidas en el artículo 66 bis, los Jueces y Tribunales podrán asimismo imponer las penas recogidas en las letras b) a g) del apartado 7 del artículo 33».
La STS 819/2002, de 8 de mayo, señala que el delito del artículo 173 representa el tipo básico de las conductas incluidas dentro del Título VII

por ser el delito que se debe aplicar generalmente en el caso que nos ocupa, en relación con la LO 5/2000, por tratarse de agresores menores de edad, toda vez que el CP no contempla el delito de acoso escolar. En concreto, el tipo penal definido pertenece a los delitos contra la integridad moral cuyo bien jurídico protegido es el derecho a la inviolabilidad de la personalidad humana. La acción típica de esta conducta delictiva consiste en infligir a otra persona un trato degradante menoscabando gravemente su integridad o dignidad moral, tal y como les sucede a los protagonistas de cada una de las películas citadas.

Con carácter general, en este tipo delictivo se incluyen aquellas conductas que ponen en riesgo la integridad física de una persona —la víctima— a través del sometimiento a actuaciones que le impliquen una humillación grave. Así, es posible castigar al amparo de este precepto conductas producidas a lo largo de las películas, como, por ejemplo, obligar a beber alcohol o a fumar, apuntar con un arma o echar laxante en la bebida.

En otro orden de cosas, y al hilo de lo expuesto, cabe resaltar que para iniciar el procedimiento que enjuicie la responsabilidad de los menores por sus actos, se necesita la denuncia de quien tuviera noticia de algún hecho delictivo o la detención por parte de un funcionario de la policía. Es por ello que, si se denuncian los hechos, será el Juez de Menores el órgano competente para llevar la instrucción del procedimiento por los hechos cometidos por estos menores y, por tanto, practicará, en su caso, las diligencias que considere pertinentes para comprobar esos hechos y determinar la responsabilidad penal y/o civil del menor que se derive de los mismos. En relación con esto, el Ministerio Fiscal debe velar por el respeto de los derechos que legalmente se reconocen a los menores de edad (arts. 16 y 17 LO 5/2000).

3.2.-Las medidas previstas en la LO 5/2000

El rasgo característico y primordial del Derecho Penal de menores es la intervención educativa. Por ello, las medidas

del Libro II del Código Penal, como delitos contra la integridad moral de las personas; requiriendo para su apreciación de la concurrencia de un elemento medial —*«infligir a una persona un trato degradante»*—, y un resultado —*«menoscabando gravemente su integridad moral»*—.

que se pueden imponer a esos menores y que prevé la LO 5/2000 tienen una finalidad esencialmente de prevención especial, de carácter positivo integrador y educativo, no represivo, orientadas a su reinserción.

En este sentido, al tratarse de menores, no se le impondrán penas —de multa, de localización permanente o de prisión—, sino que deberán cumplir unas medidas correctoras dirigidas a su rehabilitación, con la finalidad de que salden sus responsabilidades y abandonen los malos hábitos que los han llevado a cometer infracciones.

Estas medidas pueden ser de diversos tipos y comprenden desde la amonestación hasta el internamiento en régimen cerrado. En concreto, el artículo 7 establece actualmente un catálogo de medidas que pueden clasificarse someramente en medidas privativas de libertad, medidas no privativas de libertad y medidas terapéuticas[15].

En primer lugar, las medidas privativas de libertad se refieren al internamiento en régimen cerrado, en régimen semiabierto y en régimen abierto. Con ellas se persigue la adquisición por parte del menor de los «*suficientes recursos de competencia social para permitir un comportamiento responsable en la comunidad*», a través de una «*gestión de control en un ambiente restrictivo y autónomo*»[16]. En definitiva, en estos casos, los menores residen en un centro y sus salidas al exterior pasan de ser nulas a ser habituales en función del régimen de internamiento.

En segundo lugar, las medidas terapéuticas son el internamiento y el tratamiento terapéuticos que están dirigidas a menores que sufren deficiencias, anomalías, adicción a determinadas sustancias y que precisan tratamiento. La primera de ellas implica una medida más restrictiva, toda vez que supone el internamiento —en régimen cerrado, semiabierto o abierto—, mientras que la segunda consiste en acudir al centro con cierta periodicidad.

---

15 Para profundizar en estas medidas: VALIÑO CES, Almudena, «La responsabilidad penal de los menores y las medidas previstas en la Ley Orgánica 5/2000, de 12 de enero, frente a las situaciones de *bullying*», en BUJOSA VADELL, Lorenzo M.; MARTÍN DIZ, Fernando (Dirs.), *Menores y Justicia Juvenil,* Aranzadi, Cizur Menor (Navarra), 2021, pp. 534-540.

16 BOSCÁ COTOVAD, M., «El menor infractor de internamiento terapéutico», RES, Revista de Educación Social, núm. 25, julio de 2017, p. 3.

Por último, en cuanto a las medidas no privativas de libertad son las más numerosas y consisten en: la permanencia de fin de semana en el propio domicilio o en un centro durante un máximo de treinta y seis horas entre la tarde del viernes y la noche del domingo; la libertad vigilada; la asistencia a un centro de día; la convivencia con otra persona, familia o grupo educativo; las prestaciones en beneficio de la comunidad; la realización de tareas socio-educativas; la amonestación; la prohibición de aproximarse o comunicarse con la víctima o con aquellos de sus familiares u otras personas que establezca el juez; la privación del permiso de conducir ciclomotores o vehículos a motor, o del derecho a obtenerlo, o de licencias administrativas para la caza o para el uso de cualquier tipo de armas; o la inhabilitación absoluta como la privación definitiva de todos los honores, empleos y cargos públicos, así como la incapacidad para obtenerlos durante la duración de la medida.

Habida cuenta de la amplia relación de medidas, cabe destacar que a la hora de escoger la adecuada debe partirse de un amplio criterio de flexibilidad debiendo de basarse la imposición de la medida en la valoración jurídica de los hechos y, muy especialmente, en la edad, las circunstancias familiares y sociales, en la personalidad y en el interés del menor. En definitiva, y a diferencia de lo que sucede con la jurisdicción de adultos, el juez de menores no está obligado a imponer una medida en atención al hecho cometido, sino que tendrá que realizar una valoración de las circunstancias enumeradas[17].

Ahora bien, en atención al artículo 13 LO 5/2000, una vez acordadas estas medidas, es posible que el juez de menores las modifique, aun cuando ya se estén ejecutando. Así, resulta viable sustituir la medida por otra que entienda más apropiada para el menor de entre las que podría haber impuesto inicialmente a la infracción cometida. De igual modo, se puede

---

17 No obstante, hay supuestos en que este Juez se ve constreñido a imponer la medida de internamiento en régimen cerrado. Véase artículo 10.1.b) LO 5/2000: «*(...) En este supuesto, cuando el hecho revista extrema gravedad, el Juez deberá imponer una medida de internamiento en régimen cerrado de uno a seis años, complementada sucesivamente con otra medida de libertad vigilada con asistencia educativa hasta un máximo de cinco años. Sólo podrá hacerse uso de lo dispuesto en los artículos 13 y 51.1 de esta Ley Orgánica una vez transcurrido el primer año de cumplimiento efectivo de la medida de internamiento. A los efectos previstos en el párrafo anterior, se entenderán siempre supuestos de extrema gravedad aquellos en los que se apreciara reincidencia*».

reducir la duración de la medida durante el tiempo que el juez considere oportuno, teniendo en cuenta el informe del equipo técnico y dando audiencia previa al Ministerio Fiscal y al letrado del menor. Por último, cabe dejar sin efecto la medida impuesta dando por terminada la ejecución de ésta por estimarse que el tiempo cumplido resulta suficiente o cuando el menor declara su voluntad de conciliarse con la víctima durante la ejecución de la medida y ésta se lleve a cabo en los términos del artículo 19 LO 5/2000[18].

Por último, en cuanto a la posibilidad de introducir nuevas medidas *ad futurum,* cabe resaltar que se aprecia la ausencia de algunas medidas, como la multa[19], la cual sólo tendría sentido cuando el menor dispusiese de medios propios, o la posibilidad de una medida de permanencia de semana para menores que, por ejemplo, hayan abandonado los estudios y dispongan de una ocupación laboral durante los fines de semana, con el propósito de compatibilizar la medida con su vida laboral.

4.-Conclusiones

Al referirnos al acoso escolar somos conscientes de que estamos ante un fenómeno que va más allá de lo que sucede en el entorno docente, en tanto la violencia y, por ende, la conflictividad se muestra en la calle, en la vida doméstica, en el ámbito social, con amigos, con compañeros de actividades extraescolares, en el vecindario, etc. En otras palabras, el acoso puede producirse en todos los ámbitos de la vida, como

18 Este precepto regula el sobreseimiento del expediente por conciliación o reparación entre el menor y la víctima. En efecto, el menor puede reconocer los hechos y conformarse con la pena pedida. Puede, incluso reconociendo los hechos, discutir en juicio que la pena interesada sea la más apropiada, de acuerdo con sus circunstancias personales. De hecho, en el procedimiento de menores son numerosos los asuntos que se cierran sin necesidad de celebrar juicios, bien porque el Ministerio Fiscal desiste de la continuación del procedimiento, bien porque es alcanzada una conciliación con la víctima o bien porque se reconozcan los hechos y se produzca la conformidad.
Para un análisis más exhaustivo véase: Varela Gómez, Bernardino J., «Mediación penal y procedimiento de menores», en Castillejo Manzanares, Raquel (Dir.), *Nuevos debates en relación a la mediación penal, civil y mercantil,* Servicio de Publicaciones e Intercambio Científico, Santiago de Compostela, 2018, pp. 549-561.

19 Cezón González, Carlos, *La nueva Ley Orgánica Reguladora de la Responsabilidad Penal de los Menores,* Bosch, Barcelona, 2001, p. 54.

un fenómeno no solo social, sino también psicológico, porque afecta personalmente a las personas implicadas en este tipo de conductas.

Por tanto, se trata de un aspecto acerca del que existe un consenso unánime en que es más que necesario abordar este fenómeno desde una posición de análisis e investigación del problema de la violencia escolar y sus características. Y en este camino, la utilización del cine como recurso educativo para el proceso de enseñanza-aprendizaje del Derecho, nos permite ahondar y constatar las posibles debilidades y fortalezas que presenta el sistema de justicia penal de menores. Y es que, desde una óptica pro-innovación, la utilización del cine resulta más que común, toda vez que constituye una herramienta muy útil al servicio de los docentes para la impartición a los discentes de sus materias jurídicas, en la medida en que la visualización de determinadas cuestiones favorece su motivación y comprensión de los contenidos de la materia. Justamente por ello, se parte de una relación de películas cuyo eje temático es el *bullying* y que permite analizar y profundizar en la problemática del acoso escolar y en la responsabilidad penal que deben asumir los menores por la comisión de este tipo de actos ilícitos.

En definitiva, el visionado de alguna de las cintas referidas puede ser el punto de partida perfecto para abordar diversas cuestiones de interés jurídico, por un lado, como sucede con las figuras del acoso escolar y de la responsabilidad penal del menor y, por el otro, para reflexionar sobre el papel que la sociedad juega en este contexto, teniendo en cuenta que algunas de las trabas, dificultades y exclusiones a las que se han visto sometidos numerosos menores, por desgracia, todavía perviven hoy en día. De este modo, no hay lugar a dudas de que nos encontramos ante una realidad que nos reclama un diagnóstico jurídico-social acerca de cómo los jóvenes viven situaciones diarias de violencia y en qué medida la ley y la educación han de coordinarse en orden a contribuir a que los victimarios asuman la responsabilidad de sus comportamientos antisociales.

5.-Bibliografía

Berrocal Lanzarot, Ana Isabel, «La comunidad educativa ante el acoso escolar o *bullying*. La responsabilidad civil de los centros docentes», *Diario La Ley*, núm. 7359, 10 de marzo de 2010.

Boscá Cotovad, M., «El menor infractor de internamiento terapéutico», RES, Revista de Educación Social, núm. 25, julio de 2017.

Cezón González, Carlos, *La nueva Ley Orgánica Reguladora de la Responsabilidad Penal de los Menores,* Bosch, Barcelona, 2001.

Franco García, Miguel Ángel, «Los nuevos criterios atributivos de responsabilidad patrimonial en el acoso escolar entre alumnos», *Actualidad administrativa*, núm. 4, 2016.

Jiménez Díaz, María José, «Algunas reflexiones sobre la responsabilidad penal de los menores», *Revista Electrónica de Ciencia Penal y Criminología*, núm. 17-19, 2015.

Montero Hernanz, Tomás; **de Vicente Martínez**, Rosario, *Derechos de las personas a las que se aplique la ley orgánica reguladora de la responsabilidad penal de los menores*, Tirant lo Blanch, Valencia, 2016.

Pérez Martell, Rosa, «El *bullying* (acoso escolar) y el *cyberbullying*: prevención y soluciones desde la vía judicial y las extrajudiciales», *Diario La Ley*, núm. 7978, 4 de diciembre de 2012.

Pérez Triviño, José Luis, «Cine y derecho. Aplicaciones docentes», *Quaderns de Cine,* núm. 1, 2007.

Rodríguez Amunátegui, Carlos, *La responsabilidad civil derivada del bullying y otros delitos de los menores de edad,* Ediciones del Laberinto, Madrid, 2007.

Valiño Ces, Almudena, «La responsabilidad penal de los menores y las medidas previstas en la Ley Orgánica 5/2000, de 12 de enero, frente a las situaciones de *bullying*», en Bujosa Vadell, Lorenzo M.; Martín Diz, Fernando (Dirs.), *Menores y Justicia Juvenil,* Aranzadi, Cizur Menor (Navarra), 2021.

Varela Gómez, Bernardino J., «Mediación penal y procedimiento de menores», en Castillejo Manzanares, Raquel (Dir.), *Nuevos debates en relación a la mediación penal, civil y mercantil,* Servicio de Publicaciones e Intercambio Científico, Santiago de Compostela, 2018.

Zabay, María; **Casado**, Antonio, *Todos contra el bullying. Claves para detectar, evitar y solucionar el acoso escolar*, Alienta Editorial, Barcelona, 2018.

XVIII

EL GARROTE VIL EN EL CINE ESPAÑOL A TRAVÉS DE LA OBRA *SALVADOR* (2006)

Cristian Sánchez Benítez
Profesor de Derecho Penal
Universidad de Cádiz

1.-Introducción

Como en la mayoría de los países del mundo, en España se ha venido aplicando la pena de muerte en muchos periodos históricos. Afortunadamente, la Constitución de 1978 prohibió explícitamente la referida sanción, pero los momentos en los que esta no ha estado vigente constituyen una excepción, pues casi todos los Códigos penales españoles (y los textos jurídico-penales anteriores que rigieron los Reinos hispanos) la contemplaron[1].

En la mayor parte de nuestra historia jurídico-penal reciente su ejecución se caracterizó por el empleo de un mecanismo conocido como garrote o garrote vil. Este método consistía en que, al reo, al que se le sentaba en una silla o taburete, se le colocaba alrededor del cuello una argolla de hierro sujeta a un

---

1 Sobre la pena de muerte en España, entre otros muchos, véanse los trabajos de Serrano Tárraga, María Dolores, *La pena capital en el sistema español*, UNED, Madrid, 1992; Oliver Olmo, Pedro, *La pena de muerte en España*, Síntesis, Madrid, 2008 y el libro colectivo publicado por Amnistía Internacional, *La pena de muerte y su abolición en España*, Amnistía Internacional, Madrid, 1995.

poste, atravesada en la parte trasera por un tornillo que acababa en una bola o en punta. La ejecución se hacía girando el tornillo a fin de atravesar el cuello del condenado a partir de su nuca hasta provocar su muerte por la rotura de aquel.

Prácticamente en cualquiera de las disciplinas artísticas pueden encontrarse obras referidas a esta concreta forma de ejecutar la pena capital. La obra pictórica realizada por el modernista Ramón Casas que precisamente se titula *El Garrote Vil* constituye quizá el ejemplo más conocido.

También han sido varias las producciones cinematográficas que han abordado la pena de muerte por garrote vil en España. La más conocida, y elogiada, fue *El Verdugo* (1963), dirigida por Luis García Berlanga, que en parte se basó en la ejecución de Pilar Prades Expósito, la última mujer ajusticiada en España, el 19 de mayo de 1959, por el verdugo Antonio López Sierra.

También destaca el documental *Queridísimos Verdugos* (1977), de Basilio Martín Patino, en el que se entrevistó a tres verdugos españoles, el precitado Antonio López Sierra, Bernardo Sánchez Bascuñana y Vicente López Copete, así como a familiares y testigos de personas ejecutadas.

Mas recientes son el documental *La muerte de nadie (La mort de ningú)* (2004), de Joan Dolç, que trata sobre el alemán Georg Michael Welzel, ejecutado por garrote vil el 2 de marzo de 1974, y la película española *Salvador* (2006), sobre la que versará la presente contribución y que narra el final de la vida de Salvador Puig Antich, militante anticapitalista condenado a la referida pena y que fue ejecutado por garrote vil el mismo día, el 2 de marzo de 1974, también por Antonio López Sierra.

2.-Breves apuntes sobre la pena de muerte por garrote en España

El garrote fue la modalidad de ejecución elegida en todos los Códigos penales españoles que contemplaron la pena de muerte en su catálogo punitivo[2]. Así, se estableció y se reguló su ejecución en los artículos 31 a 46 del Código penal de 1822

2 Si bien en algunas épocas (*v. gr.*, durante la dictadura franquista) también se previó y aplicó la pena de muerte por fusilamiento.

(con sumo detalle)[3], en los artículos 89 a 92 de los Códigos penales de 1848 y 1850, en los artículos 101 a 105 del Código penal de 1870, en el Real Decreto que aprueba el Reglamento para la ejecución de lo dispuesto en el artículo 170 del Código penal de 1928[4/5] y en los reglamentos de ejecución de la pena de muerte prevista en los Códigos penales de 1944 y 1973[6].

---

3 Así, resumidamente, se indica en estos preceptos que la ejecución sería siempre pública, entre las once y doce de la mañana y nunca en domingo ni en día festivo. Aquella se realizaría en un cadalso de negro sin adornos, fuera de la población, pero en sus inmediaciones y proporcionado para muchos espectadores. El reo sería conducido desde la cárcel al suplicio con túnica y gorro negros, con las manos atadas y sobre una mula, llevada del diestro por el verdugo. Cuando incurriera en pena de infamia junto con la de muerte, llevaría la cabeza descubierta e iría sobre un jumento (asno). El condenado a muerte por traidor llevaría las manos atadas a la espalda y la cabeza descubierta y rapada, así como una soga de esparto al cuello. El asesino llevaría una túnica blanca con soga de esparto al cuello y el parricida una túnica blanca con una cadena de hierro al cuello, con la cabeza rapada y descubierta y con las manos atadas a la espalda. Los sacerdotes no degradados llevarían la corona cubierta con un gorro negro. Asimismo, el reo llevaría en el pecho y en la espalda un cartel que con letras grandes anunciase su delito de traidor, homicida, etc. Vendría acompañado por dos sacerdotes, un escribano y alguaciles enlutados, así como la escolta correspondiente. Al salir de la cárcel, cada doscientos a trescientos pasos y al llegar al cadalso, el pregonero público anunciaría en voz alta el nombre del delincuente, el delito por el que hubiera sido condenado y la pena impuesta. También debía constar dicha información en el sitio en el que se realizase la ejecución. Se exigía que durante el tránsito y la ejecución reinase el mayor orden, bajo amenaza de sanciones. No se permitía al reo manifestar nada ni al público ni a nadie en particular, sino tan solo rezar con los sacerdotes que le acompañaran. Tras la ejecución, el cadáver permanecería expuesto al público hasta la puesta de sol y tras ello, sería entregado a sus parientes o amigos si lo pidieran y, en caso contrario, sería sepultado o entregado para la realización de operaciones anatómicas. No serían entregados los cuerpos de los condenados por parricidio o por traición, pues se les daría sepultura en el campo y en sitio retirado, fuera de los cementerios públicos y sin señalizar.

4 Pues el referido artículo se limita a disponer que *«la pena de muerte se ejecutará en la forma y términos que dispongan los Reglamentos que se dicten al efecto»* y que *«no se ejecutará en mujer que se halle encinta, ni se notificará a ésta la sentencia en que se le imponga, hasta que hayan pasado cuarenta lilas después del alumbramiento»*.

5 El Código penal republicano de 1932 no incluyó la pena de muerte en su arsenal punitivo, pero fue reinstaurada para los delitos de terrorismo y bandolerismo dos años después, con la Ley de 11 de octubre de 1934.

6 Ya que el artículo 83 de los Códigos penales de 1944 y 1973 únicamente establece que *«la pena de muerte se ejecutará en la forma determinada*

La pena fue derogada con la aprobación de la Constitución española de 1978, cuyo artículo 15 establece que «*queda abolida la pena de muerte, salvo lo que puedan disponer las leyes penales militares para tiempos de guerra*». Esta excepción fue suprimida por el artículo primero de la Ley Orgánica 11/1995, de 27 de noviembre, de abolición de la pena de muerte en tiempo de guerra, al disponer que «*queda abolida la pena de muerte establecida para tiempo de guerra*»[7/8].

De este modo, los dos últimos ejecutados en nuestro país por garrote fueron Salvador Puig Antich y Georg Michael Welzel, conocido como Heinz Chez, el 2 de marzo de 1974, si bien con posterioridad a estas muertes se sucedieron más ejecuciones mediante fusilamiento. Las últimas ejecuciones en España por esta vía fueron las de tres miembros del FRAP y dos miembros de ETA político-militar, el 27 de septiembre de 1975.

La generalización del uso del garrote vil durante el siglo XIX se debió principalmente a que era de fácil fabricación y a que se trataba de una alternativa teóricamente de menor aflictividad y, por ende, más humana que la horca, pues este último método dilataba el sufrimiento del condenado.

De hecho, este fue el motivo por el que el Rey Fernando VII, por el cumpleaños de su esposa, abolió la pena de muerte en horca, ordenando su sustitución por el garrote ordinario para personas del estado llano, el garrote vil para los delitos infamantes y el garrote noble para los hijosdalgos (nobles)[9].

---

por los Reglamentos» y que «*no se ejecutará esta pena en la mujer que se halle encinta, ni se le notificará la sentencia en que se le imponga hasta que hayan pasado cuarenta días después del alumbramiento*».

7 Además, España ratificó el 27 de noviembre de 2009 (publicado en el Boletín Oficial del Estado el 30 de marzo de 2010) el Protocolo número 13 al Convenio para la protección de los Derechos Humanos y las Libertades Fundamentales, relativo a la abolición de la pena de muerte en todas las circunstancias, hecho en Vilna el 3 de mayo de 2002, el cual declara la abolición de la pena de muerte en su artículo primero y la prohibición del establecimiento de excepciones y reservas en los artículos segundo y tercero respectivamente.

8 Sobre ello, véase Arroyo Zapatero, Luis *et al.*, *Abolición internacional de la Pena de Muerte: cuestión de sentido y sensibilidad*, Tirant lo Blanch, Valencia, 2024.

9 En el Real decreto aboliendo la pena de muerte en horca y conmutándola en la de garrote, de 24 de abril de 1832. Se indicó en el mismo

Sin embargo, la experiencia, la pericia y la fortaleza física del verdugo resultaban determinantes a la hora de garantizar una ejecución rápida de la pena por garrote. Así, en la práctica, en muchos casos su ejecución distaba de ser pronta, pues la agonía del condenado se prolongaba durante varios minutos. Por ejemplo, la ejecución de Salvador Puig Antich se alargó durante unos veinte minutos y las de José María Jarabo y Georg Michael Welzel duraron unos veinticinco.

3.-La pena de muerte por garrote en la película *Salvador* (2006)

Salvador es un largometraje de 134 minutos, estrenado en 2006 y basado en el libro *Cuenta atrás. La historia de Salvador Puig Antich*, de Francesc Escribano. Fue dirigida por Manuel Huerga y protagonizada por el actor hispano-alemán Daniel Brühl.

La película narra el último periodo de la vida del Salvador Puig, un militante antifranquista y anticapitalista del Movimiento Ibérico de Liberación[10] que fue condenado a muerte por garrote en un Consejo de Guerra de la dictadura franquista por el homicidio de un agente de policía mientras era detenido por su actividad política y delictiva, pues su grupo se dedicaba a atracar sucursales bancarias con el objetivo de conseguir financiación para sufragar la lucha anticapitalista y antifranquista.

Comienza el filme mostrando su detención, su ingreso al hospital malherido y su posterior encarcelación. Ya en prisión, recibe la visita de su familia y más tarde, la de su abogado, a quien le relata su vida. Es en ese momento cuando la cinta reconstruye su historia, narrada por el protagonista en voz en off, a modo de *flash back*. Las escenas se suceden rápidamente, mostrando primero los inicios de su militancia política. Tras ello se visionan algunas secuencias de movilizaciones y

que *«deseando conciliar el último e inevitable rigor de la justicia con la humanidad y la decencia en la ejecución de la pena capital, y que el suplicio en que los reos expían sus delitos no les irrogue infamia cuando por ellos no la mereciesen»*.

10 Sobre el Movimiento Ibérico de Liberación, véase SANZ, Carles, «Reflexiones 30 años después del asesinato de Salvador Puig Antich», *Solidaridad Obrera*, número 3, 2004, pp. 1-4.

represión características de los últimos años del franquismo, las cuales permiten contextualizar políticamente el posterior recorrido por los robos perpetrados por su grupo[11], los cuales se representan con giros cómicos y con un ritmo acelerado. La película luego muestra la intensificación de la actividad policial sobre su grupo, su huida a Francia y su vida en clandestinidad, para finalizar esa primera parte con una secuencia detallada de su detención, en la que se produjo la muerte del agente de policía que motivó su condena a muerte[12].

A partir de ese momento, la película adopta un ritmo más pausado y tenso. Se centra en su vida en prisión y en el desarrollo del proceso penal ante el Consejo de Guerra[13] y de la amistad que va forjando con Jesús Irurre, uno de los funcionarios de la prisión en la que se encuentra[14]. La película también explora las contradicciones que este funcionario comienza a experimentar[15].

---

11 Para DOMÍNGUEZ RAMA, *«el contenido de la película adolecerá de contextualización histórica y política»*, pues *«no aparecen escenas que reflejen la realidad cotidiana de la mayoría de la población trabajadora, así como tampoco ninguna vinculada a sus protestas — siendo ambos los motivos últimos de la rebelión de movimientos como el MIL, que siempre tuvo presente a la clase obrera como sujeto revolucionario»* (DOMÍNGUEZ RAMA, Ana, «Salvador (Puig Antich) en el Viejo Mundo. Algunas consideraciones históricas respecto a su recuperación mediática», *Hispania Nova. Revista de Historia Contemporánea*, núm. 7, 2007, p. 865).

12 Sostiene GÓMEZ GARCÍA que esa primera parte se plantea *«como un thriller con elementos estéticos modernos (utilización de cómics, música de la época) y una planificación nerviosa que buscaba la conexión con un espectador joven»* (GÓMEZ GARCÍA, Concha, «Víctimas y verdugos. La representación de la pena de muerte en el cine español», *Signa: Revista de la Asociación Española de Semiótica*, núm. 29, 2020, p. 459).

13 Para un análisis detallado del proceso, consúltese la obra de GÓMEZ BRAVO, Gutmaro, *Puig Antich. La transición inacabada*, Taurus, Madrid, 2014.

14 DOMÍNGUEZ RAMA entiende que al resaltar durante toda la película la relación de *«compadreo»* con el carcelero, parece que se pretendió *«transmitir metafóricamente una realidad sociológica de la descomposición del franquismo»* (DOMÍNGUEZ RAMA, Ana, «Salvador (Puig Antich) en el Viejo Mundo. Algunas consideraciones históricas respecto a su recuperación mediática»..., *op. cit.*, p. 868).

15 En esta segunda parte, como expone GÓMEZ GARCÍA, *«la película discurre entonces por el camino del melodrama carcelario, abandona*

Son varios los elementos de interés jurídico-penal y procesal que la película refleja y que podrían ser objeto de análisis en este trabajo, si bien las limitaciones de espacio aconsejan que únicamente se aluda a lo relativo a la ejecución de la pena de muerte por garrote, que se representa en la última media hora.

Aquí, el protagonista es escoltado por un grupo de funcionarios desde la celda en la que se encuentra hasta una sala en la que el teniente coronel encargado de comunicarle su condena a muerte, muy nervioso, intenta, sin éxito, hacerlo. Finalmente lo hace su abogado, que también está presente en la escena.

Salvador vuelve a su celda, escribe una carta y recibe la visita de su familia. El indulto no llega, pero sí el verdugo, a prisión, quien se identifica en la entrada como Antonio López Sierra. Comprueba la sala que le han facilitado para llevar a cabo la ejecución, da el visto bueno y solicita un poste y un taburete. Monta el mecanismo. El teniente coronel se entrevista con la hermana del reo para organizar el entierro.

Mientras tanto, Salvador recibe la visita de un sacerdote amigo, el padre Braulio y se despide de su familia, que no puede permanecer en prisión. Luego de su abogado y del sacerdote. Seguidamente es trasladado hacia la sala en la que tendrá lugar la ejecución, escoltado por el teniente coronel y los funcionarios de la prisión, entre los que se encuentra Jesús Irurre. Salvador observa el garrote y se lamenta: «*¡qué putada!*».

El verdugo, con una indiferencia inquietante, apremia y ordena a los funcionarios que coloquen al reo en el taburete. Seguidamente le pregunta si quiere capucha, pero Salvador no responde, pues respira aceleradamente. El verdugo le tapa los ojos con un trapo. El teniente coronel le pregunta si quiere decir algo antes de proceder a la ejecución, pero niega con la cabeza.

A las 9 y 20 de la mañana el verdugo comienza a girar el tornillo. Inicia la asfixia. El reo queda inconsciente. El verdugo para. Se supone que ha fallecido. Irurre grita «*¡Franco, hijo de*

su ritmo ágil y su mitología visual y musical, para volverse oscura, de planos cerrados más asfixiantes a la espera de lo irrevocable» (GÓMEZ GARCÍA, Concha, «Víctimas y verdugos. La representación de la pena de muerte en el cine español»..., *op. cit.*, p. 459).

puta!». Lo sacan de la sala otros funcionarios. El médico comprueba si aún está vivo. Lo está. Esperan un tiempo y vuelven a comprobar si respira. Lo hace. Esperan de nuevo. Finalmente, Salvador fallece a las 9 y 40 de la mañana. La última escena de la obra muestra su entierro, con disturbios.

4.-Reflexiones finales

El final de la obra y la brutalidad de la ejecución de Salvador Puig nos enfrenta con la inhumanidad de la pena de muerte, más notoria al emplear el garrote, un método que no solo humilla e inflige un dolor extremo, sino que también expone la perversidad de un régimen que trata como enemigos a sus adversarios, que los deshumaniza.

La elección de este método de ejecución para Puig en lugar del fusilamiento, tan cruel y degradante, es una manifestación del poder absoluto y despótico de la dictadura franquista que, con esta ejecución, como retrata la cinta, buscaba no solo castigar a un sujeto condenado por el homicidio de un policía, sino también amedrentar a quienes se atrevían a desafiar su poder.

En un momento en que el régimen se descomponía y por tanto se aferraba desesperadamente al mantenimiento del poder, frente a buena parte de la sociedad española, que demandaba su caída en las calles, en los centros de trabajo y en las universidades, el uso del garrote se convierte en un símbolo de su violencia criminal y terminal, del temor franquista a un cambio inevitable y necesario. Esta brutalidad en la ejecución que se muestra en la parte final de la obra refleja la decadencia moral del franquismo y su incapacidad para adaptarse a una nueva realidad social y política que poco tiempo después se impuso democráticamente.

La película, al retratar con detalle y sensibilidad los últimos momentos de Puig[16], revela la ironía trágica de un sistema que

16 O como expresa GÓMEZ GARCÍA, la *«dilatada recreación hiperrealista de su muerte»* (GÓMEZ GARCÍA, Concha, «Víctimas y verdugos. La representación de la pena de muerte en el cine español»..., *op. cit.*, p. 459). Para DOMÍNGUEZ RAMA, podría haberse realizado una película sobre otros torturados y asesinados por la dictadura, pero *«se escogió la vida de "Salvador", precisamente, por la forma despreciable en que pasó sus últimos momentos y por cómo fue ejecutado, recreando con ello la*

se arrogó el derecho de juzgar y ejecutar a miles de personas por razones políticas, mientras que aquellos que lo administraron aún no han sido juzgados por sus gravísimos crímenes. El grito desesperado de Jesús Irurre, «*¡Franco, hijo de puta!*», refleja la frustración e impotencia ante un acto de barbarie institucionalizada y su repudio a una dictadura criminal.

En definitiva, el filme no solo es un testimonio de la injusticia sufrida por Puig, sino una poderosa crítica a la pena de muerte y a un régimen que utilizó el garrote como herramienta de represión y control político. En cualquier caso, la pena de muerte, sea cual sea el método de ejecución empleado, nunca puede ser un instrumento de justicia, pues su aplicación solo perpetúa la violencia y despoja de dignidad a la sociedad que la emplea.

5.-Bibliografía

Amnistía Internacional, *La abolición de la pena de muerte en España*, Amnistía Internacional, Madrid, 1995.

Arroyo Zapatero, Luis *et al.*, *Abolición internacional de la Pena de Muerte: cuestión de sentido y sensibilidad*, Tirant lo Blanch, Valencia, 2024.

Domínguez Rama, Ana, «Salvador (Puig Antich) en el Viejo Mundo. Algunas consideraciones históricas respecto a

parte más morbosa de su historia y la más intrascendente de su pensamiento y actuación» (Domínguez Rama, Ana, «Salvador (Puig Antich) en el Viejo Mundo. Algunas consideraciones históricas respecto a su recuperación mediática»..., *op. cit.*, p. 866). Muy crítica se muestra Gordillo al afirmar que *«la intensidad trágica de la muerte anunciada del protagonista se viste de tonos melodramáticos en la media hora final»*, que *«la duración casi escénica de los últimos momentos de la vida de Salvador Puig Antich, el sufrimiento de sus hermanas y el regodeo en los instantes más lacrimógenos de esos instantes fatales, consiguen atrapar el sentimiento del espectador de forma más folletinesca que testimonial, más efectista que documental»* y que *«la fuerza dramática de la trama hubiera resultado suficientemente contundente sin necesidad de subrayar los hechos con estrategias narrativas propias del melodrama»* (Gordillo, Inmaculada, «Memoria histórica y pena de muerte en España: melodrama, comedia negra y documental», *Quaderns de Cine*, núm. 3, 2008, p. 85).

su recuperación mediática», *Hispania Nova. Revista de Historia Contemporánea*, núm. 7, 2007, pp. 861-870.

Gómez Bravo, Gutmaro, *Puig Antich. La transición inacabada*, Taurus, Madrid, 2014.

Gómez García, Concha, «Víctimas y verdugos. La representación de la pena de muerte en el cine español», *Signa: Revista de la Asociación Española de Semiótica*, núm. 29, 2020, pp. 445-467.

Gordillo, Inmaculada, «Memoria histórica y pena de muerte en España: melodrama, comedia negra y documental», *Quaderns de Cine*, núm. 3, 2008, pp. 81-89.

Oliver Olmo, Pedro, *La pena de muerte en España*, Síntesis, Madrid, 2008.

Sanz, Carles, «Reflexiones 30 años después del asesinato de Salvador Puig Antich», *Solidaridad Obrera*, núm. 3, 2004, pp. 1-4.

Serrano Tárraga, María Dolores, *La pena capital en el sistema español*, UNED, Madrid, 1992.

XIX

EL SÉPTIMO ARTE COMO MEDIO DIDÁCTICO EN EL ESTUDIO DEL DERECHO PENAL

ALEJANDRO MANZORRO REYES

Juez en los Juzgados de Ibiza

Doctor en Derecho Penal por la Universidad de Sevilla

Doctorando en Estudios Interdisciplinarios de Género en la Universidad de las Islas Baleares

1.-Marco introductorio

En la actualidad, utilizar el cine como complemento y herramientas en el aprendizaje del Derecho Penal, y concretamente de los delitos en particular, es no sólo aconsejable, sino que en un mundo altamente influido por la tecnología se hace indispensable. La ficción fílmica se aprovecha para traer al alumnado a la práctica y aunque suene contradictorio a la realidad, conceptos altamente abstractos como los que se manejan en Derecho Penal. Sirve para motivarles y poder poner en práctica lo que van aprendiendo e incrementar sus habilidades de argumentación y espíritu crítico, a través del debate jurídico.

Los beneficios que presenta el cine para la educación jurídica pueden desglosarse al menos en cinco aspectos relacionados entre sí: su carácter atractivo, su centralidad educativa, la posibilidad de mejora en la calidad de la enseñanza, la potenciación de la interdisciplinariedad y la ayuda a la formación permanente. Se han de destacar las nuevas tecnologías y los efectos perniciosos de las mismas, ya que, a pesar de ser frecuentemente utilizadas como apoyo a la dinámica de la enseñanza y el aprendizaje, han de serlo con cautela dado que desafortunadamente nos encontramos en la era de la sociedad de la des-información, de las nuevas tecnologías, de la sobresaturación de información, y de las *fake news*.

Analizando ahora, por ejemplo, *grosso modo*, el caso del 11-M, desde el punto de vista epistemológico y ontológico, en las noticias se destacaba por algunos medios de comunicación la ausencia del código deontológico periodístico, es decir, no hubo abstención ideológica en la toma de postura. Asimismo, abundaban en los medios noticias con un relativismo extremo, emitiendo juicios sobre el comportamiento de los políticos, sin respetar por tanto la conformación de nuestra cultura en la que tiene lugar.

Las estructuras y tecnologías del control pueden ser utilizadas para limitar o prevenir la manipulación mediática, inclusive para hacer aún más objetiva dicha manipulación, instaurando unos mecanismos de verificación objetivos a través de la inteligencia artificial. Sin embargo, estas estructuras y tecnologías pueden ser limitadas por intereses políticos o económicos que pueden obstaculizar su eficacia en la prevención de la manipulación mediática. Pero, no obstante, existen medios como Newtral, Maldita como AFP que están adscritas a la International Fact-Checking Network y eso obliga a cumplir un código ético que exige «*no partidismo y equidad*».

2.-La perspectiva de género en el Derecho Penal

La idea de que el Derecho tiene género (evidentemente masculino)[1] permite concluir que el Derecho no es neutro, que las mismas prácticas significan cosas diferentes para hombres y para mujeres y que lo que se presenta como neutral esconde, en la mayoría de las ocasiones, un mecanismo de dominación masculina. Dado que el Derecho está atravesado por estruc-

1 Apuntando al concepto de «sexuación del derecho» o «derecho sexuado», *vid*., BERGALLI, Roberto; BODELÓN, Encarna, «La cuestión de las mujeres y el derecho penal simbólico», *Anuario de Filosofía del Derecho*, núm. 9, 1992, pp. 47 y ss.

turas androcéntricas, resulta obligado que el ámbito jurídico sea analizado críticamente desde una perspectiva feminista[2].

La perspectiva de género parte de la idea de que la realidad no se puede analizar de forma aparentemente neutra sin que esa neutralidad, ante situaciones de desigualdad, derive en consolidar y perpetuar esa inequidad[3]. Porque lo que no se puede negar es que siempre se mira desde algún lado, siempre hay una óptica o una perspectiva desde la que se analiza todo el conflicto. Será necesario, por lo tanto, adoptar una nueva perspectiva que se aleja de la propia, generalmente contaminada por la sociedad prejuiciosa[4] y que busque un enfoque nuevo tendente a la consecución de la igualdad material. El cambio de paradigma de una justicia patriarcal hacia una justicia que incorpore los ojos de género es, por lo tanto, una exigencia que viene legitimada en clave del respeto a los derechos humanos. Porque de lo que se trata no es de reconocer como antaño el papel de la mujer como principal artífice de la paz familiar[5], sino de reivindicar la importancia del principio de igualdad real y efectiva entre las personas.

El Derecho Penal, como parte integrante del ordenamiento jurídico, tampoco es neutro en cuanto al género y si así fuera, nos encontraríamos ante el único grupo normativo que no se ve afectado por las discriminaciones que la sociedad ha generado y sigue generando con relación a las mujeres[6]. Dado que el machismo sigue imperando en todos los ámbitos de la sociedad, será necesario que el enfoque de género se aplique

---

2 Bodelón, Encarna, *Género, Violencia y Derecho*, Tirant lo Blanch, Valencia, 2009, p. 294; Barona Vilar, Silvia, en VV. AA., *Análisis de la Justicia desde la perspectiva de género*, Tirant lo Blanch, Valencia, 2018, pp. 62 y ss.

3 Varela Castejón, Xermán, Fernández Suárez, Natalia, «Algunas reflexiones sobre la perspectiva de género», *Boletín Penal Juezas y Jueces para la Democracia*, enero de 2018, p. 9.

4 Ortega Lorente, José Manuel, «Breves reflexiones sobre necesidades formativas de juezas y jueces», *Boletín Penal Juezas y Jueces para la Democracia*, enero de 2018, pp. 3 y ss.

5 Generalmente, desde el reconocimiento de su abnegación y de sus derechos conforme al rol asignado.

6 Erice Martínez, Esther, «Algunas reflexiones sobre la perspectiva de género», *Boletín Penal Juezas y Jueces para la Democracia*, enero de 2018, p. 25.

también de forma transversal a todos los sectores del Derecho[7], incluido el ámbito penal.

3.-Cuando la realidad supera la ficción: *Black Mirror*

El punto de conexión fundamental entre el cine y el derecho se encuentra, en que los dos ámbitos de conocimiento tratan de representar e interpretar una realidad compleja. Por ejemplo, analizando en el presente capítulo el brillante primer episodio de la tercera temporada de la serie *Black Mirror* que cuenta con un 8,3, con 56.878 votos en IMDB (nunca mejor momento para traer una puntuación y unos votos que al hacer alusión a dicho episodio), nos presenta una sociedad distópica en la que las personas son clasificadas según su popularidad en las redes sociales. La protagonista, Lacie, interpretada por Bryce Dallas Howard (actriz mundialmente conocida por la saga *Jurassic World*) es un gran reflejo distópico de la obsesión que redes como Instagram o Tik Tok está desatando, en este caso, la protagonista está obsesionada con mejorar su puntuación social y alcanzar un nivel más alto en la jerarquía social (y todo ello, sin entrar en las distorsiones de la realidad que provocan los filtros, complejos, así como la dismorfia).

Desde una perspectiva sociológica, y analizando desde la teoría de la anomia-tensión, el episodio puede ser visto como un ejemplo de cómo la presión social y la competencia por el *status* pueden llevar a una intensa ansiedad y estrés en la sociedad. La puntuación social es un factor clave en la determinación del estatus, y aquellos con una puntuación baja son marginados y discriminados. Cuántas veces hemos oído, oye, cómo que no tienes Instagram o Twitter, parece que no seas una persona real, encontrándonos ante escenarios donde la realidad supera a la ficción.

La presión para mantener o mejorar la puntuación social es alta, lo que lleva a una tensión constante en la sociedad (número de seguidores en redes sociales en nuestra sociedad, o bien número de «*likes*»), siendo la anomia resultado de la tensión entre los fines ofrecidos por la sociedad y los medios

7 Gisbert Grifo, Susana, *Balanza de género*, Lo que no existe, Madrid, 2018, p. 191.

legítimos para alcanzarlos[8]. El episodio también ilustra cómo la falta de normas sociales claras puede llevar a una situación de anomia, en la que las personas se sienten desconectadas de la sociedad y de sí mismas. Ante el aumento de estímulos, es necesario un cambio en la forma de impartir la enseñanza, en el aprendizaje que pueda lograr imperar el cambio en el que nos hallamos inmersos.

Desde la perspectiva de la teoría del aprendizaje, el episodio puede ser visto como un ejemplo de cómo el refuerzo positivo y negativo puede afectar el comportamiento humano. La protagonista se esfuerza por mejorar su puntuación social debido a la recompensa social que conlleva. Sin embargo, también experimenta el castigo social de ser marginada cuando su puntuación baja. La sociedad en la que vive utiliza el refuerzo positivo y negativo para moldear el comportamiento y las decisiones de las personas, siendo el núcleo de esta teoría, que el proceso de aprendizaje en una estructura social dada crea situaciones específicas que producen tanto comportamiento desviado como conformista[9]. Véase que, en nuestro caso, por ejemplo, el castigo social encontraría su reflejo en la cultura de la cancelación. Como famosos o personajes públicos, ante determinadas declaraciones, pueden ver hundidas total y completamente su reputación, por ejemplo, Johnny Depp, actor consagrado en películas como *Eduardo Manostijeras*, *Piratas del Caribe*, fue despedido de manera fulminante de la saga *Animales Fantásticos* por el conflicto judicial que mantuvo frente a su exesposa, Amber Heard, por el que se le acusaba de agresiones físicas y difamación[10], o por ejemplo, las polémicas declaraciones de J. K. Rowling, autora y creadora de Harry Potter, en el ojo del huracán desde 2019 debido a sus opiniones sobre los derechos de las personas trans[11].

---

8 Rivière, Jaime, *Interpretaciones del comportamiento desviado y control social*, Universitat Oberta de Catalunya, Barcelona, s/f, p. 28.

9 Rivière, Jaime, *Interpretaciones del comportamiento…*, *op. cit*, p. 32.

10 Rueda, Enzo, «La verdadera razón por la que Warner Bros. despidió a Johnny Depp de Animales Fantásticos», *Spoiler Bolavip*, 2021. Disponible en: https://spoiler.bolavip.com/celebrities/La-verdadera-razon-por-la-que-Warner-Bros.-despidio-a-Johnny-Depp-de-Animales-Fantasticos-20211213-0012.html (fecha de consulta: 15 de octubre de 2023).

11 García, Yago, «¿Qué ha pasado con J. K. Rowling? Esta es la polémica en torno a la creadora de "Harry Potter"», *Diario 20minutos*, *Cinemanía*, 2023. Disponible en: https://www.20minutos.es/cinemania/noticias/que-

Desde una perspectiva de la teoría del control social, el episodio puede ser visto como un ejemplo de cómo las instituciones sociales y las normas sociales pueden influir e incluso manipular y moldear el propio comportamiento de las personas. Además, el sistema de clasificación social no sólo es que se encuentre impuesto por la sociedad o por unos *influencers*, sino que encuentra su respaldo en las instituciones sociales, existiendo incluso agencias de calificación. Siendo que, a mayor popularidad, mayor visibilidad, los llamados y conocidos en nuestra sociedad, algoritmos de las redes sociales, que en el capítulo de la serie tienen el poder de influir en la vida de las personas.

4.-Cine y Derecho Penal: el futuro de la enseñanza e innovación docente

La educación, al igual que el cine y las series de televisión, es un proceso continuo, en constante evolución y adaptación. En muchas ocasiones, las películas y series de televisión han sido utilizadas como herramientas educativas para enseñar sobre conceptos legales y procesos judiciales. Frecuentemente, las películas y series de televisión han sido utilizadas como herramientas educativas para enseñar sobre conceptos legales y procesos judiciales, siendo que es importante tener en cuenta que la representación del Derecho Penal en el cine puede tener implicaciones en la forma en que la sociedad entiende y aplica la justicia.

No obstante, el ámbito universitario, se ha mudado a las diversas plataformas, ya sea Youtube, Facebook, Twitter, Tik Tok, debates por WhatsApp, videoconferencias, pizarras digitales, clases por Zoom, lo que ha hecho que en esta era moderna, la innovación en la docencia se dé más en las TIC y herramientas tecnológicas que proporcionan una serie de estímulos que hacen más amena la enseñanza *online*, olvidándose el papel que ha tenido y que aún sigue teniendo el cine y las series de televisión como herramientas de análisis del Derecho Penal.

Por tanto, creo que al igual que ocurre con la moda, que lo *vintage* al final, «*siempre vuelve*», la enseñanza del Derecho

ha-pasado-con-j-k-rowling-esta-es-la-polemica-en-torno-a-la-creadora-de-harry-potter-4901215/ (fecha de consulta: 16 de octubre de 2023).

Penal a través del cine es una forma innovadora y efectiva de acercar a los estudiantes al mundo de la justicia penal. Las películas y series de televisión pueden ser herramientas valiosas para enseñar sobre conceptos legales y procesos judiciales, así como para fomentar una reflexión crítica sobre la justicia y la equidad en el sistema penal.

Hay varias relaciones entre Derecho y cine. De ellas, la que nos importa es «*el Derecho en el cine*», que consiste en la expresión fílmica de problemas con relevancia jurídica. En ocasiones se habla de «*cine jurídico*», aunque no sea un género cinematográfico oficial. Un problema en esta definición es la evidencia de que cualquier realidad representada puede tener un trasfondo jurídico, pues toda actividad humana es susceptible de ser regulada. Para corregir esta amplitud, debemos asumir que la relevancia para el estudio jurídico radica en que su nudo narrativo verse sobre problemas jurídicamente importantes. Una de las principales ventajas de enseñar Derecho Penal a través del cine es que las películas y series de televisión pueden hacer que los conceptos legales sean más accesibles y comprensibles para los estudiantes. En lugar de simplemente leer sobre conceptos legales en los libros de texto, o ver un vídeo de Youtube, los estudiantes pueden verlos en acción en la pantalla, lo que les permite entender mejor cómo funcionan en la práctica.

El cine admite debates presenciales u *online*, un marco para la reflexión y debate fundamental para que los y las estudiantes reconozcan la existencia de estereotipos de género discriminatorios en el campo cinematográfico. En el Área de Derecho Penal de la Universidad de León se han llevado a cabo continuos cine-foros en los cuales se realiza el visionado de la película y, a partir de la presentación de un profesor, se suscita un coloquio con el alumnado sobre el tema de la película. Esta actividad siempre ha resultado muy bien recibida.

A mi juicio, a través del cine, los alumnos comprenden con mayor facilidad los conceptos abstractos, tan frecuentes en el análisis del Derecho (visionado de juicios grabados, presentaciones desde Youtube, utilización comparecencias ante la prensa de responsables políticos, etc.), y por ello, se ha de profundizar en estas didácticas. Todo visionado de películas debería tener básicamente tres fases: una primera fase, que denominaremos «pre-proyección», que incluiría el trabajo preparatorio del profesor y en la que se fijarán explícitamente los objetivos de aprendizaje, que se reflejarían en un ficha técnica-didáctica sobre la película; una segunda fase de «visionado» de la película, y, por último, una tercera fase en la que los alumnos debieran elaborar un cuestionario sobre las competencias aprendidas. Una crítica guiada de la película, sobre el director y sus circunstancias históricas y personales, el mensaje que se ha querido transmitir con la película, el fondo, la comprensión de cuestiones técnico-jurídicas, la crítica sobre estas cuestiones...

Se ha de tener en cuenta que las películas y series de televisión pueden ser utilizadas para ilustrar ejemplos concretos de casos penales y procesos judiciales, lo que puede ayudar a los estudiantes a comprender mejor los aspectos prácticos del Derecho Penal. Por ejemplo, una película sobre un caso de asesinato puede utilizarse para enseñar sobre la investigación policial, el juicio y las consecuencias jurídico-penales, así como familiares, entre otros temas. Pongamos otro ejemplo notable: qué manera tan estupenda de hacer comprender a un alumno de Derecho la importancia de la presunción de inocencia, si se le hace ver la película *El proceso*, de Orson Welles, personalísima adaptación de la novela de Kafka, en la que Joseph K., un empleado bancario, se despierta en su habitación junto a un policía que le ordena ir a juicio, pero no le informa del motivo por el cual ha sido acusado. Para averiguar el motivo de su acusación y protestar por su inocencia, intenta ver lo que hay detrás del sistema judicial. Dado que sus averiguaciones no dan fruto, parece no haber escapatoria para él en esta pesadilla kafkiana que roza los límites del absurdo.

ZAFFARONI señala que el cine es una técnica docente muy útil en momentos en que la imagen reemplaza a la lectura en la formación de la subjetividad. Según este autor el artista nos abre lo que el penalista no se anima a ver. Expresa el mundo de lo real golpeando la viga maestra de los discursos cerrados, despierta la potencia racional del ser humano. Esta «*cultura de la imagen*» se ha convertido en uno de los principales transmisores y creadores de significados, modas y tendencias, uno de los principales conformadores del imaginario colectivo.

Así, como lo señala DÍAZ Y GARCÍA CONLLEDO, el cine puede ser complemento de la enseñanza del Derecho, especialmente para fomentar en el estudiante el acercamiento a ciertos temas, es decir, como complemento a un estudio riguroso, costoso y esforzado de los temas jurídicos.

Otra ventaja, ya no sólo cultural, es fomentar la visión crítica del estudiante, ayudarle a fomentar una reflexión crítica sobre la justicia y la equidad en el sistema penal. A través de la representación de los procesos judiciales y las historias de los personajes, el cine puede hacer que los estudiantes cuestionen las prácticas y políticas del sistema penal, así como hacer la comparativa entre diferentes ordenamientos jurídicos, piénsese por ejemplo en series tipo *Suits* o *Como defender a un asesino* (que en inglés se titula *How to get away with murderer*, es decir, cómo salir «airoso» de un asesinato). También, desde el cine se pueden estudiar los diferentes tipos de marginación existentes. En este sentido, es importante que la enseñanza del Derecho Penal desde el cine se realice desde una perspectiva de igualdad y no discriminación. Esto implica considerar cómo se representan los diferentes grupos sociales en el cine y cómo estas representaciones pueden perpetuar estereotipos y prejuicios que afectan a la justicia y la equidad en el sistema penal. Así, por ejemplo, una película sobre un caso de discriminación racial puede utilizarse para enseñar sobre la discriminación en el sistema penal y fomentar una discusión crítica sobre cómo se puede mejorar la equidad en el sistema penal.

Ahora bien, en muchas ocasiones, la violencia se representa de manera glamurosa y excesiva en el cine, lo que puede llevar a una percepción errónea de que la violencia es una solución aceptable para resolver conflictos, por lo que es importante que los docentes fomenten una perspectiva crítica y reflexiva sobre la violencia y su representación en las películas y series de televisión, y enseñen sobre las consecuencias de la violencia y los principios legales que regulan su uso. También es importante enseñar sobre alternativas no violentas para resolver conflictos y fomentar la resolución pacífica de los mismos. es importante que los docentes fomenten una perspectiva más compleja y matizada de la justicia en sus clases. Esto implica enseñar sobre los principios fundamentales de la justicia, como la presunción de inocencia, el derecho a un juicio justo y la protección de los derechos humanos, y analizar críticamente cómo se representan estos principios en las películas y series de televisión.

Dentro del uso de las TIC como recursos didácticos puede ubicarse el diseño de casos prácticos a través de videos —películas o documentales—, toda vez que estos resultan ser instrumentos de gran ayuda. El carácter documental e informativo del cine enriquece la enseñanza de cualquier materia; las emociones que produce el séptimo arte pueden despertar el interés del alumno por un tema jurídico; la identificación que genera entre sujeto y objeto potencia el aprendizaje significativo; e, igualmente, el cine aporta la baza fundamental para el aprendizaje motivador de enseñar deleitando. Siguiendo una metodología invertida, donde el alumno colaborase de manera activa, se lograrían grandes resultados. En una misma sesión se haría un repaso de diferentes temas que ya han sido analizados desde un punto de vista más teórico, llevándolo ahora al aspecto práctico.

Es el alumno el que decide qué escena de una película o, si lo prefiere, qué noticia desea proyectar a sus compañeros. Esa tarea de elección de la escena se realiza fuera del aula. Esta fase es realmente importante. El estudiante sabedor de que ha de escoger una escena estará pendiente de noticias y pensará en escenas de películas durante el desarrollo de la asignatura, de modo que su aprendizaje se estará realizando al mismo tiempo que realiza actividades de ocio. De este modo el alumno sabe cuál es el tema que desea exponer. Explicará a sus compañeros la cuestión o cuestiones penales que se deriven del visionado. Tras ello se abrirá un debate entre los estudiantes y el alumno o la alumna ponente encargado del comentario de esa escena. Los alumnos darán sus opiniones al respecto y preguntarán al ponente o a la ponente (que ha de ir con la materia preparada) todas aquellas dudas que deseen que se les resuelvan.

Los estudiantes, tras el visionado de extractos de películas o noticias con cuestiones jurídico penales, deberán analizar, comentar y debatir mínimamente las siguientes cuestiones: a) calificación jurídica de los hechos; b) bien jurídico protegido; c) tipo objetivo: conducta típica, *iter criminis*, autoría y participación; d) tipo subjetivo: dolo, imprudencia; e) antijuridicidad: causas de justificación; f) culpabilidad. A modo de ejemplo, podemos mencionar la siguiente película:

Wonder. Una película dirigida por Stephen Chbosky en 2017. August es un niño que nació con una rara deformidad facial médica y que ha sido educado en casa. En un determinado momento comienza a ir al colegio y es aislado del grupo. Podemos elegir alguna escena en ese sentido. Así, la escena en la que varios niños de la escuela colocan en la taquilla de August una foto de la clase editada para borrar a August y que lleva escrito «*Los monstruos están prohibidos*» y «*Hazle un favor a todos y muérete*»; además, August ha recibido notas en el casillero, en su pupitre, en su silla, todas ellas con insultos y burlas. El alumno puede hablar del acoso escolar, del *bullying*, su concepto y sus características, pudiéndose prestar atención también al ciberacoso y analizar cuál es la respuesta penal.

El cine no es solo una herramienta, tiene sustantividad propia, es un instrumento que nos sirve como estrategia didáctica que ha de formar parte de la acción docente para hacer pensar y sentir, consolidar conocimiento, generar actitudes, despertar el sentido crítico y la creatividad. Por tanto, al plantearnos la pregunta de si el cine puede ser un instrumento adecuado para complementar la docencia universitaria o incluso ser objeto de investigación jurídica, no cabe duda de que en estas páginas se han ofrecido argumentos más que suficientes para dar una respuesta afirmativa a tal cuestión. Por lo que, en definitiva, la enseñanza del Derecho Penal a través del cine o series de televisión, puede ser una forma efectiva e innovadora de acercar a los estudiantes al mundo de la justicia penal. Las películas y series de televisión pueden hacer que los conceptos legales sean más accesibles y comprensibles para los estudiantes, ilustrar ejemplos concretos de casos penales y procesos judiciales, y fomentar una reflexión crítica sobre la justicia y la equidad en el sistema penal.

5.-Bibliografía

Bergalli, Roberto; **Bodelón**, Encarna, «La cuestión de las mujeres y el derecho penal simbólico», *Anuario de Filosofía del Derecho*, núm. 9, 1992.

Bodelón, Encarna, *Género, Violencia y Derecho*, Tirant lo Blanch, Valencia, 2009.

Erice Martínez, Esther, «Algunas reflexiones sobre la perspectiva de género», *Boletín Penal Juezas y Jueces para la Democracia*, enero de 2018.

García, Yago, «¿Qué ha pasado con J. K. Rowling? Esta es la polémica en torno a la creadora de "Harry Potter"», *Diario 20minutos*, *Cinemanía*, 2023. Disponible en: https://www.20minutos.es/cinemania/noticias/que-ha-pasado-con-j-k-rowling-esta-es-la-polemica-en-torno-a-la-creadora-de-harry-potter-4901215/ (fecha de consulta: 16 de octubre de 2023).

Gisbert Grifo, Susana, *Balanza de género*, Lo que no existe, Madrid, 2018.

Ortega Lorente, José Manuel, «Breves reflexiones sobre necesidades formativas de juezas y jueces», *Boletín Penal Juezas y Jueces para la Democracia*, enero de 2018.

Rivière, Jaime, *Interpretaciones del comportamiento desviado y control social*, Universitat Oberta de Catalunya, Barcelona, s/f.

Rueda, Enzo, «La verdadera razón por la que Warner Bros. despidió a Johnny Depp de Animales Fantásticos», *Spoiler Bolavip*, 2021. Disponible en: https://spoiler.bolavip.com/celebrities/La-verdadera-razon-por-la-que-Warner-Bros.-despidio-a-Johnny-Depp-de-Animales-Fantasticos-20211213-0012.html (fecha de consulta: 15 de octubre de 2023).

Varela Castejón, Xermán, **Fernández Suárez**, Natalia, «Algunas reflexiones sobre la perspectiva de género», *Boletín Penal Juezas y Jueces para la Democracia*, enero de 2018.

VV. AA., *Análisis de la Justicia desde la perspectiva de género*, Tirant lo Blanch, Valencia, 2018.

XX

LAS SERIES DE TELEVISIÓN O EN PLATAFORMAS *ONLINE* COMO HERRAMIENTA DE INNOVACIÓN PARA RELACIONAR LOS CONTENIDOS DE LA DOCENCIA EN DERECHO CONSTITUCIONAL

JOSÉ LUIS MATEOS CRESPO
Profesor Asociado de Derecho Constitucional
Universidad de Salamanca

1.-Introducción

Las distintas modalidades de manifestaciones artísticas no sólo son fuente de satisfacción para quienes las crean, sino también para sus potenciales destinatarios que no sólo consumen sino también valoran y disfrutan el contenido de tales creaciones y los efectos que provocan. Desde el plano de los no expertos, tendemos a identificar el arte con la pintura, la escultura o la literatura, a lo que hemos ido añadiendo progresivamente las producciones cinematográficas y el teatro con carácter general. Además, desde nuestra perspectiva, entendemos que es necesario una reflexión acera de la incorporación a este catálogo artístico de las series de televisión o en plataformas de consumo a demanda por sus usuarios, sobre todo por lo masivo de su acceso y los contenidos que albergan.

La impartición de la docencia puede realizarse de muchas formas y a través de métodos diversos, exigiéndose en tiempos recientes una mayor implicación del profesorado por incorporar herramientas que produzcan un efecto innovador en la docencia. La tendencia innovadora docente no debe verse en modo alguno como un peligro para el contenido de lo que se ha venido transmitiendo a lo largo de los años, sino como complemento idóneo para provocar un mayor interés entre el estudiantado, de modo que permita captar su atención y mejore la asimilación de contenidos. En este trabajo se propone relacionar las series de televisión o en plataformas *online* de consumo a demanda con los contenidos de asignaturas relacionadas con el Derecho Constitucional, con el ánimo de provocar ese mayor interés entre el estudiantado, y facilitar el trabajo y estudio de contenidos teóricos.

2.-Las plataformas de *streaming:* una nueva forma de consumo audiovisual

El ecosistema audiovisual ha sufrido un cambio radical en la última década y ello se debe a la extensión de las plataformas de consumo en *streaming* y a demanda del consumidor. No hace tanto tiempo el espectador-consumidor de series debía atender a la programación establecida por el canal de televisión o de cable que retransmitía el contenido, por lo que el momento de consumo estaba condicionado por la parrilla del canal y no por el momento de disponibilidad o apetencia del consumidor. La sustantividad del cambio responde sobre todo a este aspecto de «*consumir cuando se quiera*» que se relaciona con los tiempos de la inmediatez y el consumo a la carta casi de cualquier cosa, en los que nos han situado las nuevas tecnologías y, más en particular, el desarrollo de internet con sus múltiples usos y herramientas asociadas.

No somos partidarios de considerar que la reproducción *online* a demanda haya sido la creación de una necesidad inexistente con carácter previo, sino una modalidad para el consumo audiovisual que se adapta muy bien a la demanda existente en una sociedad que, como la definió BAUMAN es «*líquida*», en constante cambio y llena de incertidumbres[1].

1 BAUMAN, Zygmunt, *Vida líquida*, Paidós, Barcelona, 2015.

Este mundo de cambios constantes y futuro incierto —cosa que, por cierto, siempre ha sido, pero ahora genera mayor ansiedad porque lo desconocido es más próximo— hace que el consumo casi de cualquier cosa requiera inmediatez y ello supone plantear modos *a la carta*, incompatible con el modelo de emisión de series o películas como no hace tanto tiempo, esto es, en la parrilla televisiva del canal emisor en un horario determinado. No obstante, todavía hay contenidos cuya difusión a través de la televisión lineal resultan más exitosos que a través de las plataformas de *streaming*[2].

Entre las causas de estos cambios sociales no podemos obviar el papel que ha jugado la globalización y sus efectos sobre el mercado audiovisual. Los flujos de información y la interacción social han permitido la creación de nuevas identidades sociales, pero también de índole cultural[3]. Esto ha influido en la producción de películas y series a nivel mundial, que han encontrado en las plataformas audiovisuales como Netflix, Amazon Prime Vídeo, HBO o similares, la vía perfecta para satisfacer las demandas de nuevo y más consumo de este tipo de contenidos cuyos lanzamientos se realizan al mismo tiempo y en varios países de forma sincronizada. Tampoco puede dejar de señalarse el impacto que sobre el consumo de contenidos audiovisuales ha tenido la pandemia de la COVID-19 y cómo algunas de las prácticas a las que tuvimos que adaptarnos forzosamente han permanecido posteriormente[4].

Además del *shock* provocado por la pandemia de la COVID-19, es evidente que supuso, entre otras cuestiones, un proceso de digitalización acelerada en muchos ámbitos de nuestra vida con un impacto muy particular en la forma en que consumíamos información y contenidos audiovisuales.

---

2 MARTÍNEZ, Héctor Llanos, «Cuando las plataformas de "*streaming*" no pueden competir con la televisión lineal», *Cuadernos de periodistas: revista de la Asociación de la Prensa de Madrid*, núm. 44, 2022, pp. 71-77.

3 SOTO FERNÁNDEZ, Gloria, «La era del consumo en la esfera audiovisual: series y plataformas *streaming*», *Revista científica de series televisivas y arte audiovisual SERIEARTE,* vol. 3, 2023, pp. 155 y ss.

4 BOLOGNESI, María Laura, «Post pandemia y nuevos hábitos de consumo de productos audiovisuales: *streaming*, narrativas transmedia y experiencias personalizadas», *Millcayac- Revista Digital de Ciencias Sociales,* vol. X, núm. 18, 2023.

Es posible que la tendencia se consolidara a corto y medio plazo, pero no podemos obviar que la pandemia aceleró este proceso y, con altas dosis de probabilidad, nos ha situado en un escenario que quizás hubiéramos alcanzado un lustro o una década después en términos de oferta de modalidades para el consumo audiovisual. Ante esta situación, las propias plataformas aprovecharon la coyuntura para fomentar el consumo de contenidos, lo que en un primer momento se ofertó como una compensación a sus usuarios por la crisis sanitaria para que pudieran acceder, en muchos casos de forma gratuita, al visionado de películas y series para sobrellevar mejor el periodo de obligado confinamiento domiciliario. El tráfico de consumo de datos y el uso de *smartphones* o cualquier dispositivo electrónico con acceso a internet, se dispararon; y no fue menor el aumento que se produjo en el consumo de contenido audiovisual, también a través de las plataformas de *streaming*, que experimentaron crecimientos de más del 30 %[5]; y con unas previsiones de incremento de los ingresos del doble en 2025 en relación con los del año 2019, el anterior al del inicio de la pandemia[6].

El consumo audiovisual a través de este tipo de plataformas ha llegado para quedarse, es una obviedad a la vista de la incidencia y las perspectivas en un futuro próximo. Pero, además, la configuración de los sistemas que utilizan estas plataformas para ofertar sus contenidos a los usuarios registrados que pagan una cuota periódica relativamente asequible, provocan e incentivan aún más el consumo de más contenidos similares a los ya visionados. En esto, una vez más, juega un papel fundamental el desarrollo tecnológico vinculado al uso de los datos facilitados por nosotros mismos con nuestras acciones que revelan nuestras preferencias por un determinado contenido y no otro. Estos datos, a través de la programación del adecuado algoritmo, sirve para que en los perfiles creados en las plataformas digitales nos pongan frente a nuestros ojos cada vez que accedemos, aquel contenido que más se ajusta

5 FEIRAS CEIDE, César *et al*, «Impacto del COVID-19 en la televisión en España: contenidos, audiencias, soportes y estrategias de producción», RISTI-*Revista Ibérica de Sistemas y Tecnologías de Información,* núm. 35, 2020, pp. 576 y ss.

6 MARÍN PÉREZ, Benjamín, «*Streaming*: ventajas, desafíos y oportunidades de las radiotelevisiones para captar audiencias», *Revista de Ciencias de la Comunicación e Información,* vol. 26, 2021, p. 46.

a nuestros gustos. Nada es inocente, por supuesto, y mucho menos cuando se trata de la tecnología, por lo que este tipo de prácticas tienen un aspecto positivo y otro no tanto. En cuanto a lo positivo, el algoritmo que nos sitúa ante nuestros ojos aquellos contenidos similares a los consumidos previamente y, por tanto, más cercanos a nuestros gustos y preferencias, permite articular una herramienta fácil y útil para recomendarnos lo próximo que puede interesarnos visionar, sin perder excesivo tiempo buscando en el amplio catálogo que integra la plataforma[7]. Sin embargo, debemos señalar una parte menos positiva, como es que este tipo de facilidades también provoca tiempos excesivos de uso de la plataforma «*sin solución de continuidad*» y pudiendo derivar en casos próximos a la adicción a contenidos consumidos vía *streaming*.

No obstante, más allá del debate acerca de si las facilidades para acceder a contenidos audiovisuales a través de este tipo de plataformas tienen efectos negativos no deseables, lo cierto es que debemos considerar el papel relevante en el consumo audiovisual entre millones de personas, con especial incidencia entre personas en edad de cursar estudios universitarios o en la etapa previa. Más allá del número de horas que dedican al visionado de contenidos audiovisuales y la opinión que nos merezca este volumen de su tiempo en relación con otras prácticas culturales como la lectura o la asistencia al cine o al teatro, no podemos menospreciar el potencial como herramienta educativa si se relaciona de forma adecuada con los contenidos impartidos, pero antes de este enfoque consideramos de importancia plantearnos si cuando estamos ante una serie también es una verdadera manifestación artística, a lo que dedicaremos el siguiente apartado.

3.-¿Son las series de televisión o en plataformas *streaming* una manifestación artística?

El interrogante acerca de la aportación cultural de las series de televisión lineal y, más recientemente, las emitidas a tra-

---

7 ZELCER, Mariano, «Sistemas de recomendación en plataformas de *streaming* audiovisual: las lógicas de los algoritmos», *Mídia & Cotidiano,* vol. 17, núm. 2, 2023.

vés de las plataformas en *streaming* es un debate que nos suscita interés en el presente trabajo por cuanto provoca un planteamiento acerca de si estos contenidos audiovisuales deben considerarse o no manifestaciones culturales. Es evidente que, si queremos vincular los contenidos audiovisuales de las series al Arte, no podemos obviar la respuesta a la pregunta sobre si las series que consumimos a través de las plataformas de *streaming* son o no una manifestación artística; algo que no siempre ha gozado de unanimidad y sobre lo que reflexionaremos en las próximas líneas.

La pregunta, no obstante, no es un planteamiento propio y aislado, sino que también se encuentran reflexiones similares a lo largo del tiempo, destacando, a nuestro juicio, la obra *La cultura de las series* de CASCAJOSA[8], donde precisamente se aborda el impacto cultural de las series al definirlas como un producto cultural de los más relevantes en la actualidad, poniendo en valor no sólo el producto final del contenido audiovisual, esto es, lo que vemos y nos llega a través de nuestras pantallas —ya sean televisores, móviles, ordenadores o tabletas—, sino el entramado que hay tras cada producción, esto es, los equipos de realización, producción, guionistas, dirección, etc., sin menospreciar en absoluto al elenco de actores y actrices que encuentran en las series un espacio de realización profesional, así como un lanzamiento de sus carreras artísticas hacia otros formatos como cine o teatro.

La consideración artística de las series televisivas es algo difícilmente cuestionable en la actualidad, no sólo porque su consumo se haya extendido e incluso generalizado entre individuos de distintas edades y diferentes grupos sociales, sino porque hoy en día se trata de productos de alta calidad y sofisticación que no guardan relación «*con la televisión y sí con una cuidada reactualización o reciclaje de modelos cinematográficos, literarios y teatrales burgueses anteriores que sobreviven gracias a la rentabilidad económica que les proporciona un sistema estéticamente conservador*»[9]. El éxito de la calidad de las series también guarda relación con un consumo masivo por millones de espectadores que se han sentido identifica-

---

8 CASCAJOSA VIRINO, Concepción, *La cultura de las series,* Laertes, Barcelona, 2016.

9 MUÑOZ FERNÁNDEZ, Horacio, «¿Son arte las series de televisión?», *Index comunicación: revista científica en el ámbito de la Comunicación Aplicada,* vol. 6, núm. 2, 2016, pp. 70 y 71.

dos con sus contenidos, por lo que la legitimación cultural también debe tener en cuenta el grado de aceptación *popular* hacia este tipo de productos audiovisuales y no sólo por si se consumen por una élite cultural muy definida[10].

A pesar de que nuestra opinión coincide con la expresada sobre la consideración de las series televisivas como expresión artística, no podemos dejar al margen a aquellas otras opiniones que han discrepado de esta posición. Entre estas posiciones contrarias a la consideración de las series como expresión artística, destacamos la opinión sintetizadora de Luis Mora que, en una opinión publicada en su *blog*, desmitifica las series para considerarlas sobre todo un producto de consumo adaptado al negocio televisivo y no una creación artística donde el autor mantiene todo el control sobre su obra. No se niega que las series televisivas tengan muchos valores en sí mismas, pero tales valores responden al ámbito televisivo y no al artístico; además, salvo excepciones, señala cómo el formato de las series no desafía al medio a través del que se emiten o consumen, lo que da cuenta del servilismo de este tipo de difusión audiovisual que no prioriza su vertiente artística que sería el fin de toda obra de arte, sino la del medio[11].

El debate suscitado en torno a lo artístico de las series es profundo y de interés, pero quien aquí escribe considera que los argumentos favorables a la consideración de las series como una manifestación artística son más convincentes que los que la niegan, sin quitarle valor alguno a quienes se posicionan en sentido contrario. En resumen, consideramos que las series emitidas en televisión lineal o en plataformas de *streaming* reúnen condiciones para su consideración como arte, más allá de la calidad y de su contenido que, por supuesto, variaría de unas a otras como sucede con las películas de cine, libros u otro tipo de manifestación artística y que, en muchos casos, depende de una valoración subjetiva en función de gustos o preferencias. El reto concreto en este trabajo, una vez despejadas algunas dudas o plantear ciertos debates con carácter previo, es vin-

10 Muñoz Fernández, Horacio, «La (des)legitimación cultural de las series de televisión», *Revista Portuguesa da Imagem em Movimento,* vol. 5, núm. 2, 2018, pp. 286 y ss.

11 Luis Mora, Vicente, «Por qué llamar a las series arte cuando quieren decir *storytelling*» (fecha de consulta: 28 de abril de 2024): https://vicenteluismora.blogspot.com/2015/06/por-que-llamar-las-series-arte-cuando.html

cular la creación artística que son las series televisivas con contenidos de la disciplina del Derecho Constitucional en las aulas para facilitar el aprendizaje y como experiencia innovadora en el ámbito de la educación superior de nivel universitario, a lo que dedicaremos el siguiente apartado.

4.-Cómo se pueden relacionar las series de televisión o en *streaming* con la docencia en Derecho Constitucional

La docencia universitaria de asignaturas de Derecho Constitucional se imparte con peso específico a niveles de grado en titulaciones tales como Derecho, Ciencia Política o Criminología, sin desmerecer la que también se imparte en otras titulaciones del ámbito de las ciencias jurídicas y sociales. En estas asignaturas, además de abordar el sistema de fuentes de acuerdo con nuestro modelo constitucional y otros aspectos propios de los que se encarga esta disciplina, una parte relevante que se explica al estudiantado en los primeros cursos de las referidas titulaciones suele ser precisamente la forma política o las formas de Gobierno, algo que, a diferencia de otros contenidos de las asignaturas, puede vincularse con las series de televisión de política que en los últimos años han gozado de notable éxito en las plataformas de *streaming*.

La mayoría de las series sobre política que más audiencias han cosechado en los últimos años en las plataformas digitales se basan en las dinámicas propias de la política en EE. UU. y suponen un contraste con la forma de gobierno en la mayoría de los países de nuestro entorno. En España, el texto constitucional define, en su artículo 1.3[12], que la forma política del Estado es la monarquía parlamentaria[13], donde el peso del parlamento para la investidura o censura del jefe del ejecutivo, así como sus funciones de control al gobierno son fundamentales; cuestiones que se diferencian en la política estadounidense donde un sistema presidencialista contrasta

12 Sánchez Agesta, Luis, «La monarquía parlamentaria en la Constitución de 1978», *Revista Española de Derecho Constitucional,* núm. 18, 1986, pp. 9-20.

13 Ferrando Badía, Juan, «La monarquía parlamentaria actual española», *Revista de Estudios Políticos,* núm. 13, 1980, pp. 7-44.

con el español de corte parlamentario[14]. Precisamente es este contraste entre modelos de sistemas de gobierno presidencialista y parlamentario, así como otros aspectos del funcionamiento de la representación política o el papel que juegan las mayorías parlamentarias y las formaciones políticas, lo que permite vincular la trama de determinadas series exitosas con la docencia.

Entre los ejemplos a destacar de las series de mayor trascendencia en los últimos años, destacamos *House of Cards* o *Sucesor Designado*, en el caso de series ambientadas en la política de EE. UU. en torno a la presidencia y las dinámicas propias entre la Casa Blanca y la Cámara de representantes. Es evidente que, en los mencionados casos, la ficción es una de las notas predominantes y, como se dice coloquialmente, se hace necesario «*separar el grano de la paja*», pero son formatos lo suficientemente atractivos para el público en edad habitual para recibir formación universitaria y que puedan relacionar con el modelo del sistema presidencial que, en contraste, supone para nuestro sistema de corte parlamentario. Sobre todo, y más en concreto, nos permite observar cómo el papel de la propia Cámara de representantes difiere sustancialmente del que juega el Congreso de los Diputados en el sistema político español.

Además, a través de las series mencionadas nos permite observar, también por contraste, el peso específico que juegan los partidos políticos en los grupos parlamentarios en el caso español, mientras que en la política estadounidense son los representantes electos en sus circunscripciones, que actúan al margen, en muchas ocasiones, de los aparatos de los partidos, participando en la conformación de mayorías diversas en función de la naturaleza de los asuntos sometidos a votación, por lo que los líderes de la mayoría parlamentaria deben negociar con representantes de otros partidos políticos para que sumen su voto y permitan la aprobación del asunto que se trate. En el sistema político español, como suele ser costumbre, la disciplina de partido opera sobre cualquier otra consideración, por lo que el resultado de las votaciones es previsible y no dan lugar a la conformación de mayorías en las

14 Aragón Reyes, Manuel, «Sistema parlamentario, sistema presidencialista y dinámica entre los poderes del Estado. Análisis comparado», en Pau i Vall, Francesc (Coord.), *Parlamento y control de gobierno*, Thomson Reuters Aranzadi, Navarra, 1998, pp. 29-46.

que participen los diputados individualmente al margen de la directriz del grupo parlamentario al que pertenecen.

En un sistema presidencialista, pero con fuerte dinámica partidista en el parlamento, se encuadra la serie *Baron noir*, ambientada en la política francesa, y donde pone de relieve cómo la elección en distritos uninominales refuerza la capacidad de los parlamentarios para su elección y mantener una posición relevante en las filas de su formación política. Más allá de las convenientes intrigas para mantener la atención al otro lado de la pantalla, esta serie describe un recorrido político en el que la carrera de quien quiere acceder a la presidencia del país, lo suele hacer desde una alcaldía que le da ese escaparate para luego acceder a un escaño mediante elección; superando las controversias internas en el partido y las alianzas entre coaliciones electorales para lograr la victoria, en un sistema mayoritario de doble vuelva en los diferentes niveles de elección, diferenciándose del sistema electoral proporcional como es el español.

En el caso de *Borgen*, otra de las series con mayor recorrido en los últimos años en el consumo de este tipo de contenidos audiovisuales en plataformas digitales, se trata de varias temporadas ambientadas en la política de Dinamarca. El sistema parlamentario es definitorio de este país nórdico donde, además, lo habitual es un gobierno minoritario que está apoyado por una mayoría parlamentaria formada por distintas formaciones políticas y, en ocasiones, de diversas ideologías. Salvando mucho las diferencias, que existen y son profundas, esta serie puede acercarnos al modelo representativo español en cuanto al papel del parlamento para la investidura del jefe del ejecutivo y por la negociación casi permanente que debe producirse entre el partido de un gobierno en minoría con el resto de las formaciones políticas para mantener la confianza que dio origen a la formación del gobierno y para la aprobación de leyes a lo largo de la legislatura. En esta ocasión, además, no es una cuestión menor, cómo el papel de la televisión pública incide de manera relevante en el desarrollo de los acontecimientos políticos, con un nivel de independencia y profesionalidad que, en muchos casos, se echa en falta en España.

Éstos son algunos ejemplos, quizás los más significativos por la repercusión que tuvieron las citadas series, para vincular la docencia, aunque sea parcialmente, de los contenidos de asignaturas de Derecho Constitucional con elementos de las historias ambientadas en la política estadounidense, danesa o francesa. El incentivo al estudiantado para comprobar el contraste entre la forma política o de gobierno español y la de estos países con los que se vinculan las mencionadas series en plataformas de *streaming*, es un método innovador para mejorar la asimilación de los contenidos docentes impartidos y hacerlo, además, a través del visionado de series como factor de entretenimiento.

5.-Conclusiones

En este trabajo se ha pretendido realizar una aportación innovadora para su aplicación en la práctica docente en relación con las series de plataformas en *streaming*, estableciendo una vinculación como herramienta útil entre los contenidos docentes y los audiovisuales. Este vínculo ha sido consecuencia de hacer de la necesidad virtud, en tanto que puede observarse cómo los estudiantes universitarios son consumidores activos y continuos de series en plataformas *online* como Netflix, HBO o Amazon Prime Vídeo, entre otras; sin partir de una consideración precipitada acerca de que el tiempo invertido en esta actividad por los estudiantes sea totalmente perdido para el rendimiento académico o en el ámbito docente. La pérdida de tiempo o no en términos educativos dependerá, en buena medida, de si desde la docencia se incentiva la conexión entre los contenidos audiovisuales que se consumen y los contenidos docentes impartidos.

El vínculo entre el contenido de las series y el de las asignaturas impartidas dependerá también del planteamiento que se realice en el aula para que el estudiantado identifique de forma adecuada aquellos aspectos destacables en el desarrollo de las series y guardan relación con la materia docente. Para ello, es imprescindible la labor del profesorado, que no debe encomendar al estudiantado que consuma contenidos audiovisuales sin más, sino destacar qué elementos deben ser observados con mayor atención durante el visionado de las series para, con posterioridad, señalar el contraste existente entre modelos políticos con respecto a los contenidos explicados en clase.

En síntesis, es conveniente que desde la labor docente se identifiquen qué tipo de métodos pueden ayudar a asimilar los contenidos impartidos en las aulas y a través de materiales clásicos combinados con nuevas herramientas a nuestro alcance. El masivo consumo de series por grandes grupos de población no debe ser visto como amenaza para la labor docente a nivel universitario, sino con el potencial aquí señalado. Es decir, debemos ver en las series de plataformas digitales o difundidas por otros formatos similares, una oportunidad real para mejorar la asimilación de contenidos y mejorar la implicación del estudiantado a través de este tipo de incentivos que hacen más asequible o atractiva la asimilación de los conocimientos asociados a las asignaturas y que guardan relación más o menos directa con aspectos destacables y presentes en las series. Así, quizás, lograremos mejorar el interés por aquello que intentamos transmitir desde la docencia y hacerlo, además, con una metodología distinta e innovadora con respecto a la utilizada hasta ahora.

6.-Bibliografía

Aragón Reyes, Manuel, «Sistema parlamentario, sistema presidencialista y dinámica entre los poderes del Estado. Análisis comparado», en Pau i Vall, Francesc (Coord.), *Parlamento y control de gobierno*, Thomson Reuters Aranzadi, Navarra, 1998, pp. 29-46.

Bauman, Zygmunt, *Vida líquida*, Paidós, Barcelona, 2015.

Bolognesi, María Laura, «Post pandemia y nuevos hábitos de consumo de productos audiovisuales: streaming, narrativas transmedia y experiencias personalizadas», *Millcayac-Revista Digital de Ciencias Sociales,* vol. X, núm. 18, 2023.

Cascajosa Virino, Concepción, *La cultura de las series*, Laertes, Barcelona, 2016.

Ferrando Badía, Juan, «La monarquía parlamentaria actual española», *Revista de Estudiso Políticos,* núm. 13, 1980, pp. 7-44.

Fieiras Ceide, César *et al*, «Impacto del COVID-19 en la televisión en España: contenidos, audiencias, soportes y estrategias de producción», *RISTI-Revista Ibérica de Sistemas y Tecnologías de Información,* núm. 35, 2020, pp. 572-585.

Luis Mora, Vicente, «Por qué llamar a las series arte cuando quieren decir storytelling» (fecha de consulta: 28 de abril de 2024): https://vicenteluismora.blogspot.com/2015/06/por-que-llamar-las-series-arte-cuando.html

Marín Pérez, Benjamín, «Streaming: ventajas, desafíos y oportunidades de las radiotelevisiones para captar audiencias», *Revista de Ciencias de la Comunicación e Información,* vol. 26, 2021, pp. 45-65.

Martínez, Héctor Llanos, «Cuando las plataformas de "streaming" no pueden competir con la televisión lineal», *Cuadernos de periodistas: revista de la Asociación de la Prensa de Madrid*, núm. 44, 2022, pp. 71-77.

Muñoz Fernández, Horacio, «¿Son arte las series de televisión?», *Index comunicación: revista científica en el* ámbito *de la Comunicación Aplicada,* vol. 6, núm. 2, 2016, pp. 69-82.

Muñoz Fernández, Horacio, «La (des)legitimación cultural de las series de televisión», *Revista Portuguesa da Imagem em Movimento,* vol. 5, núm. 2, 2018, pp. 284-305.

Sánchez Agesta, Luis, «La monarquía parlamentaria en la Constitución de 1978», *Revista Española de Derecho Constitucional,* núm. 18, 1986, pp. 9-20.

Soto Fernández, Gloria, «La era del consumo en la esfera audiovisual: series y plataformas streaming», *Revista científica de series televisivas y arte audiovisual. SERIEARTE,* vol. 3, 2023.

Zelcer, Mariano, «Sistemas de recomendación en plataformas de streaming audiovisual: las lógicas de los algoritmos», *Mídia & Cotidiano,* vol. 17, núm. 2, 2023.

XXI

PROYECTO DE INNOVACIÓN DOCENTE SOBRE JUSTICIA TRANSICIONAL A TRAVÉS DEL AUDIOVISUAL: LAS MADRES DE LA PLAZA DE MAYO Y EL JUICIO A LAS JUNTAS MILITARES EN LA ARGENTINA

CRISTINA ALONSO SALGADO
Profesora Contratada Doctora de Derecho Procesal
Universidade de Santiago de Compostela

1.-Con carácter preliminar

A través de las presentes líneas, se pretende hacer una pequeña presentación del proyecto de innovación docente sobre sobre la Justicia Transicional a través del audiovisual desarrollado en el curso académico 2023-2024, en la asignatura Derecho Procesal Penal del Grado en Derecho de la Universidad de Santiago de Compostela.

La que se presenta ahora fue una experiencia educativa que buscó conjugar diferentes elementos de interés: por un lado, el medio audiovisual para la contextualización y la visualización de la problemática a abordar; y, por el otro, los peligros del autoritarismo a través del ejemplo de lucha de las Madres de la Plaza de Mayo como uno de los principales baluartes en defensa de los Derechos Humanos, de la Justicia y de la Democracia, desde la dictadura hasta nuestros días.

En los últimos tiempos, la realidad nos devuelve una imagen preocupante en relación a la deriva autoritaria en los Estados del Norte global. En lo que a nosotras y nosotros interesa, la falta de perspectiva histórica hace que buena parte de nuestro alumnado no sea capaz de advertir los peligros de determinados discursos reaccionarios. Ni siquiera nuestro pasado más reciente favorece la llamada a la reflexión, ora por desconocimiento, ora porque el pasado es defendido y/o aplaudido por determinadas organizaciones políticas.

Abordar como un peligro para el Estado de Derecho, para la Justicia y, por tanto, para la Democracia, lo que para una parte de la sociedad apenas son anécdotas, provoca en el alumnado una actitud reactiva que lo acaba por impermeabilizar. Quiere ello decir que, en no pocas ocasiones, la estrategia directa lejos de impulsar la señalada reflexión, favorece la sensación por parte de nuestro alumnado de que, con la docencia impartida, se abraza una posición de parte. Y claro que así es: quien estas líneas escribe, abraza, en efecto, una posición de parte, la de la defensa de los Derechos Humanos y del Estado de Derecho, como *conditio sine qua non* para la reflexión sobre la que analizar las Democracias del siglo XXI.

Comoquiera que estas resistencias del alumnado, infelizmente, están ya presentes en nuestras aulas, hace falta echar mano del Derecho comparado para tejer analogías que permitan la reflexión que aquí se reclama.

Ello no obstante, la ausencia de referencias del ámbito internacional en lo que al temario del Derecho Procesal se refiere, dificultaba y dificulta el recurso a esa mirada comparada. Para sortear el obstáculo, una buena solución pasa por echar mano del medio audiovisual. En primer lugar, porque con el actual estallido del audiovisual, no cabe duda de que el medio constituye un fenómeno de socialización generacional. En segundo lugar, porque permite presentar de manera intuitiva procesos complejos; facilita la comprensión de contextos ajenos; y favorece la sensibilización imprescindible previa al debate jurídico.

A los referidos efectos, el caso argentino presenta ventajas más que evidentes: por un lado, se trata de un país de una latitud emocional próxima; y, por el otro, existe abundante material para emplear en orden a alcanzar nuestro horizonte. La televisión pública argentina ha realizado una labor realmente increíble no sólo en la documentación de la represión y tortura durante la dictadura, sino también con respeto al proceso transicional, enjuiciamientos, etc.

2.-Serie documental y justicia transicional

Con base en todo lo que se viene de referir, se empleó la serie documental «Madres de plaza de mayo. La historia» (2015), para a través de su relato explicar el proceso transicional en la Argentina.

De conformidad con la Organización de las Naciones Unidas, con la idea de Justicia Transicional o «Justicia de transición» se hace referencia a una diversidad de procesos e instrumentos vinculados con los intentos de una comunidad por solucionar los problemas derivados de un pasado de violencia a gran escala, para que los responsables rindan cuentas de sus actos, servir a la Justicia y conseguir la reconciliación. Estos instrumentos pueden tener muy diferente naturaleza: enjuiciamiento de personas, búsqueda de la verdad, resarcimiento, etc.[1].

En efecto, tras escenarios en los que se cometieron violaciones graves de Derechos Humanos —sea de represión, sea, incluso, de conflicto armado—, la búsqueda de reconstruir y superar esa historia llena de violencia exige abordar aspectos que, en tanto que sensibles, resultan problemáticos para las Democracias de reciente creación.

Resulta indiscutible que, la mayor parte de las veces, el examen crítico de un pasado autocrático o totalitario próximo implica la asunción de un riesgo desestabilizador más que evidente. Las tiranías son ejercidas por élites que, infelizmente, cuentan, en mayor o menor medida, con cierto grado de apoyo social. La manera en el que se precipita el régimen condiciona de manera significativa las posibilidades reales y efectivas de revisar críticamente lo sucedido.

Cuando la transición es acordada a través de un pacto de reforma, esto es, cuando surge en el marco de una negociación, «suele» provocar el exilio de las élites, pero no de aquellas personas ubicadas en la estructura de poder que daba fundamento al sistema político. Quiere esto decir que muchas

1 https://documents.un.org/doc/undoc/gen/n04/395/32/pdf/n0439532.pdf?token=g2GwScGmPQPolGrR4T&fe=true

posiciones estratégicas dentro de la sociedad civil quedan, por años, absolutamente incólumes. Incluso cambiando el motor, los engranajes del pasado cuentan con un peso específico en la mecánica de los acontecimientos subsiguientes. Los rasgos esenciales del guion quedan grabados a fuego, para que el relato con el transcurrir de los años y en ausencia de voz autorizada en sentido contrario, acabe por ser sacralizado.

El caso argentino resulta más que adecuado para el análisis del proceso penal en un marco de Justicia Transicional porque:

1. En primer lugar, favorece la reflexión sobre multitud de aspectos procesales relativos al enjuiciamiento penal en este tipo de contextos.
2. En segundo lugar, porque permite identificar de manera nítida un modelo de resistencia diametralmente distinto a los ofrecidos tradicionalmente por la masculinidad hegemónica: combate frontal, directo y radical, pero sin banalización o epopeya de la violencia.
3. En tercer lugar, porque en la actualidad algunos cuadros de la coalición electoral «La libertad avanza» —que llevó a Javier Milei a la Casa Rosada— coquetea con un negacionismo que, todo parece indicar, podría cristalizar en alguna medida política de alcance.
4. Por último, porque la historia de Argentina nos permite tejer analogías con lo más íntimo de nosotros, porque aquí como en la película «Z» de Costa-Gavras: *«Todo parecido con acontecimientos reales, personas vivas o muertas no es por azar. Es voluntario»*.

3.-Actividad

A la vista de todo el expuesto, nuestra propuesta se nuclea en torno a los siguientes elementos para el debate jurídico:

1. La Justicia transicional en la Argentina.
2. Rol democratizador de las Madres de la Plaza de Mayo. Posición de este movimiento en relación al enjuiciamiento de los responsables de la represión y de la tortura.
3. Ley de punto final y Ley de obediencia debida.
4. Ley de pacificación nacional (Autoamnistía).

5. Indultos del Gobierno de Menem.
6. Las medidas de gracia.
7. Modificaciones en la composición de la ampliación de los miembros de la Corte Suprema. Creación del Consejo de la Magistratura derivada de los Pactos del Olivo.
8. Anulación de las Leyes del olvido por parte del Gobierno Kirchner.
9. ¿Enjuiciamiento por la jurisdicción militar?
10. Juicio a las Juntas Militares.

Cada Grupo debía abordar dos temas obligatorios (punto 1.º y 2.º) y un tercero a escoger entre los restantes.

Una vez seleccionados los tres elementos de debate, debía analizarlos de conformidad con alguna de las opciones que a continuación se relacionan: en primer lugar, opción A, elaboración de un trabajo escrito en el que se debían analizar jurídicamente, de manera fundada, los temas seleccionados.

En segundo lugar, opción B, grabación de un vídeo-trabajo en el que se debían analizar jurídicamente los temas seleccionados. El enfoque del análisis era libre. Debían abordar las alumnas y los alumnos lo que estimaran más idóneo, pronunciándose de manera fundada.

Debían abordar los tres temas a los que *supra* se hacía referencia en un trabajo que debía contar, con una extensión máxima de tres minutos. Quiere ello decir que se privilegió el verso en detrimento de la prosa.

Ni que decir tiene que de lo que se trata era de ofrecer un buen contenido a través de un formato poco común para nuestra disciplina. Así pues, se aconsejó al alumnado que, en cuanto a las formas, se documentara sobre cómo proceder a la grabación de manera intuitiva, cómo proceder empleando un *smartphone*, etc.

Por último, opción C, grabación de un *Pódcast* en el que se analicen jurídicamente los temas seleccionados. Tal y como acontecía en la opción anterior, el alumnado debía abordar los tres temas a los que *supra* se hacía referencia, con una extensión máxima de tres minutos y de acuerdo con las indicaciones anticipadas: grabación intuitiva; etc.

4.-Dificultades, reparos y objeciones del proyecto

A pesar de que determinados reparos y objeciones dificultaron el proyecto de manera significativa —problemas derivados del calendario académico; poca flexibilidad del sistema aulas expositivas-teóricas e intensidad del programa de la materia; etc.—, lo cierto es que su diseño sirvió para evidenciar la consecución del principal de sus objetivos: todos los grupos fueron capaces de —en mayor o menor medida— examinar el caso argentino desde la perspectiva *supra* apuntada, cuestión esta que, sin duda, anima la idea de impulsar nuevos desarrollos de la actividad en cursos venideros.

XXII

DERECHO PENAL Y TECNOLOGÍA A TRAVÉS DE LA SERIE *BLACK MIRROR*

EMILIO MUÑOZ CAMPAÑA
Estudiante del doble grado de Derecho y Ciencias Políticas y de la Administración
Universidad de Granada

1.-Temática de la serie *Black Mirror*

El desarrollo de series de ciencia ficción en los últimos años ha traído consigo un amplio abanico de escenarios distópicos cuya trama en ocasiones es alcanzada por la realidad. Este es el caso de *Black Mirror*, la serie dirigida por Charlie Broker en la que en cada capítulo se presenta una trama diferente, pero con un mismo denominador común. En cada uno de ellos se muestran las inquietantes y oscuras consecuencias del uso y desarrollo de la tecnología en una futurible sociedad contemporánea.

De entre todas las diferentes situaciones que son presentadas en la trama de la serie, algunas de ellas llegan a guardar una considerable similitud con fenómenos actuales relacionados con el uso de los avances tecnológicos, en especial aquellos ligados a las técnicas de inteligencia artificial. La presentación de situaciones que, si bien pudieran parecer ficticias o distópicas, poco a poco se van presentando en la sociedad actual, supone una llamada de atención al sistema jurídico penal, el cual generalmente se ha caracterizado por avanzar más lentamente de lo que lo hace la tecnología. Es por ello que a continuación se presentan algunos capítulos de la serie *Black Mirror* cuya trama puede servir para plantear varios interrogantes en torno a la regulación jurídico penal de diversas situaciones derivadas del desarrollo de la tecnología.

2.-*Deepfakes*

El desarrollo de la inteligencia artificial es uno de los acontecimientos que más ha revolucionado la tecnología en los últimos años y cuya incidencia en el ámbito del Derecho Penal ha levantado más interrogantes a la hora de valorar el posible uso delictivo que a ésta se le puede llegar a dar. La utilización de la inteligencia artificial en la producción de *deepfakes* o *fake porn* tanto de adultos como de menores de edad, así como la utilización de técnicas de reconocimiento facial continuo por parte tanto de empresas como de estados, son problemáticas cuyo encaje en nuestro ordenamiento jurídico parece estar aun en el aire y que son abordadas en algunos de los capítulos de la serie *Black Mirror.*

En el estreno de la más reciente temporada de la serie, el capítulo que más ha trascendido entre el público ha resultado ser «Joan Is Awful». En él, se presenta la historia de una joven trabajadora que, al aceptar los términos y condiciones de una plataforma de reproducción de series en línea, consiente sin saberlo que dicha empresa pueda utilizar su imagen para producir capítulos basados en su vida personal mediante la utilización de técnicas de inteligencia artificial. De esta forma, durante la trama se recrean varias escenas del día a día de la protagonista mediante simulaciones digitales, las cuales son dramatizadas y exageradas para captar la atención de la audiencia.

Este tipo de situaciones, si bien pueden llegar a parecer más propias de escenarios ficticios, no se encuentran tan alejadas de la realidad. Ello se hace ostensible si se observan las noticias que en los últimos meses han aflorado en los medios de comunicación relativas al uso de la inteligencia artificial para este tipo de fines.

En el año 2023, el caso más sonado en España fue el de los menores de Almendralejo, municipio en el que varios niños de entre doce y catorce años produjeron y difundieron entre los estudiantes de uno de los colegios de dicho municipio imágenes pornográficas generadas por inteligencia artificial en las que se representaba la cara de algunas de sus compañeras de clase de entre once y diecisiete años de edad[1]. Este no ha sido un caso aislado en lo relativo a este tipo de sucesos, sino que son varios ya los casos de personas detenidas por captar imágenes de menores de edad para posteriormente utilizar una inteligencia artificial a partir de la cual producir este tipo de «pseudopornografía infantil».

Según algunas investigaciones realizadas en Internet, la cantidad de vídeos consistentes en *deepfakes* sexuales generados la red sin consentimiento durante el año 2023 es mayor que el número total de todos los demás años anteriores juntos[2]. De hecho, en Japón, la atipicidad de este tipo de conductas ha llevado a la creación de páginas web específicamente destinadas a este cometido, las cuales llegan a acumular hasta más de dos millones de visitas mensuales[3].

Además, si bien es cierto que en España este tipo de hechos son perseguidos por las autoridades y sus autores son detenidos cuando el sujeto pasivo es menor de edad, dichas prácticas no son ni siquiera investigadas por la policía cuando se trata de adultos, a pesar del evidente perjuicio que estas conductas provocan en las víctimas.

3.-La inteligencia artificial y su relación con los difuntos

En línea con la utilización de la inteligencia artificial, el primer episodio de la segunda temporada va más allá en lo relativo a la producción de *deepfakes*. En dicho capítulo, se narra la historia de una joven que, tras el fallecimiento accidental de su pareja y al encontrarse ella embarazada, decide aceptar la propuesta de ser la primera usuaria en utilizar un modelo

1 https://elpais.com/sociedad/2023-10-03/el-caso-de-los-desnudos-con-ia-de-almendralejo-se-dispara-26-menores-implicados-y-21-ninas-afectadas.html

2 https://es.wired.com/articulos/pornografia-deepfake-impulsada-por-ia-esta-fuera-de-control

3 https://www.elmundo.es/internacional/2023/11/30/656749dde4d4d8231d8b4582.html

experimental de sujeto biónico cuya apariencia es idéntica a la de su difunto. Dicho androide, además, se encuentra programado con un *software* que le permite imitar la forma de actuar y dialogar de la persona a la que representa, gracias a un banco de datos e información recopilados de sus redes sociales y material audiovisual.

Más allá de las evidentes implicaciones éticas y morales que entraña la trama de este capítulo, el Derecho Penal no es ajeno a ciertas prácticas que, si bien no han llegado a tales niveles de realismo, ya se están dando en la sociedad. En la actualidad, la utilización de la imagen de famosos fallecidos para fines publicitarios es ya una realidad, así como la producción de *deepfakes* tanto de personas populares como de individuos anónimos igualmente difuntos. Incluso ya se han creado avatares virtuales que, mediante inteligencia artificial, emulan la imagen y personalidad de aquellos que han fenecido.

Si bien es cierto que la muerte de las personas supone la extinción de la personalidad civil, ello no es aplicable a la memoria de las mismas, que constituye una prolongación de la personalidad y es objeto de tutela jurídica[4]. No obstante, cabe plantearse si en caso de que dichos programas de inteligencia artificial avancen hasta alcanzar el nivel que se presenta en la trama de la serie, nuestro ordenamiento jurídico posee respuestas a la hora de regular este tipo de conductas o si, por el contrario, sería preciso un desarrollo normativo que abarque este tipo de situaciones.

4.-Los sistemas de videovigilancia mediante reconocimiento facial automatizado

El sexto capítulo de la tercera temporada de *Black Mirror* es otro de aquellos en los que la tecnología que aparece en escena guarda ciertos paralelismos con determinadas problemáticas jurídico penales que en la actualidad han surgido como consecuencia del desarrollo de las técnicas de inteligencia artificial. En dicho capítulo, la trama gira en torno al hackeo masivo por parte de unos ciberdelincuentes de unos

---

4 Ramón Fernández, Francisca, «Inteligencia artificial y los derechos en torno a la creación y a la imagen», *Actualidad Jurídica Iberoamericana*, 16, 2022, pp. 3762-3791.

dispositivos electrónicos cuya funcionalidad, además de emular la función polinizadora de las abejas, es la videovigilancia de la población mediante sistemas de reconocimiento facial automatizado. En la serie, este sistema permite, mediante la utilización de la inteligencia artificial, reconocer y relacionar automáticamente cada individuo con un conjunto de datos personales propios almacenados por la autoridad gubernamental. De esta forma, en el transcurso del capítulo, esta información es utilizada para teledirigir ataques homicidas hacia determinadas personas en función de los resultados de un sistema de votación en línea.

Si bien es cierto que es obvia la calificación delictiva de los hechos como delito de revelación de secretos con respecto a los autores del ciberataque, la problemática en este caso gira en torno a los sistemas de videovigilancia mediante reconocimiento facial automatizado por parte del Estado.

Este tipo de reconocimiento ya ha sido utilizado en algunas ciudades estadounidenses, así como por Reino Unido, en la lucha contra la delincuencia. No obstante, la puesta en práctica de este tipo de tecnología no ha estado exenta de controversia.

En primer lugar, es evidente la colisión de intereses existente entre la utilización de este tipo de tecnología en pro de la seguridad de la población y el derecho a la intimidad personal. La frecuencia de los errores en la identificación de los individuos mediante este tipo de técnicas pone en entredicho la conveniencia de su implementación como un medio para la lucha contra la delincuencia que justifique la injerencia en los derechos fundamentales de los ciudadanos[5].

Además, como se muestra en *Black Mirror*, el almacenamiento de información y datos de tan sensible carácter puede suponer un riesgo potencial en caso de ataque telemático por parte de ciberdelincuentes.

Cuestión aparte son los problemas de discriminación que han surgido en la puesta en práctica de este tipo de tecnología. La generación de sesgos como consecuencia de la desigual introducción de datos representativos de cada género y etnia provoca un mayor porcentaje de error a la hora de loca-

---

5 DOMINGO JARAMILLO, Cristina, «Utilización del sistema de reconocimiento facial para preservar la seguridad ciudadana», *El Criminalista Digital*, 9, 2020, pp. 20-37.

lizar a personas negras, contrastando con el perfil de hombre blanco, cuyo porcentaje de acierto es el superior[6].

5.-Conclusión

Del análisis de varios de los capítulos de *Black Mirror* y su relación con el Derecho Penal, se puede llegar a la conclusión de que la serie guarda grandes paralelismos con el desarrollo de la tecnología en la sociedad actual. Asimismo, este desarrollo tecnológico plantea cuestiones en el Derecho Penal cuya respuesta resulta difusa a la hora de atender al ordenamiento jurídico. El natural avance de la sociedad y la tecnología a una velocidad superior que el Derecho se evidencia a la hora de trasladar las problemáticas de la serie a acontecimientos que ya están ocurriendo en el mundo contemporáneo.

En definitiva, la utilización de la serie *Black Mirror* constituye una útil herramienta a la hora de ejemplificar diversas situaciones que tanto en el presente como en el futuro pueden llegar a plantear dificultades a nuestro ordenamiento jurídico desde el punto de vista jurídico penal.

6.-Bibliografía

Domingo Jaramillo, Cristina, «Utilización del sistema de reconocimiento facial para preservar la seguridad ciudadana», *El Criminalista Digital*, 9, 2020, pp. 20-37.

Ramón Fernández, Francisca, «Inteligencia artificial y los derechos en torno a la creación y a la imagen», *Actualidad Jurídica Iberoamericana,* 16, 2022, pp. 3762-3791.

https://www.elmundo.es/internacional/2023/11/30/656749dde4d4d8231d8b4582.html (Fecha de consulta: 19 de febrero de 2024).

https://elpais.com/sociedad/2023-10-03/el-caso-de-los-desnudos-con-ia-de almendralejo-se-dispara-26-menores-im-

6 Domingo Jaramillo, Cristina, «Utilización del sistema de reconocimiento facial para preservar la seguridad ciudadana»..., *op. cit.,* pp. 20-37.

plicados-y-21-ninas-afectadas.html (Fecha de consulta: 18 de febrero de 2024).

https://es.wired.com/articulos/pornografia-deepfake-impulsada-por-ia-esta-fuera-de-control (Fecha de consulta: 19 de febrero de 2024).

XXIII

EL USO DE LA SERIE *SUITS* PARA LA DOCENCIA DEL DERECHO CIVIL

MARIO NEUPAVERT ALZOLA
Investigador Predoctoral UCA FPI de Derecho Civil
Universidad de Cádiz

1.-Introducción

En el actual contexto de la educación universitaria, unido a la etapa postpandémica que vivimos, surge cada vez con más ímpetu la discusión sobre cómo combinar el aprendizaje por competencias[1], recuperar la presencialidad[2] y a su vez luchar

1 No debemos obviar que uno de los principales objetivos del Plan Bolonia, que reformuló los estudios universitarios tal y como los conocíamos, en lo que al presente trabajo respecta, era la asunción de competencias por parte de los estudiantes, de cara a una mayor capacidad de trabajo. Y la cuestión es que, en este momento, veinticinco años más tarde de la Declaración de Bolonia, en el ámbito de la enseñanza del Derecho, se ha conseguido enfocarse en ello. Tampoco debe olvidarse que el reto del Espacio Europeo de Educación Superior creado con el proceso de Bolonia «*está orientado no sólo a una homogeneización de la formación en Europa, sino también a la transformación de la universidad como agente activo en el desarrollo económico y (...) en la generación de conocimiento en Europa*». ALONSO-SÁEZ, Israel, ARANDIA-LOROÑO, Maite, «15 años desde la Declaración de Bolonia. Desarrollo, situación actual y retos del Espacio Europeo de Educación Superior», *Revista Iberoamericana de Educación Superior*, núm. 23, vol. 8, 2017, p. 201.

2 Tras el Real Decreto 463/2020, de 14 de marzo, por el que se declara el estado de alarma para la gestión de la situación de crisis sanitaria

contra la cada vez menor capacidad de concentración de los estudiantes universitarios[3]. Con este fin, la propuesta desarrollada en el presente trabajo busca, mediante el drama legal *Suits*, colmar las necesidades suscitadas por las tres cuestiones señaladas en el aprendizaje del Derecho de obligaciones y contratos, mediante el visionado de *sketches* de la serie vinculados a los bloques de la asignatura y a las competencias, generales y específicas, que los alumnos deben obtener. En el ámbito de los estudios jurídicos, el empleo de cine o series como mecanismo para trasladar a los alumnos el contenido de las distintas asignaturas constituye una herramienta útil y quizá ya manida[4], encontrándose su uso ya no solo en

ocasionada por el COVID-19, y el Real Decreto 926/2020, de 25 de octubre, por el que se declara el estado de alarma para contener la propagación de infecciones causadas por el SARS-CoV-2, que supusieron un cambio de paradigma durante los años de pandemia en cuanto a las sesiones online, posteriormente *online* y presencial, y luego la vuelta a la presencialidad, a día de hoy se sigue acusando en las clases una asistencia menor que la previa a la pandemia. En cuanto a las bondades de la presencialidad, Almacén de Derecho, «Presencialidad», 27 de septiembre de 2020. https://almacendederecho.org/presencialidad (Fecha de consulta: 2 de febrero de 2024).

3 No es baladí señalar que, si bien las clases magistrales de ciento veinte minutos ininterrumpidos cada vez van perdiendo más adeptos, también hemos de tener en cuenta que, mientras los docentes venimos intentando innovar cada vez más nuestros métodos para impartir clase, los alumnos cada vez poseen una peor concentración, vinculada en algunos casos al exceso de uso de las redes sociales que ofrecen microcontenidos y a la posibilidad de disposición del *smartphone,* inclusive en clase. *«El teléfono inteligente es la aguja hipodérmica del hoy, entregando dopamina digital 24-7 para una generación conectada* (...) *Los científicos se basan en la dopamina como una medida universal para cuantificar el potencial adictivo de cualquier experiencia. Cuanta más dopamina haya en la vía de recompensa cerebral, más adictiva será la experiencia»*. Lembke, Anna, *Dopamine Nation,* Ed. Dutton, 2021, p. 7.

4 Baste una simple búsqueda en cualquier base de datos para hallar un amplísimo abanico de referencias doctrinales en cuanto al uso del cine o las series para la impartición de asignaturas con contenido jurídico, lo que nos puede llevar a la conclusión de que si se sigue impartiendo Derecho utilizando estos materiales por algo bueno debe ser, en cierto sentido cual argumento *ad antiquitatem*. Pero si pecamos de radicalidad, lo que consigue que el visionado de material audiovisual vinculado a cine o a series resulte útil es la facilidad que tiene el docente de poner en valor un ejemplo práctico para los alumnos, limitándose sim-

la enseñanza a juristas, sino a estudiantes universitarios de otras carreras que precisan de conocimientos jurídicos[5]. Y más concretamente, en el ámbito del Derecho Civil, también encontramos este recurso para hacer más atractiva la enseñanza de las distintas materias relacionadas con la rama fundamental del Derecho privado[6].

---

plemente a darle al *play*. El ejercicio imaginativo y reflexivo de pensar un ejemplo, y lograr que los alumnos comprendan el ejemplo, se ve completamente sustituido por la materialización gráfica, a color y con audio, de un ejemplo que pueden absorber rápidamente, y pueden volver a ver una y otra vez, para el caso en que necesitaren refrescar acerca de éste o quisieran, años más tarde, trasladar un ejemplo práctico a algún interesado.

5 Así, recientemente encontramos propuestas como las de Ramón Fernández, Francisca, «La enseñanza del Derecho civil a través del elemento audiovisual en titulaciones no jurídicas: una innovación docente en la Universitat Politècnica de València», *Revista de Educación y Derecho,* núm. 20, 2019, pp. 1-23, destinada a alumnos del Máster Universitario en Conservación y Restauración de Bienes Culturales o España Pérez, José Alberto, «Casos prácticos jurídicos basados en programas de televisión», *Revista Jurídica de Investigación e Innovación Educativa,* núm. 28, enero 2023, para alumnos del Grado de Comunicación Audiovisual.

6 Entre otras en el ámbito del Derecho Civil, Pérez Triviño, José Luis, «El cine y el Derecho. 20 títulos», *Revista InDret,* núm. 3, 2004, p. 9, al hablar, entre otras, de la película *Erin Brokovich*. Cordero Cutillas, Iciar, Escribano Tortajada, Patricia, Martínez Vázquez De Castro, Luis, «Cine y Derecho de Familia: una nueva visión de la metodología práctica», *Revista de Educación y Derecho*, núm. 9, 2014, p. 6. Platero Alcón, Alejandro, «¿Se puede aprender el régimen jurídico de la propiedad horizontal a través de la serie *La que se avecina*? Propuesta de innovación docente mediante la inversión de un aula universitaria de la asignatura Derechos reales», en Conde Fuentes, Jesús (Dir.), Ruiz González, Carlota (Coord.), *Clases invertidas: una aplicación multidisciplinar*, Ratio Legis, Salamanca, 2021, p. 59. Corvo López, Felisa María, «La enseñanza del Derecho civil a través del cine y las series de TV», en Valero Redondo, María, Tabuenca Bengoa, María, Molina Hernández, Cecilio (Coords.), *Transferencia del conocimiento en humanidades y ciencias jurídicas. Innovación docente y educativa en el ámbito de las filologías, la lengua y el Derecho,* Dykinson, Madrid, 2022, p. 911.
Nieto Cruz, Alejandro, «El recurso a las *sitcoms* para explicar el Derecho de Daños», Comunicación presentada en el II Congreso Internacional de Innovación en la Docencia e Investigación de las Ciencias Sociales y Jurídicas, 16 y 17 de junio de 2022. Del Campo Álvarez,

Estas materias deben ser impartidas acorde a un contenido programático, pero, desde la creación del Espacio Europeo de Educación Superior y los cambios provocados a raíz de su instauración, también deben lograr la adquisición, por parte del alumno, de una serie de competencias. Es evidente que, ante un «nuevo» escenario, que de nuevo tiene poco, ya que la Declaración de Bolonia cumple veinticinco años este 2024, la educación debía buscar adaptarse a tal situación, y en cierto modo, esa adaptación se puede producir mediante la innovación docente. Sin embargo, aun a día de hoy se mantiene la existencia de una brecha entre los contenidos asimilados en la Universidad y las necesidades de las empresas que nacen de manos de los universitarios o que contratan a los graduados. Para CHAPARRO MATAMOROS[7], las razones de esta brecha se sintetizan en la excesiva importancia de los conocimientos teóricos (en detrimento de la aplicación práctica de los mismos), la escasa (o nula) enseñanza de competencias y/o habilidades interpersonales, la dificultad para trabajar en equipo y la falta de capacidad para trabajar en entornos internacionales. Es en la escasa (o nula) enseñanza de competencias donde queremos poner el foco, por cuanto que los planes de estudio del Grado en Derecho recogen la adquisición de competencias por parte de los alumnos, pero para ello es necesario soslayar los métodos de impartición de contenidos que no obedecen a tales criterios y que mantienen los estándares previos al Plan Bolonia.

Con todo y con eso, debemos ser también objetivos y destacar la principal problemática subyacente al recurso de las series o películas recientes para, en ocasiones, lograr una mejor comprensión del alumnado. Si el mecanismo para ello, la película o la serie empleada, no logra convertirse en lo que

Borja, «Ideas y reflexiones sobre el Derecho civil a través del cine como experiencia de innovación docente», en CHAPARRO MATAMOROS, Pedro, GÓMEZ ASENSIO, Carlos, PEDROSA LÓPEZ, Carlos (Dirs.), ANDRÉS SEGOVIA, Belén (Coord.), *Actualización de la docencia y metodologías activas del aprendizaje del derecho en el entorno digital,* Ed. Universidad de Valencia, 2022, p. 39 y ss.

7 CHAPARRO MATAMOROS, Pedro, «La innovación docente: génesis y estado actual de la cuestión», en CHAPARRO MATAMOROS, Pedro, GÓMEZ ASENSIO, Carlos, PEDROSA LÓPEZ, Carlos (Dirs.), ANDRÉS SEGOVIA, Belén (Coord.) *Actualización de la docencia y metodologías activas del aprendizaje del derecho en el entorno digital,* Ed. Universidad de Valencia, 2022, pp. 21-23.

llamamos *pop culture*, es probable que, con el transcurso de los años, la serie de moda del momento, al concluir y perder el carácter novedoso, requiera de su sustitución por una de las series o películas de moda del momento para lograr nuevamente establecer ese vínculo buscado con el alumno, que le permita a éste hallar un interés adicional en la comprensión de la asignatura. O lo que es lo mismo; al emplear una serie reciente, finalizada, y que no forma parte de la cultura pop más *mainstream*, estamos trabajando sobre algo que tendrá fecha de caducidad.

2.-Notas introductorias sobre la serie escogida. *Suits*

La serie *Suits*, traducida en España como «La clave del éxito» o «La Ley de los Audaces» en Latinoamérica, retrata la inmersión en la abogacía de negocios de Mike Ross, un joven muy inteligente, que sabe de Derecho debido a su memoria eidética, mas no tiene el título de abogado, por cuanto que perdió su oportunidad de entrar a la Universidad. Se trata de un drama legal estadounidense con nueve temporadas y que ha tenido, incluso, la producción de un *spin-off* en torno a otra de las protagonistas de la serie. Durante la primera temporada encontramos cuatro personajes principales, que proyectan modelos tanto masculinos como femeninos para los futuros juristas que, teniendo en cuenta el momento prematuro en el que se encuentran, pueden serles de utilidad. Así, encontramos a Jessica Pearson como Harvey Specter, dos de los abogados principales del bufete, estando él sometido a ella jerárquicamente dentro de la estructura del despacho, que representan a dos abogados corporativos de éxito. A su vez, los personajes de Rachel Zane y Mike Ross son dos jóvenes que buscan acabar convirtiéndose en abogados de éxito. Esto, asimismo, es de bastante interés teniendo en cuenta la tendencia actual en la abogacía, que cada vez recibe menos colegiados[8].

8 El Confidencial, «Los bufetes se quedan sin cantera: por qué cada vez menos jóvenes quieren ser abogados», 5 de septiembre de 2023. https://www.elconfidencial.com/juridico/2023-09-05/bufetes-cantera-menos-jovenes-abogados_3728647/ (Fecha de consulta: 2 de febrero de 2024).

La serie, además de útil para el aprendizaje del Derecho de obligaciones y contratos, como veremos en el apartado siguiente, también resulta de marcado interés para otros campos relevantes en la formación de los profesionales jurídicos, como puede ocurrir con la enseñanza de la ética profesional[9], máxime si tenemos en cuenta que el protagonista ejerce la abogacía sin la capacitación profesional necesaria.

3.-La aplicación a la asignatura de Derecho de obligaciones y contratos

En la Universidad de Cádiz, la asignatura Derecho Civil I, que se imparte en el segundo semestre del primer curso, versa sobre el derecho de obligaciones y contratos a través de cuatro clásicos bloques: la obligación, el contrato, la responsabilidad extracontractual y los contratos en particular. Con la docencia de esta asignatura, se plantean una serie de competencias generales y específicas, que detallamos a continuación.

- GEN1 - Comprender y conocer las principales instituciones jurídicas públicas y privadas, su razón de ser, su génesis y realidad actual, así como tener percepción del carácter unitario del ordenamiento jurídico y de la necesaria visión interdisciplinaria de los problemas jurídicos.
- GEN2 - Manejar con soltura las fuentes jurídicas y los instrumentos que las difunden.
- GEN3 - Trabajo en equipo.
- GEN4 - Gestión de la información (reunir e interpretar datos relevantes para emitir juicios sobre las materias del grado) y de sus fuentes.
- GEN5 - Sistematización de conceptos y de las estructuras conceptuales.
- GEN6 - Elaboración argumentada en la decisión de soluciones.
- GEN7 - Comunicación oral y escrita en lengua propia

9 Galbán Lozano, Sara Elvira, Ortega Barba, Claudia Fabiola, Nicolás Gavilán, María Teresa, «Innovación en la enseñanza de la ética profesional en Derecho: el uso de las series de televisión», *Innovación Educativa*, vol. 20, núm. 82, enero-abril 2020, pp. 129-148.

(capacidad para transmitir información, ideas, problemas y soluciones tanto a un público especializado como no especializado).

- ESP1 - Conocimiento y comprensión de la teoría general de las obligaciones y de sus principales conceptos.
- ESP2 - Conocimiento y comprensión de la teoría general del contrato. Efectuar con conciencia crítica el análisis del ordenamiento jurídico y del desarrollo de la dialéctica jurídica, así como de los problemas sociales a los que se encuentran vinculados.
- ESP3 - Identificación de las principales modalidades contractuales y del Derecho de daños como fuentes de las obligaciones.

Con respecto a estos cuatro bloques y estas diez competencias, se propone el visionado de ciertos *sketches* de la serie *Suits*, focalizados en la primera temporada, donde ocurren situaciones de interés para la enseñanza del Derecho Civil. Se escogen los de la primera temporada, fundamentalmente, para no crear rechazo en el alumnado que se encuentre visionando la serie, provocando los tan odiados *spoilers*, así como ante la posibilidad de, según los alumnos avancen a cursos superiores, poder utilizar otras situaciones de temporadas siguientes en la impartición de las siguientes asignaturas de las materias relativas al Derecho Civil.

SKETCH	BLOQUE DE CONOCIMIENTO	COMPETENCIA
Capítulo 1: Mike Ross hace frente a los gastos de la residencia de su abuela.	Bloque 1	GEN1, GEN2, GEN5, ESP1, ESP2, ESP3
Capítulo 1: Búsqueda de documentación de Mike y Rachel.	Bloque 1	GEN1, GEN2, GEN3, GEN4, GEN5, GEN6, ESP1, ESP2, ESP3
Capítulo 2: El bufete se encuentra asesorando la suscripción de un contrato sobre una patente de un nuevo *smartphone*.	Bloques 2 y 4	GEN1, GEN2, GEN3, GEN5, GEN6, GEN7, ESP1, ESP2, ESP3

Capítulo 4: Medicamento para la ELA que no funciona.	Bloque 3	GEN1, GEN2, GEN5, ESP1, ESP2, ESP3
Capítulo 5: Accidente de tráfico del chófer de Harvey con un taxi.	Bloque 3	GEN1, GEN2, GEN5, ESP1, ESP2, ESP3
Capítulo 7: Mike traza una solución para su juicio simulado sobre derecho al honor, donde sufre un ataque de pánico.	Bloque 3	GEN1, GEN2, GEN4, GEN5, GEN6, GEN7, ESP1, ESP3
Capítulos 8 y 12: Donación y Arrendamiento de Servicios.	Bloque 4	GEN1, GEN2, GEN3, GEN6, ESP1, ESP2, ESP3

4.-Conclusiones

Los métodos disruptivos, ya sean aquellos que se distancien poco o mucho del formato de clase magistral predominante décadas atrás, son imprescindibles si queremos forjar al jurista del mañana. Cambian los profesores, cambian los contenidos a impartir, y evidentemente cambia el perfil de alumno que acude a la Universidad en busca de conocimiento, y, por consiguiente, es necesario modificar, en parte, las metodologías que nos han traído hasta aquí. Es imprescindible innovar en la docencia por cuanto que cada curso académico plantea nuevos escenarios (el del Covid-19 o la inteligencia artificial, por ejemplo) que deben ser afrontados de una manera particularizada, acudiendo a sus concretas circunstancias.

En el presente trabajo, con el objetivo del aprendizaje del Derecho Civil, se ha optado por la serie *Suits*, igual que en otros proyectos han sido otras series las escogidas, mas la conclusión resultante es que el empleo de recortes de cine o series es óptimo para lograr una mayor asunción de conocimientos y competencias por parte del estudiante, que, en definitiva, es el objetivo de cualquier asignatura, así como una de las labores del profesorado universitario.

En consonancia con los cuatro bloques de conocimiento de la asignatura y las competencias cuya absorción se busca por parte del estudiantado, los sketchs y la metodología señalados en el trabajo colman todos los ámbitos de los distintos bloques y competencias, pero como en cualquier otra propuesta docente, será necesario el trabajo de visionado, estudio y reflexión del alumno de cara a la superación de la asignatura. Aun a riesgo de resaltar lo obvio, es obligatorio tener en cuenta que, con el transcurso de los años, volverán a cambiar los sujetos implicados en la Universidad, y cambiarán también el cine o las series que serán entendidas como dentro de la cultura popular, por lo que, en última instancia, el personal docente queda abocado a la actualización constante de sus materiales para la innovación docente. Por cuanto que lo que hoy es innovación docente, mañana será, simplemente, docencia.

5.-Bibliografía

Almacén de Derecho, «Presencialidad», 27 de septiembre de 2020. https://almacendederecho.org/presencialidad (Fecha de consulta: 2 de febrero de 2024).

Alonso-Sáez, Israel, **Arandia-Loroño**, Maite, «15 años desde la Declaración de Bolonia. Desarrollo, situación actual y retos del Espacio Europeo de Educación Superior», *Revista Iberoamericana de Educación Superior*, núm. 23, vol. 8, 2017.

Chaparro Matamoros, Pedro, «La innovación docente: génesis y estado actual de la cuestión», en Chaparro Matamoros, Pedro, Gómez Asensio, Carlos, Pedrosa López, Carlos (Dirs.), Andrés Segovia, Belén (Coord.), *Actualización de la docencia y metodologías activas del aprendizaje del derecho en el entorno digital,* Ed. Universidad de Valencia, 2022.

Cordero Cutillas, Iciar, **Escribano Tortajada**, Patricia, **Martínez Vázquez de Castro**, Luis, «Cine y Derecho de Familia: una nueva visión de la metodología práctica», *Revista de Educación y Derecho*, núm. 9, 2014.

Corvo López, Felisa María, «La enseñanza del Derecho civil a través del cine y las series de TV», en Valero Redondo, María, Tabuenca Bengoa, María, Molina Hernández, Cecilio (Coords.), *Transferencia del conocimiento en humanidades y ciencias jurídicas. Innovación docente y educativa en el* ámbito *de las filologías, la lengua y el Derecho,* Dykinson, Madrid, 2022.

Del Campo Álvarez, Borja, «Ideas y reflexiones sobre el Derecho civil a través del cine como experiencia de innovación docente», en Chaparro Matamoros, Pedro, Gómez Asensio, Carlos, Pedrosa López, Carlos (Dirs.), Andrés Segovia, Belén (Coord.), *Actualización de la docencia y metodologías activas del aprendizaje del derecho en el entorno digital,* Ed. Universidad de Valencia, 2022.

España Pérez, José Alberto, «Casos prácticos jurídicos basados en programas de televisión», *Revista Jurídica de Investigación e Innovación Educativa,* núm. 28, enero 2023.

Galbán Lozano, Sara Elvira, Ortega Barba, Claudia Fabiola, Nicolás Gavilán, María Teresa, «Innovación en la enseñanza de la ética profesional en Derecho: el uso de las series de televisión», *Innovación Educativa*, vol. 20, número 82, enero-abril 2020.

Lembke, Anna, *Dopamine Nation,* Ed. Dutton, 2021.

Nieto Cruz, Alejandro, «El recurso a las *sitcoms* para explicar el Derecho de Daños», *Comunicación presentada en el II Congreso Internacional de Innovación en la Docencia e Investigación de las Ciencias Sociales y Jurídicas*, 16 y 17 de junio de 2022.

Pérez Triviño, José Luis, «El cine y el derecho. 20 títulos», *Revista InDret,* núm. 3, 2004.

Platero Alcón, Alejandro, «¿Se puede aprender el régimen jurídico de la propiedad horizontal a través de la serie *La que se avecina*? Propuesta de innovación docente mediante la inversión de un aula universitaria de la asignatura Derechos reales», en Conde Fuentes, Jesús (Dir.), Ruiz González, Carlota (Coord.), *Clases invertidas: una aplicación multidisciplinar*, Ratio Legis, Salamanca, 2021.

Ramón Fernández, Francisca, «La enseñanza del derecho civil a través del elemento audiovisual en titulaciones no jurídicas: una innovación docente en la Universitat Politècnica de València», *Revista de Educación y Derecho,* núm. 20, 2019.

XXIV

BOTERO Y LOS LÍMITES DEL ARTÍCULO 35 DE LA LEY DE PROPIEDAD INTELECTUAL. ALGUNAS REFLEXIONES SOBRE LA LIBERTAD DE PANORAMA Y EL LÍMITE DE USO DE OBRAS SUSCEPTIBLES DE SER VISTAS U OÍDAS CON OCASIÓN DE INFORMACIONES SOBRE ACONTECIMIENTOS DE LA ACTUALIDAD

GEMMA MINERO ALEJANDRE
Profesora Contratada Doctora de Derecho Civil
(acreditada a Profesora Titular)
Universidad Autónoma de Madrid

1.-Introducción al concepto de límites

Como es sabido, el derecho de autor no forma parte del elenco de derechos fundamentales reconocido en los artículos 14 a 29 de la Constitución Española, sino que se encuadra en el concepto de derecho de propiedad, previsto en el artículo 33 de la Constitución. Por tanto, si bien es un derecho constitucional, no constituye el núcleo duro de máxima protección de nuestro ordenamiento[1]. Este dato es interesante a la hora de valorar el concepto de límites o excepciones al derecho de autor, sobre el que seguidamente volveremos.

Con todo, el derecho de autor está fuertemente ligado a la libertad de creación, prevista en el artículo 20.1.b) de la Constitución Española, que sí goza del carácter de libertad fundamental de nuestro ordenamiento. En este sentido, el mencionado artículo 20.1.b de la Constitución española protege la libertad inicial o básica para el surgimiento de cualquier tipo de derecho de autor referida a «*la producción y creación literaria, artística, científica y técnica*». Por su parte, el derecho de autor protege el conjunto de facultades patrimoniales y morales que nacen sobre el resultado del ejercicio de esa libertad creativa, siempre que dichos resultados cumplan dos requisitos cumulativos.

El primero de dichos requisitos es la autoría humana, lo que significa que uno o varios seres humanos han de haber tenido un rol protagonista en el proceso creativo, sin perjuicio de haberse podido ayudar de elementos de la naturaleza o de lo producido por máquinas[2].

---

1 Por todos, véase BERCOVITZ RODRÍGUEZ-CANO, Rodrigo, «Comentario al artículo 1», en BERCOVITZ RODRÍGUEZ-CANO, Rodrigo (Dir.), *Comentarios a la Ley de Propiedad Intelectual*, Tecnos, Madrid, 2017, p. 22. A pesar de alguna sentencia aislada, como la STS (Sala 1.ª) de 29 de marzo de 1996, en la que se afirmaba que la propiedad intelectual se encuentra protegida por el artículo 20.1 de la Constitución Española, la jurisprudencia española dominante señala que el derecho de autor es un derecho fundamentalmente patrimonial, sin perjuicio de las peculiaridades que se derivan de sus facultades morales. Por todas, SSTS (Sala 1.ª) de 2 de marzo de 1992, 19 de julio de 1993, 23 de marzo de 1999 y de 22 de junio de 2012. En esta última resolución se afirma: «*el artículo 33 de la Constitución española reconoce el derecho a la propiedad privada y atribuye a la ley la delimitación de su contenido de acuerdo con la función social, por lo que, en la medida en la que los derechos de autor y afines son calificados como auténticos derechos de propiedad, carece de sentido acceder a plantear una cuestión de inconstitucionalidad cuyo punto de partida consiste en hacer tabla rasa de derechos de propiedad intelectual cuyo elevado nivel de protección, a fin de asegurar la creación y la producción cultural, exige el Derecho de la Unión*» (FD 4.°, párrafo 45).

2 Sobre la necesidad de que la creación, para quedar protegida por el derecho de autor, sea humana, en el sentido de producida por una actividad humana encaminada a la creación, véase BERCOVITZ RODRÍ-

El segundo requisito se trata de la originalidad: la obra creada por ser humano ha de ser original. Criterio que, conforme a la jurisprudencia europea y española más reciente, se identifica con la exigencia de ser un producto nuevo, no existente con anterioridad[3], haber tenido su autor libertad decisoria, es decir, cierto margen de actuación, sin que sus decisiones hayan venido marcadas por el cumplimiento de determinados requisitos técnicos o de la consecución de una concreta función que no puede expresarse o alcanzarse de otra manera y, finalmente, estar el objeto del derecho de autor identificado con precisión y objetividad[4]. Este último matiz permite excluir de tutela objetos que carezcan de ese carácter identificable con cierta precisión u objetividad, lo que excluye de tutela, entre otros, los sabores de los alimentos, los olores

GUEZ-CANO, Rodrigo, «Comentario al artículo 10.1», en BERCOVITZ RODRÍGUEZ-CANO, Rodrigo (Dir.), *Comentarios a la Ley de Propiedad Intelectual*, Tecnos, Madrid, 2017, pp. 160 y 161. Sobre el grado de intervención humana en el entrenamiento y en el funcionamiento de herramientas de inteligencia artificial generadoras de creaciones, me remito a las reflexiones hechas en un trabajo previo: MINERO ALEJANDRE, Gemma, «Inteligencia artificial y propiedad intelectual», en ALONSO SALGADO, Cristina (Dir.), *Derecho, nuevas tecnologías e inteligencia artificial*, Dykinson, Madrid, 2024.

3 El criterio de la originalidad como novedad objetiva venía siendo defendido anteriormente por BERCOVITZ RODRÍGUEZ-CANO, Rodrigo, «Comentario al artículo 10.1», *op. cit.*, pp. 162 y 163.

4 El Tribunal de Justicia de la Unión Europea viene entendiendo original aquella obra que sea «*fruto de la creación intelectual propia de su autor*». Por el contrario, son irrelevantes aspectos como la pericia, las actividades de carácter puramente técnico o mecánico, sin libertad de decisión, o el esfuerzo, por elevado que éste sea. STJUE de 16 de julio de 2009, asunto C-5/08, Infopaq; STJUE de 22 diciembre 2010, asunto C-393/09, Bezpečnostní softwarová asociace - Svaz softwarové ochran; y STJUE de 1 de marzo de 2012, asunto C-604/10, Football-Dataco. Para un análisis de la jurisprudencia europea, nos remitimos a CÁMARA ÁGUILA, Pilar, «Los conceptos autónomos sobre el objeto de protección del Derecho de autor: el concepto de obra y el concepto de originalidad», en *La Unificación del Derecho de Propiedad Intelectual en la Unión Europea*, Tirant lo Blanch, Valencia, 2019, pp. 61 y 62; y ROSATI, Eleonora, *Originality in EU Copyright. Full Harmonization through Case Law*, Edward Elgar, Cheltenham, 2013, pp. 75 y ss.

o las faenas de un torero, por poner ejemplos analizados en célebres sentencias recientes[5].

Cumplidos estos requisitos, la utilización lícita de la obra mientras el derecho de autor está vigente pasa por la correspondiente autorización del titular de derechos o por la subsunción del uso que pretende realizarse en algún límite o excepción al derecho de autor. Caída la obra en dominio público —como regla general, a los setenta años del fallecimiento del autor—, el uso será lícito en todo caso, sin necesidad de solicitar autorizaciones ni valorar la aplicación de límites o excepciones[6],

---

5 Sobre la falta de protección de los sabores, véase la sentencia del Tribunal de Justicia de la Unión Europea de 13 de noviembre de 2018, asunto C-310/17, Levola, cuya argumentación se ha visto reiterada después en la sentencia del Tribunal de Justicia de la Unión Europea de 12 de septiembre de 2019, asunto C-683/17, Cofemel. En este caso, se analiza si es susceptible de protegerse por derechos de autor el sabor de una salsa de queso para untar con hierbas aromáticas. Para el TJUE, con el estado de la técnica actual no es posible hacer una descripción objetiva de un sabor puesto que este depende del sujeto que lo haya degustado. Para un análisis de este pronunciamiento nos remitimos a Garrote Fernández-Díez, Ignacio, «La expresión de la obra y su carácter original como requisitos de su protección por el derecho de autor: Sentencia del Tribunal de Justicia de 13 de noviembre de 2018, asunto C-310/17: *Levola* Hengelo», *La Ley Unión Europea*, núm. 68, 2019, p. 3; Fuentes Lahoz, David, «La posible protección del sabor por el derecho de autor», *CEFLegal: revista práctica de derecho. Comentarios y casos prácticos*, núm. 231, 2020, pp. 5-40; y Robert Guillén, Santiago, «Un sabor es susceptible de ser objeto de protección por el Derecho de autor: comentario a la sentencia del Tribunal de Justicia de la Unión Europea de 13 de noviembre de 2018», *Actas de derecho industrial y derecho de autor*, núm. 39, 2018, pp. 429-439. Sobre la imposibilidad de proteger por el derecho de autor una faena de toros, véase la STS (Sala 1.ª) 82/2021, de 16 de febrero. Tras comparar las obras coreográficas, en las que el objeto puede identificarse de forma precisa y objetiva, el Tribunal Supremo entiende que esta identificación objetiva no es posible en el caso de la faena de un torero.

6 La obra queda protegida por un plazo que abarca la vida del autor y setenta años tras su fallecimiento o, en el caso de obras divulgadas bajo seudónimo o de forma anónima, setenta años desde la divulgación lícita, de acuerdo con el artículo 27 del Real Decreto Legislativo 1/1996, de 12 de abril, por el que se aprueba el texto refundido de la Ley de Propiedad Intelectual —en adelante, LPI—. Esta misma norma señala, en el caso de obras seudónimas y anónimas que, *«cuando antes de cumplirse este plazo fuera conocido el autor, bien porque el seudónimo que ha adoptado no deje dudas sobre su identidad, bien porque el mismo autor la revele»* se aplicará

siempre que se respeten los derechos morales de paternidad e integridad[7].

Mientras la tutela del derecho de autor está vigente es cuando tiene sentido preguntarse si el uso de la obra que se pretende hacer puede considerarse o no amparado en alguno de los límites vigentes. Los límites, por tanto, son supuestos donde un usuario va a poder utilizar una obra sin necesidad de solicitar el consentimiento del titular de los derechos patrimoniales afectados, siempre y cuando cumpla todos los requisitos previstos en la LPI. No es el titular del derecho de autor, sino el legislador quien consiente el uso de la obra y lo hace porque entiende que deben prevalecer otros derechos (por ejemplo, la libertad de expresión o la libertad de información o el derecho a la educación), sin que el titular de los derechos patrimoniales sobre esa obra pueda oponerse a dicho uso[8]. A lo sumo, dicho titular podrá cobrar una compensación equitativa, en aquellos supuestos en los que el legislador haya decidido que el ejercicio de un concreto límite ha de ser remunerado, por irrogar un

el plazo general de la vida del autor y setenta años tras su fallecimiento.

7 Ello exige que, en la medida de lo posible, el uso de la obra vaya acompañado de la cita del nombre del autor, así como la evitación de conductas de apropiación de la autoría ajena para indicar el nombre propio, por un lado. Por otro lado, se requiere que el uso que se haga no deforme la obra previa y no atente contra la reputación del autor o sus legítimos intereses, cosa que sucedería, entre otros ejemplos, en supuestos de destrucción o daño del ejemplar único de la obra —pensemos las veces que ha habido que reparar o que reconstruir extremidades robadas o dañadas de la fuente de la Cibeles, tras celebraciones de triunfos deportivos— y pensemos también en casos en los que la alteración de la obra hace que llegue al público un mensaje distorsionado sobre la esencia que quiso transmitir su autor. Con todo, cuanto mayor sea el tiempo transcurrido entre la caída en el dominio público de una obra y el acto en cuestión, mayor gravedad habrá de tener éste para constituir una infracción del derecho moral de paternidad o del derecho moral de integridad, puesto que el paso del tiempo hace que, en muchos casos, ya no esté en juego la protección de la memoria del autor, sino la protección de la obra como producto cultural, lo que debilita o matiza el campo de aplicación de los derechos morales de paternidad e integridad.

8 De hecho, el Tribunal de Justicia de la Unión Europea ha enfatizado el dato de que detrás de los límites hay una ponderación de los intereses en juego protegidos por diversos derechos fundamentales garantizados en la Carta de Derechos Fundamentales de la Unión Europea (STJUE de 29 de julio de 2019, asunto C-516/17, Spiegel Online, y asunto C-469/17, caso Funke Medien).

posible daño al titular de derechos que no merezca la calificación de ínfimo o insignificante.

En el caso español, se ha optado por regular un sistema cerrado de límites: solamente existen los previstos en los artículos 31 y siguientes LPI y en los artículos 67-71 del Real Decreto-ley 24/2021[9]. Por tanto, hemos huido de regímenes como el estadounidense, en donde no existe un *numerus clausus* de límites, sino que la enumeración ejemplificativa de excepciones prevista en la Copyright Act (secciones 107 a 121) se ve completada con la regla del *fair use* (sección 107), que se alega como defensa en la contestación a la demanda y permite al órgano jurisdiccional valorar si un concreto uso de una obra que no ha sido autorizado por el autor puede, con todo, ser considerado justo, y no tenerse por infractor de los derechos patrimoniales del autor[10].

Además, en el caso español, rige la llamada regla de los tres pasos, regulada en el artículo 40 bis LPI, lo que significa que los límites, como excepciones que son a la regla general, deben interpretarse restrictivamente, de forma que el juez que conozca de un litigio no podrá aplicar un límite cuando no se cumplan alguna de las condiciones exigidas por la ley para ello, esto es, no podrá ampliar el elenco de límites con

---

9 Real Decreto-ley 24/2021, de 2 de noviembre, de transposición de directivas de la Unión Europea en las materias de bonos garantizados, distribución transfronteriza de organismos de inversión colectiva, datos abiertos y reutilización de la información del sector público, ejercicio de derechos de autor y derechos afines aplicables a determinadas transmisiones en línea y a las retransmisiones de programas de radio y televisión, exenciones temporales a determinadas importaciones y suministros, de personas consumidoras y para la promoción de vehículos de transporte por carretera limpios y energéticamente eficientes. El legislador español aprovechó este Real Decreto-ley para transponer al ordenamiento español la Directiva (UE) 2019/790 del Parlamento Europeo y del Consejo de 17 de abril de 2019 sobre los derechos de autor y derechos afines en el mercado único digital y por la que se modifican las Directivas 96/9/CE y 2001/29/CE. En España se sigue el principio de tipicidad, de forma que solamente son válidos aquellos límites que estén incluidos expresamente en la normativa de propiedad intelectual.

10 El órgano jurisdiccional tendrá que valorar si el uso realizado se ajusta razonablemente a los siguientes parámetros: a) la finalidad y el carácter del uso, b) la naturaleza de la obra, c) la cantidad y sustancialidad de la parte utilizada en relación con el conjunto de la obra, y d) el efecto que produce el uso sobre el mercado potencial y el valor de la obra.

respecto a los regulados en el texto de la ley, a diferencia de lo que puede hacer un juez estadounidense, por seguir con la comparativa anterior.

Buena parte de los límites de la ley española proceden de la Directiva 2001/29 (artículo 5) o de la Directiva 2019/790 (artículos 3 a 7), si bien la armonización europea de estos no ha sido completa, bien porque en algunos casos el legislador europeo prevé que la transposición del límite sea meramente voluntaria para los legisladores nacionales, bien porque en otros supuestos la norma europea permite que los legisladores nacionales apliquen un concreto límite a algún supuesto no previsto en la norma europea, con el fin de mantener normas nacionales más amplias, pero que serán tenidas por compatibles con las excepciones y limitaciones establecidas en las Directivas.

A continuación, este trabajo se centrará en el estudio de los límites regulados en el artículo 35 LPI, que lleva por título «*Utilización de las obras con ocasión de informaciones de actualidad y de las situadas en vías públicas*». Este precepto regula dos límites diferentes, que se exponen seguidamente.

2.-Los límites del artículo 35 LPI

De acuerdo con el primer apartado de esta norma: «*Cualquier obra susceptible de ser vista u oída con ocasión de informaciones sobre acontecimientos de la actualidad puede ser reproducida, distribuida y comunicada públicamente, si bien sólo en la medida que lo justifique dicha finalidad informativa*».

Por su parte, el segundo apartado de este artículo 35 LPI señala: «*Las obras situadas permanentemente en parques, calles, plazas u otras vías públicas pueden ser reproducidas, distribuidas y comunicadas libremente por medio de pinturas, dibujos, fotografías y procedimientos audiovisuales*». Este segundo límite es la llamada libertad de panorama. Nombre que tiene su origen en el término alemán *panoramafreiheit,* siendo también alemán el origen del concepto. Precisamente, la excepción nace, a nivel comunitario, con el fin de amparar a las legislaciones nacionales que ya contaban con la misma desde tiempo atrás, entre ellos, Alemania y España[11].

11 Sobre el origen de la armonización europea de este límite nos remi-

Ambos límites están regulados a nivel europeo en la Directiva 2001/29, en dos preceptos separados: el artículo 5.3.c), referido a la utilización de las obras con ocasión de informaciones de actualidad, y el artículo 5.3.h), sobre uso de obras situadas en vías públicas. Si bien podría pensarse que con ello se ha conseguido una uniformidad total, la realidad está alejada de esta afirmación, toda vez que el citado apartado tercero del artículo 5 de esta Directiva señala «*Los Estados miembros podrán establecer excepciones o limitaciones*». Estamos, por tanto, ante límites de transposición meramente potestativa. Sin embargo, todos los Estados miembros de la Unión Europea han transpuesto este límite, si bien no de manera uniforme[12]. Con todo, algunos países, como Bélgica y Francia, han tardado mucho en su implementación. En particular, la regulación de ambos países data de 2016.

Si nos fijamos en el límite de libertad de panorama, la naturaleza facultativa de la excepción europea conlleva una regulación de mínimos, lo que ha originado importantes desigualdades legales entre los Estados miembros[13]. A modo de ejemplo, hay legislaciones nacionales que no permiten usos comerciales de las imágenes, como es el caso de Francia o Italia, entre otros, mientras que hay otras que permiten dicho uso oneroso, si bien exigen que el uso de la obra sea accesorio, como sucede, por ejemplo, en Dinamarca y Finlandia.

En el caso español, la regulación de la libertad de panorama era muy anterior a la aprobación de la Directiva 2001/29. La primera regulación española de este límite data de la anterior Ley de Propiedad Intelectual[14]. Por su parte, el límite de utilización de las obras con ocasión de informaciones de actualidad es posterior, dado que tiene su origen en la Ley 5/1998[15]. Por

timos a Popova, Plamena, «Report on the freedom of panorama in Europe». Disponible en: https://perma.cc/6V5N-UYRA, 2016, (fecha de consulta: 26 de diciembre de 2023).

12 En este sentido también se ha pronunciado Cabedo Serna, Llanos, «Difusión cultural y explotación comercial de imágenes de obras arquitectónicas y plásticas: la excepción libertad de panorama a examen», *Journal of Cultural and Creative Industries*, vol. 3, 2022, p. 4.

13 Ídem, p. 5.

14 Ley 22/1987, de 11 de noviembre, de Propiedad Intelectual.

15 Ley 5/1998, de 6 de marzo, de incorporación al Derecho español de la Directiva 96/9/CE, del Parlamento Europeo y del Consejo, de 11 de marzo de 1996, sobre la protección jurídica de las bases de datos. El

tanto, la regulación española de ambos límites es previa a la Directiva 2001/29, en cuyo artículo 5.3 se regulan a nivel europeo ambos límites por primera vez.

2.1.-Obras susceptibles de ser vistas u oídas con ocasión de informaciones sobre acontecimientos de la actualidad

En relación con el límite sobre utilización de las obras con ocasión de informaciones de actualidad, deben hacerse varias reflexiones. Debemos de estar ante obras susceptibles de ser

origen del límite sobre utilización de las obras con ocasión de informaciones de actualidad es, en realidad, anterior: el artículo 10 bis 2 del Convenio de Berna. Para un comentario de este precepto, véase LÓPEZ MAZA, Sebastián, «Comentario al artículo 10 bis», en BERCOVITZ RODRÍGUEZ-CANO, Rodrigo (Coord.), *Comentarios al Convenio de Berna,* Tecnos, Madrid, 2013.

Ambos límites —el de utilización de las obras con ocasión de informaciones de actualidad y el de uso de obras situadas en vías públicas— no han sufrido ninguna modificación en las últimas reformas de la LPI. En realidad, la Ley 5/1998 hace que se refundan en un mismo precepto —el artículo 35— los anteriores artículos 34 (utilización de obras con ocasión de informaciones de actualidad) y 35 (obras situadas en vías públicas) de la LPI de 1996, sin alterar su redacción. La modificación de 1998 consigue que el artículo 34 LPI quede reservado a los usos permitidos al usuario legítimo de bases de datos protegidas por el derecho de autor. En opinión de LÓPEZ MAZA —que compartimos—, el legislador español debió haber aprovechado esa ocasión -u otras posteriores- para integrar, dentro del artículo 33 LPI, todos los límites relativos a la prensa, cuya finalidad sea suministrar y recibir información sobre acontecimientos de actualidad —es decir, límites en los que el legislador entendió que la libertad de información primaba frente al derecho de autor—, y dejar el artículo 35 LPI reservado al límite sobre utilización de obras situadas en vías públicas. El actual artículo 33 se refiere a trabajos sobre temas de actualidad. Véase LÓPEZ MAZA, Sebastián, «Comentario al artículo 35», en BERCOVITZ RODRÍGUEZ-CANO, Rodrigo (Coord.), *Comentarios a la Ley de Propiedad Intelectual,* Tecnos, Madrid, 2017, p. 692. En este sentido también se habían pronunciado PÉREZ DE ONTIVEROS BAQUERO, Carmen, «Comentario al artículo 35», en BERCOVITZ RODRÍGUEZ-CANO, Rodrigo (Coord.), *Comentarios a la Ley de Propiedad Intelectual*, Tecnos, Madrid, 2007, p. 613; y MARTÍN SALAMANCA, Sara, «Comentario al artículo 35», en RODRÍGUEZ TAPIA, José Miguel (Coord.), *Comentarios a la Ley de Propiedad Intelectual*, Civitas, Madrid, 2009, p. 327.

vistas u oídas con ocasión de informaciones sobre acontecimientos de actualidad[16]. Los beneficiarios del límite regulado en el artículo 35.1 LPI son los medios de comunicación. Tanto los medios tradicionales (como puede ser la prensa, radio o televisión) como los medios digitales que se sirven de internet (así, por ejemplo, una publicación digital periódica).

La aplicación de este límite no requiere la ausencia de finalidad lucrativa por parte del medio que hace uso de la obra. Por tanto, la información sobre acontecimientos de actualidad en la que aparezcan obras no tiene por qué ser gratuita y resulta indiferente la titularidad pública o privada del medio de comunicación.

Estos podrán reproducir, distribuir y comunicar públicamente obras cuando sea necesario para conseguir el fin informativo. Este precepto no identifica un concreto tipo de obras que vaya a ser objeto de este límite, sino que puede tratarse de cualquier obra susceptible de ser vista u oída. El supuesto de hecho sería el siguiente: el medio de comunicación está informando sobre un hecho actual y, de manera accesoria, aparece o se escucha una obra en ese reportaje.

El lugar en el que se ubican las obras puede ser público o privado, sin que tengamos por qué estar en una vía pública. No se exige que sea una obra ya divulgada, de forma que la obra que es vista u oída con ocasión de informaciones de actualidad no tiene por qué haber sido accesible al público

---

16 Véase LÓPEZ MAZA, Sebastián, «Los límites a los derechos patrimoniales exclusivos», en GONZÁLEZ GOZALO, Alfonso; BERCOVITZ RODRÍGUEZ-CANO, Rodrigo (Coords.), *Manual de Propiedad Intelectual*, Tirant lo Blanch, Valencia, 2023, p. 142. La aplicación de este límite no se refiere únicamente a obras plásticas, sino, en general, a obras orales —por ejemplo, una obra teatral—, musicales y plásticas —tales como esculturas, punturas o grabados—. Sobre este límite, véase la sentencia del Tribunal de Justicia de la Unión Europea de 29 de julio de 2019, asunto C-516/17, Spiegel Online, en la que se señala que no cabe restringir la aplicación del límite únicamente a los casos en los que sea razonablemente posible solicitar previamente la autorización para utilizar esa obra o prestación con el fin de informar sobre acontecimientos de actualidad. Téngase en cuenta que puede resultar un conveniente acudir en estos casos a la previa autorización del autor, que podría no concederla, o ser casi imposible de solicitar, en aquellos supuestos de transmisiones en directo, y teniendo en cuenta la enorme dificultad de eliminar esas obras del reportaje sin que la información sufra una importante mutilación.

con carácter previo, con el consentimiento del autor (por ejemplo, un escritor publica una nueva novela y los periodistas que acuden a su casa a hacerle una entrevista captan un cuadro, también creado por el mismo autor, que aún no había sido divulgado). En este sentido, se entiende que el interés informativo pesa más que el derecho moral de divulgación del autor[17].

El acontecimiento sobre el que se informa en el ejercicio de este límite debe ser de actualidad, lo que significa que tiene que producirse en un período cercano al momento en que se da la información y ser de interés general. Ello excluiría el uso de obras con carácter retrospectivo, salvo que guarde relación con un acontecimiento presente, cosa que muchos reportajes sí consiguen cumplir, sobre todo aquellos de carácter monográfico, más extensos que lo que puede ser, por ejemplo, una noticia contada en un telediario[18].

Eso sí, la obra que se utiliza en base a este límite no tiene por qué ser de actualidad. Lo actual ha de ser el aconteci-

---

17 A favor, LÓPEZ MAZA, Sebastián, «Comentario al artículo 35», *op. cit.*, p. 693; y PÉREZ DE ONTIVEROS BAQUERO, Carmen, «Comentario al artículo 35», *op. cit.*, p. 615. En contra, MARTÍN SALAMANCA, Sara, «Comentario al artículo 35», *op. cit.*, p. 331. LÓPEZ MAZA cita el siguiente ejemplo: hoy se produce un gran descubrimiento científico y una cadena de televisión acude al laboratorio a entrevistar al científico descubridor, grabando, en un segundo plano, un cuadro que aún no había sido divulgado. En opinión de este autor, sería una carga desmesurada obligar al informador a investigar si la obra que aparece en el transcurso del reportaje está o no divulgada.

18 A modo de ejemplo, la aplicación de este límite permitió a los medios de comunicación ilustrar la noticia del reciente fallecimiento del escultor y pintor Fernando Botero con imágenes no sólo de él, sino también de sus obras escultóricas y pictóricas, tanto las ubicadas en vías públicas como en instituciones y lugares de titularidad privada. También permitirá comunicar públicamente sus obras en reportajes sobre la concesión de premios póstumos o centenarios del nacimiento o del fallecimiento. Sin embargo, el uso de su obra en reportajes monográficos sobre el arte colombiano quedaría fuera del ámbito de aplicación de este límite, por lo que exigiría, para ser lícito, de la autorización por parte de los titulares *post mortem* de sus derechos patrimoniales. Entiéndase esta afirmación sin perjuicio de las matizaciones que se harán en el siguiente epígrafe de este trabajo, en relación con el límite de obras situadas en vías públicas, dado que buena parte de la obra escultórica de Botero se encuentra, precisamente, en lugares públicos, siéndole de aplicación, por tanto, el límite previsto en el art. 35.2 LPI.

miento sobre el que se informa, pero esta exigencia no tiene por qué extenderse a la obra reproducida distribuida o comunicada públicamente. Ello salvo que la propia obra utilizada constituya el acontecimiento de actualidad. Esto es así porque el límite puede aplicarse en un supuesto en el que el reportaje verse sobre esa obra, en cuyo caso la obra podrá aparecer en primer plano, de forma que no se exigirá que figure de manera accesoria o en segundo plano. Por ejemplo, en caso de información sobre el concierto de un concreto artista, en cuyo reportaje suena una de las canciones de fondo, o el reportaje sobre una exposición que se haya inaugurado recientemente en un concreto museo, en el que se emplea una grabación de una de las salas en las que se ubica esa exposición, o un reportaje sobre la novación del contrato celebrado entre un escultor y el ayuntamiento del municipio en el que se ubica una de sus obras plásticas, celebrado con el objetivo de que dicha obra permanezca expuesta en dicho municipio un determinado número de años, o la noticia sobre un grafiti aparecido una mañana en un lugar céntrico de una ciudad y que aparece sin firma, lo que denota la intención del autor de seguir en el anonimato. Otro ejemplo subsumible en este supuesto sería el reportaje sobre el estreno de una película, siendo que un periodista acude a la *première* para entrevistar a los actores y en el reportaje que se emite se incluyen imágenes de películas anteriores de esos mismos autores que en ese momento estaban apareciendo en los monitores ubicados en el cine en el que tiene lugar el estreno[19].

También puede suceder que el reportaje en cuestión nada tenga que ver con la obra que se capta en él. Por ejemplo, si se hace una entrevista —acompañada de vídeo o de fotografía— a un político y aparecen en segundo plano una serie de pinturas que están ubicadas en la institución en la que trabaja o se lleva a cabo una entrevista a varias personas anónimas en un lugar privado y aparece, de fondo, una televisión donde se está emitiendo una película, una serie u otro tipo de contenido audiovisual.

---

19 En la SAP Madrid de 30 de octubre de 2000 se consideró aplicable este límite a un supuesto en el que el diario *El País* había publicado una fotografía del demandante, con ocasión de informar sobre una nueva exposición de fotografía de este, de la cual dicha imagen formaba parte. El tribunal entendió que el uso de la obra estaba justificado por la finalidad informativa.

Imaginemos también un híbrido entre ambos escenarios: un reportaje en el que se habla de la relación contractual entre el escultor Jaume Plensa y el Ayuntamiento de Madrid, en el que aparece la escultura «Julia» de Plensa ubicada en la Plaza de Colón de Madrid, y en el que también se reproduce, en un segundo plano, la escultura «Mujer con Espejo» del escultor colombiano Fernando Botero.

Sea como fuere, el correcto ejercicio de este límite exige que lo principal deba ser el acontecimiento de actualidad y lo accesorio la obra susceptible de ser vista u oída. El centro de atención del informador ha de ser el acontecimiento de actualidad. No cabría, por tanto, añadir a un reportaje informativo una obra musical de fondo, como banda sonora, amparándose, supuestamente, en este límite, porque en este caso esa obra no aparecería con ocasión de informar, sino con fin —podría decirse— decorativo o estético[20]. Ello con la excepción del supuesto en el que el acontecimiento sobre el que se informe sea, precisamente, la obra que se ve o se oye, en cuyo caso la obra sí podría aparecer perfectamente en un primer plano.

El requisito de que la finalidad del uso deba ser informativa excluye el fin publicitario[21]. En definitiva, la obra no puede aparecer con la finalidad de que el público la adquiera. De ahí que la jurisprudencia haya considerado que no se cumple la finalidad informativa exigida por este límite con la inclusión de fotografías de obras de arte plástico en catálogos, con el objetivo de anunciar su venta, pues en este supuesto existe un fin publicitario[22].

En todo caso, el uso de la obra habrá de limitarse a aquel que esté justificado por la finalidad informativa, sin ir más allá de lo necesario, lo que exige que, por ejemplo, en el caso de

20 En este sentido, López Maza, Sebastián, «Comentario al artículo 35», *op. cit.*, p. 695.

21 El legislador español decidió no transponer el artículo 5.3.j) de la Directiva 2001/29, en el que se permite el uso de obras con finalidad anunciar la exposición pública o la venta de obras de arte, en la medida en que sea necesario para promocionar el acto, pero excluyéndose fines comerciales.

22 En este sentido puede citarse la SAP Barcelona de 11 de octubre de 2000, en la que se consideró que no se cumplía la finalidad informativa con la inclusión de fotografías de obras de arte en catálogos para fines publicitarios.

obras musicales, la reproducción deba ser siempre parcial, y no total, si quiere ampararse en este límite. Utilizaciones de mayor envergadura requerirán de la autorización del autor para ser lícitas.

Téngase en cuenta que el ejercicio de este límite no está sujeto al pago de una compensación equitativa al titular de derechos de autor. Ello porque se entiende que, de cumplirse los requisitos legales, la utilización en cuestión supondrá un perjuicio mínimo para el autor. De ahí también que los supuestos excluidos del límite —algunos de ellos identificados en este trabajo— sí puedan llevarse a cabo si se cuenta con la correspondiente autorización del titular de derechos. Autorización que se obtendrá, en algunos casos, previo pago de la remuneración que el titular de derechos haya exigido para ello —o el cumplimiento del resto de condiciones económicas o de otro tipo requeridas por dicho titular—.

Finalmente, debe llamarse la atención sobre el hecho de que el artículo 35.1 LPI no exija que se indique la fuente ni el nombre del autor. Sin embargo, el necesario respeto del derecho moral de paternidad debe llevar a entender que, aunque la norma no lo haya previsto expresamente, sí deba hacerse, siempre que dicha mención sea posible, cosa que dependerá del caso concreto. En particular, habrá que indicarse cuando el objeto de la información sea la propia obra, de forma que la obra se emplee con carácter principal, no accesorio, y siempre que dicha mención sea técnicamente posible.

2.2.-Obras situadas permanentemente en vías públicas

El segundo apartado del artículo 35 LPI regula el límite de libertad de panorama, con un ámbito de beneficiarios mucho mayor, no limitado a los medios de comunicación. Este precepto permite a cualquier persona reproducir, distribuir y comunicar públicamente las obras que están situadas permanentemente en parques, calles, plazas u otras vías públicas, sin tener que cumplir una finalidad informativa, ni ningún propósito concreto, como puede ser la investigación o la docencia, a diferencia de lo que sucede con muchos de los límites regulados por el legislador. Por tanto, los usos permitidos no se limitan a supuestos de utilizaciones en el ámbito privado, sino que se incluyen usos colectivos[23]. Es más, nada en esta norma impide que se realice un uso con un fin comercial u oneroso[24]. A modo de ejemplo, cualquier ciudadano podría hacer una fotografía de la escultura «Mujer con Espejo» de Fernando Botero, que se encuentra situada en la intersección entre la Plaza de Colón y la Calle Génova de Madrid y subirla a su blog o plasmarla en la portada de un libro o reproducirla en camisetas para su posterior venta.

No se exige que el uso de la obra sea parcial, por lo que se podrían incluir en este límite utilizaciones de obras en su integridad. No se limita tampoco a casos de uso accesorio de la obra. De ahí que se puedan subsumir en el artículo 35.2 LPI supuestos de empleo principal o protagonista de la obra.

En el caso de obras arquitectónicas, este límite solamente permite el uso de la fachada, pero no del interior, dado que el interior de un edificio no sería vía pública. Este requisito resulta especialmente interesante, entre otros supuestos, en el caso de iglesias o templos, porque las pinturas y esculturas que se ubiquen en su interior no estarían incluidas en el ámbito de aplicación de este límite, de forma que su utilización requerirá, para ser lícita, de la correspondiente autorización del titular de derechos de autor, siempre y cuando no estemos ante obras ya caídas en el dominio público[25].

El límite se refiere fundamentalmente a obras escultóricas, arquitectónicas o pictóricas —es decir, a obras plásticas, bidimensionales o tridimensionales—, así como a obras fotográficas situadas permanente en la vía pública, en el sentido de gozar de acceso público, entendido como posible visibilidad por la ciudadanía[26]. No se exige, sin embargo, que el lugar sea

---

23 Véase en este sentido, BONDÍA ROMAN, Fernando, «Comentario al artículo 35», en RODRÍGUEZ TAPIA, José Miguel; BONDÍA ROMÁN, Fernando (Dirs.), *Comentarios a la Ley de Propiedad Intelectual*, Civitas, Madrid, 1997, p. 183; LÓPEZ MAZA, Sebastián, «Comentario al artículo 35», *op. cit.*, p. 706; RIBERA BLANES, Begoña, *El derecho de reproducción en la propiedad intelectual*, Dykinson, Madrid, 2002, p. 314.

24 En este sentido puede citarse la SAP Santa Cruz de Tenerife de 9 de septiembre de 1995.

25 Piénsese, por ejemplo, en el mural de la capilla del Santísimo en la Catedral de Palma de Mallorca, obra de Miquel Barceló, que aún no ha caído en el dominio público, al estar vivo el autor.

26 Pueden incluirse en este límite cualquier tipo de obra de arte, sea de arte aplicado o no, lo que incluye, en su caso, el sonido y el movi-

de titularidad pública[27]. De ahí que este requisito se entienda cumplido en el caso de puertas de acceso a un jardín o a una vivienda privada y de fachada de bienes inmuebles de titularidad privada. Sin embargo, se incumpliría este requisito si para el acceso a la obra o para su visibilidad total o parcial fueran necesarios medios auxiliares, como pueden ser drones o telescopios[28].

Generalmente, se trata de obras que estén colocadas al aire libre, si bien basta con que sean accesibles por el público, estén o no al aire libre[29]. Sobre la justificación de este límite se

---

miento. Piénsese, a modo de ejemplo, en el carrillón que pueda ubicarse en la fachada de un ayuntamiento. En este caso, la aplicación del límite previsto en el artículo 35.2 LPI permite reproducir la imagen, el sonido y el movimiento. Téngase en cuenta la SAP Barcelona de 4 de mayo de 2004, que, en relación con unos reportajes publicados en una revista sobre diferentes estancias de la casa de la persona demandada, entiende que a la vivienda en cuestión le era aplicable lo previsto en el artículo 56.2 LPI, concluyendo que el autor de la obra arquitectónica y de la decoración de interiores le transmitió al comprador el derecho de exposición pública de estas, al no haber pactado expresamente lo contrario. En esta sentencia se aplica también el límite del artículo 35.2 LPI para amparar los usos de los elementos decorativos del interior de la vivienda, obra del estudio de interiorismo que actúa como parte demandante. Entendemos, en relación con este último extremo, que la aplicación del límite realizada por la Audiencia Provincial es incorrecta, por excesiva.

27 Podemos estar, por tanto, ante lugares de uso público, pero de titularidad privada y ante lugares de titularidad pública, pero de aprovechamiento privado, que son de acceso público. Quedarían fuera los lugares de acceso restringido, como aquellos para los que se exige el pago de una entrada.

28 No se aplicaría este límite, por tanto, en supuestos en los que se pretenda hacer uso de la fachada de una vivienda ubicada en una finca privada, sin acceso público, siendo que dicha fachada no puede visualizarse desde el límite exterior de dicha finca privada. En este sentido, SAP Madrid de 16 de junio de 2014. Véase, asimismo, López Maza, Sebastián, «Los límites a los derechos patrimoniales exclusivos», *op. cit.*, p. 144. Bercovitz Álvarez entiende que han de excluirse las reproducciones que se hagan desde el aire, dado que las vistas aéreas no son vistas desde la vía pública. Bercovitz Álvarez, Germán, *Obra plástica y derechos patrimoniales de su autor*, Tecnos, 1997, Madrid, p. 404.

29 Pensemos en un patio interior de una comunidad de vecinos, techado, en el que se ubica una fuente, siendo que el lugar es de titularidad

dice que, desde el momento en que la obra esté ubicada permanentemente en un lugar público —cosa que muchas veces es el resultado de un contrato de encargo de obra en el que el autor es el contratista que acepta el encargo del comitente—, eso determina el acceso de todos al conocimiento y disfrute de dicha obra, hecho que no puede ser ignorado por su autor. Se considera que el autor es libre de aceptar ese encargo o no, pero si lo hace se entiende que ejercita el derecho moral de divulgación y da el tácito consentimiento para su utilización, al saber que va a estar colocada en un lugar público[30].

Téngase en cuenta que la ubicación de la obra en un lugar de acceso público o abierto al público no depende solo de la voluntad de este, sino que, en muchas ocasiones, se trata de una decisión de carácter político. La ubicación pública de la obra es el hecho que justifica este límite. Cosa que ha sido fuertemente criticada por la doctrina porque coloca a los autores de obras que se ubiquen en vías públicas en una posición de inferioridad en lo que al nivel de protección se refiere con respecto de aquellos otros autores cuyas obras se ubiquen en vías públicas.

El impacto de este límite en los derechos de autor es innegable, tanto a nivel de los consumidores —o para los ciudadanos en general— como de empresas y profesionales. Desde el primer punto de vista, la excepción afecta a millones de personas, ya que las actividades de reproducir y compartir por internet (sobre todo en redes sociales) las imágenes captadas de obras de arquitectura o arte expuestas en lugares públicos están a la orden del día y constituyen actualmente una forma de difusión de la cultura aceptada socialmente. Desde el segundo punto de vista, la excepción tiene un impacto económico importante, pues son muchas las empresas y los

privado, pero de uso público, por lo que la fuente en cuestión cumple el requisito del acceso público.

30 Véase López Maza, Sebastián, «Comentario al artículo 35», *op. cit.*, pp. 699 y 701; y Ángel Yagüez, Ricardo de, «Comentario al artículo 35», en Bercovitz Rodríguez-Cano, Rodrigo (Coord.), *Comentarios a la Ley de Propiedad Intelectual*, Tecnos, Madrid, 1989, p. 554. Eso sí, la ubicación en lugar público no significa una renuncia del autor al ejercicio del resto de derechos que le corresponden, ni el paso de la obra al dominio público. En la fase previa a la divulgación mediante la ubicación en lugar público, como puede ser el tiempo de almacenaje de la obra, desmontada o no, el límite aquí estudiado no es aplicable.

profesionales de los sectores culturales beneficiados por la misma, como editoriales, agencias de publicidad, periódicos, fotógrafos y plataformas digitales, así como empresas dedicadas al *merchandising* de obras de arquitectura y arte plásticas.

Pese a la relevancia que esta excepción tiene en el ámbito social y económico, ha recibido una atención limitada por parte de la doctrina jurídica especializada y no ha sido objeto de examen por el Tribunal de Justicia de la Unión Europea hasta la fecha.

Téngase en cuenta la necesidad de casar la aplicación de un límite tan amplio con el necesario respeto de los derechos morales del autor. Un uso no infractor del derecho moral de paternidad requeriría la indicación del nombre del autor de la obra captada, siempre que dicha mención sea posible, aun cuando el artículo 35.2 LPI no lo exija expresamente[31]. Así, por ejemplo, en el caso de una postal en la que se reproduzca una fotografía de una concreta escultura, ubicada en un lugar público, a modo de *souvenir*, se entiende técnicamente posible la indicación del nombre del autor de la obra reproducida en el reverso de la postal. Lo mismo sucederá si incluimos una fotografía de dicha escultura hecha por nosotros mismos para ilustrar alguna entrada de un blog. Téngase en cuenta que este derecho moral es perpetuo, esto es, sigue vigente sin límite de tiempo, incluso aunque los derechos patrimoniales hayan caído ya en el dominio público.

Para que sea aplicable este límite debemos estar ante obras situadas de forma permanente en lugares públicos. Esa permanencia en la ubicación constituye una forma de exposición pública. La excepción se refiere a obras colocadas permanentemente en lugares públicos con independencia de que hayan sido creadas con este propósito.

Se incluyen, por tanto, las obras creadas para estar situadas en el espacio público, muchas veces a raíz de un contrato de encargo de obra entre el titular del espacio público y el futuro autor, en el que se señala, incluso, el futuro enclave de la obra. Se incluyen también en el campo de aplicación de este límite las obras que simplemente están ubicadas en un

31 BERCOVITZ ÁLVAREZ ha defendido, incluso, la necesidad de indicar el lugar de acceso público en el que se encuentra ubicada la obra que pretenda utilizarse. BERCOVITZ ÁLVAREZ, Germán, *Obra plástica y derechos…*, *op. cit.*, p. 407.

espacio público con independencia del propósito inicial, como sucede cuando el autor crea la obra *motu proprio*, sin encargo de obra de por medio, y, tras exponerla en un espacio privado, decide vender el soporte a una entidad pública o privada, que la ubica en un lugar de acceso público[32]. Desde la fecha de la ubicación en lugar de acceso público, el límite previsto en el artículo 35.2 LPI resulta aplicable[33].

No existe consenso acerca del significado de «permanencia». Si bien se rechaza que la permanencia se defina en función de un período de tiempo cuantitativamente determinado o mínimo temporal, por así decirlo, hay autores que sostienen

32 En contra de aplicar el límite a supuestos en los que el autor hubiera creado la obra para otros fines que, posteriormente, permitiera su ubicación en un lugar público, CASAS VALLÉS, Ramón, «La transposición de la Directiva 2001/29/CE en España», Universitat Oberta de Catalunya (UOC), 2004, https://www.uoc.edu/dt/esp/casas1204.pdf (fecha de consulta: 26 de diciembre de 2023). Este autor tiene en cuenta la literalidad del artículo 5.3.h) de la Directiva 2001/29, que se refiere a obras *«realizadas para estar situadas de forma permanente en lugares públicos»*. En contra, CABEDO SERNA, Llanos, «Difusión cultural y explotación comercial...», *op. cit.*, p. 10, quien afirma —a nuestro modo de ver, de forma acertada— lo siguiente: *«aunque debe tenerse presente el elemento de la intencionalidad, no necesariamente debe existir en el momento de creación de la obra, pudiendo ser sobrevenido, ni necesariamente debe tratarse de la intención del autor, pudiendo haber decidido el emplazamiento cualquier titular de derechos sobre la obra, siempre que se respete el derecho moral del autor a la integridad de su obra»*.

33 CASAS VALLÉS y SORIA PUIG sostienen que, en los casos de cambio de ubicación de la obra, debe contarse con el consentimiento del autor, en la medida en que el cambio de emplazamiento puede afectar al derecho moral de integridad sobre la obra (artículo 14.4 TRLPI) cuando dicha obra se emplaza en un lugar público para el que no estaba concebida. CASAS VALLÉS, Ramón; SORIA PUIG, Eva, «Grafiti, arte urbano y Derecho de autor», *Anuario Iberoamericano de Derecho del Arte*, 2020, p. 134. Nosotros sostenemos, en cambio, que dicha autorización no ha de exigirse *ex ante* en todo caso, sino que será el autor que entienda afectada su reputación o sus intereses por el cambio de ubicación de la obra el que podrá ejercitar *ex post* este derecho moral. En este sentido, no puede perderse de vista que la búsqueda del respeto al derecho moral de integridad debe casarse con lo dispuesto artículo 56.2 LPI, en el que se prevé la presunción de que el autor de una obra plástica que decide vender el soporte de esta transmite también al comprador el derecho de exposición pública de la obra, salvo que haya pactado expresamente lo contrario.

que la excepción sólo incluye obras cuya colocación en un determinado lugar público se haga con carácter indefinido[34]. Por el contrario, otros autores consideran que la excepción también se refiere a obras que van a formar parte del espacio urbano o del paisaje por un espacio limitado de tiempo, ya sea por el contexto en el que se exponen o por lo perecedero de los materiales con los que han sido creadas, que pueden no ser resistentes[35]. De esta manera, mientras los primeros excluyen aquellas obras que forman parte de una exposición temporal o itinerante o que han sido realizadas con materiales perecederos (como estatuas de hielo o arena) o de escasa durabilidad (por ejemplo, pinturas murales ubicadas en exteriores, que suelen quedar muy afectadas por fenómenos meteorológicos), los segundos las incluyen en la excepción.

Personalmente, nos inclinamos más por la segunda opción interpretativa. Por tanto, entendemos que lo accidental o duradero de la obra no eliminaría *per se* el cumplimiento de la permanencia, al menos durante el tiempo que la obra está en ese lugar público o tiene existencia. Esta interpretación aporta un mayor grado de seguridad jurídica a todos los posibles beneficiarios de este límite, que, como se ha indicado, podría ser cualquier ciudadano[36].

---

34 Interpretación defendida por ÁNGEL YAGÜEZ, Ricardo de, «Comentario al artículo 35», *op. cit.*, p. 555; MARTÍN SALAMANCA, Sara, «Comentario al artículo 35», *op. cit.*, p. 335; PÉREZ DE ONTIVEROS BAQUERO, Carmen, «Comentario al artículo 35», en BERCOVITZ RODRÍGUEZ-CANO, Rodrigo (Coord.), *Comentarios a la Ley de Propiedad Intelectual*, Tecnos, Madrid, 2007, p. 1085.

35 Entre otros, BERCOVITZ ÁLVAREZ, Germán, *Obra plástica y derechos…*, *op. cit.*, p. 113; LÓPEZ MAZA, Sebastián, «Comentario al artículo 35», *op. cit.*, p. 703; y LÓPEZ RICHART, Julián, «Y el vandalismo se hizo Arte: la protección del grafiti por el Derecho de Autor», *RIIPAC (Revista sobre Patrimonio Cultural: Regulación, Propiedad Intelectual e Industrial)*, núm. 10, 2018, pp. 53-87.

36 CABEDO SERNA defiende una tesis intermedia. Esta autora afirma: «*la colocación de una obra es permanente cuando la intención (existente o no en el momento de creación de la obra) del autor o del titular de los derechos (el propietario, por ejemplo) sea la de que la obra se encuentre en un determinado sitio de manera indefinida. Lo permanente se opone a lo temporal, efímero o esporádico y no es posible, desde nuestro punto de vista, considerar permanente aquella situación que, por su propia naturaleza, no puede ser indefinida sino claramente limitada en el tiempo. De esta manera, una exposición que se concibe como temporal*

La interpretación que proponemos permite aplicar el límite, entre otros, a fotografías tomadas en una exposición de pintura o escultura al aire libre itinerante o de las luces que decoran las calles en Navidad, así como a los monumentos falleros de las Fallas de Valencia o las Hogueras de Alicante. Asimismo, la interpretación propuesta permite la reproducción de la obra en casos de cambio de ubicación en lugares públicos de la obra, con la excepción del período transitorio en el que dicha obra esté almacenada o en el propio acto de traslado. Téngase en cuenta que, en este último supuesto, la reproducción de la obra mientras está desmontada o durante el propio traslado puede suponer un atentado contra el derecho moral de integridad del autor[37].

Eso sí, si la obra es inicialmente colocada en un lugar público, pero, pasado un tiempo, se decide sobre se ubicación en un espacio estrictamente privado, cabría aplicar este límite durante el tiempo en que está colocada en el lugar público, pero no después. Ese cambio de ubicación no convertiría en ilícitos los usos de la obra realizados previamente amparándose en la aplicación de este límite.

En contra de la interpretación que defendemos puede citarse una importante sentencia del Tribunal Supremo alemán: la sentencia de 22 de enero de 2002, sobre la aplicabilidad de la libertad de panorama en el caso de una instalación artística temporal de los autores plásticos Christo y Jeanne-Claude en el Reichstag, es decir, en el Parlamento alemán[38]. Se trataba de una instalación artística de dos semanas de duración y conocida como «*Wrapped Reichstag*», consistente en envolver el Parlamento con una tela plateada atada con cuerdas azules. El Tribunal Supremo alemán sostuvo que el criterio a tener en cuenta debía ser la intención original, que, en este caso, se basaba en la temporalidad, dado que el propio carác-

no entraría en el ámbito de aplicación de la excepción. Sin embargo, sí habría que incluir las obras realizadas con elementos perecederos si la intención de su autor fue que estuvieran situadas permanentemente en un lugar público, pues no importa el tiempo de permanencia sino la intencionalidad de que la obra permanezca expuesta durante un período de tiempo indefinido». CABEDO SERNA, Llanos, «Difusión cultural y explotación comercial...», *op. cit.*, p. 11.

37 También en este sentido, LÓPEZ MAZA, Sebastián, «Comentario al artículo 35», *op. cit.*, p. 703.

38 BGH, I ZR 102/99 (KG)-Verhüllter Reichstag.

ter temporal era parte del mensaje que los autores querían transmitir con su obra. Con base en esta decisión, se concluyó que el límite de la libertad de panorama no es aplicable a las fotografías de una instalación artística temporal, ya que la naturaleza temporal de la instalación demuestra claramente que no existe una intención de permanencia.

En otro orden de cosas, debe tenerse en cuenta que este límite solamente permite el uso «*por medio de pinturas, dibujos, fotografías y procedimientos audiovisuales*» (art. 35.2 LPI)[39]. Si atendemos a la literalidad del artículo 5.3.h) de la Directiva 2001/29, que, recordemos, es la norma europea en la que la libertad de panorama se regula, vemos que no se hace referencia a ningún tipo de medio o procedimiento para efectuar la reproducción. Cosa que ha sido interpretada de forma amplia, para abarcar prácticamente todo medio o forma de reproducción bidimensional, incluidos los referidos a tecnología digital e internet. En cuanto a la grabación audiovisual, se incluye no solo la tradicional grabación de imágenes de obras colocadas en la vía pública, sino también la grabación del sonido que puedan emitir estas. Pensemos, por ejemplo, en la melodía de un reloj ubicado en un lugar público o el sonido del carrillón de la fachada de un edificio.

Sin embargo, quedaría excluida la impresión en tres dimensiones de la obra, que no se encuentra enumerado en la lista de supuestos enunciados en el artículo 35.2 LPI. Lo contrario supondría una importante afectación de los derechos legítimos del autor, tal y como ha defendido la doctrina y la jurisprudencia española[40]. Otros países, como Alemania, Austria, Chequia, Croacia, Eslovenia y Lituania también se oponen a la

39 Diversos autores han entendido que esta enumeración tiene carácter de *numerus clausus*, por lo que no cabría aplicar el límite a supuestos distintos de los citados en este precepto. En este sentido, López Maza, Sebastián, «Comentario al artículo 35», *op. cit.*, p. 704; Martín Salamanca, Sara, «Comentario al artículo 35», *op. cit.*, p. 335; Pérez de Ontiveros Baquero, Carmen, «Comentario al artículo 35», *op. cit.*, p. 622; y Ribera Blanes, Begoña, *El derecho de reproducción en la propiedad intelectual*, *op. cit.*, pp. 307 y 308.

40 Por todos, Bercovitz Álvarez, Germán, *Obra plástica y derechos...*, *op. cit.*, p. 406. En este sentido se pronunció la SAP Madrid de 22 de enero de 2010 y la SAP Cantabria de 5 de abril de 2006.

extensión de la aplicación de este límite a las reproducciones de obras en tres dimensiones[41].

Algunas formas de uso en dos dimensiones de la obra que supongan una ligera transformación de esta también habrían de estar permitidas si se pretende un efecto útil de la interpretación, como puede suceder con el cambio de color de la obra o con el añadido de elementos en el entorno[42]. Esta interpretación añade ciertas dosis de realidad frente a la tesis interpretativa algo inflexible que aboga por limitar la aplicación del artículo 35.2 LPI a actos de reproducción fiel de los originales, en los que únicamente varíe el tamaño y material. Se tienen en cuenta, por tanto, actos de uso de obras tolerados en la práctica por los titulares, dada la imposibilidad de evitar que los ciudadanos los realicen.

Si las anteriores afirmaciones se plasman en posibles ejemplos habremos de concluir que no se podrá argüir el ejercicio del límite de la libertad de panorama para comercializar reproducciones en menor tamaño de la escultura «Mujer con Espejo» de Botero para entregarlas como galardón en un premio de investigación o para comercializar llaveros con su forma tridimensional, pero sí se podrá captar la imagen de la escultura en una película cuya trama nada tenga que ver con la vida de Fernando Botero o vender postales en las que se haya impreso dicha escultura, pues en estos dos últimos supuestos, a diferencia de los dos primeros, no hay un uso en tres dimensiones de la obra, sino únicamente de dos dimensiones.

En estos ejemplos puede observarse que la decisión del legislador español de no limitar el uso de esta excepción a fines no lucrativos permite que haya sujetos que exploten la obra en concurrencia con formas de explotación que podría realizar el propio autor o el cesionario de los derechos patrimoniales, lo cual resta, en cierta medida, atractivo a los potenciales cesionarios de derechos, que verán cómo imprimir fotografías que capten la obra en cuestión para crear productos

---

41 Véase Cabedo Serna, Llanos, «Difusión cultural y explotación comercial...», *op. cit.*, p. 15.

42 Bercovitz Álvarez defendió esta postura flexible con las actuaciones permitidas. Bercovitz Álvarez, Germán, *Obra plástica y derechos...*, *op. cit.*, p. 114. En contra, López Maza, Sebastián, «Comentario al artículo 35», *op. cit.*, p. 705.

de *souvenirs* de una ciudad es un acto libre y gratuito para los ciudadanos, entre otros supuestos. En efecto, llama la atención la generosidad con la que el legislador español ha regulado esta regla. No estaríamos, en este último ejemplo, ante actuaciones inocuas, sino que estas podrían generar un serio perjuicio a la explotación normal de la obra, sin que, a pesar de ello, nuestro legislador haya previsto la obligación de pago de una compensación equitativa en estos casos.

Sin embargo, la aplicación abusiva de este límite en estos supuestos podría considerarse contraria a la regla de los tres pasos, regulada en el artículo 40 bis LPI y el artículo 5.5 de la Directiva 2001/29, que exigen que el uso que se haga de un límite no cause un perjuicio injustificado a los intereses legítimos del autor ni vaya en detrimento de la explotación normal de las obras. De ahí que, *de lege ferenda*, la solución óptima habría de venir del reconocimiento de una compensación equitativa en el caso de usos comerciales, si se quiere mantener la amplitud con la que está redactada la regulación de este límite actualmente.

Ello salvo que el Tribunal de Justicia de la Unión Europea, vía interpretación mediante cuestión prejudicial del artículo 5.3.h) de la Directiva 2001/29, determine que quedan fuera del espíritu de este precepto los usos lucrativos de obras. Decisión esta última que puede ser tomada a futuro, asimismo, por el legislador español, con independencia de que el Tribunal de Justicia aún no se haya pronunciado sobre ello, si bien esta opción no estaría exenta de polémica, por reducir el campo de aplicación del límite con respecto a la Directiva 2001/29[43].

---

43 Podría seguirse, por tanto, la opción de excluir los usos lucrativos del ámbito de aplicación de este límite, como se ha hecho en Bulgaria, Eslovenia, Estonia, Francia, Italia, Letonia, Lituania y Rumanía. Véase CABEDO SERNA, Llanos, «Difusión cultural y explotación comercial...», *op. cit.*, p. 9. Muy críticos con esta opción legislativa nacional se han mostrado, entre otros, ROSATI, Eleonora, «Non-Commercial Quotation and Freedom of Panorama: Useful and Lawful», *JIPITEC (Journal of Intellectual Property, Information Technology and Electronic Commerce Law)*, vol. 8, 2017, pp. 311-321; MANARA, Cedric, «La nouvelle exception de panorama. Gros plan sur l'Article L. 122-5 10 du Code français de la propriété intellectuelle», *Revue Lamy Droit de l'Immatériel*, núm. 4049, 2016, pp. 40-43; y MONTAGNANI, Lilla, «The EU Consultation on ancillary rights for publishers and the panorama exception: Modernising Copyright through a one step forward and two steps back approach», Kluwer Copyright Blog, 2016. Disponible en: http://copyrightblog.

3.-Reflexiones finales

El artículo 35 LPI regula dos límites al derecho de autor muy diferentes, pero que, en muchas ocasiones, persiguen un fin informativo. Sin embargo, la llamada libertad de panorama, prevista en el artículo 35.2 LPI no exige *per se* que la finalidad del uso de la obra tenga que ser la información que genere interés público. De hecho, la literalidad de este precepto no exige ni tan siquiera la ausencia de ánimo de lucro de la persona que haga uso del límite. De ahí que los beneficiarios sean la ciudadanía en general, y no únicamente los medios de comunicación, a diferencia de lo que sucede con el límite del artículo 35.1 LPI.

No puede perderse de vista la amplitud de usos permitidos por el artículo 35 LPI en relación con ambos límites, toda vez que esta norma permite la reproducción, distribución y comunicación pública. El derecho de transformación, eso sí, queda fuera de su ámbito de aplicación, por lo que cualquier uso transformativo, para ser lícito, habría de contar con la autorización del titular de este derecho. De resultas de lo anterior, no puede olvidarse que ninguno de estos límites y, en particular, el previsto en el artículo 35.2 LPI, permiten la realización de ejemplares en tres dimensiones en los que se reproduzca la obra. Afirmación que deja fuera del campo de aplicación de este límite muchos artículos vendidos como *souvenirs*, como puede ser las miniaturas de la obra «Mujer con Espejo» de Fernando Botero, por poner un ejemplo que se ha empleado en este trabajo. Sin embargo, una interpretación que persiga el efecto útil de este límite ha de permitir determinadas formas de utilización de la obra que vayan más allá de la mera reproducción fiel de los originales de obras, como pueden ser las fotografías de obras situadas en la vía pública acompañadas de personas, siempre que estas formas de uso sean inocuas para el autor e, incluso, en supuestos en donde pueda recibir la tutela del derecho de autor o del derecho afín como mera fotografía.

No podría ser de otra manera si atendemos a la necesidad de aplicar a ambos límites la llamada regla de los tres pasos

kluweriplaw.com/2016/09/20/the-eu-consultation-on-ancillary-rights-for-publishers-and-the-panorama-exception-modernising-copyright-through-a-one-stepforward-and-two-steps-back-approach/ (fecha de consulta: 26 de diciembre de 2023).

o límite de los límites, prevista en el artículo 40 bis LPI. De acuerdo con esta norma, la aplicación del límite no puede causar «*un perjuicio injustificado a los intereses legítimos del autor*», ni ir «*en detrimento de la explotación normal de las obras a que se refieran*». En este sentido, son múltiples las ocasiones en las que el Tribunal de Justicia de la Unión Europea ha advertido sobre la necesidad de no llevar a cabo interpretaciones extensivas de los límites al derecho de autor regulados en Directivas europeas —entre otras, en sus sentencias de 16 de julio de 2009, asunto C-5/08, Infopaq International A/S y Danske Dagblades Forening, FJ 56, que recoge la interpretación de los anteriores pronunciamientos de 29 de abril de 2004, asunto C-476/01, Kapper, FJ 72, y de 26 de octubre de 2006, asunto C-36/05, Comisión contra España, FJ 31—. De ahí que consideremos acertados pronunciamientos como el que se contiene en la SAP Sevilla de 31 de enero de 2006, en la que se entendió contrario a la regla de los tres pasos la comercialización de productos que incorporaban el signo gráfico de la silueta del toro de Osborne.

Entendemos que este tipo de usos que pueden afectar intereses legítimos del autor o ir en contra de la explotación normal de la obra requerirán, para ser lícitos, de la correspondiente autorización del titular del derecho de autor sobre dicha obra. Autorización que se concederá, en muchos casos, previo pago de la remuneración exigida por el autor. Una interpretación contraria a la aquí propuesta permitiría, en los supuestos más extremos, usos abusivos y casos de enriquecimiento injusto.

A modo de apunte final, no puede olvidarse el dato de que lo que permiten los dos límites estudiados en este trabajo es que un medio de comunicación —en el caso del límite previsto en el artículo 35.1 LPI— o cualquier persona —para el límite del artículo 35.2 LPI— reproduzca, distribuya o comunique públicamente obras. De ahí que la fotografía o la grabación audiovisual de la obra deba ser realizada directamente por quien es beneficiario de este límite. A contrario, el artículo 35 LPI no permite que se emplee una fotografía o una grabación audiovisual realizada por otro. Por tanto, si pretendemos emplear la escultura «Mujer con espejo» de Fernando Botero en un futuro libro nuestro debemos ser nosotros mismos quienes nos desplacemos a la intersección entre la Calle Génova y la Plaza de Colón de Madrid a realizar la fotografía en cuestión para que sea aplicable el límite previsto en el artículo 35.2 LPI. No podremos, sin embargo, emplear una fotografía ajena que tenga los derechos de propiedad intelectual aún vigentes —el derecho afín de mera fotografía que concede el artículo 128 LPI—. Ello salvo que el uso que pretenda realizarse pueda subsumirse en algún otro límite, como puede ser la cita o la ilustración de la enseñanza, regulados en el artículo 32 LPI. Se exigirá, en este último supuesto, eso sí, la inclusión del nombre del titular del derecho afín sobre la mera fotografía.

4.-Bibliografía

Ángel Yagüez, Ricardo de, «Comentario al artículo 35», en Bercovitz Rodríguez-Cano, Rodrigo (Coord.), *Comentarios a la Ley de Propiedad Intelectual*, Tecnos, Madrid, 1989.

Bercovitz Álvarez, Germán, *Obra plástica y derechos patrimoniales de su autor*, Tecnos, 1997, Madrid.

Bercovitz Rodríguez-Cano, Rodrigo, «Comentario al artículo 1», en Bercovitz Rodríguez-Cano, Rodrigo (Dir.), *Comentarios a la Ley de Propiedad Intelectual*, Tecnos, Madrid, 2017.

Bercovitz Rodríguez-Cano, Rodrigo, «Comentario al artículo 10.1», en Bercovitz Rodríguez-Cano, Rodrigo (Dir.), *Comentarios a la Ley de Propiedad Intelectual*, Tecnos, Madrid, 2017.

Bondía Roman, Fernando, «Comentario al artículo 35», en Rodríguez Tapia, José Miguel; Bondía Román, Fernando (Dirs.), *Comentarios a la Ley de Propiedad Intelectual*, Civitas, Madrid, 1997.

Cabedo Serna, Llanos, «Difusión cultural y explotación comercial de imágenes de obras arquitectónicas y plásticas: la excepción libertad de panorama a examen», *Journal of Cultural and Creative Industries*, vol. 3, 2022.

Cámara Águila, Pilar, «Los conceptos autónomos sobre el objeto de protección del Derecho de autor: el concepto de obra y el concepto de originalidad», en Cámara Águila, Pilar; Garrote Fernández-Díez, Ignacio (Coords.), *La Unificación del Derecho de Propiedad Intelectual en la Unión Europea*, Tirant lo Blanch, Valencia, 2019.

CASAS VALLÉS, Ramón, «La transposición de la Directiva 2001/29/CE en España», Universitat Oberta de Catalunya (UOC), 2004, https://www.uoc.edu/dt/esp/casas1204.pdf (fecha de consulta: 26 de diciembre de 2023).

CASAS VALLÉS, Ramón; **SORIA PUIG, Eva**, «Grafiti, arte urbano y Derecho de autor», *Anuario Iberoamericano de Derecho del Arte*, 2020.

FERNÁNDEZ-DÍEZ, Ignacio (Coord.), *La Unificación del Derecho de Propiedad Intelectual en la Unión Europea*, Tirant lo Blanch, Valencia, 2019.

FUENTES LAHOZ, David, «La posible protección del sabor por el derecho de autor», *CEFLegal: revista práctica de derecho. Comentarios y casos prácticos*, núm. 231, 2020.

GARROTE FERNÁNDEZ-DÍEZ, Ignacio, «La expresión de la obra y su carácter original como requisitos de su protección por el derecho de autor: Sentencia del Tribunal de Justicia de 13 de noviembre de 2018, asunto C-310/17: *Levola* Hengelo», *La Ley Unión Europea*, núm. 68, 2019.

LÓPEZ MAZA, Sebastián, «Comentario al artículo 10 bis», en BERCOVITZ RODRÍGUEZ-CANO, Rodrigo (Coord.), *Comentarios al Convenio de Berna,* Tecnos, Madrid, 2013.

LÓPEZ MAZA, Sebastián, «Comentario al artículo 35», en BERCOVITZ RODRÍGUEZ-CANO, Rodrigo (Coord.), *Comentarios a la Ley de Propiedad Intelectual,* Tecnos, Madrid, 2017.

LÓPEZ MAZA, Sebastián, «Los límites a los derechos patrimoniales exclusivos», en GONZÁLEZ GOZALO, Alfonso; BERCOVITZ RODRÍGUEZ-CANO, Rodrigo (Coords.), *Manual de Propiedad Intelectual*, Tirant lo Blanch, Valencia, 2023.

LÓPEZ RICHART, Julián, «Y el vandalismo se hizo Arte: la protección del grafiti por el Derecho de Autor», *RIIPAC (Revista sobre Patrimonio Cultural: Regulación, Propiedad Intelectual e Industrial)*, núm. 10, 2018.

MANARA, Cedric, «La nouvelle exception de panorama. Gros plan sur l'Article L. 122-5 10 du Code français de la propriété intellectuelle», *Revue Lamy Droit de l'Immatériel*, núm. 4049, 2016.

MARTÍN SALAMANCA, Sara, «Comentario al artículo 35», en RODRÍGUEZ TAPIA, José Miguel (Coord.), *Comentarios a la Ley de Propiedad Intelectual*, Civitas, Madrid, 2009.

MINERO ALEJANDRE, Gemma, «Inteligencia artificial y propiedad intelectual», en ALONSO SALGADO, Cristina (Dir.), *Derecho, nuevas tecnologías e inteligencia artificial*, Dykinson, Madrid, 2024.

MONTAGNANI, Lilla, «The EU Consultation on ancillary rights for publishers and the panorama exception: Modernising Copyright through a one step forward and two steps back approach», *Kluwer Copyright Blog*, 2016. Disponible en: http://copyrightblog.kluweriplaw.com/2016/09/20/the-eu-consultation-on-ancillary-rights-for-publishers-and-the-panorama-exception-modernising-copyright-through-a-one-stepforward-and-two-steps-back-approach/ (fecha de consulta: 26 de diciembre de 2023).

PÉREZ DE ONTIVEROS BAQUERO, Carmen, «Comentario al artículo 35», en BERCOVITZ RODRÍGUEZ-CANO, Rodrigo (Coord.), *Comentarios a la Ley de Propiedad Intelectual*, Tecnos, Madrid, 2007.

POPOVA, Plamena, «Report on the freedom of panorama in Europe». Disponible en: https://perma.cc/6V5N-UYRA, 2016, (fecha de consulta: 26 de diciembre de 2023).

RIBERA BLANES, Begoña, *El derecho de reproducción en la propiedad intelectual*, Dykinson, Madrid, 2002.

ROBERT GUILLÉN, Santiago, «Un sabor es susceptible de ser objeto de protección por el Derecho de autor: comentario a la sentencia del Tribunal de Justicia de la Unión Europea de 13 de noviembre de 2018», *Actas de derecho industrial y derecho de autor*, núm. 39, 2018.

ROSATI, Eleonora, «Non-Commercial Quotation and Freedom of Panorama: Useful and Lawful», *JIPITEC (Journal of Intellectual Property, Information Technology and Electronic Commerce Law)*, vol. 8, 2017.

ROSATI, Eleonora, *Originality in EU Copyright. Full Harmonization through Case Law*, Edward Elgar, Cheltenham, 2013.

XXV

DOCENCIA DEL DERECHO EN LAS ARTES. LA EXPERIENCIA DE HABLAR SOBRE PROPIEDAD INTELECTUAL EN DISEÑO Y BELLAS ARTES

Luis Javier Capote Pérez
Profesor Contratado Doctor Tipo I de Derecho Civil
Universidad de La Laguna

1.-Una asignatura jurídica en la rama de las artes

Una de las consecuencias de la integración de la universidad española en el Espacio Europeo de Educación Superior —popularmente conocido por defensores y críticos como «Plan Bolonia»— ha sido una suerte de heterogeneidad menor en el seno de los ya no tan nuevos planes de estudios diseñados e introducidos al calor de los cambios, unos más evidentes y otros más soterrados, englobados dentro de las ya mentadas denominaciones del proceso.

Esos tiempos interesantes en los que ha tocado vivir en los últimos veinte años plantearon la experimentación —a través de cauces tan diversos como los proyectos de innovación docente o educativa o las acciones formativas de complemento a la docencia regular— de diferentes iniciativas para dar salida a las respuestas que demandaban ciertas carencias formativas detectados en el paso de la academia al mercado de trabajo. En el caso de los estudios en artes, ésta se concretó en la falta de conocimientos para que el alumnado defendiera sus creaciones.

En este ámbito se dio además la circunstancia de que el proceso de reformas educativas descrito de forma muy sucinta en los párrafos precedentes, las antiguas titulaciones en Bellas Artes dejaron paso a unos grados más especializados. La academia, una vez más, daba carta de naturaleza universitaria a unas prácticas que habían alcanzado la madurez de un corpus teórico propio.

Es en este escenario general que en el plan de estudios del Grado en Diseño de la Universidad de La Laguna incorporó en su contenido la asignatura *Legislación civil y protección jurídica del creador.*

2.-Legislación civil y protección jurídica del creador

2.1.-El plan de estudios del Grado en Diseño de la Universidad de La Laguna

El Grado en Diseño de la Universidad de La Laguna se describe como la titulación para una «*disciplina de síntesis de conocimientos y habilidades de diversa procedencia, en la que confluyen capacidad expresiva y de representación visual, conocimientos tecnológicos, capacidad de análisis y de conceptualización*», entre otras. A continuación, define sus objetivos, que son de dos tipos: profesionales y académicos. Profesionalmente prepara al alumnado para ejercer la actividad de diseño, adiestrándoles en el ejercicio de una práctica muy concreta a través de la misma práctica, es decir, ejercitándolos en el desarrollo de proyectos de diseño para resolver problemas de diseño, incluyendo la adquisición de los conocimientos específicos de la disciplina, así como aquellos de carácter general e interdisciplinar necesarios para comprender y actuar en el contexto económico, social y cultural en el que desempeñarán su actividad profesional. Es preciso que cada estudiante entienda que el diseño es una disciplina que se desarrolla en medio de un constante choque de intereses que cada profesional debe ser capaz de conciliar. Académicamente, el objetivo es alcanzar el nivel suficiente como para acceder a los posgrados habiendo adquirido una serie de competencias que le permitan introducir la innovación en su investigación sobre el diseño[1].

En ese sentido, la planificación de las enseñanzas del título de Grado en Diseño de la Universidad de La Laguna supone la vertebración de contenidos, sistemas y metodologías que hacen posible la adquisición de los conocimientos, capacidades, habilidades y destrezas básicas necesarias para que quienes accedan al título puedan desarrollar su actividad en cualquiera de las líneas especificadas en el perfil profesional definido por el libro blanco de la titulación[2].

2.2.-La asignatura en particular

La asignatura *Legislación civil y protección jurídica del creador* se integra dentro de uno de los nueve módulos en los que se estructura la formación y, más específicamente, en el de materias auxiliares.

Su impartición se lleva a cabo en el primer cuatrimestre del cuarto curso y tiene asignados seis créditos, traducidos en cuatro horas presenciales de docencia. La organización de las inevitables competencias se estructura de la siguiente forma[3]:

Básicas:

- B2 - Que los estudiantes sepan aplicar sus conocimientos a su trabajo o vocación de una forma profesional y posean las competencias que suelen demostrarse por medio de la elaboración y defensa de argumentos y la resolución de problemas dentro de su área de estudio.
- B3 - Que los estudiantes tengan la capacidad de reunir e interpretar datos relevantes para emitir juicios que in-

1 *Grado en Diseño de la Universidad de La Laguna*. Descripción del título: https://www.ull.es/grados/diseno/ (Fecha de consulta: 23 de febrero de 2024).

2 *Grado en Diseño de la Universidad de La Laguna*. Estructura del plan de estudios: https://www.ull.es/grados/diseno/plan-de-estudios/plan-de-estudios/ (Fecha de consulta: 23 de febrero de 2024).

3 *Guía docente de la asignatura para el curso 2023-2024*: https://www.ull.es/apps/guias/guias/view_guide/36214/ (Fecha de consulta: 23 de febrero de 2024).

cluyan una reflexión sobre temas relevantes de índole social, científica o ética.

- B5 - Que los estudiantes hayan desarrollado aquellas habilidades de aprendizaje necesarias para emprender estudios posteriores con un alto grado de autonomía.

Generales:

- G1 - Compromiso ético: capacidad crítica ante los problemas tal como le son planteados y autocrítica para evaluar la calidad de la obra propia en sí misma y contextualizada. Capacidad de buscar soluciones orientadas a la universalidad de uso y la igualdad de oportunidades y la igualdad entre hombres y mujeres.
- G2 - Capacidad de aprendizaje y responsabilidad: desarrollar el espíritu analítico y crítico para dotarse de capacidad de análisis, de síntesis, de componerse una visión global y de aplicación de los conocimientos a la práctica.
- G4 - Capacidad comunicativa: capacidad para comprender y expresarse oralmente y por escrito en español y en una segunda lengua (inglés), dominando el vocabulario especializado; capacidad para buscar, usar e integrar la información.
- G6 - Capacidad para formular juicios independientes y articular argumentos. Supone estar familiarizado con el trabajo académico, sus modelos de rigor y sus procedimientos habituales; saber documentarse y gestionar la información específica según las materias y las tareas concretas; saber seleccionar y emplear adecuadamente las fuentes de información y su diversidad. Capacidad de analizar e interpretar las fuentes documentales y literarias.
- G7 - Capacidad para utilizar las tecnologías de la información y la comunicación (TIC) en diferentes contextos y desde una perspectiva crítica, creativa e innovadora. Comprender la relación entre la tecnología y otros campos del saber humano.

Específicas:

- E6 - Tener conocimientos básicos de las ciencias humanas y sociales suficientes como para plantear investigaciones en función de las necesidades de cada proyecto de diseño. Conocimientos acerca del contexto sociocultural, así como de otras culturas y costumbres

- E11 - Conocer los fundamentos de la gestión del diseño (economía, marketing y aspectos legales del diseño) para comprender las implicaciones económicas y financieras de las decisiones creativas tomadas en un proceso de diseño.
- E13 - Saber diseñar productos orientados a la mejora ambiental y a la universalidad de uso mediante conocimientos metodológicos, tecnológicos y jurídicos necesarios para incorporar estos aspectos a la práctica del proyecto de diseño. También deberán conocer la fisiología de la percepción visual y sus implicaciones para la comunicación visual.

Una vez expuestos los aspectos formales, es menester pasar a la práctica, concretada en la experiencia de once años académicos de aplicación del plan de estudios, de los cuales quien estas líneas escribe ha impartido docencia en ocho.

El primer aspecto que hay que tener en cuenta es que el contenido de la asignatura hace referencia a una materia jurídica muy especializada y el público al que va destinada viene sin formación alguna en Derecho. El enfoque a adoptar ha de ser eminentemente práctico y divulgador, razón por la cual en la primera sesión en el aula se expresa el objetivo primordial y último de la asignatura: dar al alumnado las herramientas necesarias para tomar conciencia del valor de su trabajo y para defender sus intereses. Si hay que otorgar valor al sistema educativo basado en las competencias, todas las enumeradas deben ser encerradas en ésta.

Sin embargo, y con el fin de evitar una desvirtuación de los contenidos jurídicos, se impone la necesidad de una introducción a conceptos legales básicos que sirvan de base a la específica materia de la propiedad intelectual. La primera opción vino de la mano del primero de los temas del temario[4], pero su extensión motivó la necesidad de complementarlo con material apoyo, aún más didáctico y dinámico, de manera que esos

4 Docencia en Derecho Civil. Esquemas de la asignatura *Legislación civil y protección jurídica del creador:* https://www.dcivil.com/actividades/docencia-e-investigacion/195-esquemas-de-la-asignatura-legislacion-civil-y-proteccion-juridica-del-creador-grado-en-diseno-universidad-de-la-laguna.html (Fecha de consulta: 23 de febrero de 2024).

conceptos esenciales fueran aprendidos de forma autónoma, al ser conocimientos útiles no solamente para el alumnado de Diseño, sino para cualquier persona, en el sentido jurídico del término[5].

La entrada directa en la materia de propiedad intelectual favorece la captación del interés por parte de un estudiantado que llega a territorio desconocido. El apoyo audiovisual, en la forma de presentaciones y la inclusión de ejemplos cercanos —basados en el cine, la televisión, los tebeos, la animación, los videojuegos o las redes sociales— favorece la intervención del alumnado. Si bien es cierto que cada promoción tiene su propia idiosincrasia, siendo unas más participativas que otras, siempre hay alguien que interviene, generando interesantes debates.

La situación de la materia en el plan de estudios favorece, por otra parte, una interacción activa y participativa, en la que el alumnado no es, en modo alguno, una masa pasiva, sino que interviene, ayudando a su vez al docente a comprender mejor la naturaleza del Diseño. A estas alturas de la vida universitaria, cada estudiante se plantea cuestiones en torno a un punto tan básico como la propiedad de sus trabajos, empezando por aquéllos que se realizan en materias del grado como las que engloban las prácticas externas o el trabajo de fin de titulación. Además, siendo ésta una carrera vocacional, abundan los casos de primeras experiencias profesionales en los que el resultado rara vez es halagüeño y donde la bisoñez y el desconocimiento juegan destacados papeles en unas vivencias que, por su amargura, son también fuente de valiosas lecciones. Así, las tutorías se convierten en sesiones improvisadas de asesoría legal. El Derecho en acción o la aplicación práctica de la materia a impartir. La primera parte del objetivo primordial en camino de ser alcanzada.

---

5 Entre estos recursos cabe destacar:
La colección ULLMedia «Introducción al Derecho Civil»: https://www.dcivil.com/actividades/docencia-e-investigacion/135-coleccion-ull-media-introduccion-al-derecho-civil.html (Fecha de consulta: 23 de febrero de 2024).
El *podcast* «Docencia en Derecho Civil»: https://www.ivoox.com/perfil-docencia-derecho-civil_a8_podcaster_19291925_1.html (Fecha de consulta: 23 de febrero de 2024).
El canal en YouTube «Docencia en Derecho Civil»: https://www.youtube.com/@docenciaenderechocivil5455 (Fecha de consulta: 23 de febrero de 2024).

2.3.-Acciones formativas complementarias

Junto a la impartición del temario se organizan durante las últimas semanas del cuatrimestre diversos encuentros con profesionales y especialistas en aspectos prácticos relacionados con la materia, así como seminarios de especialización en materia de propiedad intelectual, aprovechando al PDI visitante que, a través de programas de movilidad como Erasmus+ o Fulbright arriban a la Universidad de La Laguna para estancias más o menos breves. Todas estas propuestas se engloban dentro del concepto de acciones formativas complementarias.

Estas acciones son actividades de carácter voluntario cuya finalidad es la de ilustrar a la audiencia en concretos aspectos de la materia de propiedad intelectual (como su aplicación en campos como los videojuegos, la publicidad o la música, por poner tres ejemplos) o acercarla a las vivencias de personas que desempeñan profesionalmente la actividad de Diseño o han de aplicar en la praxis la regulación explicada en la asignatura (como en las especialidades en patentes o marcas). En este segundo apartado, en el que se aplican las experiencias en varios proyectos innovación educativa[6], se trata una parte de la formación que, más que ser explicada, requiere ser vivida y para ello, nada mejor que unas personas que una vez fueron estudiantes y a las que solamente se les da la siguiente pauta: cuenta lo que como estudiante te hubiera gustado escuchar.

En este apartado se incluyen también otras cuentas prácticas, tangencialmente relacionadas con el Derecho y la práctica profesional, como la elaboración contratos, la emisión de facturas, los regímenes de trabajo por cuenta propia y ajena o el pago de impuestos, entre otras.

3.-La colaboración con otras titulaciones de la Facultad de Bellas Artes

La formación en materia de propiedad intelectual en el Grado en Diseño planteó un creciente interés por parte del

6 En este caso *vid.* Capote Pérez, Luis Javier, «Los encuentros con profesionales como herramienta de contacto entre el aula y el mercado de trabajo», en Cuéllar Moreno, María José y O'Dwyer Acosta, Jacqueline, *Innovación en las enseñanzas universitarias: experiencias presentadas en las III Jornadas de Innovación Educativa en la ULL*, Servicio de Publicaciones, Universidad de La Laguna, 2013, p. 61. En los resultados de este proyecto quedaron patentes que los encuentros mejoraban la relación entre la academia y el mercado de trabajo.

alumnado de otras titulaciones del centro y, particularmente, del Grado en Bellas Artes. Los problemas derivados de la ausencia de formación en la protección y valorización del propio trabajo son comunes en ambos casos, de ahí que, en una reunión convocada por el equipo decanal de la Facultad sobre el futuro de los estudios en la materia, se planteara la hipótesis de introducir un contenido similar para esos estudios de grado. Sin embargo y dado el carácter auxiliar que tiene la asignatura en la titulación en Diseño, no se planteó como tal, sino como una acción formativa complementaria, en la forma de un seminario especial[7] e integrado del concepto de formación constante a lo largo de la vida o *Long Life Learning,* en su versión inglesa.

En respuesta a la propuesta descrita en el párrafo precedente aparecieron dos propuestas, a través de las cuales una formación básica en la materia se oferta al alumnado del Grado en Bellas Artes:

Por un lado, se imparte la materia a través del plan de orientación y acción tutorial de la Facultad[8]. En cada cuatrimestre

---

7 En este punto se toma la experiencia obtenida en un proyecto de innovación educativa sobre seminarios «intercampus» de naturaleza transversal, sobre la cual se pueden encontrar referencias sobre su descripción y empleo en el ámbito de las Bellas Artes en CAPOTE PÉREZ, Luis Javier, «Seminarios "inter-campus" de divulgación jurídica», en VEGA NAVARRO, Ana y STENARDI, David, *VII Jornadas de Innovación Educativa de la Universidad de La Laguna,* Servicio de Publicaciones, Universidad de La Laguna, 2017, p. 206.

8 Los planes de orientación y acción tutorial o POAT —según sus siglas para la versión en singular— tienen como finalidad primordial la proporción al alumnado de sistemas de apoyo y asesoramiento, una vez han concretado su primera matrícula. En el concreto caso del POAT de la Facultad de Bellas Artes de la Universidad de La Laguna, se indica que las actividades formativas incluidas en el mismo abordan diversas temáticas a través de las que pretende facilitar al alumnado su toma de decisiones académico-profesional en sus diferentes etapas (acogida e integración en el centro y la universidad, orientación a lo largo de la titulación y para su incorporación al mercado laboral), que le permita superar con éxito la titulación y adaptarse a las nuevas demandas: estrategias de aprendizaje autónomo, trabajo en equipo, mejora de resultados de rendimiento académico, resolución de dificultades, información y asesoramiento sobre prácticas externas y trabajo fin de grado, orientación sobre los programas de movilidad existentes, exigencias y características del mercado laboral, etcétera. Plan de orientación y tutoría de la Facultad de Bellas Artes: https://

se hacen encuestas para configurar encuentros en los que se dé respuesta a las dudas del alumnado, a partir de su participación en el citado cuestionario, al tiempo que se explican algunos conceptos esenciales sobre propiedad intelectual[9].

Por otro, se celebra un seminario sobre propiedad cultural —propiedad intelectual y patrimonio cultural— abierto tanto a la comunidad académica como al público en general, co-organizado junto al Departamento de Bellas Artes y la Cátedra Cultural «Francisco Tomás y Valiente»[10].

Ambas iniciativas se iniciaron en el curso 2022-2023 y están en proceso de actualización y mejora.

4.-Conclusiones

A lo largo de los años, más de diez, de presencia de la docencia jurídica en la Facultad de Bellas Artes de La Laguna, se ha generado un creciente interés, no sólo en su alumnado, sino en su profesorado y personal investigador, en cuanto a la protección de la creatividad. Todos los años llegan peticiones de información por parte de miembros de la comunidad académica, especialmente estudiantes. Tras cada petición hay una historia que recuerda que nuestro papel como juristas no es preciso cuando las cosas van bien, sino cuando van mal o muy mal. La labor asesora se ha ampliado fuera del campus al ámbito de la extensión universitaria y a alumnado egresado que empieza a dar sus primeros pasos en el ámbito profesional o tiene ya una trayectoria de cierta duración, pero salpicada de episodios desazonadores.

En este contexto, la experiencia de varios años de acciones de divulgación parece dejar patente una cierta falta de con-

www.ull.es/centros/facultad-bellas-artes/orientacion-y-tutorizacion/#plan-de-orientacion (Fecha de consulta: 23 de febrero de 2024).

9 La estructura de estos encuentros ha sido diseñada por la actual responsable del Plan, la profesora Tania Castellano San Jacinto, del Departamento de Bellas Artes de la Universidad de La Laguna.

10 La fórmula del seminario ha sido fruto de la colaboración con Ramiro Carrillo Fernández, profesor del Departamento de Bellas Artes de la Universidad de a La Laguna.

vicción, reconocida por profesionales talentosos, a la hora de poner el empeño necesario para proteger su trabajo[11].

Ahora que el sistema de docencia basado en competencias está siendo cuestionado y se vuelve a defender la necesidad de hacer mayor hincapié en los conocimientos, no sería quizá mala idea la incorporación de una específica competencia a la docencia de la materia relativa a la asignatura *Legislación civil y protección jurídica del creador*: la de tener conciencia del valor del propio trabajo y el valor para defenderlo y hacerlo valer.

5.-Referencias

5.1.-Bibliografía

Capote Pérez, Luis Javier, «Los encuentros con profesionales como herramienta de contacto entre el aula y el mercado de trabajo», en Cuéllar Moreno, María José y O'Dwyer Acosta, Jacqueline, *Innovación en las enseñanzas universitarias: experiencias presentadas en las III Jornadas de Innovación Educativa en la ULL*, Servicio de Publicaciones, Universidad de La Laguna, 2013, pp. 54-61.

Capote Pérez, Luis Javier, «Seminarios "inter-campus" de divulgación jurídica», en Vega Navarro, Ana y Stenardi, David, *VII Jornadas de Innovación Educativa de la Universidad de La Laguna*, Servicio de Publicaciones, Universidad de La Laguna, 2017, pp. 205-208.

11 Múltiples son las historias en las que alguien que estudia o ejerce las profesiones relacionadas con el diseño, la ilustración y demás actividades artísticas expone las malas experiencias derivadas de los primeros trabajos remunerados y del trato desigual que, en palabras de Jesús Manuel Duque Acosta, es consecuencia del desigual trato obtenido como consecuencia de un exceso de candor a la hora de afrontar las negociaciones precontractuales y valorizar su trabajo cara al público. Duque Acosta es uno de los principales agentes culturales de la ciudad de La Laguna, como propietario y responsable del pub «Sócrates», un espacio en el que se desarrollan acciones de divulgación en el ámbito de la extensión universitaria y donde se ha dado especial cobertura a las Bellas Artes. El local es la sede de un ciclo de conferencias relacionadas con la materia, en el cual se han incluido sesiones relativas a la regulación de la propiedad intelectual y donde ha quedado patente la pertinencia de la conclusión expresada por este benefactor.

5.2.-Redgrafía

Grado en Diseño de la Universidad de La Laguna. Descripción del título: https://www.ull.es/grados/diseno/

Grado en Diseño de la Universidad de La Laguna. Estructura del plan de estudios: https://www.ull.es/grados/diseno/plan-de-estudios/plan-de-estudios/

Guía docente de la asignatura para el curso 2023-2024: https://www.ull.es/apps/guias/guias/view_guide/36214/

Docencia en Derecho Civil. Esquemas de la asignatura Legislación civil y protección jurídica del creador: https://www.dcivil.com/actividades/docencia-e-investigacion/195-esquemas-de-la-asignatura-legislacion-civil-y-proteccion-juridica-del-creador-grado-en-diseno-universidad-de-la-laguna.html

ULLMedia «Introducción al Derecho Civil»: https://www.dcivil.com/actividades/docencia-e-investigacion/135-coleccion-ullmedia-introduccion-al-derecho-civil.html (recurso consultado el 23 de febrero de 2024).

Docencia en Derecho Civil *(podcast):* https://www.ivoox.com/perfil-docencia-derecho-civil_a8_podcaster_19291925_1.html

Docencia en Derecho Civil *(canal en YouTube)*: https://www.youtube.com/@docenciaenderechocivil5455

Plan de orientación y tutoría de la Facultad de Bellas Artes: https://www.ull.es/centros/facultad-bellas-artes/orientacion-y-tutorizacion/#plan-de-orientacion

XXVI

EL *SOFTWARE* COMO OBJETO DE PROTECCIÓN DEL DERECHO DE AUTOR ANTE EL RETO DE LA INTELIGENCIA ARTIFICIAL[1]

Marco Antonio Mariscal Moraza
Profesor asociado de Derecho Civil
Universidad de Alcalá

1.-Conexión entre inteligencia artificial y derecho de autor

Cuando hablamos de inteligencia artificial irremediablemente hablamos de *software*, y cuando lo referimos a este

---

1 Este trabajo fue realizado con anterioridad al acuerdo adoptado el pasado 8 de diciembre sobre el Reglamento por el que se establecen normas armonizadas en materia de IA y se modifican determinados actos legislativos de la Unión. Pese a ello, este acuerdo, al igual que la propuesta de reglamento, no tiene previsto modificar la normativa relativa a la protección de los programas de ordenador, dejando sin resolver el futuro de los programadores de algoritmos relativos a la inteligencia artificial, en especial de la denominada IA generativa, por lo que pese a seguir siendo considerados como autores, no se atisba la creación de ningún derecho —cuando menos de los denominados conexos— sobre las obras generadas mediante los programas de los cuales estos sean autores. Por último, si bien se regulan los tipos de IA de acuerdo a su riesgo, quizás hubiera sido interesante modificar el concepto de programa nocivo que permita actualizar conceptos creados hace más de treinta años.

término nos encontramos a que se trata de una obra protegida por el derecho de autor.

No fue hasta mediados de los años 60 cuando surgió el debate respecto a qué medio era el más adecuado para la protección del *software*, hoy en día la protección del *software* bajo el paraguas del derecho de autor[2] es internacionalmente aceptada. Sin embargo, con el avance de la tecnología vuelven a surgir muchas incógnitas sobre si el derecho de autor es el elemento adecuado para proteger este tipo de obras, máxime cuando el desarrollo de la informática ha derivado en la aparición de la inteligencia artificial, la cual es incluso capaz de generar obras a partir de algoritmos. Hoy en día existe muchísima controversia sobre cómo deberían de protegerse las obras creadas por inteligencia artificial[3], entre las que se encuentran los propios programas de ordenador. Pero más allá de este problema, la actual regulación del *software* evidencia otros problemas en relación con el estado actual de la tecnología.

2.-Actual regulación

2.1.-El objeto de protección

A nivel nacional, el software se encuentra regulado en los artículos 95 a 104 del Texto Refundido de la Ley de Propiedad Intelectual (en adelante, TRLPI)[4] de 1996. Desde esta fecha,

---

2 El Convenio de Múnich sobre Concesión de Patentes Europeas, de 5 de octubre de 1973, ya excluía de manera expresa en su art. 52.2.c) la no patentabilidad del *software*. En 1979 se publicaron las disposiciones tipo de la OMPI que sirvieron como base a las regulaciones relativas al *software* que se llevaron a cabo durante los años 80.

3 Indica Lacruz que la IA supone una de las novedades técnicas que van a conformar una auténtica revolución. Lacruz Mantecón, Miguel Luis, *Inteligencia Artificial y derecho de autor*, Reus, Madrid, 2021, p. 47.

4 El Real Decreto Legislativo 1/1996, de 12 de abril, por el que se aprobó el texto refundido de la Ley de Propiedad Intelectual, regularizando, aclarando y armonizando las disposiciones legales vigentes sobre la materia trae causa de lo regulado en materia de *software* en la Ley de propiedad intelectual de 17 de noviembre de 1987, y la Ley 16/1993, de 23 de diciembre de incorporación al Derecho español de la Direc-

y pese al gran desarrollo de la tecnología en estos últimos treinta años, estos artículos han permanecido inmutables.

De acuerdo con lo indicado en el artículo 96 TRLPI, consideramos que «*el programa de ordenador es toda secuencia de instrucciones o indicaciones destinadas a ser utilizadas directa o indirectamente en un sistema informático para realizar una función o una tarea o para obtener un resultado determinado cualquiera que fuese su forma de expresión y fijación*».

Treinta y seis años después de su publicación[5], podemos decir que esta definición resulta tan amplia que desde luego encaja con aquel *software* destinado a obtener resultados mediante la IA. Y ello porque solo se exige que se trate de algoritmos destinados a lograr un resultado. Sin embargo, el resto del artículo 96 TRLPI no ha envejecido tan bien como se verá a continuación.

Estéticamente hablando, el programa de ordenador no es comparable a ninguna otra obra, por lo que el concepto de originalidad regulado en la Directiva 250/92 (recogido en el art. 96.2 TRLPI) fue creado exprofeso para el *software,* ya que no cabe duda de que un programa de ordenador no es una expresión estéticamente digna de tener en cuenta[6/7]. En este

tiva 91/250/CEE, de 14 de mayo de 1991, sobre la protección jurídica de programas de ordenador.

5 La actual definición trae causa del artículo 96 de la Ley de propiedad intelectual de 1987. Esta definición la no se encuentra incluida en la Ley 16/93, ya que su objeto era transponer la Directiva 91/250/CEE del Consejo, de 14 de mayo de 1991, sobre la protección jurídica de programas de ordenador. Sin embargo, sí fue posteriormente incluida en el actual Texto Refundido, y ello pese a que el Memorándum explicativo de la Propuesta de Directiva del Consejo sobre Protección Jurídica de los Programas Informáticos (DOCE C/91 de 12 de abril de 1989. COM (88) 816 final - SYN 183) advertía que no era *«aconsejable incluir una definición en la Directiva para evitar el riesgo de que devenga obsoleta»*.

6 Erdozaín López, José Carlos, «Un ensayo sobre algunos aspectos de la protección de los programas de ordenador y su consideración jurídica», *Revista de Propiedad Intelectual*, núm. 8, 2001, p. 28.

7 Delgado Echeverría indica que el objetivo de la Directiva no se dirigía a la homogeneización del requisito de originalidad del derecho de autor entre los países de la Unión, pero sí a cierta armonización respecto a la originalidad exigida para los programas de ordenador. Delgado Echeverría, Jesús, «Comentario a los art. 95 a 104», en Bercovitz Rodríguez-Cano, Rodrigo (Coord.), *Comentarios a la Ley de*

sentido, basta que sea una creación de su autor para que se encuentre protegida por el derecho de autor. He aquí la primera cuestión: ¿y si ha sido creado por otro *software* basado en IA? ¿Es ese *software* su autor? ¿Quién es el responsable de las posibles infracciones?[8] Puesto que el *software* se protege como una obra más, la respuesta a esta incógnita vendrá de la mano con la solución que se adopte para el resto de las obras generadas por IA.

Por otro lado, el artículo 96 TRLPI regula en sentido positivo aquellos elementos que son objeto de protección, pero también excluye que elementos o programas no lo son. Vemos como las ideas y principios, así como los fundamentos en los que se basan sus interfaces se excluyen del objeto de protección, pero también los programas creados «*con el fin de ocasionar efectos nocivos a un sistema informático*».

En el momento de la publicación de la Directiva 250/92 se pretendía incentivar la creación del *software*, de ahí que no se protegían las ideas y principios. Hoy en día, ocurre precisamente lo contrario, y la sociedad se encuentra completamente informatizada, por ello sin caer en derecho de patentes, se puede otorgar cierta protección a las funcionalidades del *software,* ya que estas siempre serán conceptuadas por el ser humano, siendo la IA la ejecutora y creadora de *software* que cuente con dicha funcionalidad.

Por otro lado, cuando la norma se refiere a programas nocivos, claramente lo hace para referirse a los virus informáticos creados para dañar un sistema informático. Esta concepción queda muy alejada de la realidad actual, ya que el daño puede ser al ser humano. Vemos cómo actualmente se encuentra tramitándose un pleito contra las grandes tecnológicas en relación sobre si sus algoritmos pueden ser perjudiciales para el ser humano[9]. En este sentido observamos cómo actual-

---

Propiedad Intelectual, Tecnos, Madrid, 1997, pp. 1401 y ss.

8 Actualmente Microsoft se encuentra demandada ante la San Francisco federal Court por las posibles infracciones en materia de propiedad intelectual cometidas por su programa de inteligencia artificial GibHut's copilot system. *Cfr.* https://www.reuters.com/legal/litigation/openai-microsoft-want-court-toss-lawsuit-accusing-them-abusing-open-source-code-2023-01-27/ (fecha de última consulta: 14 de febrero de 2023).

9 Demanda interpuesta por el Seattle School District n.° 1, contra diversas tecnológicas ante el United States District Court Western

mente se encuentra tramitándose la Propuesta de Directiva del Parlamento Europeo y del Consejo relativa a la adaptación de las normas de responsabilidad civil extracontractual a la inteligencia artificial[10]. Sin embargo, en dicha propuesta no se menciona ningún cambio relativo a la regulación del *software*.

Parece pues, el concepto de programa dañino o esos efectos nocivos a los que se refiere a la ley pueden quedarse cortos para los peligros actuales. No olvidemos, que el hecho de excluirlos del objeto de protección trae causa de la voluntad del legislador de poder transformar el código fuente de los programas nocivos a fin de encontrar una solución a los problemas creados por estos[11]. Hecho que no sería posible si fueran objeto de protección del derecho de autor.

2.2.-Titularidad de los derechos

La titularidad de los derechos de los creadores de los programas de ordenador ha sido gran fuente de conflictos a nivel doctrinal, y ello, porque en el TRLPI, se regula la posibilidad de que las personas jurídicas sean autoras de los programas de ordenador cuando estos sean editados o divulgados bajo su nombre.

Más allá de los inocuos debates doctrinales sobre si la concepción de autor solo abarca a la persona natural o también a la jurídica, hoy en día el debate es quién será el autor de las obras generadas por inteligencia artificial. Un nuevo reto que se ha de afrontar desde una perspectiva moderna, pues el concepto de autor como aquel que realiza una creación intelectual[12] puede verse difuminado ante los avances de la informática.

District of Washington at Seattle. Cfr. https://s3.amazonaws.com/hoth.bizango/assets/24303/2023-01-06_SPS_SM_Complaint__1_.pdf (fecha de última consulta: 14 de febrero de 2023)

10 Propuesta de Directiva del Parlamento Europeo y del Consejo relativa a la adaptación de las normas de responsabilidad civil extracontractual a la inteligencia artificial (Directiva sobre responsabilidad en materia de IA) COM(2022) 496 final 2202/0303 COD https://eur-lex.europa.eu/legal-content/ES/TXT/PDF/?uri=CELEX:52022PC0496 .

11 Botana Agra, Manuel, «Las incorporaciones del texto refundido de la Ley de Propiedad Intelectual (TRLPI) en materia de derechos de autor», *Actas de Derecho Industrial y Derecho de Autor*, tomo 17, 1996, p. 32.

12 Ruipérez Azcárate, Clara. *Las obras del espíritu y su originalidad*,

Si afirmamos que el espíritu del derecho de autor es proteger al autor y su obra, debemos poner encima de la mesa lo dispuesto en el artículo 133 TRLPI para las bases de datos, protegidas como obra *sui generis* donde se «*protege la inversión sustancial, evaluada cualitativa o cuantitativamente, que realiza su fabricante*» hoy en día muchos programas de ordenador suponen verdaderas obras de ingeniería con una gran inversión detrás.

Al fin y al cabo, la IA produce obras con un valor económico en el mercado, por lo que debemos ser capaces de buscar el medio adecuado para proteger tales creaciones a fin de no desincentivar la producción de las mismas.

2.3.-Duración del plazo de protección de los derechos

En la actualidad la duración de los derechos de explotación de un programa de ordenador es distinta si su autor es persona física o una persona jurídica, siendo de setenta años tras la muerte del autor respecto del primero y de setenta años a contar desde el 1 de enero del año siguiente a su divulgación o al de su creación si no se hubiera divulgado. Estos plazos ya fueron criticados en su momento[13].

Estos amplísimos plazos de protección en un producto cuya obsolescencia es bastante rápida, obedecen a un ánimo de protección y de no discriminación al autor de los programas de ordenador con el resto de autores de otro tipo de obras.

Reus, Madrid, 2012, p. 77

13 Baylos Corroza ya manifestó sus críticas sobre un plazo de protección de veinte años, al considerar que esta limitación en la duración de los derechos resultara necesaria para favorecer el progreso de la técnica en el campo informático, destacando que la imposición de un plazo menor que para el resto de obras creaba «una diferencia que hace aparecer como específica respecto a las restantes creaciones una regulación que sólo es complementaria de la general y común» (Baylos Corroza, Hermenegildo, «La protección jurídica de los programas de ordenador en el proyecto español de una nueva Ley de propiedad intelectual», *AIC*, núm. 28, 1986, pp. 28 y 29). No cabe duda que existe una diferencia entre el *software* y el resto de obras que justificarían esta diferencia en el plazo de duración de los derechos.

Sin embargo, y como se ha indicado anteriormente, resulta que hoy en día existe *software* capaz de generar *software*, es decir que se deja a un lado el elemento humano o incluso corporativo cuando hablábamos de las personas jurídicas. El paradigma respecto de la creación de los programas de ordenador ha cambiado, por lo que esta protección tan amplia conceptuada para un tipo de autoría que con el tiempo vendrá a ser residual debiera moldearse a la nueva realidad tecnológica.

No se trata de eliminar los derechos de explotación o limitarlos hasta tal punto en los cuales no puedan ser rentables, sino de buscar un punto medio entre el desorbitado plazo de explotación existente hoy en día y aquel que permita a su autor rentabilizar su creación sin que un plazo de protección demasiado pequeño desincentive la creación.

2.4.-El contenido de los derechos del autor de programas de ordenador

Siguiendo a RODRIGUEZ TAPIA[14], podemos decir que los derechos del autor de un *software* consisten tanto en aquellos actos que puede hacer el titular de los derechos como en aquellos que puede prohibir a terceros. Por ello, para tener una visión completa de las facultades de los titulares de los derechos patrimoniales sobre los programas de ordenador, debemos atender a lo dispuesto en el artículo 99 y el artículo 102 del TRLPI. Además, y pese a que no se encuentran expresamente recogido en el Título VII del libro I del TRLPI, además de los derechos morales recogidos en el artículo 14 TRLPI.

Más allá de los derechos patrimoniales, muchas veces cedidos en el marco de la autonomía de la voluntad[15] de sus titulares mediante alguna de las numerosas licencias libres existentes[16] y que dejan claro que estamos ante un tipo de obra

14 RODRÍGUEZ TAPIA, José Miguel «Comentario a los arts. 95 a 104», en RODRÍGUEZ TAPIA, José Miguel (Dir.), *Comentarios a la Ley de Propiedad Intelectual*, Civitas, Madrid, 2009, p. 542.

15 GÓMEZ SEGADE, hace ya más de medio siglo se refería a esta posibilidad, hoy del todo común, en su obra GÓMEZ SEGADE, José Antonio, «La protección jurídica en los programas de los ordenadores electrónicos», *Revista de Derecho Mercantil*, vol. XLVI, núm. 113, julio-septiembre de 1969, p. 417.

16 Existen diferentes tipos de licencias libres mediante las cuales el autor

diferente al resto, no podemos olvidar que la conceptuación de las personas jurídicas como posibles autoras del *software* trajo consigo el debate sobre si además de los derechos patrimoniales del artículo 99 TRLPI, estas tenían derechos morales sobre las obras cuya titularidad ostentan. En este sentido, no cabe duda de que el autor ostenta derechos morales sobre su obra[17], y sin ánimo de entrar en el debate sobre si las personas jurídicas autoras de un programa de ordenador también ostentan derechos morales, en el caso de la inteligencia artificial se da un paso más. Y ello, porque la creadora del *software* puede ser a su vez el propio *software*, es decir que los derechos morales que pudiéramos atribuir a quien finalmente sea conceptuado como autor de dicho *software*, pueden carecer de sentido. Si bien los derechos morales, regulados por primera vez en la LPI de 1987 nacen con el ánimo de otorgar a en el autor determinados derechos sobre su obra, ahora que esta obra ni tan siquiera es creada por un ser humano parece muy cuestionable que sea atribuibles a quien ostente la autoría del programa de ordenador.

3.-Consideraciones

De acuerdo con lo expuesto, es a todas luces claro que los escasos nueve artículos que en la actualidad regulan la protección jurídica del *software* pueden ser ineficientes en un futuro a corto o medio plazo. Si bien el concepto de *software* regulado en la norma es tan amplio que no necesita ser reformado, sí lo merece la conceptuación de programa nocivo, pues éste ya no sólo puede ser dañino solo para un sistema informático sino también para un ser humano, y pese a que desde Europa se empieza a regular determinados aspectos de la IA, la regulación del *software* debe ir acompasada a dichos cambios. Por otro lado, y puesto que ya no es preciso incentivar a producción del *software* como ocurría en los años 90, quizás podamos proteger determinadas funcionalidades del *software*, ya

cede todos o parte de sus derechos patrimoniales, muchos autores diferencias entre licencias permisivas o robustas de acuerdo las condiciones impuestas para su redistribución. GONZÁLEZ BARAHONA, Jesús Manuel, «Guía del Software Libre», en VV. AA., *Copyleft. Manual de uso*, Traficantes de Sueños, Madrid, 2006, p. 27.

17 PREINFALK LAVAGNI, Ivonne, *El derecho moral del autor de programas informáticos*, Tirant lo Blanch, Valencia, 2010, p. 35

que en la conceptuación de estas será la mente humana la artífice de las mismas.

Por otro lado, la duración de los derechos de explotación debe verse rebajada considerablemente, pues los actuales plazos se encuentran conceptuados para obras que nada tienen que ver con el *software*, es por ello deben ser reducidos drásticamente a fin de adecuarlos a realidad social. En este sentido, y al igual que ocurre con el derecho de patentes, donde se distingue entre patentes y modelo de utilidad, se podría dar un plazo de protección distinto al *software* primigenio, otro a sus versiones sucesivas y desde luego otro plazo distinto al *software* creado por IA.

De igual manera debe plantearse quién será el titular del *software* creado por IA, y poner sobre la mesa si realmente estamos ante una que requiere un sistema de protección *sui generis* a fin de proteger la inversión independientemente de quien sea su creador.

En línea con lo anterior, vemos que es habitual que los derechos patrimoniales se cedan a través de licencias libres, por lo que el contenido de los derechos patrimoniales poco o nada importan a sus titulares. Por ello, quizás deban conceptuarse nuevos derechos aplicables al *software* como el de puesta a disposición comunicación pública, etc.

En definitiva, el legislador europeo debe revisar la regulación del *software* creada en el siglo XX a fin de adaptarla a las necesidades de la tecnología del siglo XXI y plantearse si más allá de la protección bajo el manto del derecho de autor resulta necesario crear un derecho *sui generis* hibrido entre el derecho de autor y otras ramas del Derecho.

4.-Bibliografía

Baylos Corroza, Hermenegildo, «La protección jurídica de los programas de ordenador en el proyecto español de una nueva Ley de propiedad intelectual», *AIC*, núm. 28, 1986.

Botana Agra, Manuel, «Las incorporaciones del texto refundido de la Ley de Propiedad Intelectual (TRLPI) en materia de derechos de autor», *Actas de Derecho Industrial y Derecho de Autor*, tomo 17, 1996.

Delgado Echeverría, Jesús, «Comentario a los art. 95 a 104», en Bercovitz Rodríguez-Cano, Rodrigo (Coord.), *Comentarios a la Ley de Propiedad Intelectual*, Tecnos, Madrid, 1997.

Erdozaín López, José Carlos, «Un ensayo sobre algunos aspectos de la protección de los programas de ordenador y su consideración jurídica», *Revista de Propiedad Intelectual*, núm. 8, 2001.

Gómez Segade, José Antonio, «La protección jurídica en los programas de los ordenadores electrónicos», *Revista de Derecho Mercantil*, vol. XLVI, núm. 113, julio-septiembre de 1969.

González Barahona, Jesús Manuel, «Guía del Software Libre», en VV. AA., *Copyleft. Manual de uso*, Traficantes de Sueños, Madrid, 2006.

Lacruz Mantecón, Miguel Luis, *Inteligencia Artificial y derecho de autor*, Reus, Madrid, 2021.

Preinfalk Lavagni, Ivonne, *El derecho moral del autor de programas informáticos*, Tirant lo Blanch, Valencia, 2010.

Rodríguez Tapia, José Miguel «Comentario a los arts. 95 a 104», en Rodríguez Tapia, José Miguel (Dir.), *Comentarios a la Ley de Propiedad Intelectual*, Civitas, Madrid, 2009.

Ruipérez Azcárate, Clara. *Las obras del espíritu y su originalidad*, Reus, Madrid, 2012.

XXVII

CONTRATO DE ENCARGO DE OBRA INTELECTUAL, PROPIEDAD INTELECTUAL Y DERECHOS DE LA PERSONALIDAD: EL CASO DE LA CAPILLA SIXTINA[1]

COVADONGA LÓPEZ SUÁREZ
Investigadora predoctoral del Plan Estatal FPU de Derecho Civil
Universidad de Cádiz

1.-La Capilla Sixtina: historia, misterios y leyendas

A pesar de que la Capilla Sixtina es una de las obras de arte más aclamadas a nivel mundial hoy día, dejando sin palabras a quien la visita, no fueron pocas las polémicas en las que se vio envuelta en sus orígenes.

Para el año 1482, ya ostentaba algunas de las obras que la componen en la actualidad, concretamente los frescos que lucen las paredes relatando las vidas de Moisés (en la pared sur) y Jesucristo (en la pared norte), así como los retratos de algunos papas que se encuentran en la parte superior y las

1 Este trabajo es fruto de una comunicación que fue galardonada con el premio a la mejor comunicación presentada y defendida ante el plenario en el III Congreso Internacional «Docencia universitaria, Derecho y Artes. Literatura, Cine, Pintura...».

cortinas pintadas en la parte inferior a modo de trampantojo (todo ello atribuible a Pietro Perugino, Sandro Botticelli, Domenico Ghirlandaio, Cosimo Rosselli y a sus talleres). La bóveda, por aquel momento, estaba decorada con un cielo estrellado (pintado por Pier Matteo d'Amelia)[2].

Sin embargo, esta capilla es sobre todo conocida por los trabajos que Michelangelo Buonarroti, Miguel Ángel, realizó posteriormente: los frescos que conforman actualmente la bóveda, sustituyendo dicho cielo estrellado (entre 1508 y 1512) y el *Juicio Final* que decora la pared del altar mayor (entre 1536 y 1541).

El primero de estos trabajos fue encargado por el papa Julio II al artista, quien, a pesar de que sus relaciones con el pontífice no pasaran por su mejor momento (dado que, tras un tiempo de trabajo, suspendió la realización por parte de Miguel Ángel de su monumento funerario, proyecto de gran envergadura para el que este lo había dejado todo)[3] y de mostrarse en un inicio reticente por su supuesta falta de talento para la pintura

---

2 *Vid.* https://www.museivaticani.va/content/museivaticani/es/collezioni/musei/cappella-sistina/storia-cappella-sistina.html (fecha de consulta: 24 de febrero de 2024).

3 El papa Julio II se puso en contacto con Miguel Ángel, en principio, para que este diseñara y realizara su monumento funerario, para el cual destinaría una generosa dotación. Miguel Ángel, contando con esto último, propuso al pontífice una obra de grandes dimensiones, precisión y belleza. El proyecto fue aprobado e incluso se desplazó el artista a Carrara para proceder a la selección de los mármoles que emplearía para su realización. Sin embargo, el papa cambió súbitamente de idea, decidiendo destinar esta gran cantidad de dinero a la reconstrucción de la basílica papal (hay quien dice que fue Bramante, enemigo acérrimo de Miguel Ángel, quien convenció al pontífice para esto). Consecuencia de ello, de la suspensión del que habría sido su gran proyecto escultórico, dejó Roma y volvió Florencia en 1506 con un gran enfado. No obstante, finalmente, una vez fallecido Julio II, Miguel Ángel tuvo la oportunidad de materializar una pequeña parte de este proyecto, pequeña parte que actualmente se encuentra en la Iglesia de *San Pietro in Vincoli* y que contiene una de las esculturas más famosas y aclamadas de Miguel Ángel: el Moisés (tanto es así que se dice que una vez terminó su trabajo, le dio un fuerte golpe en la rodilla a la figura y le preguntó entre gritos que por qué no hablaba). Sobre todo esto, *vid.* https://www.italia.it/es/lacio/roma/que-hacer/san-pietro-in-vincoli-y-moises-de-miguel-angel (fecha de consulta: 24 de febrero de 2024).

(él se consideraba, por encima de todo, escultor, no pintor), aceptó el reto y sorprendió a todos con su resultado[4].

Consecuencia del éxito cosechado, años más tarde, en 1533, el papa Clemente VII[5], solicitó a Miguel Ángel que decorara el altar mayor de esta misma capilla; de lo cual resultaron los frescos que componen *El Juicio Final (Il Giudizio Universale)*.

En esta segunda ocasión, la decisión de Miguel Ángel de representar a santos y ángeles sin vestimentas, en completa desnudez, dio pie a un gran escándalo. Fruto de este se sucedieron dos hechos que serán los protagonistas de estas páginas: por una parte, Miguel Ángel, tras las quejas proferidas por Biagio de Cesena, maestro de ceremonias, decidió pintarlo como al rey del infierno, *Minos*; y, por otro lado, se tomó la decisión de modificar la obra, añadiendo ropajes que taparan estratégicamente las vergüenzas de aquellos que se representaban en la obra.

2.-La venganza de Miguel Ángel

Con motivo de la obra de Miguel Ángel y de su atrevimiento al no vestir las figuras que formaban parte del *Juicio Final,* se sucedieron numerosas protestas: muchos se negaban a que se representaran los miembros viriles de los santos y los ángeles en un lugar sagrado, en una capilla. Hubo multitud de opiniones, pero de entre todas destacó particularmente la vertida por el maestro de ceremonias del papa, Biagio da Cesena, quien, al acudir junto con el pontífice a vigilar los trabajos que

4 Hay quien afirma que detrás de la decisión del pontífice de volver a contratar a Miguel Ángel también se encontraba Bramante que, con el objetivo de empujar a su archienemigo al fracaso, incitó a Julio II a solicitarle un proyecto imposible. Sin embargo, es más probable que con ello el papa tan solo quisiera reconciliarse con el artista (pues el propio Bramante hizo saber al pontífice acerca de sus reticencias sobre las capacidades de Miguel Ángel para poder completar el encargo, tal y como se descubrió gracias a la carta de Pietro Roselli al artista el 10 de mayo de 1506). Esto último se afirma en: https://www.descubrirelarte.es/2020/04/12/3-miguel-angel-segunda-estancia-en-roma-la-capilla-sixtina.html (fecha de consulta: 24 de febrero de 2024).

5 Finalmente, el encargo fue exigido por su sucesor, el papa Pablo III, pues Clemente VII falleció antes de que Miguel Ángel ni siquiera comenzara.

el artista estaba realizando en el altar mayor (aún no estaban terminados), exclamó que eran más propios de «*una casa de baños o una hostería*». Estas afirmaciones desataron la furia de Miguel Ángel, que, poco después de que se marcharan su Santidad y su maestro de ceremonias, decidió vengarse de una forma bastante «artística» y peculiar. En el *Juicio Final* se representan el cielo, la tierra y el infierno; en este último, en la esquina inferior derecha de la obra, encontramos a *Minos*, el rey del infierno, fácilmente reconocible por estar representado con unas orejas de burro, desnudo y rodeado por una serpiente. Si nos fijáramos en sus rasgos faciales, estaríamos viendo la cara de este maestro de ceremonias que osó criticar tan cruelmente esta obra maestra[6].

Un análisis jurídico de este hecho desde una óptica actual y teniendo en cuenta la legislación vigente en España, hace pensar que aquello que constituyó en su momento la venganza del artista podría, *a priori*, afectar a los derechos de la personalidad de este maestro de ceremonias, y, más concretamente, a su derecho a la propia imagen y a su derecho al honor.

2.1.-¿Es una intromisión en el derecho a la propia imagen de Biagio da Cesena?

Para responder a esta cuestión es necesario, en primer lugar, saber qué es el derecho a la propia imagen (consagrado en el artículo 18.1 CE). El Tribunal Constitucional, en la STC 81/2001, de 26 de marzo, establece «*que atribuye a su titular un derecho a determinar la información gráfica generada por sus rasgos físicos personales que puede tener difusión pública*» y, por ende, que «*consiste en esencia en impedir la obtención, reproducción o publicación de la propia imagen por parte de un tercero no autorizado, sea cual sea la finalidad —informativa, comercial, científica, cultural, etc.— perseguida por quien la capta o difunde*»[7].

---

6 *Vid.* Vasari, Giorgio, *Las vidas de los más excelentes arquitectos, pintores y escultores italianos desde Cimabue a nuestros tiempos*, ediciones Cátedra, Madrid, 2011.

7 Para más información sobre el derecho a la propia imagen, *vid.* de Verda y Beamonte, José Ramón, *La protección del derecho a la propia imagen*, Repropres, D.L., Valencia, 2009; o Blanco Martínez, Emilio

La Ley Orgánica 1/1982, de 5 de mayo, de protección civil del derecho al honor, a la intimidad personal y familiar y a la propia imagen (en adelante, LOPH), recoge esto mismo en los apartados quinto y sexto de su artículo 7, de tal manera que considera intromisiones ilegítimas en este derecho, por una parte, «*La captación, reproducción o publicación por fotografía, filme, o cualquier otro procedimiento, de la imagen de una persona en lugares o momentos de su vida privada o fuera de ellos, salvo los casos previstos en el artículo octavo, dos*» (artículo 7.5) y, por otra, «*La utilización del nombre, de la voz o de la imagen de una persona para fines publicitarios, comerciales o de naturaleza análoga*» (artículo 7.6); todo ello si no mediara autorización expresa por ley o consentimiento expreso del titular del derecho (artículo 2).

En el caso que nos incumbe, sería este primer supuesto de intromisión ilegítima el que pudiera encajar (entendiéndose por «*cualquier otro procedimiento*» la representación fidedigna realizada por Miguel Ángel de los rasgos del maestro de ceremonias). En consecuencia, para que el empleo de esta imagen no hubiera constituido una intromisión ilegítima en este derecho de Biagio da Cesena, habría sido necesario, bien que se cumpliera alguna de las excepciones previstas por el artículo 8.2 LOPH, bien que este hubiera dado su consentimiento.

Parece claro, dadas las circunstancias, que esto último no se produjo, sobre todo habida cuenta de las quejas que el propio Biagio trasladó al pontífice cuando se percató de que había sido representado en la obra[8]. Descartada esta posibilidad, tan solo se podía haber evitado la intromisión ilegítima de haberse cumplido alguno de los casos previstos en la propia ley.

El apartado segundo del artículo 8 LOPH dispone que no se afectará al derecho de imagen en tres circunstancias concretas. La última de ellas, la prevista en la letra c), no se ade-

V., «Comentario de la Sentencia del Tribunal Supremo de 7 de mayo de 2014 (2458/2014): Derecho a la propia imagen. Límites. Posibilidad de revisar la cuantía de la indemnización», en YZQUIERDO TOLSADA, Mariano (Dir.), *Comentarios a las sentencias de unificación de doctrina civil y mercantil*, Dykinson, BOE y Colegio de Registradores de la Propiedad y Mercantiles de España, Madrid, vol. 6, 2016, pp. 319-334.

8 Se dice que fue al pontífice y le hizo llegar su consternación por haber sido representado como *Minos*, a lo que este le dijo que nada podía hacer, pues en el Infierno no tenía potestad alguna, que tan solo podría haber actuado de haber sido ubicado en el Purgatorio.

cúa al supuesto de hecho que analizamos, por lo que la descartamos[9]. La primera, establecida en la letra a), niega que sea una intromisión ilegítima «*su captación, reproducción o publicación por cualquier medio cuando se trate de personas que ejerzan un cargo público o una profesión de notoriedad o proyección pública y la imagen se capte durante un acto público o en lugares abiertos al público*». Para que se pudiera considerar aplicable esta excepción, por lo tanto, en primer lugar, sería necesario poder calificar a Biagio da Cesena como «*persona que ejerce un cargo público o una profesión de notoriedad o proyección pública*», lo que resulta admisible dada la relevancia del papel del maestro de ceremonias del papa por aquel momento. Asimismo, sería necesario que la imagen en cuestión (en nuestro caso, el retrato), hubiera sido captado «*durante un acto público o en lugares abiertos al público*». Queda patente que no se ajusta a este caso (está pensado para una fotografía, no un retrato), por lo que descartamos que se pueda aplicar esta excepción. Por lo tanto, tan solo se habría podido evitar la afectación de este derecho de haberse cumplido lo dispuesto por la letra b) de este artículo, es decir, si pudiera catalogarse como una «*caricatura de dichas personas, de acuerdo con el uso social*». Atendiendo a la definición dada por la RAE de caricatura («*Obra de arte que ridiculiza o toma en broma el modelo que tiene por objeto*» o «*Dibujo satírico en que se deforman las facciones y el aspecto de alguien*»)[10], y partiendo de la premisa de que, en efecto, Biagio da Cesena era un personaje público, podría afirmarse que el supuesto de hecho se amolda a esta excepción. Sin embargo, se exige que para ello la caricatura sea «*de acuerdo con el uso*

9 Concretamente, dispone que no implicará una intromisión ilegítima al derecho a la propia imagen «*La información gráfica sobre un suceso o acaecimiento público cuando la imagen de una persona determinada aparezca como meramente accesoria*». En el caso que nos ocupa, Miguel Ángel no incluye accidentalmente la imagen de Biagio da Cesena en su representación, no se aplica.

10 Sobre el concepto de caricatura se pronuncia DE VERDA Y BEAMONTE, José Ramón, «El derecho a la propia imagen y libertades de información y de expresión», *Revista Boliviana de Derecho*, núm. 15, 2013, p. 26, haciendo hincapié en la «*deformación*» que debe mostrar de la persona que representa. En nuestra opinión, podría tenerse por tal esta representación dada la expresión de la cara y entendemos que sustentan su consideración como caricatura los demás atributos ilustrados (a saber, la serpiente y las orejas de burro).

social», condición que se niega cuando no exista «*un interés público constitucionalmente defendible*» (STC 23/2010, de 27 de abril)[11]. Dado que Miguel Ángel tan solo trataba de burlarse de Biagio da Cesena y así vengarse por lo que este había dicho de su obra, no puede entenderse tampoco protegido este acto a la luz de este supuesto.

Concluimos, por tanto, que, al no haberse contado con el consentimiento del maestro de ceremonias ni ser aplicable ninguna de las excepciones previstas en el artículo 8.2 LOPH, al representar Miguel Ángel a Biagio da Cesena como si fuera *Minos* en el altar mayor de la Capilla Sixtina, se produjo una intromisión en su derecho a la propia imagen.

2.2.-¿Y qué sucede con su derecho al honor?

En un inicio decíamos que también era posible que entrase en colisión esta obra con el derecho al honor de esta misma persona, comportando una intromisión ilegítima también es este sentido. La ya referida LOPH establece en su artículo 7.7 que serán tenidas por tal «*la imputación de hechos o la manifestación de juicios de valor a través de acciones o expresiones que de cualquier modo lesionen la dignidad de otra persona, menoscabando su fama o atentando contra su propia estimación*».

En este caso la respuesta es mucho más sencilla y directa que en el anterior. Representar a Biagio da Cesena, el maestro de ceremonias del papa, como *Minos*, el rey del infierno, claramente lesiona su dignidad, menoscaba su fama y atenta contra su propia estimación[12]; esto es, conlleva una intromisión no solo en su derecho a la propia imagen, como habíamos ya explicado, sino también en su derecho al honor.

3.-La (consecuente) censura de la obra de Miguel Ángel

Volviendo al desencadenante de que se representase a Biagio da Cesena en la obra del *Juicio Final* (la decisión de Miguel

11 De Verda y Beamonte, José Ramón, «El derecho a...», *op. cit.*, p. 27.

12 Todo ello de acuerdo con lo establecido por la STS 378/2000, de 14 de abril, que niega que la caricatura pueda ser un medio de insulto hacia el personaje representado.

Ángel de pintar cuerpos desnudos en una capilla), pasemos a estudiar la segunda de las consecuencias que enumerábamos al inicio: la censura de su obra.

A raíz del Concilio de Trento, el papa Pablo IV tomó la decisión de tapar las partes íntimas de las figuras de estos frescos, dibujando gasas o trapos por encima, y así se lo encargó a Daniel de Volterra (pasando a conocerse históricamente como el *Braghettone*)[13], tras haberse negado a ello con rotundidad Miguel Ángel. El estudio de estos hechos a la luz de la legislación española actual nos lleva a plantearnos la posibilidad de que, con ello, se hubieran afectado los derechos de autor del artista.

La obra del Juicio final fue realizada por Miguel Ángel como consecuencia de un contrato que este firmó con la Iglesia: un contrato de encargo de obra intelectual. Consecuencia de este pueden traspasarse a quien la encarga los derechos de explotación o patrimoniales anejos a la misma, pero nunca los derechos morales, que pertenecerán, en cualquier caso, al autor[14]. Dentro de estos derechos morales personalísimos e intransmisibles se encuentra el derecho a la integridad de la obra, consagrado por el artículo 14.4 Real Decreto Legislativo 1/1996, de 12 de abril, por el que se aprueba el texto refundido de la Ley de Propiedad Intelectual, regularizando, aclarando y armonizando las disposiciones legales vigentes sobre la materia (en adelante LPI), y que permite al creador «*exigir el respeto a la integridad de la obra e impedir cualquier deformación, modificación, alteración o atentado contra ella que suponga perjuicio a sus legítimos intereses o menoscabo a su reputación*». Es importante diferenciar este derecho del de transformación, derecho patrimonial que sí podría haber sido cedido a quien realizó el encargo (a la Iglesia). Concretamente, dice de este último el artículo 21.1 LPI: «*La transformación de una obra comprende su traducción, adaptación y cualquier otra modificación en su forma de la que se derive una obra diferente*». En este sentido, en el segundo apartado de este mismo precepto se dice que: «*Los derechos de propiedad intelectual de la obra resultado de la transformación corresponderán al autor de esta última, sin perjuicio del derecho del autor de la obra preexistente de autorizar, durante todo el plazo de protección de sus*

13 *Vid.* Vasari, Giorgio, *Las vidas de..., op. cit.*

14 *Vid.* Evangelio Llorca, Raquel, *El encargo de obra intelectual*, Dykinson, Madrid, 2006, pp. 156-218.

derechos sobre ésta, *la explotación de esos resultados en cualquier forma y en especial mediante su reproducción, distribución, comunicación pública o nueva transformación*».

Ambos derechos se encuentran muy relacionados y pudieran confundirse en un primer acercamiento, pero se sabrá que ha sido afectado el primero (el derecho a la integridad de la obra) y no el segundo (el derecho de transformación) si consecuencia de la modificación realizada se han perjudicado los intereses legítimos del autor o su reputación[15].

Ya advertíamos que Miguel Ángel se negó rotundamente a que se llevaran a cabo tales injerencias en su obra. Si con ello se podía entender que se afectara la obra en sentido artístico, por desequilibrar los cálculos milimétricos que este había realizado, o se considerara que se alteraba el mensaje que el autor quería transmitir con esta, podría concluirse que, en efecto, al introducir dichas modificaciones en los frescos del *Juicio Final*, se perjudicaron sus intereses, así como su reputación. En consecuencia, de los dos, el derecho que habría sufrido las injerencias habría sido el derecho a la integridad de la obra, derecho moral que ni siquiera en el seno de un contrato de encargo de obra intelectual podría haber sido cedido al acreedor, en este caso, a la Iglesia: el titular de este sería Miguel Ángel y esta actuación por parte de la Iglesia afectaría, efectivamente, a los derechos de autor de este primero.

Si en el encargo se hubiese especificado que no eran admisibles cuerpos desnudos (aunque no hay constancia de la existencia de ninguna disposición en este sentido), se habría producido un cumplimiento defectuoso del contrato y Miguel Ángel podría haber sido compelido a su subsanación o, de haberse negado, haber sido esta encargada a otra persona, siguiendo lo establecido por el artículo 1098 CC (tal y como se procedió, pues se le solicitó a Daniel de Volterra toda vez Miguel Ángel se opuso a realizarla). No obstante, si se mantiene que con ello se afectaba el derecho a la integridad de la obra, se complicaría la situación[16].

---

15 Sobre esto, *vid.* Brey Rodríguez Tembleque, Miguel, «El derecho de transformación: límites y obra derivada», *Revista jurídica de la Universidad Autónoma de Madrid*, núm. 48, 2023, pp. 139 y ss.

16 Aunque no entramos en este extremo dadas las limitaciones de este trabajo. Para más información: *vid.* Evangelio Llorca, Raquel, *El encargo de...*, *op. cit.*, pp. 78-95.

4.-Conclusiones sobre la utilización del caso de la Capilla Sixtina para el estudio del derecho

El de la Capilla Sixtina podría ser un excelente caso de análisis en el seno de una clase de Derecho Civil. Por una parte, ello se debe al amplio abanico de temas que se tratan a la luz del mismo: con él hemos abordado los derechos de la personalidad (qué es el derecho a la propia imagen y qué es el derecho al honor y cuándo se produce una injerencia en estos), hemos estudiado qué es un contrato de encargo de obra intelectual y cuál es la diferencia entre los derechos patrimoniales y los morales de autor. Y, por otra, al interés que pudiera suscitarles a los alumnos, al alejarse de los ejemplos paradigmáticos empleados en clase y ahondar en las tramas más suculentas de la historia del arte. En definitiva, este es un ejemplo de cómo las obras de arte más famosas pueden ayudarnos en el estudio del Derecho Civil.

5.-Bibliografía

5.1.-Referencias bibliográficas

Blanco Martínez, Emilio V., «Comentario de la Sentencia del Tribunal Supremo de 7 de mayo de 2014 (2458/2014): Derecho a la propia imagen. Límites. Posibilidad de revisar la cuantía de la indemnización», en Yzquierdo Tolsada, Mariano (Dir.), *Comentarios a las sentencias de unificación de doctrina civil y mercantil*, Dykinson, BOE y Colegio de Registradores de la Propiedad y Mercantiles de España, Madrid, vol. 6, 2016, pp. 319-334.

Brey Rodríguez Tembleque, Miguel, «El derecho de transformación: límites y obra derivada», *Revista jurídica de la Universidad Autónoma de Madrid*, núm. 48, 2023, pp. 125-152.

De Verda y Beamonte, José Ramón, *La protección del derecho a la propia imagen*, Repropres, D.L., Valencia, 2009.

«El derecho a la propia imagen y libertades de información y de expresión», *Revista Boliviana de Derecho*, núm. 15, 2013, pp. 10-29.

Evangelio Llorca, Raquel, *El encargo de obra intelectual*, Dykinson, Madrid, 2006

Vasari, Giorgio, *Las vidas de los más excelentes arquitectos, pintores y escultores italianos desde Cimabue a nuestros tiempos*, ediciones Cátedra, Madrid, 2011.

5.2.- Enlaces de interés

- https://www.museivaticani.va/content/museivaticani/es/collezioni/musei/cappella-sistina/storia-cappella-sistina.html (fecha de consulta: 24 de febrero de 2024)
- https://www.italia.it/es/lacio/roma/que-hacer/san-pietro-in-vincoli-y-moises-de-miguel-angel (fecha de consulta: 24 de febrero de 2024)
- https://www.descubrirelarte.es/2020/04/12/3-miguel-angel-segunda-estancia-en-roma-la-capilla-sixtina.html (fecha de consulta: 24 de febrero de 2024)

XXVIII

LA CONDICIÓN JURÍDICA DEL INDÍGENA: UN VIAJE PICTÓRICO

MARTA RODRÍGUEZ DUARTE
Investigadora predoctoral de Historia del Derecho y de las Instituciones
Universidad de Oviedo

Hablar del descubrimiento y de la conquista de América va más allá de la mera reflexión sobre la adquisición e incorporación de territorios a la Corona. Por todo ello, resulta fundamental analizar el nuevo paradigma social planteado: ¿cómo era la condición jurídica de la comunidad indígena? La objetividad debe ser nuestro punto de partida. En este sentido, no se puede negar la gran dificultad que conlleva juzgar o valorar cualquier momento histórico o legislativo con los ojos de hoy en día. Hablar de conquista es hablar de superposición cultural, y la llegada española a América no deja de ser un claro reflejo de ello. La nota de superioridad es evidente, lo que ahora tendrá que cuestionarse es la forma de poner en práctica la misma. Para llevar a cabo esta reflexión, se acudirá a diferentes obras pictóricas que nos ayudarán a acercarnos a este complejo proceso histórico. Resultará así interesante hacer un viaje en nuestro pasado, en el que, uniendo Derecho y Arte, observaremos cómo diferentes artistas utilizan sus obras para narrar la Historia.

1.-Engrandecer la hazaña y primeras críticas

Mucho se ha hablado de la situación indígena a lo largo de la colonización española, mucho se ha escrito acerca de la regulación jurídica dada por la Monarquía Católica Hispánica, y mucho se ha engrandecido la hazaña. Encontramos así nuestra primera obra que potenciará la magnitud de la gesta. Fechada en 1862, en pleno contexto decimonónico de ensalzamiento de la historia nacional, el *Primer desembarco de Cristóbal Colón en América* de Dióscoro Teófilo Puebla[1] muestra una imagen del descubrimiento en la que impera la idealización de la llegada a tierra firme. Colón es representado en el centro de la obra, dirigiendo los ojos al cielo y rodeado de sus compañeros de viaje. Resalta sobre todos ellos un estandarte con una cruz, símbolo constante del proceso de conquista. A modo de anacronismo se observa a la izquierda un fraile, que también empuña el símbolo cristiano. Un hecho que no se corresponde con la realidad, puesto que en la expedición no había presencia alguna de eclesiásticos, y que nos da pistas de lo importante de la cobertura ideológica y evangelizadora.

Esta imagen romántica de los españoles en América es contrarrestada por otros trabajos, principalmente de artistas de los territorios americanos. Se requiere pues, la breve contextualización de las críticas a la condición a la que estaban siendo sometidos los pueblos indígenas. El primer hito normativo que regula tal situación se sitúa en 1501 con la Instrucción de los Reyes Católicos a Nicolás de Ovando, gobernador de las Indias. En ella se equipara a los indios vasallos libres con los labradores de Castilla, unificándose los criterios, gracias a la aplicación estricta del Derecho castellano, e insistiéndose en el buen trato que estos deberían recibir por parte de los gobernadores[2]. A partir de 1511, cuando fray Antonio de

1 *Primer desembarco de Cristóbal Colón en América* de Dióscoro Teófilo Puebla y Tolín (1831-1901) data de 1862; actualmente forma parte de la colección del Museo del Prado (Madrid, España).

2 Instrucción de los Reyes Católicos a Nicolás de Ovando, 1501: «(...) *Procuraréis cómo los indios sean bien tratados e puedan andar seguramente por toda la tierra e nenguno los faga fuerza ni los roben, nin fagan otro mal nin dampno, poniendo para ello las penas que viéredes ser menester, e executandolas en las personas que en ella fueren culpantes... Item, e porque para coger oro e facer las otras labores que Nos mandamos facer será necesario parovecharnos del servicio de los indios, compelirlos eis que trabajen en las cosas de nuestro servicio, pagando a cada uno el salario que justamente vos pareciere que debieren de aber, sigund la calidad de la tierra»*, *vid*.: Archivo General de Indias, INDIFERENTE,418,L.1,F.98V-99V (digitalizado: http://pares.mcu.es:80/ParesBusquedas20/catalogo/description/245318; fecha de consulta: 22 de octubre de 2023).

Montesinos predica su contundente discurso en la isla de La Española, se abre una nueva etapa en la que Castilla estará en el punto de mira[3].

La intensificación de las censuras contra los colonos españoles y la ferviente defensa de los indios, provocan el sometimiento a juicio de la Corte de las principales instituciones organizadoras de la conquista y de la explotación. Por un lado, se cuestiona la figura del repartimiento, que consistía en la entrega de grupos de indígenas a españoles con el objetivo de suplir labores de servicio. Y por el otro, se revisa la institución de la encomienda, a través de la cual los indios encomendados estaban protegidos por el encomendero, debiendo este instruirlos en la fe católica y teniendo a su vez derecho a emplearlos como mano de obra y a exigirles el pago de tributos.

Por fin en 1542, con la promulgación de las Leyes Nuevas impulsadas por las críticas de Bartolomé de las Casas, mejorarán notablemente las condiciones de los indígenas. De las Casas, convertido en su fiel defensor, tratará de imponer una colonización basada en las libertades y no en los abusos. Notable será su lucha contra los colonos encomenderos, sobre todo los que habitaban Nueva España, que habían comenzado a levantarse en contra de sus políticas. Un trabajo que acaba dando sus frutos, ya que finalmente con las Leyes Nuevas no

3 Todas las discusiones y principios acerca de la libertad de los indios y la ética colonial, desarrollados por ambos autores, tienen un origen común. Este origen es el famoso sermón de Antonio Montesinos, predicado en La Española el 30 de noviembre de 1511: *«Decid, ¿con qué derecho y con qué justicia tenéis en tan cruel y horrible servidumbre aquestos indios? ¿Con qué auctoridad habéis hecho tan detestables guerras a estas gentes que estaban en sus tierras mansas y pacíficas, donde tan infinitas dellas, con muerte y estragos nunca oídos habéis consumido? ¿Cómo los tenéis tan opresos y fatigados, sin dalles de comer ni curallos en sus enfermedades en que, de los excesivos trabajos que les dais, incurren y se os mueren y, por mejor decir, los matáis por sacar y adquirir oro cada día? ¿Y qué cuidado tenéis de quien los doctrine y cognozcan a su Dios y criador, sean baptizados, oigan misa, guarden las fiestas y domingos? ¿Éstos, no son hombres? ¿No tienen ánimas racionales? ¿No sois obligados a amallos como a vosotros mismos? ¿Esto no entendéis? ¿Esto no sentís? ¿Cómo estáis en tanta profundidad de sueño tan letárgico dormidos?»*, *vid*.: https://www7.uc.cl/sw_educ/historia/conquista/parte3/html/l12cb.html (Fecha de consulta 31 de octubre de 2023).

se logra eliminar la institución, pero sí se consigue prohibir su herencia, pasando a hablarse de encomiendas vitalicias.

Llegamos así al año 1552 y a la publicación por parte de Fray Bartolomé de su famosa obra, la *Brevísima relación de la destrucción de las Indias.* Una creación en la que, de forma pública, detalla y denuncia la condición a la que estaban siendo sometidos los habitantes del Nuevo Mundo. Recurriendo a sus propias palabras se puede intuir la gravedad del abuso de los conquistadores «*que entraban y* (…) *comenzaban a destruir todos aquellos inocentes*»[4]. El mensaje es claro: la imposición y destrucción se erigían como ejes centrales de la actividad colonizadora.

Si se tiene en cuenta la labor del fraile dominico, entenderemos mejor el motivo por el cual, son muchos los ejemplos en los que se le concibe como el verdadero salvador de los indios. A este respecto, la creación a destacar no es otra que la del pintor mejicano Félix Parra. Bajo el título *Fray Bartolomé de las Casas*[5], se nos muestra la imagen descrita. Representado en el centro de la obra, vistiendo el traje tradicional de la orden dominica y de nuevo sosteniendo una cruz en su mano, una mujer le abraza en señal de plegaria. Al lado de ambos, yace el cadáver de un indígena que ha sido brutalmente asesinado.

2.-Algunas condiciones especiales de la comunidad indígena

En la época de los descubrimientos entran en íntimo contacto una pluralidad de razas que, hasta ese momento, habían permanecido aisladas. Tal será el cambio, que los problemas de mezcla y asimilación cultural no tardarán en aflorar[6].

---

4 DE LAS CASAS, Bartolomé, *Brevísima Relación de la Destrucción de las Indias*, Alianza, Madrid, 2010, p. 66.

5 *Fray Bartolomé de las Casas* de Félix Parra (1845-1919) data de 1875; actualmente forma parte de la colección del Museo Nacional de Arte de México (Ciudad de México).

6 KONETZKE, Richard, «Los mestizos en la legislación colonial», *Revista de estudios políticos,* núm. 112, Madrid, 1960, pp. 113-148; *vid.*: https://dialnet.unirioja.es/servlet/articulo?codigo=2129472 (Fecha de consulta 11 de octubre).

Los procesos migratorios, unidos a las situaciones de sumisión y señorío, provocan el surgimiento de nuevas entidades étnicas y culturales. El encuentro entre el mundo castellano y el indígena supone el origen de un ordenamiento inédito en el que tendrán que convivir diversos habitantes. Los conquistadores provenientes de Castilla y los negros traídos de África se cruzan con la población india. Tales mezclas, cada vez más complejas, irán conformando la estructura del continente americano.

Se puede delimitar la presencia de tres grandes grupos: blancos, indios y negros. La unión entre ellos tendrá como resultado el establecimiento de las castas, a través de las cuales se clasificará a los individuos en función de su procedencia y recursos. Unas castas que fueron ilustradas. Estos lienzos estarán repletos de matices, y en ellos se podrá ver reflejada la pirámide social construida en base al linaje y la riqueza[7].

2.1.-Los indios mestizos

La primera cuestión que debemos preguntarnos es si el Derecho canónico de la época establecía exclusivamente un impedimento basado en la disparidad de religiones, o si a su vez, también contemplaba el de disparidad de razas. No parece que la disparidad de razas fuera un obstáculo. Podemos decir la que la Iglesia Católica en América se preocupaba más por la evangelización y por la integridad del sacramento del matrimonio, que, por la verdadera naturaleza de los sujetos, siendo el único requisito el bautismo y la instrucción en la fe católica de la parte indígena. Será la reina Isabel la que mediante autorización recomiende a las autoridades procurar estas uniones mixtas. La validez de estos matrimonios se declarará en una

7 La clasificación en castas daba lugar a dieciséis combinaciones básicas, aunque sí que es cierto que las posibilidades eran incalculables. Tales eran: español con india, mestizo; mestizo con española, castizo; castizo con española, español; español con negra, mulato; mulato con española, morisco; morisco con española, chino; chino con india, salta atrás; salta atrás con mulata, lobo; lobo con china, gíbaro; gíbaro con mulata, albarazado; albarazado con negra, cambujo; cambujo con india, sambaigo; sambaigo con loba, calpamulato; calpamulato con cambuja, tente en el aire; tente en el aire con mulata, no te entiendo; y no te entiendo con india, torna atrás.

Real Cédula de 14 enero de 1514, y se consagrará en la Recopilación de Leyes de Indias de 1680[8].

A la hora de hablar del tipo de derechos de los que estos disfrutaban, se distinguen dos tipos de situaciones perfectamente delimitadas: las uniones esporádicas que no implicaban vida familiar entre conquistadores y conquistados, y otras uniones donde sí la había. En este último caso, la relación podía tener su origen en un matrimonio o en una unión libre entre solteros, la cual se denomina *barraganía*. Pues bien, vemos como la naturaleza jurídica de dicho vínculo determinará la condición jurídica del mestizo.

La principal razón que rige esta diferencia es la legitimidad o ilegitimidad de los hijos fruto de las posibles uniones. Si hablamos de una unión estable, ya sea matrimonio o *barraganía*, los ciudadanos mestizos disfrutarán de un estatuto similar a españoles y criollos. Desde su nacimiento, su educación sigue una dirección paralela a estos, donde se promueve la defensa e implantación de los valores castellanos. Es importante en este sentido hacer referencia a las relaciones de conveniencia, caracterizadas por la unión de indias nobles, hijas de caciques de gran prestigio social, con los españoles colonizadores, los cuales podían ver favorecida su posición económica y su futuro en la Nuevas Tierras. Como consecuencia de estos lazos, va surgiendo y configurándose una nueva clase social: la nobleza mestiza. Un hecho que también es representado en el arte. Reseñamos así una obra muy significativa y repleta de matices, los *Matrimonios de Martín de Loyola con Beatriz Ñusta y de Juan de Borja con Lorenza Ñusta de Loyola*[9]. De autoría anónima, refleja la celebración de dos bodas. La primera, une al

8 Ley II, Título I, Libro VI de la Recopilación de las Leyes de Indias, 1680: *«Es nuestra voluntad que los indios e indias tengan, como deben, entera libertad para casarse con quien quisieren, así con indios como con naturales de estos nuestros reinos, o españoles nacidos en las Indias, y que en esto no se les ponga impedimento. Y mandamos que ninguna orden nuestra que se hubiere dado o por nosotros fuera dada pueda impedir ni impida el matrimonio entre los indios e indias con españoles o españolas. y que todos tengan entera libertad de casarse con quien quisieren, y nuestras Audiencias procuren que así se guarde y cumpla», vid*: https://www.boe.es/biblioteca_juridica/abrir_pdf.php?id=PUB-LH-1998-62_2. (Fecha de consulta: 27 de octubre de 2023).

9 *Matrimonios de Martín de Loyola con Beatriz Ñusta y de Juan de Borja con Lorenza Ñusta de Loyola,* data de 1718; actualmente forma parte de la colección del Museo Pedro de Osma (Lima, Perú).

capitán español Martín García de Loyola con la princesa inca Beatriz Clara Coya; la segunda, corresponde al matrimonio de la hija mestiza de ambos, Ana María Lorenza de Loyola, con Juan Enríquez de Borja, nieto de san Francisco de Borja. En un segundo plano vemos un conjunto de figuras representativas. A la izquierda, la familia inca, y a la derecha, miembros de la realeza española. Un escenario que sugiere una ideal paridad jurídica entre el mundo andino y el castellano.

Para finalizar, cabe destacar que, en contraposición con lo anterior, aquellos mestizos que habían nacido como fruto de una relación inestable entre castellanos e indios, ocupaban un papel más difícil a la hora de integrarse en la comunidad, al no poder equiparase ni a la situación del español, ni a la situación del indio[10].

2.2.-Las mujeres indias

Solo puede abordarse el estudio de la mujer indígena teniendo presente cual es, en líneas generales, la capacidad jurídica de la mujer castellana al tiempo del descubrimiento de América[11]. Son ya pocas las situaciones en el Derecho castellano de la época donde se les reconoce una plena capacidad. En el caso de ser soltera, esta es tutelada por la autoridad paternal, o en su defecto, por el mayor de sus hermanos varones o por el pariente más cercano. Mientras que, por un lado, el matrimonio significa la emancipación de la familia, por el otro supone una nueva sujeción a la figura del marido. Vemos como la mujer castellana está sometida en todo momento a

10 Algunas de estas prohibiciones serán: prohibición de la ordenación de mestizos por parte de la Monarquía Católica Hispánica; prohibición de ser escribanos públicos, al entenderse que no tenían capacidad suficiente como para otorgar, algo tan importante, como la fe pública; prohibición de residir en los pueblos de indios, con la única excepción de poder visitarlos si sus madres se encontraban allí; o prohibición de ocupar plazas de soldados, por miedo a un más fácil acceso a las armas y a tratar así de evitar las sublevaciones contrarias a la Corona Española, *vid.*: Dougnac Rodríguez, Antonio, *Manual de Historia del Derecho Indiano*, Universidad Nacional Autónoma de México, México, 1994, p. 391.

11 Ots, José María, «El sexo como circunstancia modificativa de la capacidad jurídica en nuestra legislación de indias», *Separata del Anuario de Historia del Derecho Español, núm.* 40, Madrid, 1930, pp. 311 y 312.

la figura del padre de familia, siendo esta una realidad que no podemos extrapolar al mundo indígena.

La mujer india no tiene la opción de ser tutelada por padres o hermanos, al no poder estos disfrutar de la condición de padres de familia. El hombre indio no puede equipararse nunca al hombre castellano. Es cierto que ambos son considerados sujetos de derechos y disfrutan de la condición de libertad, ahora bien, con la salvedad de que el indio dependerá de la figura del encomendero. Una idea que debe hacer plantearnos cual es el papel real de las indias, las cuales, según lo expuesto, son sujetos doblemente vulnerables.

Otro factor a tener en cuenta a la hora de estudiar el marco femenino es la escasez de mujeres blancas en el Nuevo Mundo, lo que justificaba una mayor abundancia de relaciones entre hombres castellanos y mujeres indias. Una idea lógica y veraz que no puede convertirse en la justificación del abuso[12]. En definitiva, situaciones en las que la india puede perfilarse en mayor o en menor medido como un sujeto claramente desprotegido.

Esta breve reflexión acerca del verdadero papel de la mujer indígena puede ser completada si nos acercamos a nuestra última obra. En ella, y como excepción de todo lo descrito, las protagonistas son dos mujeres. *El Retrato de María Luisa de Toledo e indígena*[13] se convierte en una inusual representación femenina, en la que además de lo exótico, las connotaciones discriminatorias son claramente palpables. La oposición entre los dos mundos se hace más patente que nunca gracias a la presencia de estas dos mujeres. Se puede observar cómo la noble María Luisa de Toledo, hija del Marqués de Mancera, Virrey de Nueva España, de piel blanca y delicado vestido, acaricia la cabeza de una pequeña mujer indígena, de piel

12 De manera explícita, Bartolomé de las Casas, explicaba en su *Brevísima Relación de la Destrucción de las Indias*, las situaciones a las que las indias eran sometidas: «(...) *Los cristianos dábanles de bofetadas e puñadas y de palos hasta poner las manos en los señores de los pueblos. E llegó esto a tanta temeridad y desvergüenza, que, al mayor rey, señor de toda la isla, un capitán cristiano le violó por fuerza su propia mujer* (...)», *vid.*: DE LAS CASAS, Bartolomé, *Brevísima Relación de la Destrucción de las Indias*, Alianza, Madrid, 2010, pp. 18 y 19.

13 *El Retrato de María Luisa de Toledo y e indígena*, atribuido a Antonio Rodríguez Beltrán, data de c. 1670; actualmente forma parte de la colección del Museo del Prado (Madrid, España).

oscura y rostro tatuado. Un contraste que escenifica a la perfección las dos realidades del mundo americano: la española y la indígena.

3.-Bibliografía, fuentes doctrinales y normativas

3.1.-Bibliografía

Clavero, Bartolomé, *La Destrucción de las Indias ayer y hoy*, Marcial Pons Historia Estudios, Madrid, 2002.

Díez, José Luis, *La pintura de historia del siglo XIX en España*, Consorcio Madrid 92, Museo del Prado, Madrid, 1992.

Dougnac Rodríguez, Antonio, *Manual de Historia del Derecho Indiano*, Universidad Nacional Autónoma de México, México, 1994.

Fernández Duro, Cesáreo, «La mujer española en Indias», *Boletín de la Real Academia de la Historia*, tomo 41, 1902. https://www.cervantesvirtual.com/nd/ark:/59851/bmc9s252.

García Saiz, Concepción, *La Pintura Colonial en el Museo de América*, Dirección General del Patrimonio Artístico, Archivos y Museos D.L, Madrid, 1980.

Guitérrez Usillos, Andrés, *La hija del virrey. El mundo femenino novohispano en el siglo XVII*, Ministerio de Cultura, Madrid, 2018. https://www.libreria.cultura.gob.es/libro/la-hija-del-virrey_233/edicion/ebook-2078/.

Mayorazgo García, Fernando Humberto, «Derecho Indiano y Derechos Humanos», *Memoria del X Congreso del Instituto Internacional de Historia del Derecho Indiano*, Universidad Nacional Autónoma de México, México, 1995.

García-Gallo, Alfonso, *Los orígenes de españoles de las instituciones americanas, Estudios de Derecho Indiano*, Real Academia de jurisprudencia y legislación, Madrid, 1987.

García-Gallo, Concepción, *Las Notas a la Recopilación de las Leyes de Indias, de Salas, Martínez de Rozas y Boix*, Ediciones de cultura hispánica del Centro Iberoamericano de Cooperación, Madrid, 1979.

«Sobre el ordenamiento jurídico de la esclavitud en las Indias españolas», *Anuario de Historia del Derecho Español*, Madrid, 1980.

Guerrero Vinueza, Gerardo León, «El oro en la conquista de América: las mujeres indias, el surgimiento del mestizaje», *Revista de Estudios Latinoamericanos*, Universidad de Nariño, núm. 22-23, Colombia, 2008. https://revistas.udenar.edu.co/index.php/rceilat/article/view/1343.

Konetzke, Richard, «Los mestizos en la legislación colonial», *Revista de estudios políticos*, núm. 112, Madrid, 1960. https://dialnet.unirioja.es/servlet/articulo?codigo=2129472.

Ots, José María, «El sexo como circunstancia modificativa de la capacidad jurídica en nuestra legislación de indias», *Separata del Anuario de Historia del Derecho Español*, núm. 40, Madrid, 1930. https://revistas.mjusticia.gob.es/index.php/AHDE/article/view/5059/5059.

3.2.-Fuentes doctrinales

De Las Casas, Bartolomé, *Brevísima relación de la destrucción de las Indias*, Alianza, Madrid, 2010 (fecha de publicación original 1552).

Montesinos, Antonio, «Sermón sobre la situación del indio», 1511. https://www7.uc.cl/sw_educ/historia/conquista/parte3/html/l12cb.html.

3.3.-Fuentes normativas

- Real Cédula a fray Nicolás de Ovando, comendador de Lares, gobernador de las Indias, dándole una instrucción secreta sobre el gobierno de ellas, 20 de abril de 1503, *vid.*: Archivo General de Indias, INDIFERENTE, 418, L.1,

F.98V-99V. Digitalizado: http://pares.mcu.es:80/ParesBusquedas20/catalogo/description/245318).

- Recopilación de las Leyes de Indias, 1680. https://www.boe.es/biblioteca_juridica/publicacion.php?id=PUB-LH-1998-62&tipo=L&modo=2.

XXIX

¿EN QUÉ MEDIDA EL ARTE PODRÍA TENER UN SIGNIFICADO EN LA ACTIVIDAD DEL JURISTA?

AGUSTINA SANTOS CURBELO
Profesora Instructora en Filosofía Justicia y Derecho
Coordinadora Carreras de Abogacía y Notariado
Universidad Católica del Uruguay

Hablar de una vinculación entre el Arte y el Derecho, partiendo de la imagen del Derecho ínsita en nuestra cultura jurídica occidental como la que describe ARANCIBIA «*una imagen del Derecho como si fuera —tiempo detenido—, petrificado, pese a que la realidad y la experiencia cultural se han vuelto cada vez más cambiantes*»[1] imagen hija del movimiento codificador del siglo XIX y de una concepción formalista (patológica del positivismo jurídico) que reduce el Derecho a la ley, pareciera ser poco más que inútil o un mero capricho de aquellos juristas que disfrutan del arte.

Sin embargo, cada vez son más aquellos juristas que —además de disfrutar del arte— se toman en serio, no por mero capricho, demostrar la referencia intrínseca y necesaria que tiene el Arte en el Derecho en la medida que aquel permite una comprensión más profunda y crítica del fenómeno del Derecho. Función que, de hecho, nos apremia en una sociedad donde el

---

1 ARANCIBIA HURTADO, Camilo, «Una imagen del derecho: en busca del tiempo detenido», en ALONSO SALGADO, Cristina, OTERO CRESPO, Marta y VALIÑO CES, Almudena (Dirs.), RODRÍGUEZ ÁLVAREZ, Ana, RAMA MARTINEZ, Sonia y SÁNCHEZ RUBIO, Ana (Coords.), *Derecho y Arte III*, Colex, A Coruña, 2023, pp. 71-80.

Ciberlebiatán al que refiere LASALLE[2] se encarga de automatizar la comprensión del fenómeno del Derecho. En este sentido, la referencia al Arte en el Derecho ya no es para evocar una mera analogía o por un uso retórico, sino que se convierte como señala CANANZI «*en un interés interno al Derecho*»[3].

1.-El derecho es arte

Explica CARNELUTTI en su libro *Arte del Derecho*, que fue muy grande su sorpresa cuando buscando la manera de referirse a Vittorio Scialoja (a quien consideraba, en sus tiempos, el más grande de los juristas italianos) encontró en la palabra *artista* la referencia más ajustada a la medida de su grandeza.

Desde allí no paró de advertir los puntos de encuentro entre aquellos dos mundos que tanto le apasionaban y *a priori* había considerado por separado. Si bien estas meditaciones sobre la vinculación entre Arte y Derecho ya las había comenzado a hacer en su edad más temprana, fue durante un viaje hacia América del Sur que maduró estas ideas y escribió el libro citado en donde sostiene la tesis, categórica, de que el Derecho es Arte.

Veamos, por ejemplo, la reflexión que plantea entre la labor de un pintor y la labor de un juez: «*El Arte como el Derecho sirve para ordenar el mundo. El Derecho como el Arte tiende un puente desde el pasado hacia el futuro. El pintor, cuando escrutaba el rostro de mi madre para pintar el retrato que, más que cualquier otra obra, me mostró el secreto del Arte, no hacía más que adivinar. Y el juez, cuando escruta en el rostro del*

2 LASALLE, José María, *Ciberleviatán, El colapso de la democracia liberal frente a la revolución digital,* Arpa & Alfil Editores, Barcelona, 2019, p. 18. Advierte LASALLE: «*El poder real ya es tecnológico y se basa en la soberanía de los datos. Es un poder que no necesita teorizarse (...) no se funda en marcos conceptuales sino en un conocimiento inductivo que se obtiene de correlaciones realizadas en grandes masas de datos. Los ordenadores pueden buscarlas sin necesidad de modelos que les den explicación*».

3 CANANZI, Daniele, «*Los estudios de derecho y humanidades y la formación del jurista contemporáneo*», en ALONSO SALGADO, Cristina, OTERO CRESPO, Marta y VALIÑO CES, Almudena (Dirs.), RODRÍGUEZ ÁLVAREZ, Ana, RAMA MARTINEZ, Sonia y SÁNCHEZ RUBIO, Ana (Coords.), *Derecho y Arte III*, Colex, A Coruña, 2023, pp. 97-108.

acusado la verdad de su vida para saber lo que la sociedad debe hacer de él, *no hace más que adivinar.* ¡La *dificultad y la nobleza, el tormento y el consuelo del Derecho, como del Arte, no pueden representarse mejor que con esa palabra! Adivinar indica la necesidad y la imposibilidad del hombre de ver lo que ve solamente Dios*»[4] (cursiva, subrayado y negrita no pertenece a la obra original).

Sostener que lo que hace un juez, a la hora de establecer la verdad de los hechos es adivinar y, además, que es lo mismo que hace un pintor al indagar las emociones que expresa el rostro de un sujeto que va a retratar puede parecer no sólo aventurado, sino que también muy impactante para el jurista que opera todos los días. Sin embargo, ¿Podríamos decir que CARNELUTTI, con esta aproximación al Arte, expresa de manera simple, clara e intimidante lo mismo que sostienen una concepción racional de la prueba?

Autores como GASCÓN, TUZET, FERRER nos explican —de diversas maneras— que en una concepción racional de la prueba será imposible alcanzar certezas absolutas sobre los hechos. FERRER plantea que, por más rico y fiable que sea el elemento de juicio, nunca nos permitirá alcanzar certezas racionales respecto de la ocurrencia de un hecho y que nuestras limitaciones epistémicas nos sitúan siempre ante decisiones que deben adoptarse en contextos de incertidumbre. Asimismo, sostiene que «*el razonamiento probatorio es, pues, un razonamiento necesariamente probabilístico. Afirmar que un enunciado fáctico está probado es afirmar que es probablemente verdadero según las pruebas dadas*»[5].

Gascón también es muy clara y categórica cuando nos explica que la razón empírica es incapaz de garantizar la certeza absoluta, lo que sí nos puede ofrecer es una aureola de racionalidad[6]. Y TUZET[7] cuando explica la distinción entre el

4 CARNELUTTI, Francesco, *Arte del Derecho*, Ediciones Olejnik, Argentina, 2018, p. 16.

5 FERRER BELTRÁN, Jordi, *Prueba sin Convicción, Estándares de prueba y debido proceso*, Marcial Pons, Madrid, 2021, p. 18.

6 GASCÓN ABELLA, Marina, *Los Hechos en el derecho, Bases argumentales de la prueba*, Marcial Pons, Madrid, 2010, p. 12.

7 TUZET, Giovanni, *Filosofía de la prueba jurídica*, Marcial Pons, Madrid, 2021, p. 40: «*En nuestros sistemas jurídicos y procesales el decisor no está solo. (...) el proceso es un contexto dialéctico donde posicio-*

concepto de un hecho que ocurrió en el pasado con el concepto de hipótesis fácticas o narraciones procesales que serán las premisas fácticas del silogismo judicial (es decir, el objeto de juicio del juez), nos está diciendo lo mismo que *Carnelutti* cuando éste presenta el dilema del presente «*El presente, el más problemático de los aspectos del más problemático de los conceptos, es decir del tiempo, no es más que la zona alumbrada delante del hombre que camina llevando una linterna. Así hace un juez: trata de iluminar todo lo posible el camino, que se desarrolla delante de* él *(...) El juez no puede quedarse allí.* Él *escuchó al inculpado.* Él *oyó a los testigos.* Él *vió las huellas del delito. Pero el delito no. Aquellos están en la zona de la luz;* éste *en las tinieblas. Y todavía el juez debe proseguir*»[8].

Más allá de que se pueda encontrar entre las ideas de los autores señalados tal acercamiento, hay un valor subyacente en la manera que lo plantea *Carnelutti* al trazar un puente con el Arte, y, ese valor radica en exponer al lector a lo más íntimo del Derecho al punto de desnudar la labor mundana de un jurista y éste que opera todos los días puede sentirse incómodo y ¡vaya que sería bueno que lo haga! puesto que la incomodidad genera sensibilidad, conciencia y tales valores apremian en una sociedad que tiende a automatizarse.

2.-Entre un cuadro y un alegato

Como explica GOMBRICH en su obra *La Historia del Arte*, lo que nosotros llamamos obra de Arte que parece algo muy distante allí expuesto en un museo, en su cristal, no es el resultado de alguna misteriosa actividad, sino que es un objeto realizado por y para seres humanos[9]. Lo mismo sucede con una demanda, un alegato o una sentencia judicial, están allí, distantes, en un juzgado, revestidos en su institucionalidad.

nes diversas se confrontan con distintas pretensiones y apuntan hacia distintos resultados. (...) los hechos —como las pretensiones jurídicas a ellos enlazadas— se reconstruyen por medio de narraciones acerca de lo acaecido (...). Parece Innegable que estos sujetos elaboran narraciones sobre los hechos del caso, narraciones a menudo incompatibles entre sí por la diversa reconstrucción de los hechos, la diferente calificación jurídica o las distintas pretensiones jurídicas a ellas enlazadas».

8 CARNELUTTI, Francesco, *Arte del Derecho..., op. cit.*

9 GOMBRICH, Ernest, *La Historia del Arte*, Ed. Phaidon, Londres, 2023, p. 27.

Sin embargo, ambos tienen en común que están hechos para ser tocados, comparados, admitidos o rechazados.

Siguiendo a GOMBRICH, pensemos también que cada uno de los trazos del cuadro —como de los párrafos de un alegato o sentencia— es el resultado de una persona, que pudo dudar entre quitar aquel árbol del fondo y pintarlo de nuevo o agregar una cita jurisprudencial y relatar de una u otra forma la ocurrencia de un hecho. Es que la preocupación principal tanto de un pintor como del abogado o juez es decidir cuándo dar por concluida su obra y GOMBRICH sobre este dilema que enfrenta el artista acertadamente expresa «*es algo mucho más difícil que expresar con palabras*»[10].

Este dilema, es el dilema que enfrenta cualquier persona que quiera construir su criterio personal ya sea para decorar su casa, colocar un ramo de flores, pintar un cuadro o redactar una demanda ¿Quién no ha atravesado esa extraña sensación de equilibrar formas sin poder expresar con palabras exactamente lo que se ha propuesto perseguir? «*Por trivial que pueda ser, en cada caso percibimos que un poco de más o un poco de menos rompe el equilibrio, y que sólo hay una proporción en la que la cosa es como debe ser*»[11].

Acompañada de esa extraña sensación que genera el dilema denunciado, existe otra sensación que aparece una vez superado el dilema. Cuando el ramo de flores ha quedado ajustado a mis pretensiones, cuando hemos vencido las dificultades y hemos llegado a algo acertado, a algo que nada puede ser añadido «*un ejemplo de perfección en nuestro muy imperfecto mundo*»[12].

Un ejemplo muy gráfico de este proceso enseña GOMBRICH, es una de las famosas madonas de Rafael, *La Virgen del Prado*[13]. Dice GOMBRICH «*es bella y atractiva, sin duda; los personajes están admirablemente dibujados, y la expresión de la Virgen mirando a los dos niños es inolvidable*» pero seguido de ello, explica, que esto no fue lo que le preocupó a Rafael, «*lo daba por supuesto*». Como demuestra los apun-

10 GOMBRICH, Ernest, *La Historia del Arte...*, *op. cit.*, p. 23.

11 GOMBRICH, Ernest, *La Historia del Arte...*, *op. cit.*, p. 30.

12 GOMBRICH, Ernest, *La Historia del Arte...*, *op. cit.*, p. 31

13 GOMBRICH, Ernest, *La Historia del Arte...*, *op. cit*. Pueden apreciarse las ilustraciones tanto de la obra final como el proceso de Rafael en las páginas 17 y 18.

tes a Rafael le preocupaba otra cosa. Lo que Rafael intentó conseguir «*fue el acertado equilibrio entre las figuras, la exacta relación entre ellas, que debía producir el más armonioso conjunto*»[14].

Al respecto, GOMBRICH reflexiona, que es fascinante observar a un artista luchando de uno u otro modo para conseguir el equilibrio justo, sin embargo, si se le pregunta por qué tomó uno u otro camino, le será muy difícil contestar en palabras «*no siguió ninguna regla fija. Intuyó lo que tenía que hacer*»[15]. Es verdad que un jurista no sólo debe guiarse por la intuición, hay una jurisprudencia predominante una doctrina asentada y unos hechos determinados, sin embargo, será el equilibrio justo entre todos estos factores los que deberá alcanzar para lograr su pretensión.

¿Cuál es el valor que subyace en detenernos a pensar en estas percepciones de la labor diaria de un jurista y que curiosamente nos vinculan con el Arte? Tal vez, el valor de este puente esté en la posibilidad de preocuparnos por identificar y/o explorar cómo construir nuestro criterio personal, el que nos define como juristas. Si no nos detenemos a pensar en ello, ¿cómo podemos estar seguros de nuestro criterio? o peor aún ¿cómo podríamos afirmar que la creación es de nuestra autoría? Lo más íntimo de un cuadro, de un alegato o una sentencia no está en el resultado final sino en el proceso y los criterios elegidos para su conformación.

LASALLE nos advierte que las tecnologías han avanzado «*Hasta el punto de que los hombres van adquiriendo la fisonomía de seres asistidos digitalmente debido, entre otras cosas, a su incapacidad para decidir por sí mismos. Esta circunstancia hace que la humanidad viva atrapada dentro de un proceso de mutación identitaria*»[16]. Sin embargo, la reivindicación del Arte que aquí se intenta hacer valer, no se encuentra en una pretensión de defensa ante los efectos del uso de la tecnología, sino en la pretensión de acompañar tales procesos, tales mutaciones —incluso en aquellas que inciden en nuestra identidad— pero con los ojos abiertos, viendo y entendiendo.

14 GOMBRICH, Ernest, *La Historia del Arte…, op. cit.,* p. 31.

15 GOMBRICH, Ernest, *La Historia del Arte…, op. cit.,* p. 32.

16 LASALLE, José María, *Ciberleviatán. El colapso de la democracia liberal frente a la revolución digital…, op. cit.*

3.-Arte y derecho en una sociedad democrática

Hasta ahora he querido ilustrar cómo trazar puentes entre el Arte y el Derecho puede ser útil a la hora de sensibilizar y tomar conciencia con la realidad jurídica a quienes están inmersos en la labor diaria del Derecho, así como también para dar luz a la tarea de construcción y definición de un criterio personal. Ahora bien, me interesa también mencionar otro aspecto de capital importancia que la vinculación entre el Arte y Derecho produce en una sociedad democrática, siguiendo las palabras de RODRÍGUEZ ÁLVAREZ[17]: «*el de fomentar un papel crítico, de reflexión y de cambio al que el Derecho, como producto de esa sociedad, no puede ni debe ser ajeno*».

Véase, como ejemplo de lo enunciado anteriormente, la escritora argentina LÓPEZ PEIRÓ[18] en su auto ficción —*Por qué volvías cada verano*— donde narra los abusos que padeció durante la adolescencia entrelazando las etapas y textos del proceso jurisdiccional que tuvo como objeto las denuncias de su caso. Es una lectura sin prescripciones que describe las inconsistencias entre las voces dentro y fuera del juicio, los testigos con y sin el ropaje de testigos y la mirada que trasciende lo técnico-jurídico. LÓPEZ PEIRÓ logra, a través de la literatura, no sólo que el jurista esté atento al sentir social, sino que lo sienta con su propia piel.

En este sentido y como VARGAS LLOSA se ha pronunciado «*(...) hay que repetirlo sin tregua hasta convencer de ello a las nuevas generaciones: la ficción es más que un entretenimiento, más que un ejercicio intelectual que aguza la sensibilidad y despierta el espíritu crítico. Es una necesidad imprescindible para que la civilización siga existiendo, renovándose y conservando en nosotros lo mejor de lo humano. (...) Para que no pasemos de servirnos de las máquinas que inventamos a ser sus sirvientes y esclavos*»[19].

---

17 RODRÍGUEZ ÁLVAREZ, Ana, «El Derecho procesal en el arte, el cine, la literatura y la música: una primera lección para neófitos», *Law and Literature,* ISLL papers – Italian Society for Law and Literature, 2017, p. 12.

18 LÓPEZ PEIRÓ, Belén, *Por qué volvías cada verano,* Madreselva editorial, Buenos Aires, 2018.

19 VARGAS LLOSA, Mario, *Elogio de la lectura y la ficción*, Discurso Nobel,

4.-Conclusiones

Con certeza, alguno de los lectores siga pensando que la vinculación entre Arte y Derecho es inútil. Que los valores subyacentes que he querido reivindicar son inútiles para el ejercicio diario del Derecho. Al respecto, me interesa referirme a una anécdota de Foster Wallace que ORDINE menciona y analiza en su libro *La utilidad de lo inútil.* La anécdota se trata de un discurso que Wallace realizó a sus estudiantes en el año 2005 en aras de reflexionar el rol que tienen las humanidades en general en nuestra sociedad:

«*Había una vez dos peces jóvenes que iban nadando y se encontraron por casualidad con un pez más viejo que nadaba en dirección contraria; el pez más viejo los saludó con la cabeza y les dijo: -buenos días, chicos* ¿cómo *está el agua? -Los dos peces jóvenes siguieron nadando un trecho; por fin uno de ellos miró al otro y le dijo -¿qué demonios es el agua?*». La clave del relato está en que «*el sentido inmediato de la historia de los peces no es más que el hecho de que las realidades más obvias, ubicuas e importantes son a menudo las que más cuesta ver y las más difíciles de explicar*»[20].

Al respecto ORDINE reflexiona: «*No tenemos, pues, conciencia de que la literatura y los saberes humanísticos, la cultura y la enseñanza constituyen el líquido amniótico ideal en el que las ideas de democracia, libertad, justicia, laicidad, igualdad, derecho a la crítica, tolerancia, solidaridad, bien común, pueden experimentar un vigoroso desarrollo*»[21].

Miguel de UNAMUNO, en su obra *El sentimiento trágico de la vida*, señala que la Filosofía (y se puede predicar también de todos aquellos saberes humanísticos) responden a la necesidad de «*formarnos una concepción unitaria y total del mundo y de la vida, y, como consecuencia de esa concepción, un sentimiento que engendra una actitud* íntima *y hasta una acción. Pero resulta que ese sentimiento, en vez de ser consecuencia de aquella concepción, es causa de ella*»[22]. Entonces, volviendo a la pregunta inicial ¿En qué medida el Arte podría tener un

Fundación Nobel, 2010, p. 12.

20 ORDINE, Nuccio, *La utilidad de lo inútil*, Acantilado, Barcelona, 2013, p. 29.

21 ORDINE, Nuccio, *La utilidad de lo inútil*..., *op. cit.*, pp. 29 y 30.

22 DE UNAMUNO, Miguel, *Del sentimiento trágico de la vida y otros ensayos*, Penguin Random House Group Editorial, 2021, p. 346.

significado en la actividad del jurista? En la medida en que —hasta ahora— es la disciplina que permite fomentar en el jurista un sentimiento íntimo, activo, crítico y auténtico ante el fenómeno del Derecho. Y quien quiera seguir sosteniendo su inutilidad, recuerde las palabras de ORDINE «*tenemos necesidad de lo inútil como tenemos necesidad, para vivir, de las funciones vitales esenciales*».

5.-Bibliografía

ARANCIBIA HURTADO, Camilo, «Una imagen del derecho: en busca del tiempo detenido», en ALONSO SALGADO, Cristina, OTERO CRESPO, Marta y VALIÑO CES, Almudena (Dirs.), RODRÍGUEZ ÁLVAREZ, Ana, RAMA MARTINEZ, Sonia y SÁNCHEZ RUBIO, Ana (Coords.), *Derecho y Arte III*, Colex, A Coruña, 2023.

CANANZI, Daniele, «Los estudios de derecho y humanidades y la formación del jurista contemporáneo», en ALONSO SALGADO, Cristina, OTERO CRESPO, Marta y VALIÑO CES, Almudena (Dirs.), RODRÍGUEZ ÁLVAREZ, Ana, RAMA MARTINEZ, Sonia y SÁNCHEZ RUBIO, Ana (Coords.), *Derecho y Arte III*, Colex, A Coruña, 2023.

CARNELUTTI, Francesco, *Arte del Derecho*, Ediciones Olejnik, Argentina, 2018.

DE UNAMUNO, Miguel, *Del sentimiento trágico de la vida y otros ensayos*, Penguin Random House Group Editorial, 2021.

FERRER BELTRÁN, Jordi, *Prueba sin Convicción, Estándares de prueba y debido proceso*, Marcial Pons, Madrid, 2021.

GASCÓN ABELLA, Marina, *Los Hechos en el derecho, Bases argumentales de la prueba*, Marcial Pons, Madrid, 2010.

GOMBRICH, Ernest, *La Historia del Arte*, Ed. Phaidon, Londres, 2023.

LASALLE, José María, *Ciberleviatán. El colapso de la democracia liberal frente a la revolución digital*, Arpa & Alfil Editores, Barcelona, 2019.

López Peiró, Belén, *Por qué volvías cada verano,* Madreselva editorial, Buenos Aires, 2018.

Ordine, Nuccio, *La utilidad de lo inútil,* Acantilado, Barcelona, 2013.

Rodríguez Álvarez, Ana, «El Derecho procesal en el arte, el cine, la literatura y la música: una primera lección para neófitos», *Law and Literature*, ISLL papers – Italian Society for Law and Literature, 2017.

Tuzet, Giovanni, *Filosofía de la prueba jurídica*, Marcial Pons, Madrid, 2021

Vargas Llosa, Mario, *Elogio de la lectura y la ficción*, Discurso Nobel, Fundación Nobel, 2010.

XXX

LA REPRESIÓN JUDICIAL SOBRE EL ARTE: CASTELAO Y SU EXPEDIENTE DE RESPONSABILIDADES POLÍTICAS

ERNESTO VÁZQUEZ-REY FARTO
Procurador de los Tribunales

«En España nadie es condenado por su ideología política, sino por sus actividades delictivas».

ANTONIO ITURMENDI, ministro de Justicia, 1963.

1.-Aproximación histórico-jurídica

Tras la sublevación militar de julio de 1936, en España se ejerció una brutal represión política que el nuevo régimen extendió a todos los aspectos de la vida, pública y privada.

Avanzado el conflicto, el 9 de febrero de 1939, se publicaría en el Boletín Oficial del Estado la Ley de Responsabilidades Políticas, cuya razón de ser partía de la consciencia del Gobierno de Burgos de reconstruir España espiritual y materialmente, castigando —o liquidando las culpas— de quienes hubiesen contribuido «*a forjar la subversión roja, a mantenerla viva durante más de dos años y a entorpecer el triunfo, providencial e históricamente ineludible del Movimiento Nacional*»[1], como reza su texto introductorio.

---

1 Exposición de motivos de la Ley de 9 de febrero de 1939, de Responsa-

Esta norma, junto con la Ley para la Represión de la Masonería y el Comunismo, promulgada el 1 de marzo de 1940, y la Ley de Rebelión Militar, de 2 de marzo de 1943, fueron las bases de la legitimación de la violencia extrema del Estado franquista tras la victoria de los sublevados.

2.-El expediente incoado contra Castelao

Aplicando la nueva legalidad, el Gobierno de Burgos —a través de la Presidencia de la Junta Técnica del Estado— ordenó incoar a los titulares de las Comisiones de incautación de bienes correspondientes, sendos expedientes de responsabilidad civil[2], sobre los bienes pertenecientes a diversas entidades de carácter político —obviamente, del ámbito de la izquierda[3]— y sobre las personas con ellas relacionadas[4]; en respuesta a los procesos derivados de los «*delitos de rebelión, sedición, contra la seguridad exterior del Estado, traición y espionaje, y para la de aquellas otras en que hayan podido incurrir los que hubieran participado en el movimiento rebelde y cuya participación pueda estimarse en virtud de indicios racionales*», que había creado el legítimo Gobierno republicano, a través de la formación de Tribunales especiales[5].

bilidades Políticas. Boletín Oficial del Estado, núm. 44, de 13/02/1939, pp. 824-847.

2 Mediante Orden de 10/01/1937.

3 Tales organizaciones eran: Izquierda Republicana, Unión Republicana, Confederación Nacional del Trabajo, Unión General de Trabajadores, Partido Socialista Obrero, Partido Comunista, Partido Sindicalista, Sindicalistas de Pestaña, Federación Anarquista Ibérica, Partido Nacionalista Vasco, Acción Nacionalista Vasca, Solidaridad de obreros vascos, Esquerra catalana, Partido galleguista, Partido Obrero de Unificación Marxista, Ateneo Libertario, Socorro rojo internacional, y cualesquiera otras entidades, agrupaciones o partidos filiales, o de análoga significación a los expresados, a juicio de la Junta Técnica del Estado, según la norma primera de la indicada Orden.

4 *Vid*. Orden, de 10/01/1937, dictando normas para la aplicación de los Decretos número 108 de la Junta de Defensa y Decreto-ley de 10 del actual, sobre incautación de bienes pertenecientes a las entidades de carácter político. Boletín Oficial del Estado, núm. 83, de 11/01/1937, pp. 86-87.

5 Así lo dispuso el artículo 1 del Decreto de 6/10/1936. Gaceta de Madrid, núm. 281, de 4/11/1936, pp. 215-216.

Así, la Comisión de incautación de bienes en la provincia de Pontevedra inició el expediente gubernativo 276/937, contra Alfonso Daniel Rodríguez Castelao y Amando Guiance Pampín[6], remitido al Juzgado de 1.ª Instancia e Instrucción de Pontevedra el 17 de agosto de 1937, para su ejecución[7].

El juez instructor, Serapio del Casero Menéndez, reclamó información al presidente de la Comisión Gestora Municipal, al primer jefe de la Guardia Civil, al delegado militar de Orden Público y al comisario de Policía de Pontevedra, emplazando mediante edictos a Castelao para comparecer en el expediente, por hallarse «*en ignorado paradero*». Con su resultado, se dictaría un Auto, en noviembre de 1937, indicando que «*el inculpado Don Alfonso Rodríguez Castelao formó parte del Comité de Nacionalistas gallegos, en contacto con catalanes y vascos para secundar el movimiento revolucionario de Octubre de 1934; era de tendencias separatistas, figurando como destacado galleguista, integrante del Frente Popular, y Diputado a Cortes por esta provincia elegido en las* últimas *elecciones celebradas en Febrero del pasado año de 1936, habiendo hecho intensa propaganda no sólo en mítines, sinó también por medio de la prensa en favor del Partido galleguista, que lo era de extrema izquierda*» y acordando el embargo de sus bienes, a través de la tasación pericial de los bienes muebles que le habían sido incautados y requiriendo a su madre, Joaquina Castelao Gemme, y a sus hermanas Teresa y Josefina, como herederas del difunto padre, Mariano Rodríguez Dios, para manifestar los bienes de su herencia y determinar la cuota correspondiente a Castelao.

---

6 Amando Guiance Pampín (1892-1979), ebanista de profesión, había sido miembro de la Agrupación Socialista de Pontevedra desde 1931. Candidato del PSOE por Pontevedra en las elecciones generales de 1933, fue elegido diputado por la misma circunscripción en 1936, dentro de las listas del Frente Popular. Capturado por los sublevados fue juzgado en un Consejo de Guerra por la causa 356/36 y condenado a cadena perpetua e inhabilitación absoluta en agosto de 1936, junto al líder galleguista Alexandro Bóveda Iglesias quién, condenado a muerte, fue fusilado en A Caeira (Poio) el 17 de agosto de ese mismo año. A Guiance se le conmutó la pena por la de treinta años de prisión, saliendo en libertad en 1943.

7 Más tarde habría de acumularse a la causa la seguida por el Tribunal Regional de Responsabilidades Políticas de Madrid sobre Castelao, núm. 664/939.

Instruido el expediente, se dictó sentencia el 3 de septiembre de 1940, condenando al polifacético artista y político a quince años de inhabilitación absoluta —como funcionario del Estado—, ocho años y un día de destierro a distancia de 200 kilómetros de Pontevedra, ciudad en la que residía, y al pago de 75.000 pesetas[8].

Para la ejecución de la resolución recaída, en 1949 se retuvieron los valores depositados en el Banco de España a nombre de Castelao y su mujer, Virginia Pereira Renda[9], así como la cuenta corriente del propio Castelao y tres depósitos de los que era titular con sus hermanas. También se trabó embargo sobre la parte correspondiente en la casa familiar de Rianxo y dos fincas rústicas cercanas.

Asimismo, se dio carta de naturaleza a la incautación de los enseres personales y profesionales del autor, así como a la retención de sus obras de arte, que había practicado el Museo de Pontevedra a requerimiento judicial, en febrero de 1937. El director de la institución, Casto Sampedro, participaría al Juzgado que «*quedan retenidos y a disposición de su autoridad los siguientes cuadros "gouache" con incrustaciones de acuarela que Don Alfonso Rodríguez Castelao tiene depositados en este Museo: "Crucero", "Xefe de Danza de Espadas", "Cego", "Viático", "Gaivotes", "Cons", "Penedos", "Terras de Montaña", "O Paraño", "Cachoupo" y "Vento Mareiro", siendo de propiedad del Museo los marcos de todos ellos*».

Estas once obras, depositadas por Castelao en el Museo de Pontevedra el 31 de diciembre de 1931, completaban las salas de la institución en sus inicios, por iniciativa de Filgueira Valverde; quién en una carta a Sánchez Cantón decía: «*Volviendo al Museo. Ayer convencí a Castelao de que depositara en* él *sus acuarelas. Total* él *está en Madrid y en su casa no las ve nadie*»[10].

---

8 En un Tribunal presidido por Eduardo Martínez Nieto, siendo vocales Marcial del Río y Díaz y José Antonio Quiroga y Martínez de Pisón, que habría de ser XIII marqués de la Atalaya.

9 Consistentes en obligaciones de Tranvías de Vigo y Aguas de Barcelona, cédulas de la Caja de Emisiones, amortizable de la Zona de Protectorado de España en Marruecos e interior, por valor de más de 40.000 pesetas.

10 Carta de José Filgueira Valverde a Francisco Javier Sánchez Cantón, Archivo documental del Museo de Pontevedra, Colección Sánchez Cantón, 99-86.

Ya en 1962, la viuda de Castelao, Virginia Pereira, solicitaría a la Comisión liquidadora de Responsabilidades políticas el pago del restante de la multa impuesta a su fallecido marido con cargo al producto de los valores depositados en el Banco de España y que se dejase sin efecto la incautación sobre los cuadros y otros objetos artísticos depositados en el Museo de Pontevedra, por lo menos, en cuanto a la cuota ganancial de la interesada; «*efectuando la restitución a los herederos del expedientado*».

3.-Conclusiones

Desde el tardofranquismo hasta la actualidad el Museo de Pontevedra ha llevado a cabo una política de incremento y adquisición de obras de arte gallego en el exilio, si bien, en sus salas se mantuvieron expuestas obras de artistas exiliados tras el golpe de Estado de 1936. Tal es el caso de Castelao, del pintor Arturo Souto Fijó o del escultor Uxío Souto Campos, cuyas obras permanecieron accesibles al público en las salas del Museo durante toda la Dictadura.

En palabras de Ángeles Tilve, «*Castelao eligió para depositar en el Museo las obras que el prefería y que mejor traslucían su maestría técnica y, sobre todo, su intención artística. Realizadas todas ellas entre 1920 y 1926, son, todas ellas, decorativas creaciones sobre papel de pequeño tamaño —ya que no pasan de los 33 centímetros en su cara más larga— hechas con una depurada técnica mixta a pluma y tinta china sobre fondo de aguada*»[11], lo que nos aproxima al valor otorgado por el régimen franquista a las obras incautadas para permitir que se mantuviesen bajo la custodia del Museo de Pontevedra, cuando podían haber sido objeto de subasta pública o, en el peor de los casos, haber sufrido peor destino.

Sin duda, la imposición de responsabilidades políticas civiles fue una forma de justificar y legalizar las incautaciones de bienes, que se habían producido desde el advenimiento del alzamiento militar, y de requisar a las personas expedientadas —o a su entorno familiar— el patrimonio del que disponían, sujeto a la discrecionalidad de las nuevas autoridades. Ade-

11 *Vid*. VALLE PÉREZ, Xosé Carlos; TILVE JAR, María Ángeles; CASTAÑO GARCÍA, José Manuel, *Meu Pontevedra. Castelao, 1916-1936*, Museo de Pontevedra, 2016, p. 395.

más, en el caso de Castelao, sirvió para incautar y juzgar al autor y a su forma de expresión artística, con la inmensa fortuna de haber conservado su legado, especialmente, gracias al empeño de su viuda, Virginia Pereira.

4.-Bibliografía

Acuña, Xosé Enrique, *As imaxes de Castelao. Fotobiografía*, A Nosa Terra, 2000.

Barcia Lago, Modesto, *O Colexio de Avogados de Pontevedra no descurso histórico do Galeguismo: Estudio introductorio* ó *Expediente xudicial de responsabilidades políticas de Castelao*, Ilustre Colexio Provincial de Avogados de Pontevedra, 2000.

Redondo Abal, Francisco Xavier, *Arelas de liberdade na Galiza. Galegos perante o Tribunal de Orde Pública (TOPGAL, 1964-1976)*, Edicións Laiovento, 2017.

Seixas Seoane, Miguel Anxo, *Castelao. Construtor da nación. Tomo II, 1931-1939*, Editorial Galaxia, Consorcio de Santiago, 2020.

Tilve Jar, María Ángeles, «El legado Castelao en el Museo de Pontevedra», en Real López, Inmaculada (Ed.), *Las colecciones y los Museos del exilio*, Ministerio de la Presidencia, Relaciones con las Cortes y Memoria Democrática, 2021.

Valle Pérez, Xosé Carlos; **Tilve Jar**, María Ángeles; **Castaño García**, José Manuel, *Meu Pontevedra. Castelao, 1916-1936*, Museo de Pontevedra, 2016.

XXXI

INVESTIGACIÓN, DOCENCIA Y PERSPECTIVA DE GÉNERO: ESPECIAL REFERENCIA A LA INNOVACIÓN DOCENTE A TRAVÉS DEL ANÁLISIS DE CASO

CRISTINA ALONSO SALGADO

Profesora Contratada Doctora de Derecho Procesal

Universidade de Santiago de Compostela

La reflexión que encierran estas líneas será articulada, para su mejor comprensión, en los tres actos del patrón literario más arquetípico. Así, para abordar el binomio perspectiva de género-innovación docente en el proceso de docencia-aprendizaje del Derecho, nos parece conveniente explicar tres ideas: en primer lugar, una vez más, la justificación de la aplicación de la perspectiva de género al ámbito que ahora nos compele; en segundo lugar, la necesidad del método científico en relación a la dimensión sistémica de la reflexión de género; y, por último, investigación, docencia y perspectiva de género: especial referencia a la innovación docente a través del análisis de caso.

1.-Primer acto. El adanismo que se ha hecho imprescindible: ¿por qué hablamos de perspectiva de género?

La realidad evidencia —al menos en esta concreta latitud— que el epicentro del eje en relación al debate en torno a la igualdad de género está basculando a una velocidad exponencial. Y lejos de lo que *prima facie* pudiera parecer, como sabemos, la dirección que abraza el movimiento no resulta, en absoluto, halagüeña.

Sin sonrojo alguno nos parece apropiado comenzar señalando que la historia reservará un espacio de honor para aquellas y aquellos que, en este momento de la historia, en esta parte del planeta, combaten con firmeza la revolución neoconservadora que, desde hace ya algunos años, se viene produciendo.

Esta revolución —que toma como testigo la protagonizada por Reagan y Thatcher en la década de los ochenta del pasado sigo—, aglutina a una nutrida y bien financiada nómina de tradiciones políticas que, diferencias aparte, son capaces de nuclear todos sus esfuerzos en la persecución de unos objetivos comunes: desde el conservadurismo de raíz autoritaria, vicario de un pretendido proteccionismo económico a modo de trampantojo, hasta los máximos exponentes del *no taxes movement*. Todas estas expresiones tienen, en diferente medida, una profunda raigambre filocapitalista.

Tanto en su defensa de teorías conspiradoras absolutamente bizarras (desde el Gran Reemplazo hasta todo lo relativo al COVID) en contra del empirismo científico más contrastado (volveremos sobre ello), como en su lucha contra el supuesto pensamiento *woke*, el multilateralismo internacional, la conciencia climática, etc., es posible advertir matices diferenciadores de interés, algunos, incluso, más que relevantes. No se pretende aquí simplificar hasta lo burdo: obviamente horquilla cuenta con dos polos en sus extremos con diferencias realmente notables. Tan es así que, algunos de los delirios específicos de cada una de las tradiciones atentan contra la existencia misma de miembros de esta unión temporal de intereses. Para ilustrar esto que se viene de referir, basta con pensar en el cariz de las manifestaciones que acostumbran a adornar los posicionamientos de relevantes políticos estadounidenses en materia migratoria. En esa horquilla a la que antes se hacía mención, están presentes tradiciones lideradas por representantes de territorios del Sur Global que son, en no pocas ocasiones, el blanco del supremacismo —valga la redundancia— con el que dócilmente comparten viaje.

En cualquier caso, si bien se considera, en lo que no discrepan, lo que en realidad constituye uno de sus más poderosos elementos comunes, es el odio a todo lo que se desvíe medio milímetro de los postulados de la masculinidad hegemónica.

2.-Segundo acto. Acerca de la necesidad del método científico en relación a la dimensión sistémica de la reflexión de género

Con el horizonte de esta primera reflexión ya definido, antes de entrar propiamente en materia, se hace preciso realizar algunas consideraciones críticas acerca del debate en relación a diversos aspectos de la perspectiva de género en el ámbito universitario, por ejemplo, en materia de la lucha contra la violencia de género. Y ello porque, a veces, algunas consideraciones preconcebidas condicionan la discusión académica-científica hasta el punto de determinarla. Porque —siguiendo con el ejemplo propuesto— en la convergencia de pulsiones y tensiones, todas muy humanas, muy mundanas y, por tanto, inteligibles desde lo emocional, en no pocas ocasiones, al debatir acerca de la violencia de género y el sistema de Justicia penal, se prioriza lo inmediato sobre lo eficaz; lo rentable —veremos en qué términos— sobre la evidencia científica; etc.

Permítasenos un excurso al respecto. Pues bien, afortunadamente no es el nuestro un ámbito dominado en lo material, en lo sustantivo, por dogmas de fe absolutamente incuestionables. Las posibilidades para cuestionar, para poner en tela de juicio, para situar el foco, son prácticamente ilimitadas. Con todo, ello no puede significar la entrada al debate especializado de una suerte de pensamiento magufo sin evidencia empírica alguna, fundamentado, en singularidades y experiencias en absoluto extrapolables. Porque, si bien, como decíamos, no existe dogma de fe alguno en lo sustantivo —más allá del debido respeto a los derechos humanos—, sí que existe, claro que existe, en lo procedimental. Y ese procedimiento, por descorazonador que resulte tener que subrayarlo en pleno siglo XXI, es el método científico aplicado a la investigación (que después repercutirá en la docencia). Quiere ello decir que, para que el estado en el arte avance, resulta ciertamente imprescindible respetar ciertos puntos de anclaje logrados tras décadas de consenso científico. Evidentemente, no nos referimos a los fundamentos, sino a los andamios para lograr una construcción intelectual en progresión y evitar así razonamientos autoretroalimentados, profecías autocumplidas, etc. Es preciso insistir: no fundamentos, porque cualquier científica/o social que se precie de serlo querrá, una vez levantada su edificación, que se retiren anclajes y andamios para verificar su viabilidad. Así pues, método científico mediante —con todo lo que ello comporta— todo; fuera de ello, todos los discursos que la imaginación permita, pero, obviamente, en el terreno de la creencia, de la interpretación personal, etc.

Por claro que resulte, los tiempos exigen que recordemos lo evidente para fortalecerlo: la práctica alimenta de objeto/sujeto al pensamiento teórico, y la teoría proporciona marco intelectual para fundamentar la acción práctica. El proceso resulta más que relevante, pues únicamente a través del método científico es posible conjurar algunos de los riesgos ya conocidos: variables espurias, sesgos de autoconfirmación, etc.

En el terreno que ahora nos ocupa, la libertad resulta absolutamente capital. No obstante, la libertad sin método científico nos lleva a la ocurrencia. Sólo con el amparo del método científico —e, infelizmente, a la vista de los tiempos que corren, con cierta vocación heterodoxa—, es posible crear espacios de reflexión compartida que contribuyan a conformar un relato coral e inclusivo en materia de género: lejos de apriorismos y de idolatrías acríticas, también, por qué no, en relación a cierto feminismo de catálogo, para así desterrar el grado de adoctrinamiento que, en mayor o menor medida, comportan los pensamientos hegemónicos.

Esa reivindicación desprejuiciada, alejada de filias y fobias, no significa que se defienda aquí un pensamiento desclasado de vocación bizantina que busque pontificar desde una torre de marfil alejada de la realidad. Muy al contrario, consideramos que la idea de feminismo transversal la formulada resulta poco precisa. Si hablamos de feminismos, en plural, la cuestión es debatible. Pero como, sin duda, el nuestro es un relato en cuanto a las mayorías sociales, negar su vigencia en términos de progreso social además de poco preciso entraña riesgos sobre los que no nos podemos detener. Evidentemente, las mujeres estamos atravesadas por multitud de contradicciones que nos configuran o conforman: somos mujeres, en efecto, pero en un concreto momento de la historia, en una parte privilegiada del planeta. El heteropatriarcado no nos golpea ni de la misma manera, ni con idéntica intensidad. Contemplar debidamente las diferentes variables derivadas de la interseccionalidad resulta ciertamente imprescindible, toda vez que no se trata sólo de alcanzar la igualdad; se trata de poner en cuestión el sistema que de manera connatural genera esa desigualdad.

Negar esas implicaciones estructurales, abrazar una transversalidad acrítica, nos sitúa ante un escenario peligroso: tratar de hacer cómodo algo que ha venido para incomodar es desnaturalizarlo, lo que en un movimiento social implica renunciar a su acervo transformador. Y, ¿por qué encierra ello cierto peligro? Porque la falsa apariencia de igualdad narcotiza y adormece la reivindicación. No se niega la virtualidad de los avances superestructurales, simplemente se trata de destacar que, en no pocas ocasiones, estos servirán para apuntalar la realidad, y no para transformarla.

¿Por qué el excurso? Pues porque el enfoque condiciona, sin duda, el análisis y la propuesta de solución de un problema. Porque, cuando hablamos de perspectiva de género, afinar el objetivo deviene fundamental. Porque no todos los resortes de la perspectiva de género cuentan con los mismos quilates. Para ilustrar lo que acontece, retomamos el ejemplo de la violencia de género: cuando se analiza la dispensa del deber de declarar, estamos hablando, o deberíamos estar hablando de los derechos de las mujeres y no de la eficacia del sistema, pues ésta no puede predicarse a costa de *capitisdiminuir* la posición de las mujeres.

Otro ejemplo: cuando se enarbolan los crímenes más truculentos contra las mujeres para agitar la víscera y lograr así retribucionismos acríticos, es evidente que no se debate en relación al género, que por lo visto nada interesa, sino en relación a la rentabilidad que se puede obtener a través de un ejercicio de *purplewashing* absolutamente indisimulado.

3.-Tercer acto. Investigación, docencia y perspectiva de género: especial referencia a la innovación docente

Sentado todo lo que antecede, parece interesante que tanto la docencia, como la investigación incorporen la perspectiva de género, pues no deja de ser el factor de corrección imprescindible que hay que aplicar a la presunción de igualdad material; es una enmienda a la totalidad a la presunta neutralidad del estado natural —también presunto, más falaz que presunto— de las cosas. Este estado no es sino el resultado del proceso de acumulación de las construcciones del heteropatriarcado. Esa pretendida neutralidad busca determinar el común denominador de lo socialmente aceptable, para sin solución de continuidad expulsar al extrarradio del sistema las manifestaciones no hegemónicas y así mantener el mapa de circunstancias que alumbran, nutren y, por tanto, retroalimentan el ciclo de vida de esa constelación de construcciones a la que antes hacía referencia. Se pretende así, reservar la universalidad para lo masculino hegemónico. De este modo, si se defiende la incorporación de la perspectiva de género a la investigación —y a la docencia— es para que el canon y el patrón ocupen el papel que la ciencia les ha reservado, no para fundamentar tiranías que lo más que hacen es limitar el potencial creativo y, en buena lógica, la capacidad analítica. Y como sabemos, la investigación sin capacidad analítica no es ciencia, sino en el menos malo de los supuestos, divulgación, muy lejos, por tanto, de la excelencia que se nos exige y que se nos debe exigir como institución de educación superior y como universidad pública.

No cabe duda pues, de la necesidad de investigar y enseñar Derecho con perspectiva de género. Así las cosas, la pregunta que subsigue a esta afirmación es ¿cómo se puede investigar y ejercer la docencia con perspectiva de género? Aun cuando no nos podemos detener en lo relativo a la investigación —pues excedería con creces el ámbito de nuestro estudio—, baste aquí con apuntar algunas medidas de interés: reconsiderar, en su caso, la configuración de los equipos de investigación; distribuir los espacios de liderazgo; preguntarse acerca del impacto que tendrá la investigación en hombres y mujeres; revisitar críticamente las condiciones de progresión; etc.

Con respecto a cómo incorporar la perspectiva de género a la docencia —en lo que ahora interesa—, del Derecho, las estrategias son, asimismo, diversas. De entre las posibles, nos interesa destacar la opción representada por la innovación docente a través del análisis de un caso tristemente célebre: el denominado caso «Wanninkhof».

Se propone este caso porque, en primer lugar, la dimensión de género está presente de manera más que nítida y, en segundo lugar, porque su utilización docente admite contraste, pues durante el segundo semestre del curso 2021-2022 fue el núcleo central de un proyecto de innovación docente sobre aprendizaje colaborativo con perspectiva de género desarrollada a lo largo de las aulas interactivas de la materia Derecho Procesal Penal en el Grado en Derecho de la Universidad de Santiago de Compostela. En efecto, la señalada fue una experiencia educativa innovadora que empleó la perspectiva de género como criba para analizar de manera crítica el sistema de Justicia penal español. Para articularla, se conjugaron diversas metodologías —juego de Vries, aprendizaje colaborativo, etc.— en el ánimo de buscar un formato atractivo para el alumnado.

Como se apuntaba, para analizar el caso Wanninkhof se siguió el recurso de Vries, a través de grupos equilibrados y diversificados —perfiles más participativos, más analíticos, etc.— de hasta cuatro miembros —o, excepcionalmente, cinco— cada uno. La orientación de la clave de nuestro análisis se hizo de forma lo suficientemente abierta como para fomentar un debate vivo y libre dentro, obviamente, de los parámetros de la perspectiva de género como elemento llave de la hermenéutica interpretativa del caso.

Nuestra adaptación de la técnica de Vries se articuló sobre la constitución de grupos de estudiantes que deben cooperar entre sí, esto es, actuar como un equipo, para vencer a otros grupos de la misma clase. En otras palabras, la técnica pretende que las/los estudiantes aprendan a competir *(ad extra)* de una manera saludable mediante el desarrollo de un trabajo fundamentado en la cooperación intragrupal *(ad intra)*. En la configuración de los grupos el alumnado debía asegurarse de que la composición englobara diversos perfiles de discentes, no solo para hacer viable el proyecto —resolver excesos de timidez, excesos proactivos, etc.—, sino para lograr una efectiva retroalimentación entre las/los integrantes del equipo.

Tal y como se le indicó al alumnado, cada grupo debía estudiar todo el conjunto del trabajo, pero únicamente iba a defender un único aspecto durante la exposición ante la clase. De la actuación de la/el portavoz dependería la actuación del grupo en su conjunto y, por tanto, la calificación sería «idéntica» para todas/os sus miembros (*vid*. puntualización *infra*). Por motivos evidentes, todas y todos tuvieron que cooperar no solo para entender y preparar el trabajo, sino también para garantizar que todos los integrantes del grupo lo habían entendido y lo habían preparado. Y ello porque sobre cada discente pendía una suerte de espada de Damocles: cabía la posibilidad de que le correspondiera a él/ella representar al grupo, y la nota de sus compañeras/os dependía de su actuación. Con todo, finalmente, días antes de la exposición, una vez que el señalado objetivo se entendió cumplido, se les trasladó que podrían escoger a quien los fuera a representar, para así aligerar la carga de tensión de los estudiantes a pocos días del comienzo de los exámenes. Por último, para no desincentivar el trabajo del alumnado más activo, se estableció un sistema para lograr una puntuación extra. Tal y como se explicará *infra*, significa ello que, si bien la nota de cada estudiante vino determinada, fundamentalmente, por la alcanzada por su grupo, lo cierto es que pudo ser mejorada, a través de la manifestación de un esfuerzo significativo en la preparación de la materia (*vid*. puntualización *infra*).

Los grupos trabajaron durante todas las jornadas interactivas en la tarea encomendada para la entrega del trabajo en la fecha señalada a tal efecto. Los dos últimos días de interactivas tuvieron lugar las exposiciones de los trabajos en régimen de competición. Quiere ello decir que los grupos, en paralelo al trabajo escrito, no solo tuvieron que ir entrenando la exposición —que podía alcanzar cualquier aspecto tratado en relación al caso—, sino que también tuvieron que ir preparándose para las eventuales preguntas de los otros grupos, discurriendo preguntas de dificultad para atacar la posición de los equipos rivales, etc. Para evitar que se adulterara la competición, se les advirtió de que los pactos de no agresión serían penalizados con severidad. Los grupos fueron evaluados por el trabajo presentado (60 %), así como por la exposición efectuada (40 %). Esto, no obstante, el equipo vencedor de la exposición en régimen de competición obtuvo la nota máxima de manera automática. Por tanto, con independencia del trabajo escrito, obtuvo la totalidad de los puntos que en la guía docente se reserva para las aulas de naturaleza interactiva. Para la elección del equipo vencedor se tuvo en cuenta: exposición del propio trabajo (50 %); capacidad de respuesta/retaguardia (25 %); capacidad de pregunta/vanguardia (25 %). La evaluación fue fundamentalmente grupal. Así pues, tal y como se anticipaba, la cualificación fue idéntica para todos sus miembros. Ello, no obstante, se estableció un sistema de incentivos individuales a través del que los discentes pudieron mejorar su calificación individual, sobre la base, evidentemente, de la grupal. Quiere ello decir que fue posible, tomando como base la nota del grupo, obtener una puntuación extra, para premiar y reforzar positivamente los esfuerzos a mayores de lo exigido. En definitiva, a excepción del grupo ganador que obtuvo la máxima nota (con independencia, por lo tanto, del trabajo escrito y de la participación individual de cada una/o de sus integrantes), la nota de cada estudiante vino determinada por la alcanzada por su grupo, acrecentada testimonialmente

—en su caso—, a través de una manifestación significativa de esfuerzo. Así pues, la participación individual sirvió para ayudar a su representante en la defensa de la posición del grupo; para debilitar la posición de la/el representante de los grupos rivales y así mejorar las opciones de victoria del equipo propio; y para lograr una puntuación extra que se asignó a quién intervino individualmente de manera significativa.

El diseño del proyecto evidenció la consecución del principal de sus objetivos: todos los grupos fueron capaces de —en mayor o menor medida— examinar el sistema de Justicia penal a través de la perspectiva de género. Tan fue así que fue galardonado con el primer premio de la modalidad «Docencia» de los XII Edición de los premios a la introducción de la perspectiva de género en la docencia y en la investigación de la Universidad de Santiago de Compostela.

4.-Bibliografía

Alonso Salgado, Cristina, «A perspectiva de xénero na docencia universitariaverbo do proxecto "Perspectiva de xénero e sistema de (in)xustiza penal: unha ollada crítica a través do caso Wanninkhof"», en Gómez Suárez, Águeda, Neira Pena, Ana y Pérez Pereiro, Marta (Coords.), *Epistemoloxías feministas en acción*, Servicio de Publicaciones de la Universidad de Vigo, Vigo, 2023, pp. 41-50.

Alonso Salgado, Cristina, «Concurso de Vries, traballo cooperativo e Moot Court: tres elementos para a renovación da docencia no Dereito procesual», en VV. AA., *Experiencias e innovación docente en el contexto actual de la docencia universitaria*, Educación editora, Ourense, 2014, pp. 631-635.

Navarro Hinojosa, Rosario y **Corujo Vélez**, Carmen, «El aprendizaje cooperativo en la enseñanza universitaria: análisis de la influencia de la técnica "Juego-Concurso de VRIES" en la formación de los alumnos de magisterio», en Mesa López-Colmenar, José María, Castañeda Barrena, Rafael Juan y Villar Angulo, Luis Miguel (Coords.), *Experiencia de innovación universitaria: curso 2004-2005*, Universidad de Sevilla, Sevilla, 2007, pp. 323-338.

XXXII

IUS Y YOGA: INCORPORACIÓN PRÁCTICA DE LOS YAMAS A LA DOCENCIA JURÍDICA UNIVERSITARIA

SILVIA BADIOLA COCA
Profesora Ayudante Doctor Derecho Procesal
Universidad Pública de Navarra

1.-Premisas de partida

De la raíz indoeuropea, «*yuj*», traducida como «*unir*», proceden entre otras palabras: *ius* y yoga, pero la unión de ambos términos va más allá de su origen etimológico. Con carácter general, se identifica el yoga con el asana, traducido como postura, o con las secuencias de asanas que dan lugar a una práctica física del yoga. Sin embargo, el yoga es más que un asana, es una forma de vida cuya enseñanza es una metodología práctica que aporta números beneficios y proporciona una orientación en numerosos aspectos vitales incluida la docencia.

En el presente trabajo, plantearé una aproximación teórico-práctica al ordenamiento jurídico social que va más allá del bienestar individual que propone el Asthaga Yoga y, cómo los principios o reglas que rigen esta disciplina tradicional espiritual, física y mental originada en la India pueden ser adaptados para ser aplicados con éxito cómo métodos docentes o herramientas en la docencia universitaria.

Para ello, en primer lugar, me centraré en presentar, el texto sánscrito *Yogasūtra*, aforismos de yoga[1], de Patanñjali no presenta un origen claro y los principales investigadores lo sitúan entre el siglo V a.C y el siglo II y que tiene como finalidad preceptuar la adhesión a ocho preceptos que integran el denominado asthanga yoga, también conocido como: el «*yoga de los ocho miembros*»[2]. La obra, se compone de 194 aforismos, recopilados en cuatro libros: *Samadhi Nada*; *Sadhana-pada*; *Vibhuti-pada* y el *Kaivalya-pada*.

Patanñjali[3], curioso por conocer los aspectos comunes de los tipos de yoga existentes en ese momento, recopiló y sistematizó los conocimientos, codificando los principios básicos de todos ellos. El contenido principal de los Yogasutras es sin duda el conocimiento de la mente, y más específicamente la detención de los procesos de esta, de facto en el *Yogasutra I.2* se define yoga como: «*la detención de los procesos mentales*».

Son ocho ramas del *Asthanga Yoga*, descritas por Patanñjali a partir del *Sutra II.29*: yama (prohibiciones), niyama (preceptos), asana (postura), pranayama (respiración), prathyahara (retraimiento de los sentidos de los objetos externos), dharana (concentración), dhyana (meditación) y samadhi (absorción completa); representan cada una de ellas una etapa del proceso hacia la realización personal. En las próximas líneas, me centraré en la primera rama del yoga de los ocho pasos: los *yamas.* Empero, debo resaltar que todas las ramas del yoga son igual de importantes y necesarias.

En la filosofía del yoga, los yamas se configuran como los principios, disciplinas éticas, restricciones o reglas básicas de todo pensamiento yóguico. Los 5 yamas: *ahimsa*, *satya,*

---

1 Pueden consultarse distintas traducciones e interpretaciones de los Yogasutras, entre otras: IVENGAR, B.K.S., *Luz sobre los «Yoga Sutras» de Patanñjali*, Kairós, Barcelona, 2004; PUJOL, Óscar, *Yogasutra. Los aforismos del yoga*, Kairos, Barcelona, 2006; SATCHITANANDA, Sri Swami, *Los Yogasutras de Patánjali*, Integral Yoga, Virginia, 2013.

2 Así, *«ashta»*, se traduce como ocho, y *«anga»*, como miembro.

3 La figura de Patanñjali plantea la identificación del autor con dos autores, puesto que existen dos autores con este nombre. El primer Patanñjali se identifica con uno de los gramáticos más importantes de la historia de la India autor del *Mahabhasya* datado en el S.II a.C; mientras que el segundo, el Patanñjali histórico del que apenas tenemos datos es al que se le atribuye la redacción de los *Yogasutras*, redacción que se estima tuvo lugar entre el siglo II y V.

asteya, *brahmacarya* y *aparigraha*, como plantearé a lo largo de este trabajo, pueden ser interpretados y aplicados como ejes vertebradores de la docencia y educación universitaria ya que pueden ayudar a fomentar capacidades genéricas en nuestros estudiantes. Estimo que, desde perspectiva global, holística y transpersonal, la aplicación de la filosofía del yoga en la educación puede configurarse como un recurso clave en la actualidad y, este recurso filosófico-cultural que puede ayudar a fomentar el proceso de desarrollo personal y social durante toda la vida de nuestros estudiantes.

2.-Los yamas y la docencia jurídica universitaria

El primer paso en la senda de los ocho pasos de Patanñjali[4], como hemos visto anteriormente, recoge en cinco yamas, los principios éticos y reglas para vivir en sociedad y alcanzar la paz mental y bienestar respecto a nuestro propio entorno, que fomentados en nuestro alumnado pueden tener grandes beneficios académicos, personales y sociales. Si bien, *prima facie,* los cinco yamas parecen elementales y sencillos de cumplir, en la práctica no resultan sencillos de perfeccionar.

2.1.-*Ahimsa*

La primera aparición del término *Ahimsa*[5], en el contexto de la filosofía india, se presenta en las escrituras hindúes llamadas *Upanishads*, que datan del año 800 a.C, como la virtud más elevada, que permite el verdadero conocimiento o la verdadera devoción[6]. Si bien, en el mundo occidental, este término no se populariza hasta la época moderna, con el

4 *Vid.* IYENGAR, B.K.S., *El árbol del yoga*, Kairós, 2005.

5 *Yogasutra* 35 define *Ahimsa* como: «*En la presencia de uno firmemente establecido en la no violencia, todas las hostilidades son abandonadas*».

6 *Vid.* ROMÁN LÓPEZ, María Teresa, «El concepto de ahimsa en el hinduismo, el budismo y el jainismo», *Cuadernos del Marqués de San Adrián: revista de humanidades*, núm. 4, 2006, pp. 261-284; VARGAS CANCINO, Hilda Carmen, «Las tres esferas de la no-violencia: ahimsa, el decrecimiento y el encuentro interior», *Vectores de investigación*, núm. 7, 2013, pp. 129-146.

comienzo del desarrollo ideológico del movimiento originado por Mahatma Gandhi. Gandhi (1869-1948) fue un político anticolonialista indio que fomento la desobediencia civil no violenta, que defendía fervientemente que «*la no violencia es la mayor fuerza a disposición de la humanidad*»[7].

El primer yama, *ahimsa*, se traduce como no violencia[8], no hacer daño, actitud de benevolencia y cuidado en todos los planos: físico, verbal y mental, y, en definitiva, a respetar la vida, a todos los seres vivos, a la naturaleza y a nuestro entorno. Si bien, es muy importante señalar que ser respetuoso y amoroso con el mundo y con los demás seres, implica primero serlo con nosotros mismos. Por ello, *ahimsa*, nos invita a mantener el equilibrio, a aceptar la impotencia ante aquellas situaciones que quedan fuera de nuestro control y fomentar el coraje.

En el ámbito docente, deberemos trabajar la capacidad de no ser violentos, entendiendo violencia en un sentido amplio, y su éxito dependerá de que practiquemos el coraje, el equilibrio, la compasión y el amor hacia nosotros mismos. La aplicación práctica e interiorización del primer yama, su aplicación real, contribuiría a un mayor respeto en las relaciones alumno-profesorado y, sobre todo, su aplicación e integración minimizaría los conflictos entre el alumnado que en sus casos más extremos desembocan en casos de acoso o *bullying*.

2.2.-*Satya*

El segundo yama, *satya*[9], se traduce como, no mentir, alude a la veracidad, a ser sincero y honesto en relación con lo que

7 En extenso, sobre la relación del pensamiento político de Gandhi y ahimsa: SHARMA, S.R., *Gandhi: Ahimsa and Non Violence in Practice*, Cosmo Publications, New Delhi, 2022; GANDHI, Mohandâs Karamchand, *An Autobiography or The Story of My Experiments with Truth,* Penguin, London, 2001; FRAGA, Ana, *El pensamiento político de Gandhi*, Ahimsa, Valencia, 2001; DIAZ PLAJA, Aurora, *Ahimsa: la no violencia de Gandhi*, La Llar del Llibre, Barcelona, 1987.

8 *Vid.* NARAYANAN, Vasudha, «La no violencia en la mayor virtud/deber: Ahimsa Paramo Dharmah (Mahabharata)», *Concilium: Revista internacional de teología*, núm. 303, 2003, pp. 63-79.

9 *Yogasutra* 36, se refiere a Satya como: *«Para aquel establecido en la verdad, las acciones y sus resultados se hacen secundarios»*.

pienso y el modo en el que me comporto. Se trata en palabras de ADELE: «*La joya de Satya, o veracidad, es peligrosa, pero buena*»[10]. *Satya* promueve el respeto a la verdad como norma básica de conducta que debe regir tanto en nuestra relación personal e íntima como con la relación con los demás[11].

La verdad debe ser observada en nuestro discurso, debe ser el núcleo de nuestra esencia, y debe traducirse en una autenticidad real y espontanea que, debe traducirse en que no mintamos, pero en que tampoco nos hagamos eco de falsedades, difamaciones, bulos o *fake news* que carezcan de una base sólida. Nos invita a tener una actitud valiente que, nos lleva a ser precisos y sinceros en nuestro discurso, y de la mano moderados y prudentes para que nuestras palabras no puedan herir.

El ser humano, es un ser social por naturaleza que tiene la necesidad de pertenecer al grupo, y cada grupo tiene unas normas, reglas o sistemas de relación y creencia que debemos aceptar y respetar siempre que no suponga el sacrificio de una parte de nuestro ser. Debemos fomentar en el aula la autenticidad entre nuestro alumnado, haciéndoles ver que en ocasiones las decisiones correctas a adoptar no serán siempre las más sencillas, tanto en sus relaciones personales como profesionales, pero que actuar correctamente nos hace dignos de confianza.

La veracidad implica una continua revisión de creencias, valores y principios que nos obliga a mantener una actitud fluida y compasiva con los demás y con nosotros mismos que nos hace ver, evaluar y mirar las cosas de manera distinta.

2.3.-*Asteya*

El tercer yama *asteya*[12], se traduce como no robar, no tomar ventaja de los demás, ni aprovecharse de la confianza que los

---

10 *Vid.* ADELE, Deborah, *Yamas&Niyamas. La ética del yoga*, Sirio, Málaga, 2009, p. 59.

11 *Vid.* LOUNDO, Dilip, «Considerações sobre a "Doutrina das Duas Verdades" (Saṃvṛti-Satya E Paramārtha-Satya) em Nāgārjuna», *Revista de Estudios de Religiao*, vol. 14, núm. 1, 2012. (Ejemplar dedicado a: Religiões Indianas), pp. 94-109.

12 *Yogasutra* 37, se refiere a *Asteya* como: «*Al que se ha establecido en no*

demás depositan en nosotros, se traduce en vivir con integridad y reciprocidad. Desde una perspectiva práctica, se materializa en no necesitar tomar nada que no nos pertenezca de los demás y, en este sentido no nos referimos solamente a apropiarnos de bienes materiales, trabajos, pensamientos e ideas que no son nuestras. Este yama invita a la confianza y autoconocimiento e implica analizar de un modo profundo y sincero el hecho de tomar cosas materiales e inmateriales que no nos han sido atribuidas.

Asteya manifiesta el valor que debemos tener cada uno de nosotros para valorar nuestro autoconocimiento y de la mano fomenta nuestra necesidad de entender que nuestra vida es un ciclo en el que tenemos que dar para recibir, y que cada uno de nosotros aporta y es útil, por lo que es necesario dar valor a las cosas y respetar con conciencia lo que pertenece a otros. Implica a su vez, que debemos aceptar y desarrollar la capacidad de que si queremos lograr algo u obtener algo necesariamente deberemos aceptar que solo lograremos aquello que nuestra capacidad nos permita obtener. *Asteya* implica que desarrollaremos nuestra capacidad con gozo y benevolencia.

La aplicación del yama *asteya*, en nuestra materia objeto de estudio, la docencia universitaria presenta diversas formas, de este «*no robar a los demás*». Si bien, es necesario señalar que presenta una aplicación real más amplia que no tomar lo que no es nuestro, entre ellas destacaría las tres siguientes: en primer lugar, se traduce en respeto al tiempo de los demás, un ejemplo sencillo lo encontraríamos cuando una reunión es a las 9 llegas normalmente a las 9:05, y apareces con prisas y sin estar preparado, los demás asistentes tienen que dedicarte un tiempo para ponerte al corriente o del contrario se retrasará la decisión que se había tomado eso es robar tiempo, nuestro futuro y nuestro bien más preciado.

En segundo lugar, no robar a los demás, vivir con integridad y coherencia implica necesariamente dejar de lado cualquier conducta de plagio en el campo académico. Así, la integración de la enseñanza presente en el yama *asteya*, evitaría uso de herramientas como el Chat GPT que nos ofrecen trabajos no realizados por nosotros, la copia o plagio de materiales de otros alumnos, compañeros o autores fomentado así la pro-

robar, le viene toda la riqueza».

tección de la propiedad intelectual y el acto de copiar en las pruebas de evaluación.

Y, en tercer lugar, *asteya* implicaría, aplicado a la docencia universitaria, la invitación a que el profesorado transmita un mensaje concreto al alumnado, con el fin de superar la falacia de que nuestra propia identidad va unida a nuestros logros académicos (y en un futuro profesionales). En la actualidad, vivimos por y para el siguiente logro o tarea, sin meditar o analizar el peso que cada una de ellas tiene en nuestra vida, pudiendo ser esta carrera por lo próximo el mayor robo de nuestra vida.

2.4.-*Brahmacharya*

La definición del cuarto yama *brahmacrharya*[13], requiere una explicación previa con el fin de evitar interpretaciones erróneas que pueden derivar de la lectura de textos antiguos. La traducción literal del significado, *brahmacharya* significa caminar hacia (car, raíz de «*carya*») lo sagrado, la verdad, o las manifestaciones del Ser supremo, también llamado Brahma, y nos invita a tomar conciencia de lo sagrado de la vida y no excedernos. Así, en un primer momento, este término debido a su significado literal y se tradujo como «*castidad*» o, en otras ocasiones como «*moderación en todos nuestros actos*». Desde la época moderna se identifica con la moderación, el autocontrol sobre uno mismo, esto es, autocontrol sobre lo que hago, como me alimento y mis hábitos[14]. En síntesis, ser capaces de diferenciar entre la necesidad concreta de que el cuerpo nos está transmitiendo y el momento en el que la mente nos lo transmite, evitando así que el exceso domine nuestros actos.

En la práctica, hablaríamos de «*estate atento*», nos invita a vivir conscientes del tiempo y evitar que el exceso entendido en sentido amplio no nos domine como antes. Así, es evidente que pasamos la mayor parte de nuestra vida sin darnos cuenta de lo que realmente estamos haciendo, ya que mientras nues-

---

13 *Yogasutra* 38 se refiere a *Brahmacarya* como: «*Para uno establecido en la continencia, el vigor es ganado*».

14 *Vid*. Oliveira, Arilson, «Brahmacharya: a vida escolar hinduísta na índia Antiga», *Revista Brasileira de História & Ciências Sociais*, vol. 4, núm. 8, 2012, p. 3.

tro cuerpo ejecuta una acción determinada, nuestra mente está avanzando otra o recordando una anterior.

La práctica del presente yama, como pauta a seguir por nuestros alumnos implica necesariamente el incentivar en ellos una actitud reflexiva sobre nuestras tendencias o actitudes en el estudio o ejecución de tareas tratando de fomentar que cada cuestión o materia estudiada no sea postergada y sea una oportunidad para detenerse y maravillarse. En terminar de analizar y valorar las cosas como importantes o no.

2.5.-*Aparigraha*

El quinto y último yama, *aparigraha*[15] se traduce como: no codiciar, alude al hecho de no aferrarse a bienes materiales ni a pensamientos o emociones. *Aparigraha* nos invita a diferenciar entre ser y tener, ser y pertenecer, ser y estar; en otras palabras, puede ser interpretado también como desapego, no ambicionar y a vivir plenamente.

Así, el último de los yamas busca que nos demos la oportunidad de liberarnos de las rigideces mentales, de los conceptos firmes o estructuras que nos sostienen con el fin del reconocimiento de los terceros que nos rodean. Se afirma que todo aquello que poseemos nos posee y en última instancia mantenerlo supone un problema para nosotros. Por ello, se invita al desapego, sin entender como tal que nada nos importe, sino que debe practicarse el desapego para poder liberarnos de las rigideces y apreciarnos a nosotros mismos y a lo que nos rodea.

Así, fomentar la generosidad constante y la confianza entre nuestros alumnos ayudará en que mantengan el control de su codicia y se abran a los caminos que pueda ofrecerle la vida evitando la frustración y la carga de las decepciones.

3.-Conclusiones

Son numerosos los estudios internacionales que concluyen que la práctica del yoga se configura como una metodolo-

---

15 *Yogasutra* 39 se refiere a *Aparigraha* como: «*Cuando la no-ambición se confirma, llega una iluminación minuciosa sobre el cómo y el porqué del nacimiento*».

gía formativa que contribuye al desarrollo personal y ofrece numerosas herramientas que fomentan la reducción del estrés, fomentan la confianza, mejoran la atención plena y la gestión del tiempo entre otras.

Por ese motivo, estimo que si bien, en el ámbito de la docencia jurídica universitaria, —por motivos evidentes— no es posible incorporar la práctica física del yoga, la incorporación práctica de la filosofía del yoga puede presentar grandes beneficios para el alumnado.

El estado de Yama, como ha quedado patente, promueve la justicia hacia todos los seres vivos, la compasión, la piedad, la generosidad y el amor. Por ello, defiendo la incorporación práctica de los cinco yamas (*ahimsa*, *satya*, *asteya*, *brahmacharya* y *aparigraha*) entre los alumnos del grado de Derecho Así, los docentes, además de impartir su asignatura podrían fomentar las enseñanzas de los yamas como competencia transversal por estar estrechamente vinculadas con el autoconocimiento, la conciencia, la empatía, la veracidad y la humildad didáctica.

4.-Bibliografía

Adele, Deborah, *Yamas&Niyamas, La* ética *del yoga*, Sirio, Málaga, 2009.

Diaz Plaja, Aurora, *Ahimsa: la no violencia de Gandhi*, La Llar del Llibre, Barcelona, 1987.

Fraga, Ana, *El pensamiento político de Gandhi*, Ahimsa, Valencia, 2001.

Gandhi, Mohandâs Karamchand, *An Autobiography or The Story of My Experiments with Truth,* Penguin, London, 2001.

Ivengar, B.K.S., *Luz sobre los «Yoga Sutras» de Patanñjali*, Kairós, Barcelona, 2004.

Ivengar, B.K.S., *El* árbol *del yoga*, Kairós, 2005.

Loundo, Dilip, «Considerações sobre a "Doutrina das Duas Verdades" (Saṃvṛti-Satya E Paramārtha-Satya) em Nāgārjuna», *Revista de Estudios de Religiao*, vol. 14, núm. 1, 2012. (Ejemplar dedicado a: Religiões Indianas), pp. 94-109.

Narayanan, Vasudha, «La no violencia en la mayor virtud/deber: Ahimsa Paramo Dharmah (Mahabharata)», *Concilium: Revista internacional de teología*, núm. 303, 2003, pp. 63-79.

Oliveira, Arilson, «Brahmacharya: a vida escolar hinduísta na índia Antiga», *Revista Brasileira de História & Ciências Sociais*, vol. 4, núm. 8, 2012, pp. 1-21.

Pujol, **Óscar**, *Yogasutra. Los aforismos del yoga*, Kairos, Barcelona, 2006.

Román López, María Teresa, «El concepto de ahimsa en el hinduismo, el budismo y el jainismo», *Cuadernos del Marqués de San Adrián: revista de humanidades*, núm. 4, 2006, pp. 261-284.

Satchitananda, Sri Swami, *Los Yogasutras de Patánjali*, Integral Yoga, Virginia, 2013.

Sharma, S. R., *Gandhi: Ahimsa and Non Violence in Practice*, Cosmo Publications, New Delhi, 2022.

Vargas Cancino, Hilda Carmen, «Las tres esferas de la no-violencia: ahimsa, el decrecimiento y el encuentro interior», *Vectores de investigación, núm.* 7, 2013, pp. 129-146.

XXXIII

EL CONCEPTO DE «DERECHO CÁLIDO»: UNA NOCIÓN DEL DERECHO COMO FENÓMENO ARTÍSTICO BASADA EN LA PRÁCTICA

Isabel Añino Granados
Doctora en Historia y Artes
Universidad de Granada

1.-Introducción

Nos gustaría aprovechar la oportunidad que nos ha brindado el III Congreso Internacional «Docencia universitaria, Derecho y Artes: Literatura, Cine, Pintura...» de contemplar el derecho desde una mirada artística, para introducir esta comunicación citando un fragmento del famoso texto de Kafka titulado «*Ante la ley*»:

> «Ante la ley hay un guardián. Un campesino se presenta frente a este guardián y solicita que le permita entrar en la ley. Pero el guardián contesta que por ahora no puede dejarlo entrar. El hombre reflexiona y pregunta si más tarde lo dejarán entrar.
>
> Es posible —dice el portero—, pero no ahora.
>
> La puerta que da a la ley está abierta, como de costumbre; cuando el guardián se hace a un lado, el hombre se inclina para espiar. El guardián lo ve, se ríe y le dice:
>
> –Si tanto es tu deseo, haz la prueba de entrar a pesar de mi prohibición. Pero recuerda que soy poderoso. Y sólo

soy el último de los guardianes. Entre salón y salón también hay guardianes, cada uno más poderoso que el otro. Ya el tercer guardián es tan terrible que no puedo soportar su aspecto.

El campesino no había previsto estas dificultades; la ley debería ser siempre accesible para todos, piensa él; pero al fijarse en el guardián, con su abrigo de pieles, su nariz grande y aguileña, su barba larga de tártaro, rala y negra, decide que le conviene más esperar»[1].

Esta cita de KAFKA resulta oportuna porque refleja de forma muy explícita la problemática que tratamos de abordar que no es otra, como hemos explicado, que la de hacer el derecho accesible a las personas y favorecer la toma de conciencia de su capacidad de respuesta en este ámbito. Como sabemos, la historia termina en que el campesino fallece ante la puerta de la ley sin haber conseguido acceder.

KUGLER[2] sostiene que la vida jurídica y los actos legales nos conciernen a todas las personas porque son un importante vínculo en cada una de las áreas de la vida, proporcionan estructura a través de leyes y regulaciones, contratos y acuerdos verbales. El derecho no es algo exclusivo, señala el autor, sino algo cotidiano.

Asimismo, decíamos que el derecho cálido se ocupa de identificar aquellas premuras que una vez dieron lugar a las normas que ahora han quedado obsoletas, rígidas, inanimadas, para reconectarlas con la vida y, aprendiendo de ellas, insuflarles calidez para poder moldearlas de manera que armonicen con los imperativos de la sociedad actual.

En este sentido, BEUYS, como artista afirmó que «*El principio de creatividad es uno con el principio de resurrección: la forma vieja está paralizada y tiene que ser metamorfoseada en una forma viva, pulsante, que cultiva la vida, el alma y el espíritu*»[3]. Por su parte, GEAREY[4] desde una mirada jurídica

---

1 KAFKA, Franz, «Ante la ley», en *La condena*, trad. J.R. Wilcock (Madrid: Alianza Editorial, S.A., 1972), 77.

2 KUGLER, Walter, *Dreigliederung-Die Kunst der Zusammenarbeit*. Verlag am Goetheanum, Dornach, 2020, p. 56.

3 BEUYS en STACHELHAUS, Heiner, *Joseph Beuys*. claassenVerlag, GmbH, Düsseldorf, 1991, p. 64.

4 GEAREY, Adam, *Law and Aesthetics*, Hart Publishing, Oxford and Port-

propone que podemos percibir tanto la influencia de la nueva forma como, a través de nuestra propia destreza artística e investigaciones, «*sublimar*» la fuerza que se ha vuelto obsoleta y rígida en nuevas formas. Movernos lejos de lo que está «*superado y deteriorado*», mientras reconocemos que lo que permanece en la forma deteriorada es la chispa de una fuerza que alguna vez tuvo una energía fundamental.

En el núcleo del Derecho cálido se encuentra lo que Beuys denominó «*plástica cálida*» que reconoce como protagonista de la transformación al ser humano capaz de generar el movimiento entre los polos de frío y calor, de caos y de forma.

Joseph Beuys parte de la consideración de dos grandes polaridades: frío (pensamiento científico, racionalidad, estructura rígida, cristal, materialismo) y calor (amor, pensamiento mágico, amorfismo, grasa). Ambas están unidas por el movimiento, la circulación. Es el presente y el pasado (perdido a raíz de la concepción materialista del mundo) que han de dar lugar al futuro, gracias a la circulación activada entre ambos[5].

En este sentido, nos explica Sacks[6] que esa fuerza que resulta necesaria para la transformación es impulsada por el «*pensar con el corazón*»; es un conocimiento que no surge de la razón, sino de la experiencia de lo necesario, lo imperfecto, el dolor; esta fuerza conmueve y transforma. Calienta formas indebidamente endurecidas y las disuelve; introduce una nueva dinámica en el mundo de las opiniones fijas, puntos de vista y conceptos.

El derecho cálido es, por tanto, por definición un derecho que proviene del pensamiento del corazón. Es un derecho cordial.

Por último, pero igualmente relevante, es el propósito de esta disciplina jurídica que hemos denominado derecho cálido de poner en evidencia la necesidad de que el legislador se preocupe de comprobar el efecto de las normas sobre el modelado social en general y sobre el día a día de las personas en particular.

land, 2001, p. 85.

5 López Ruido, María, «Josep Beuys: el arte como creencia y como salvación», *Espacio, Tiempo y Forma*, serie VII, núm. 8, 1995, pp. 377 y 378.

6 Sacks, Shelley, «Geben und Ökologische Bürgerschaft. Aus innerer Bewegung zur passenden Form», en Tönnis, A. *et al.* (Eds.). *Da hilft nur schenken. Mit Schenken und Stiften die Gesellschaft gestalten*, GSL Treuhand e.V., Bochum, 2011, p. 39.

2.-Breve aproximación a los fundamentos teóricos

Consideremos, la forma de proceder del razonamiento jurídico, de la mano del profesor y jurista Adam GEAREY[7], quien nos dice que dicha forma de argumentar aglutina diversas situaciones individuales bajo reglas generales y abstractas. En este sentido, nos dice el profesor, el razonamiento jurídico se basa en ciertas suposiciones culturales que permiten apreciar las situaciones que se presentan en la sociedad, como similares o diferentes. De este modo, su diversidad y diferencia se ignora, se neutraliza, y se las interpreta como ejemplos de la regla, bajo la que quedan homogeneizadas. Esas normas son consideradas, así como una representación adecuada de lo que es el mundo que de este modo queda, sostiene GEAREY, congelado y presentado como lo real. La ley efectivamente niega que el mundo podría ser de otra manera, pero precisamente porque el mundo ha sido construido, puede ser recreado a través de la actividad consciente. El primer paso hacia ello es, advierte el jurista, que nos demos cuenta de este proceso. En este sentido, sostiene, a su vez, BAUMAN que «*Toda iniciativa permanece firmemente del lado de la regla. "La regla precede a la realidad". La legislación precede a la ontología del mundo humano. La ley es un diseño, un proyecto para un hábitat claramente circunscrito, legiblemente marcado, trazado y señalizado*»[8]. BAUMAN nos pone de este modo sobre la pista que aquí nos interesa: la ley es un diseño. Diseñar en su sentido etimológico significa dibujar. El derecho y el arte comparten, por tanto, disciplinas. Todo diseño necesita del desarrollo y del despliegue de capacidades creativas que, como ya hemos explicado, son inherentes a los seres humanos. En este sentido, consideramos que el entrenamiento de estas capacidades debería ser tenido en cuenta en los planes de estudios de derecho para el desarrollo integral del pensamiento jurídico.

En la misma línea, esa toma de conciencia, ese darse cuenta del que trata GEAREY, resulta más sencillo, como trataremos de demostrar, si utilizamos facultades humanas que generalmente se vinculan o se asocian al campo del arte. Sos-

7 GEAREY, Adam, *Law and Aesthetics...*, *op. cit.*, p. 31.

8 BAUMAN, Zigmunt, *Vidas desperdiciadas: La modernidad y sus parias*, Editor digital: diegoan, 2004, p. 37.

tenemos que sería conveniente permitirles su entrada y ponerlas en práctica en otras áreas de estudio, como en nuestro caso sería, el campo del derecho. El profesor Esquirol explica en este sentido que «*La imaginación es una forma de resistir, tanto respecto a estos movimientos nihilizadores, como a esta especie de comprensión homogeneizante de la realidad porque la imaginación siempre introduce la diferencia, introduce lo diverso, lo otro y no lo mismo*»[9]. De esta manera, nos dice Esquirol, refiriéndose al concepto de «*absolutismo de la realidad*» propuesto por Blumenberg en sus trabajos sobre el mito, que «*En cierto sentido, es verdad que, a veces, la realidad se impone de forma muy ciega. Se impone absolutamente. Y esto es lo que lleva* (...) *a una especie de respuesta ante este absolutismo. En cierto modo, la poesía, la filosofía y el arte, en general, son respuestas a este absolutismo de la realidad. Son formas de enfrentarse a este absolutismo*»[10].

La profesora y artista Shelley Sacks nos muestra que el arte es capaz de despertar la conciencia a través del concepto de estética conectiva que propone. Sacks, junto con Welsch[11], contrapone estética que, en sus orígenes griegos (αἰσθητικός) significa darse cuenta de, con el término médico anestesia, en el sentido de adormecimiento o entumecimiento. Estética es entonces, nos dice Sacks, todo aquello que vitaliza nuestra relación con el mundo. La estética así entendida, nos conecta con el mundo y, por tanto, con nuestra capacidad de respuesta. La responsabilidad entonces no es un deber impuesto desde el exterior, sino una disposición orgánica para recibir, que tiene que ver con la imaginación participativa y la conexión. Es el valioso resultado de prestar atención[12]. Los pro-

---

9 Fundación Amigos Museo del Prado. (noviembre de 2018). Josep María Esquirol: *Filosofía de la imaginación* [vídeo]: 13 min. 05 seg. – 13 min. 42 seg. Recuperado de: YouTube. https://www.youtube.com/watch?v=-VakoHyGurk

10 Fundación Amigos Museo del Prado. (noviembre de 2018). Josep María Esquirol: *Filosofía de la imaginación* [vídeo]: 5 min. 52 seg. – 58 min. 38 seg. Recuperado de: YouTube. https://www.youtube.com/watch?v=-VakoHyGurk

11 Welsch, Wolfgang, *Ästhetisches Denken.* Philipp Reclam jun. GmbH & Co. KG., Stuttgart, 2017, p. 12.

12 Sacks, Shelley, «Geben und Ökologische Bürgerschaft...», *op. cit.*, pp. 41 y 42.

cesos artísticos de estética conectiva basados en la plástica social crean la atmósfera adecuada para que esto tenga lugar.

En esta misma línea, sostiene SACKS que es la imaginación la que nos permite relacionarnos con el mundo de una manera que une sujeto y objeto, de una manera ética. Cuanta más atención presto a lo desconocido, nos dice la autora, a lo pasado por alto, tanto en mí como afuera, más se abre el mundo en mí[13]. Esta forma imaginativa de prestar atención nos recuerda al «*empirismo delicado*» *(zarte Empirie)* goethiano[14] quien afirmó que «*Cada objeto nuevo, bien contemplado, inaugura en nosotros un nuevo* órgano»[15].

En este sentido, nos dice Hans JONAS en su extenso estudio titulado «*El principio de responsabilidad*» que ni la ley, que según el autor no puede ser, por sí misma, sujeto de respeto, ni el respeto al propio objeto que estamos percibiendo, son suficientes para causar el movimiento interior que impulsa nuestro actuar en pro del bienestar o cuidado de dicho objeto, sino que se requiere un vínculo entre nuestra capacidad de obrar y aquello que el objeto demanda, ese vínculo es la responsabilidad, es decir, la toma de conciencia de nuestra capacidad de respuesta y así afirma que «*Sólo el añadido sentimiento de la responsabilidad, que vincula este sujeto a este objeto, nos hará actuar por su causa. Nosotros afirmamos que es este sentimiento, más que ningún otro, el que puede producir en nosotros una disposición a apoyar con nuestro obrar la exigencia del objeto a la existencia*»[16].

Este es el motivo por el cual el derecho cálido a través de las prácticas artísticas conectivas genera procesos que facilitan a los seres humanos la toma de conciencia de su habilidad de respuesta y, por tanto, de la necesidad de su obrar en el ámbito del derecho.

El arte, nos dice el profesor, jurista y artista PHILIPPOPOULOS-MIHALOPOULOS impulsa a los cuerpos, no sólo humanos, sino a cualquier cuerpo incluido el legal, a adentrarse en la dife-

---

13 SACKS, Shelley, «Geben und Ökologische Bürgerschaft...», *op. cit.*, p. 41.

14 GOETHE, Johann Wolfgang von, *Teoría de la naturaleza*, Tecnos, Madrid, 2013, p. 211.

15 GOETHE, Johann Wolfgang von, *Teoría de la naturaleza...*, *op. cit.*, p. 212.

16 JONAS, Hans, *El principio de responsabilidad*, Herder Editorial, Barcelona, 2008, p. 160.

rencia y a moverse hacia su cambio interno[17]. Las prácticas estéticas-conectivas nos empujan más allá de nuestra zona de confort, permitiéndonos percibir la realidad con el fin de, en palabras de PHILIPPOPOULOS-MIHALOPOULOS[18] retirarnos de la ilusión de la centralidad humana. Esta es la nueva responsabilidad del ser humano: ir en contra de su propio impulso de autocontrol.

Por último, no nos gustaría cerrar este breve acercamiento a los fundamentos teóricos de nuestra propuesta sin nombrar el concepto de «*Art/Law*» introducido por la jurista FINCHETT-MADDOCK[19], quien sostiene que el arte y el Derecho han sido separados violentamente por el capitalismo y que ambos están unidos por el vínculo de la resistencia frente al mismo que pueden ejercer. Así, nos dice que el papel culposo del «*mundo del arte*», co-determinado por el «*mundo de la ley*», en el apoyo y el mantenimiento de sistemas de capitalismo donde el arte se negocia como una forma de propiedad móvil, mercancía e instrumento económico a través de historias de imperialismo estético material, se sitúa como central para mantener la separación artificial entre arte, ley y resistencia. Esta separación existe debido al formalismo de la propiedad individual, mientras que «*Art/Law*» sugiere un mecanismo donde la teoría y la práctica se encuentran para superar la avanzada plaga del capitalismo espectacular con la esperanza de crear nuevos movimientos jurídico-estéticos, que reúnan abiertamente las prácticas de la ley, el arte y la resistencia.

3.-Algunos ejemplos de prácticas artísticas de estética conectiva basados en la plástica social

A continuación, mostraremos algunos ejemplos prácticos de creación propia que nos ayudarán a explicar cómo estas

17 PHILIPPOPOULOS-MIHALOPOULOS, Andreas, *Milieu, Territory, Atmosphere: New Spaces of Knowlegde*, SpringerVerlag, Berlin Heidelberg, 2016, p. 87.

18 PHILIPPOPOULOS-MIHALOPOULOS, Andreas, «Withdrawing from Atmosphere: An ontology of air partitioning and affective engineering», *Environment and Planning D: Society and Space*, vol. 34, núm. 1, 2015, p. 14.

19 FINCHETT-MADDOCK, Lucy, «Forming the legal avant-garde: a theory of art/law», *Law, Culture and the Humanities*, vol. 19, núm. 2, 2019, pp. 1 y 2.

prácticas artísticas conectivas posibilitan este acceso y esta toma de conciencia de nuestra capacidad de respuesta en el ámbito de lo jurídico.

Los procesos artísticos que presentamos están inspirados en el concepto de arte ampliado que propuso el artista alemán Josep BEUYS[20], quien consideró que todo ser humano es un artista al tener la capacidad de desarrollar sus capacidades creativas en su quehacer cotidiano.

Es importante destacar que la plástica social está basada en el respeto por la libertad de las personas, por ello la responsabilidad debe partir, como hemos dicho, de un impulso interior. Josep BEUYS declaró que para él el arte es la ciencia de la libertad: «*Los hombres de hoy desconocen la esencia de las cosas. Han perdido la relación con el sentido de la vida y de la creación del mundo..., la libertad consiste en la capacidad del hombre para crear una nueva causalidad = libertad = autodeterminación = creatividad = arte = hombre*»[21].

3.1.-Conversaciones en círculo

Recientemente hemos publicado un artículo en el que explicamos esta acción artística que proponemos para ser incorporada como «*parte fundamental de la estructura estatal; como instancia en la que las personas devienen conscientes de su capacidad de respuesta ante los asuntos que les afectan; el lugar donde pueden formarse mutuamente y desplegar su imaginación y sus capacidades creativas para participar de forma activa en la vida política*»[22].

La profesora CORTINA ORTS ha desarrollado, a su vez, un concepto que denomina «*Justicia cordial*» que la autora define como «*una* ética *cívica de la vida cotidiana que tiene por fundamento una* ética *dialógica o comunicativa, entrañada en la fuerza de la razón compasiva. O, dicho con la hermosa expresión de la que hizo uso Ortega, la fuerza de una razón*

20 En LÓPEZ RUIDO, María, «Josep Beuys: el arte como creencia y como salvación», *Espacio, Tiempo y Forma*, serie VII, núm. 8, 1995, p. 377.

21 En LÓPEZ RUIDO, María, «Josep Beuys: el arte como creencia y como salvación»..., *op. cit.*, p. 377.

22 AÑINO GRANADOS, Isabel, «Conversaciones en círculo: alta tecnología artística al servicio del diseño social», *Artilugio Revista*, vol. 9, 2023, p. 24.

cordial»[23], en su texto del mismo título, en el que «*La autora pone el acento en que las personas afectadas tenemos que poder participar en los acuerdos en los que se decide sobre normas que nos repercuten "para que el ordenamiento marco se oriente por intereses universalizables" (a estos efectos sería necesaria) La construcción del sujeto moral*»[24]. Así explicamos en el citado artículo que «*Las Conversaciones en círculo materializan una sofisticada tecnología artística que posibilita su intervención.* (...) *A través del diálogo y del dibujo las personas participantes conforman una micro-comunidad, consciente de su capacidad para abordar y hacerse cargo de temáticas que les conciernen en su día a día, cuyo encargo a otras instancias, públicas o privadas, ha dejado de parecerles conveniente. Las personas componentes de estas reuniones circulares se cuestionan la posibilidad de una sociedad libre. A este fin se replantean conceptos cotidianos clave* (...) *Su observación y remodelación permiten que dejen de ser abstractos y que muestren su significado en la vida de cada asistente. El grupo proyecta el trazado de una nueva forma social*»[25].

De este modo, las personas participantes son capaces de abordar diversos conceptos jurídicos propios de su día a día y replanteárselos en grupo abriendo la posibilidad del aprendizaje recíproco y creando nuevas posibilidades tanto de su interpretación como de su propia forma. Pensemos en conceptos antiguos como el de matrimonio o el de trabajo que seguramente muchas personas querrían revisitar o se nos pueden ocurrir conceptos candentes en la actualidad como la definición jurídica de persona que afectaría, no sólo a los derechos de los humanos, sino a los de lo no humano, así como a las personas cuyos derechos son negados o ignorados, inmersas como están, en procesos de cosificación.

3.2.-Conversaciones con el planeta

Este proceso que también hemos denominado conversaciones no consiste en un diálogo al uso, si bien el grupo finaliza la

---

23 Cortina Orts, Adela, *Justicia cordial*, Editorial Trotta, Madrid, 2010, pp. 12 y 13.

24 Cortina Orts en Añino Granados, Isabel, «Conversaciones en círculo: alta tecnología...», *op. cit.*, p. 20.

25 Añino Granados, Isabel, «Conversaciones en círculo: alta tecnología...», *op. cit.*, pp. 11 y 12.

actividad compartiendo la experiencia para aprender mutuamente de lo vivido durante su participación en esta acción. Se trata, de un silencioso recorrido a pie por la naturaleza en el que nos detenemos a observar fenomenológicamente los cuatro elementos clásicos constitutivos de la misma. Durante este paseo la artista desvela lo que el profesor PHILIPPOPOULOS-MIHALOPOULOS[26] denomina el «*paisaje legal*» *(lawscape)*, que el autor define como la tautología epistemológica y ontológica de la ley y la ciudad. Sin embargo, lo fascinante en la acción artística que proponemos es que, durante el recorrido, se revela la extensión del «*paisaje legal*» más allá de la ciudad y cómo habita en el paisaje natural. Las personas que han participado han manifestado la tensión que se hace patente entre ambos paisajes, entre ambos órdenes, el natural y el humano. Incluso aquellas personas participantes que cuentan con una educación jurídica han manifestado haber quedado sorprendidas por la experiencia porque nunca habían sido conscientes de la forma en que el ordenamiento jurídico observa la naturaleza, a pesar de sus conocimientos en el área del derecho. Ese es el momento en que despierta la capacidad de respuesta y se llevan a cabo propuestas de cambio.

3.3.-Conferencias de derecho cálido

Estas conferencias tienen lugar en línea para que puedan apuntarse personas independientemente de su lugar de residencia. Dependiendo de las personas participantes, tienen lugar en inglés o en castellano. En cierto modo, su formato se asemeja al de un programa de radio participativo, en el que, durante las pausas, se puede disfrutar de la obra de creadores en el ámbito del arte sonoro.

Durante las mismas, proponemos el reto a las personas participantes de identificar el «*paisaje legal*» dentro del lugar que habitan e incluso ir más allá y ver si pueden encontrarlo también dentro de su propio cuerpo.

El extrañamiento propio del arte se produce de forma inmediata provocando la estupefacción, en primer lugar, y las más diversas reacciones de sorpresa, pero también de sobrecogi-

26 PHILIPPOPOULOS-MIHALOPOULOS, Andreas, «Atmospheres of law: Senses, affects, lawscapes», *Emotion, Space and Society*, vol. 7, 2012, p. 2.

miento al comprobar que el «*paisaje legal*» no conoce límites. El despertar de la capacidad de respuesta está asegurado.

4.-Conclusiones

Con esta breve introducción al concepto que proponemos de derecho cálido que emerge de la unión y de aquello que de todas formas tienen en común el derecho y el arte, como creaciones del ser humano, esperamos haber abierto la puerta a una reflexión sobre los beneficios de un tratamiento transdisciplinar de ambas áreas que concluya en la necesidad de procurar espacios donde estos campos puedan convivir e interactuar al objeto de posibilitar nuevas avenidas para un desarrollo de las mismas cercano a la sociedad y al mundo que atienda a la realidad concreta y no se pierda en abstracciones desconectadas de lo que ocurre y de lo que es necesario.

5.-Bibliografía

Añino Granados, Isabel, «Conversaciones en círculo: alta tecnología artística al servicio del diseño social», *Artilugio Revista*, vol. 9, 2023.

Bauman, Zigmunt, *Vidas desperdiciadas: La modernidad y sus parias*, Editor digital: diegoan, 2004.

Cortina Orts, Adela, *Justicia cordial*, Editorial Trotta, Madrid, 2010.

Finchett-Maddock, Lucy, «Forming the legal avant-garde: a theory of art/law», *Law, Culture and the Humanities*, vol. 19, núm. 2, 2019.

Gearey, Adam, *Law and Aesthetics*, Hart Publishing, Oxford and Portland, 2001.

Goethe, Johann Wolfgang von, *Teoría de la naturaleza*, Tecnos, Madrid, 2013.

Jonas, Hans, *El principio de responsabilidad*, Herder Editorial, Barcelona, 2008.

Kafka, Franz, *La condena*, Alianza Editorial, Madrid, 1972.

Kugler, Walter, *Dreigliederung-Die Kunst der Zusammenarbeit*. Verlag am Goetheanum, Dornach, 2020.

López Ruido, María, «Josep Beuys: el arte como creencia y como salvación», *Espacio, Tiempo y Forma*, serie VII, núm. 8, 1995.

Philippopoulos-Mihalopoulos, Andreas, *Milieu, Territory, Atmosphere: New Spaces of Knowlegde*, SpringerVerlag, Berlin Heidelberg, 2016.

Philippopoulos-Mihalopoulos, Andreas, «Withdrawing from Atmosphere: An ontology of air partitioning and affective engineering», *Environment and Planning D: Society and Space*, vol. 34, núm. 1, 2015.

Philippopoulos-Mihalopoulos, Andreas, «Atmospheres of law: Senses, affects, lawscapes», *Emotion, Space and Society*, vol. 7, 2012.

Sacks, Shelley; **Kurt**, Hildegard, *Die rote Blume.* Ästhetische *Praxis in Zeiten des Wandels.* think0ya Drachen Verlag, GmbH, München, 2013.

Sacks, Shelley, «Geben und Ökologische Bürgerschaft. Aus innerer Bewegung zur passenden Form», en Tönnis, A. *et al.* (Eds.). *Da hilft nur schenken. Mit Schenken und Stiften die Gesellschaft gestalten*, GSL Treuhand e.V., Bochum, 2011.

Stachelhaus, Heiner, *Joseph Beuys*. claassenVerlag, GmbH, Düsseldorf, 1991.

Welsch, Wolfgang, Ästhetisches *Denken.* Philipp Reclam jun. GmbH & Co. KG., Stuttgart, 2017.

6.-Otras referencias

Fundación Amigos Museo del Prado. (noviembre de 2018). Josep María Esquirol: *Filosofía de la imaginación* [vídeo]. Recuperado de: YouTube. https://www.youtube.com/watch?v=-VakoHyGurk

XXXIV

EL CAMBIO DE *STATUS* DE LAS *OBSTETRICES* EN LA ROMA CLÁSICA: SU EQUIPARACIÓN CON LOS MÉDICOS A PROPÓSITO DE D. 50,13,1,2 (Ulp., 8: de *omn. trib*.)

M.ª de los Ángeles López-Cancio Suárez
Doctora en Derecho
Universidad de Oviedo

1.-Introducción

Gracias a los avances que se han producido en los últimos años en el ámbito arqueológico y epigráfico es posible afirmar que las mujeres romanas desempeñaban funciones muy relevantes y eran equiparadas en muchos aspectos con los hombres[1]. Tal y como veremos a continuación, tenían funciones

1 *Vid.* Peppe, Leo, *Posizione giuridica e ruolo sociale della donna romana in età* repubblicana, Giuffrè, Milano, 1984, pp. 7 y 8. Entiende el autor que «*In questa prospettiva non appare ancora sufficientemente rimeditata la condizione della donna romana in relazione alla società romana nel suo complesso, così come in relazione alle funzioni e denominazioni collettive: l'esclusione delle donne dalla sfera prettamente politica delle magistrature, dell'attività comiziale, non implica automaticmaente esclusione dal pubblico, dal commune, dal collettivo, anche su di un piano strettamente giuridico, non solo sociale*», es decir, el hecho de que la mujer estuviese excluida de la política, no implica que estuviese excluida del resto de esferas de la vida. En el mismo sentido *cfr.* Núñez Paz, María Isabel, «El Derecho Romano, el género y los estudios sobre

y derechos más allá de procrear y dotar a la familia de hijos legítimos pues la tenencia de estos, es decir, de hijos nacidos de un *iustum matrimonium* era de vital importancia para la sociedad romana[2].

La finalidad de este trabajo es desenterrar del olvido histórico-jurídico a estas mujeres, concretamente a las *obstetrices,* y darles la visibilidad que se merecen pues como podremos observar estas féminas existieron y gozaron de reconocimiento profesional al igual que sus compañeros médicos debido a las importantes funciones que desempeñaban, a saber: ayudaban a las mujeres en el parto y en el postparto, eran las encargadas de determinar la personalidad jurídica del nacido, eran conocedoras de los motivos por los que se podía producir un aborto, también conocían las causas por las que una mujer no podía tener hijos, etc. Si tenemos en cuenta tal y como avanzamos que la tenencia de hijos legítimos era de vital importancia para la sociedad romana, podemos entender por qué estas mujeres gozaban de reconocimiento.

Pese a lo expuesto, antes de entrar a analizar cuál fue el *status* de estas mujeres en la Roma clásica, debemos partir de dos premisas: La primera es que el reconocimiento profesional lo otorgaba la urbe a la *obstetrix* y lo hacía en función de su buen hacer en el desempeño de su profesión y, la segunda, es que debemos tener en cuenta que si bien es cierto que a partir de época clásica estas mujeres gozaron de reconocimiento profesional por la importancia de las funciones que desempeñaban, también es cierto que el espacio ocupado por ellas a lo largo de la historia romana no fue uniforme, es decir, el reconocimiento a estas mujeres dependerá de la época en la que nos situemos, de su nivel de conocimientos y de su buen hacer en el ejercicio de su profesión.

A continuación, podemos fijar como premisas para el desarrollo de este trabajo las siguientes: 1. Gracias a los avances epigráficos podremos observar como las *obstetrices* ejercieron en la antigua Roma y, a partir de época clásica, fueron equiparadas a sus compañeros médicos debido a las impor-

---

las mujeres. Aspectos metodológicos.», *ANNAEUS, Anales de la tradición romanísticas*, vol. 11, 2014, pp. 278 y 279.

2 *Cfr.* GARCÍA FERNÁNDEZ, Cristina, «El *curator ventris* desde las fuentes jurídicas romanas. Entre la protección al *nasciturus* y la cosificación del cuerpo femenino», *E-Legal History Review,* núm. 35, 2022, pp. 5-17.

tantes funciones que realizaban. 2. De cara a comprender D. 50,13,1,2 (Ulp. 8, *de omn. trib.*) es necesario tener clara la idea de que, en Roma, en un primer momento (hasta finales de época republicana), la medicina se consideraba parte de las *operae liberales*, era vista como un acto de liberalidad. No obstante, a finales de época republicana, comienzos de época clásica, la relación médico-paciente cambia y todos estos profesionales, tanto los médicos como las *obstetrices*, van a obtener una contraprestación por los servicios realizados, la única diferencia, como veremos, será que aquellos de los estratos sociales más altos tendrán un mecanismo especial para exigir sus *honorarium*. Todo esto evidencia la complejidad y la diversidad que existía en el ámbito de la práctica médica en la antigua Roma, donde el reconocimiento y la remuneración variaban según los diversos factores sociales y económicos.

2.-El cambio de *status* de las *obstetrices* a lo largo de la historia romana

Como ya hemos avanzado, el papel ocupado por las *obstetrices* a lo largo de la historia romana no fue uniforme. Su *status* variará en función de la época en la que nos situemos y de su nivel de conocimientos.

Comenzaremos analizando su situación en época arcaica. Como ya hemos avanzado las *obstetrices* se dedicaban a atender a la embarazadas, ayudarlas en el parto y en el postparto, etc. Así pues, en un primer momento, para desempeñar estas funciones, se servían de los conocimientos que tenían sobre el uso de diferentes plantas para la preparación de ungüentos, fármacos, cataplasmas, etc., que servirían para tratar las afecciones de estas mujeres y para ayudarlas a aliviar sus dolores. Lo que sucedía es que estos conocimientos sobre plantas eran utilizados por nuestras *obstetrices*, en diferentes ocasiones, con un fin negativo, es decir, para preparar fármacos abortivos, venenos malos[3], etc. Esto hizo que, en el momento en

3 En este punto es preciso tener en cuenta que los términos *venena* o *medicamenta* que aparecen en las fuentes literarias y jurídicas romanas, son términos neutros, es decir, se utilizaban indistintamente para referirse a las elaboraciones creadas mediante el uso de plantas siguiendo técnicas ancestrales. Sobre esta cuestión *cfr.* VALMAÑA OCHAÍTA, Alicia, «Represión penal de actividades relacionadas

que nos situamos, estuviesen mal consideradas socialmente pues se las solía vincular con el tráfico de niños, el adulterio, la práctica de abortos, los envenenamientos, etc. En este sentido, resulta muy ilustrativo el siguiente texto del año 331 a.C.:

> «(...) Los más importantes hombres del Estado fueron afectados por la misma enfermedad, y en casi todos los casos con el mismo fatal resultado. Una criada se llegó hasta Quinto Fabio Máximo, uno de los ediles curules, y se comprometió a revelar la causa de aquella peste si el gobierno la protegía contra cualquier peligro en que pudiera colocarle su descubrimiento. Fabio llevó enseguida el asunto a la consideración de los cónsules y éstos lo elevaron al Senado, que autorizó la concesión de la promesa de inmunidad. Ella entonces descubrió el hecho de que el Estado estaba sufriendo los crímenes de ciertas mujeres; los venenos eran cocinados por matronas romanas y, si ellos la seguían enseguida, ella les prometía que cogerían a las envenenadoras en plena acción. Siguieron a su informante y hallaron, de hecho, algunas mujeres componiendo drogas venenosas y algunos venenos ya preparados. Estos últimos eran llevados al Foro, y hasta veinte matronas, en cuyas casas habían sido confiscados, fueron detenidas por funcionarios de los magistrados. Dos de ellas, Cornelia y Sergia, ambas miembros de casas patricias, sostuvieron que las drogas eran preparados medicinales. La sirvienta, al ser confrontada a ellas, les dijo que bebieran un poco para demostrar que ella había prestado falso testimonio. Se les dio tiempo para consultar qué iban a hacer, y a los espectadores se les ordenó que se retira-

---

con la elaboración de *venena, veneficia* y *medicamenta* en el Derecho Romano», *GLOSSAE. European Journal of Legal History, núm.* 19, 2022, pp. 650-652. Consecuentemente, es importante tener en cuenta tal y como recoge Gayo en D. 50,16,236 pr. (Gai, 4: *ad 1, XII Tab.*) que cuando se hacía alusión al término *venena* o *medicamenta* este debía ir acompañado de la palabra *malum* o *bonum* para así diferenciar aquellos que eran buenos de aquellos otros que tenían efectos nocivos para la salud. En este sentido *vid.* NÚÑEZ PAZ, María Isabel, «La mujer romana. Aspectos mágico-religiosos y repercusión penal», *Labero: ressegna di diritto romano*, vol. 44, núm. 2, 1998, p. 273. Establece la autora que «*En los primeros tiempos no se puede trazar una clara línea de separación entre magia y medicina. Los productos a los que indistintamente se refiere el término griego farmakón pueden tener efectos tanto beneficiosos como perjudiciales para la salud*».

> sen para que pudieran consultar con las otras matronas. Todas consintieron en beber la droga, y después de ello cayeron víctimas de sus propios designios criminales. Sus compañeras fueron inmediatamente detenidas y denunciaron a un gran número de matronas como autoras del mismo delito, de las cuales ciento setenta fueron declaradas culpables. Hasta ese momento nunca se había investigado en Roma una acusación por envenenamiento. Todo el asunto fue considerado un presagio y se pensó que fue más un acto de locura que de maldad deliberada (...)». (Tito Livio: Hist. 8,18)[4].

Tal y como narra Tito Livio en el precitado texto, varias matronas romanas se dedicaron en el año 331 a.C. a preparar venenos ocasionando numerosas muertes. Cuando fueron descubiertas se justificaron afirmando que no se trataba de venenos sino de preparados medicinales. Para probar su inocencia les hicieron beber de sus propias preparaciones y a consecuencia de ello fallecieron. Este texto sirve para justificar el hecho de que estas mujeres fuesen despreciadas por la sociedad de aquel entonces.

Conforme van pasando los años esa visión tan negativa que tenía la sociedad romana sobre estas mujeres se va suavizando y comienzan a aparecer las primeras *obstetrices* esclavas que gracias a su buen hacer pudieron adquirir la condición de *libertas.* En este sentido existen varios epitafios de finales de época republicana, comienzos de época clásica que acreditan la existencia de estas.

Volusia (*incerta*) – s. II o s. I a.C

[V]olusịa [---],

opstetrix, (!)

vixit annos [---][5].

Sempronia Peloris Atratinae *(liberta)* – segunda mitad s. I a.C.

Sempronia Peloris

---

4 Se ha utilizado la versión traducida por Duarte Sánchez, Antonio David. Disponible en https://www.academia.edu/7032982/Tito_Livio_Ab_Urbe_Condita_2010_2011_Trad_Duarte_S%C3%A1nchez_A_D (Fecha de consulta: 07 de noviembre de 2024).

5 CIL XI, 3391.

Atratinae (liberta), opstetrix, (!)

[---]ris v(ixit) a(nnis) [---][6]

Hygia Mercellae *(liberta)* – finales del s. I a.C principios del s. I d.C.

Hygia

Marcellae l(iberta),

obstetrix[7].

En todos ellos podemos observar la palabra *opstetrix* u *obstetrix*. Esto sirve de ejemplo para justificar las afirmaciones que venimos realizando y es que estas mujeres no solo comenzaron a estar bien consideradas por la sociedad romana, sino que también fueron recordadas, tras su muerte, por las importantes labores que desempeñaban en el ámbito profesional.

Finalmente, en el s. II d.C. se supera de forma definitiva la concepción tan negativa que había sobre ellas. Soráno de Éfeso da una definición ideal de *obstetrix* en sus tratados de ginecología alejándose de la idea establecida en época arcaica según la cual las *obstetrices* eran envenenadoras, adulteras, etc. Soráno distingue entre dos tipos de comadrona (Soráno de Efeso: *Gyn.* 1,4): por un lado, estaría la completa que sería aquella que solo ostentaba conocimientos teóricos y, por otro lado, estaría la perfecta que era aquella que además de conocimientos teóricos contaba con experiencia práctica. Asimismo, existen diferentes epitafios de finales de época clásica (s. I – s. II d.C.) que dan fe de la existencia de estas mujeres y del reconocimiento del que gozaron. A modo de ejemplo[8]:

Claudia Trophime – s. II d.C.

Claudiae Trophim(e),

obs<t>etrici.

T(itus) Cassius Trophimus f(ilius)

4 matri pientissimae et

6 CIL VI, 6832.

7 CIL VI, 4458.

8 Para ampliar información o consultar otros epitafios, *vid.* Alonso Alonso, M.ª de los Ángeles, «*Medicae* y *obstetrices* en la epigrafía latina del Imperio Romano. Apuntes en torno a un análisis comparativo», *Classica et Cristiana,* núm. 6/1, 2011, pp. 285-288.

Ti(tus) Cassius Trophimianus

aviae et posterisque suis

fecerunt.

8 Vix(it) ann(is) LXXV, m(ensibus) V[9].

En conclusión, el espacio ocupado por las *obstetrices* a lo largo de la historia romana no fue uniforme. En época arcaica estaban mal consideradas. No obstante, conforme va avanzando el tiempo, esa visión tan negativa se va atenuando hasta que, finalmente, pasaron a ser reconocidas y gozar de gran estima por las importantes funciones que desempeñaban.

3.-La equiparación de las *obstetrices* con los médicos a propósito de D. 50,13,1,2 (Ulp., 8: de *omn. trib.*)

Es preciso tomar en consideración, antes de analizar D. 50,13,1,2 (Ulp., 8: *de omn. trib.*), el hecho de la supuesta gratuidad en la relación médico-paciente. Esta situación fue cambiando en los diferentes momentos de la historia romana. Así, en un primer momento, en época tardorrepublicana, los trabajos se agrupaban en dos grandes categorías: *operae liberales* y *operae illiberales.* La palabra *operae* era usada para referirse tanto al trabajo del artesano como al del intelectual lo que supone que con este concepto se hacía alusión tanto al rendimiento del agricultor como al rendimiento del médico u *obstetrix;* unas actividades eran inherentes a la producción y otras no[10]. Las *operae liberales* estaban dirigidas a fomentar la sabiduría del individuo, eran propias de aquellos romanos libres que no tenían que hacer uso de su arte para subsistir.

> «Quibus autem artibus aut prudential maior inest aut non mediocris utilitas quaeritur, ut medicina, ut architectura, ut doctrina rerum honestarum, eae sunt iis, quorum ordini conveniunt, honestae. Mercatura autem, si tenuis est, sordida putanda est; sin magna et copiosa, multa undique

9 CIL VI, 9720.

10 *Cfr.* De Robertis, Francesco María, *Lavoro e lavoratori nel mondo romano,* Adriatica Editrice, Bari, 1963, p. 12.

apportans multisque sine vanitate impertiens, non est admodum vituperanda, atque etiam, si satiata quaestu vel contenta potius, ut saepe ex alto in portum, ex ipso portu se in agros possessionesque contulit, videtur iure optimo posse laudari. Omnium autem rerum, ex quibus aliquid acquiritur, nihil est agri cultura melius, nihil uberius, nihil dulcius, nihil homine libero dignius; de qua quoniam in Catone Maiore satis multa diximus, illim assumes, quae ad hunc locum pertinebunt» (Cicerón, De officiis, 1, 151).

De este texto se desprende que el arte de la medicina, desempeñado tanto por médicos como por *obstetrices*, estaba incluido dentro de las *operae liberales*. Tal y como afirma NÚÑEZ PAZ, en este supuesto el médico actuaba desde la liberalidad y solo es libre quien no debe arrendar sus servicios para subsistir[11]. El hecho de que el ejercicio de la medicina tuviese carácter gratuito justifica por qué en muchos textos jurídicos se encuentran referencias al concepto jurídico *honorarium* (regalo).

Por ende, es posible afirmar que, en los primeros tiempos, los médicos y las *obstetrices* de los estratos sociales más altos podían permitirse el desprecio áulico hacia aquellos otros que tenían que hacer uso de su arte para subsistir (esclavos y libertos) ya que la inferioridad moral que tenía el trabajo retribuido en el momento que estamos analizando, daba lugar a que el trabajador fuese equiparado con el esclavo[12].

Pese a lo ya mencionado, a comienzos de época clásica, en Roma, esta situación va a cambiar. Los juristas comienzan a considerar el trabajo como una cosa, una *res,* lo que justifica que, en muchos textos jurídicos del momento, el objeto de la *locatio conductio,* fuese una cosa puesto que la primera forma de trabajo que existió en Roma fue la esclavitud *(servum locare)* y el objeto de estos contratos era una *res*, el esclavo. No obstante, gracias a la práctica pretoria y a la reinterpretación jurisprudencial el trabajo comienza a ser visto como un hacer, es decir, un *factum*[13]. Esto implica que, a comienzos de

11 *Cfr.* NÚÑEZ PAZ, María Isabel, «*Status* del médico y responsabilidad civil», *Revue Internationale des Droits de l'antiquité,* núm. 47, 2000, p. 398.

12 *Cfr.* DE ROBERTIS, Francesco María, *Lavoro e lavoratori nel mondo romano..., op. cit.,* pp. 50-55.

13 *Cfr.* DE ROBERTIS, Francesco María, *Lavoro e lavoratori nel mondo romano..., op. cit.,* pp. 18 y 19.

época clásica, si bien es cierto que la medicina estaba incluida dentro de las *operae liberales*, también es cierto que la relación médico-paciente podía ser subsumible dentro del contrato de arrendamiento pues cualquier médico u *obstetrix*, independientemente del estrato social al que perteneciese, iba a obtener una contraprestación por el trabajo realizado ya fuese en calidad de *honorarium,* de *merces* o de *salarium*.

> «Praeses provinciae de mercedibus ius dicere solet, sed praeceptoribus tantum studiorum liberalium. liberalia autem studia accipimus, quae graeci eleuveria appellant: rhetores continebuntur, grammatici, geometrae» (D. 50,13,1 pr: Ulp. 8, de omn. trib).
>
> «Medicorum quoque eadem causa est quae professorum, nisi quod iustior, cum hi salutis hominum, illi studiorum curam agant: et ideo his quoque extra ordinem ius dici debet» (D. 50,13,1,1: Ulp. 8, de omn. trib.).
>
> «Sed et obstetricem audiant, quae utique medicinam exhibere videtur»14. (D. 50,13,1,2: Ulp. 8, de omn. trib.).

Recoge Ulpiano en D. 50,13,1 pr. (Ulp.: 8, *de omn. trib*) aquellas profesiones que, en la época objeto de estudio, eran propias de un hombre libre, a saber: retóricos, gramáticos, agrimensores, médicos, *obstetrices,* etc. Por ende, la medicina, estaba incluida dentro de las *operae liberales*. Pese a ello, junto a estos profesionales, pertenecientes a los estratos sociales más altos, existían otros de baja clase social que tenían que hacer uso de su arte para subsistir así nos encontramos con diferentes textos donde se fijan distintas remuneraciones obtenidas por los médicos en función de su estrato social. A modo de ejemplo recoge Juliano que los libertos médicos podían pedir a su patrono que los diese en arriendo obteniendo con ello un *salarium*.

> «Nonnumquam autem ipsis libertis postulantibus patroni operas locant: quo facto pretium magis operarum quam mercedem capere existimandi sunt» (D. 38,1,25,4: Iul. 65, Dig.).

14 Podemos ver como la comadrona, también tenía derecho a hacer uso del trámite extraordinario para exigir el pago de su *honorarium.* Sobre esta cuestión *cfr.* PADOVAN, Miriam, «Medicina e corpo tra privato e pubblico», *Il corpo in Roma antica,* núm. 1, 2015, p. 146, quien establece que la medicina era ejercida igualmente por hombres y mujeres tal y como se deriva no solo de este fragmento sino de muchos otros.

Consecuentemente, desde mi punto de vista, solo puede hablarse de una verdadera inclusión de la medicina en las *operae liberales* hasta finales de época republicana. A partir de ese momento es imposible generalizar e incluir a todos los médicos y *obstetrices* dentro de la categoría *operae liberales*[15]. Su inclusión en esta dependerá de quien sea el sujeto ejerciente y del estrato social al que pertenezca y esto es así debido a la desigualdad social básicas que existía en la época. Así pues, cualquier médico u *obstetrix* obtendría una contraprestación por el servicio prestado ya fuese en calidad de *honorarium,* de *merces* o de *salarium.* Pese a lo dicho, algunos autores como LEGA o VISKY optan por no incluir en ningún caso la medicina dentro de las *operae liberales* basándose en D. 50,9,4,2 (Ulp.: *1.S. de off. curat. rei p.)*[16].

En lo que respecta a las *obstetrices*, recoge Ulpiano en D. 50,13,1,1 (Ulp.: 8, *de omn* trib) que los médicos podían hacer uso de la *cognitio extra ordinem* para reclamar sus honorarios y, acto seguido, en D. 50,13,1,2 (Ulp.: 8, *de omn. trib.*) manifiesta que las *obstetrices* también pueden hacer uso de ese trámite para exigir el pago por sus servicios. Podemos observar, por tanto, una equiparación entre ambos profesionales[17]. Y no solo eso, sino que el hecho de permitirles a estas mujeres hacer uso del procedimiento extraordinario para reclamar sus honorarios es una muestra más del alto *status* del que, algunas de ellas, gozaban. Ello es así porque la *cognitio extra ordinem* era otorgada a aquellas personas de los estratos sociales más altos para proporcionarles un mecanismo que les permitiese salvaguardar el prestigio y la honorabilidad de su profesión y,

---

15 *Vid.* NÚÑEZ PAZ, María Isabel, «Status del médico y responsabilidad civil»..., *op. cit.,* p. 399. Establece la autora que *«A medida que avanza el tiempo republicano y más aún en la época imperial el otium cum dignitate es menos frecuente y existen cada vez más hombres libres que precisan ejercer sus destrezas y sus habilidades para sobrevivir. Empiezan a encajarse entonces en el marco contractual los diferentes tipos de actividades médicas. La locatio conductio operis y operarum son el marco más utilizado para la exigencia de las remuneraciones médicas»*.

16 *Cfr.* LEGA, Carlo, *Le libre professioni intellettuali nelle leggi e nelle giurisprudenza*, Giufrè, Milano, 1974, p. 19. *Cfr.* VISKY, Karoly, «La qualifica della medicina e dell'architettura nelle fonti del Diritto romano», *Iura,* núm. 10, 1959, p. 54.

17 *Cfr.* MEMMER, Michael, «Die obstetrix im römischen Recht», *Ferstschrift für Harbert Hausmaninger zum 70*, Verlags – und Universität sbuch handlung, Viena, 2006, p.199.

a su vez, exigir la contraprestación que les correspondía por los servicios prestados.

Tras lo expuesto, podemos afirmar, que a partir del s. II d.C., las *obstetrices* pasaron a estar bien consideradas socialmente. Estas mujeres realizaban una labor fundamental para la sociedad de ese momento, tal y como hemos visto en apartados anteriores[18]. Finalmente, y como hecho de máxima relevancia, eran las encargadas de determinar la personalidad jurídica del nacido. En este sentido debían de comprobar que se cumplían una serie de presupuestos para otorgarle la condición de persona, a saber: a. El nacido tenía que ser alumbrado por mujer libre o esta debía ser libre en el momento de la concepción, b. Tenía que existir pleno desprendimiento del seno materno, c. El nacido debía estar vivo ya que el nacido muerto se tenía por no procreado, d. Debía existir viabilidad o posibilidad de vida y, e. El nacido debía tener figura o forma humana[19]. Consecuentemente, las *obstetrices* actuaban como una especie de «peritos médicos» pues debían de comprobar que el nacido cumpliese una serie de requisitos para poder otorgarle la condición de persona[20]. Además, también debían realizarle una

18 *Vid. supra.,* p. 1. Asimismo, en este punto, hay que tener en cuenta que la fecundidad de la mujer en la antigua Roma era muy importante, tal y como hemos afirmado, en este sentido *vid*. Núñez Paz, María Isabel, «Sobre la *cessio ventris* en la antigua roma. Trascendencia socio jurídica del principio *mater semper certa est*», *E-Legal History Review*, núm. 28, 2018, p. 3.

19 *Cfr.* Fernández Baquero, María Eva, «Nacimiento de la persona: pasado y presente», *Foro. Nueva Época.,* núm. 2, 2013, pp. 148-150. En el mismo sentido, *cfr.* Cacciapuoti, Giacomo, «La figura delle *obstetrices* nella documentazione epigrafica: indagine preliminare», *Ager Veleias,* Italia, 2016, pp. 2 y 3. Disponible en https://www.veleia.it/download/allegati/alg-156-la_figura_delle_obstetrices_nella_documentazione_epigrafica_indagine_preliminare.pdf Fecha de consulta: 07 de noviembre de 2024). Entiende el autor que la función de las *obstetrices* era muy relevante máxime si tenemos en cuenta que eran las encargadas de atender a las parturientas; ello es así debido a que la procreación y la maternidad en Roma se configuraban como una obligación de las mujeres dictada por la necesidad de asegurar la existencia de prole.

20 *Cfr.* Memmer, Michael, «Die obstetrix im römischen Recht»..., *op. cit.,* pp. 208-210. Manifiesta el autor que Marcus Aurelius y Lucius Verus nombraron peritos a las *obstetrices* para la aclaración de embarazos. Esto implica que estas profesionales gozaron de reconocimiento y *status* dentro de la sociedad romana de ese momento debido a la impor-

exploración física para verificar su salud y también su sexo. No obstante, y pese a la integridad y profesionalidad que poseían, en D. 25,4,1,10-11 (Ulp.: 24, *ad ed.*) se establece que antes de entrar a la casa donde iban a atender a la embarazada debían de ser registradas para evitar que introdujesen cualquier cosa que pudiese afectar negativamente al parto y ello es así porque pese a ser mujeres honradas, su naturaleza de mujer podía llevarlas a contribuir al engaño[21].

En conclusión, la concesión realizada en D. 50,13,1,2 (Ulp.: 8, *de omn. trib.*) a las *obstetrices* es una muestra más del *status* del que gozaban, pues no solo eran equiparadas con sus compañeros varones, sino que también se les otorgaba un mecanismo para reclamar la contraprestación por los servicios que prestaban y, a su vez, salvaguardar la honorabilidad de su profesión.

4.-Conclusiones

Tras la realización de este trabajo podemos extraer dos conclusiones principales, a saber:

1. La posición ocupada por las *obstetrices* a lo largo de la historia romana no fue uniforme. Así pues, en época arcaica estaban mal considerabas debido a que se las vinculaba con la práctica de abortos, el tráfico de niños, etc. No obstante, conforme va avanzando el tiempo, esa visión tan negativa se va superando y, finalmente, desde mediados de época clásica, podemos afirmar que estas mujeres ya gozaban de relevancia social y eran respetadas debido a las importantes funciones que realizaban.
2. D. 50,13,1,2 (Ulp.: 8, *de omn. trib.*) es una muestra más del *status* que ostentaban estas mujeres, desde mediados de época clásica, en Roma. En este fragmento Ulpiano equipara a los médicos con las *obstetrices* al permitir a ambos acudir al trámite extraordinario para reclamar el pago por sus servicios. El hecho de que se les permita a los profesionales de los estratos sociales

---

tante función que desempeñaban.

21 *Cfr.* García Fernández, Cristina, «El *curator ventris* desde las fuentes jurídicas romanas. Entre la protección al *nasciturus* y la cosificación del cuerpo femenino»..., *op. cit.,* pp. 31 y 32.

más altos hacer uso de la *cognitio extra ordinem* para exigir sus *honorarium* obedece al hecho de que era necesario otorgarles una herramienta que les permitiese exigir la contraprestación por sus servicios y, a su vez, salvaguardar el prestigio y la honorabilidad de su profesión.

5.-Bibliografía

Alonso Alonso, M.ª de los Ángeles, «*Medicae* y *obstetrices* en la epigrafía latina del Imperio Romano. Apuntes en torno a un análisis comparativo», *Classica et Cristiana,* núm. 6/1, 2011.

Cacciapuoti, Giacomo, «La figura delle *obstetrices* nella documentazione epigrafica: indagine preliminare», *Ager Veleias,* Italia, 2016.

De Robertis, Francesco María, *Lavoro e lavoratori nel mondo romano,* Adriatica Editrice, Bari, 1963.

Fernández Baquero, María Eva, «Nacimiento de la persona: pasado y presente», *Foro. Nueva* Época, núm. 2, 2013.

García Fernández, Cristina, «El *curator ventris* desde las fuentes jurídicas romanas. Entre la protección al *nasciturus* y la cosificación del cuerpo femenino», *E-Legal History Review,* núm. 35, 2022.

Lega, Carlo, *Le libre professioni intellettuali nelle leggi e nelle giurisprudenza*, Giuffrè, Milano, 1974.

Memmer, Michael, «Die obstetrix im römischen Recht», *Ferstschrift für Harbert Hausmaninger zum 70*, Verlags – und Universität sbuch handlung, Viena, 2006.

Núñez Paz, María Isabel, «La mujer romana. Aspectos mágico-religiosos y repercusión penal», *Labero: ressegna di diritto romano*, vol. 44, núm.2, 1998.

Núñez Paz, María Isabel, «El Derecho Romano, el género y los estudios sobre las mujeres. Aspectos metodológicos», *ANNAEUS, Anales de la tradición romanísticas*, vol. 11, 2014.

NÚÑEZ PAZ, María Isabel, «Sobre la *cessio ventris* en la antigua roma. Trascendencia socio jurídica del principio *mater semper certa est*», *E-Legal History Review*, núm. 28, 2018.

NÚÑEZ PAZ, María Isabel, «*Status* del médico y responsabilidad civil», *Revue Internationale des Droits de l'antiquité*, núm. 47, 2000

PADOVAN, Miriam, «Medicina e corpo tra privato e pubblico», *Il corpo in Roma antica, núm.* 1, 2015

PEPPE, Leo, *Posizione giuridica e ruolo sociale della donna romana in età repubblicana*, Giuffrè, Milano, 1984.

VALMAÑA OCHAÍTA, Alicia. «Represión penal de actividades relacionadas con la elaboración de *venena, veneficia* y *medicamenta* en el Derecho Romano», *GLOSSAE. European Journal of Legal History,* núm. 19, 2022.

VISKY, Karoly. «La qualifica della medicina e dell'architettura nelle fonti del Diritto romano», *Iura, núm.* 10, 1959.

6.-Índice de fuentes

FUENTES EPIGRÁFICAS

- CIL VI, 4458.
- CIL VI, 6832.
- CIL VI, 9720.
- CIL XI, 3391.

FUENTES JURÍDICAS

- D. 25,4,1,10-11 (Ulp. 24, *ad ed.*).
- D. 38,1,25,4 (Iul. 65, *Dig.*).
- D. 50,9,4,2 (Ulp. *1.S. de off. curat. rei p.*).
- D. 50,13,1 pr (Ulp. 8, *de omn. trib.*).
- D. 50,13,1,1 (Ulp. 8, *de omn. trib.*).
- D. 50,13,1,2 (Ulp. 8, *de omn. trib.*).
- D. 50,16,236 pr. (Gai. 4, *ad 1, XII Tab.*).

FUENTES LITERARIAS

- Cicerón, *De officiis*, 1, 151.
- Soráno de Efeso: *Gyn.* 1,4.
- Tito Livio: *Hist.* 8,18.

Cód. 100